海峡西岸经济区发展研究

邓利娟 石正方 主编

九州出版社
JIUZHOUPRESS

谨以本书祝贺

厦门大学台湾研究院两岸政策研究中心成立

目　录

“海西”建设之我见

（代序）

为了更好地贯彻落实中共十七大提出的建设海峡西岸战略构想，中共福建省委八届三次全会提出了“进一步发挥福建在海峡西岸经济区建设中的主体地位和重要作用，构建扩大对外开放的平台、推动全国区域合作的平台、促进祖国统一大业的平台，努力把海峡西岸经济区建设成为科学发展的先行区、两岸人民交流合作的先行区”的新目标。这一目标的提出体现了福建省委、省政府强烈的使命感和责任感。多年来，福建省在两岸人民交流合作方面已做了大量工作，福建快速发展的基础已经形成，在这样的大背景下，福建省提出建设两岸人民交流合作先行区的目标非常及时，造福闽台，功在国家。

一、和平发展，“海西”先行

1988 年以来，台海局势起伏不定，闽台交流合作关系的发展受到很大的影响。进入 2008 年以来，台湾政局和两岸关系格局都出现了深刻的变化，国家的对台战略思维也已经出现新的变化。在两岸关系和平发展的主题之下，那些曾经是制约两岸人民交流合作的政治障碍正在一一破除，福建省迎来了大有可为的历史性机遇。

在两岸关系和平发展战略新思维的指导下，两岸关系迎来了新的良好局面。在“92 共识”基础上，一些目前难以解决的高阶政治议题得以暂时搁置，两岸关系和平发展成为两岸中国人必须牢牢把握的主题，两岸经济、社会、文化和人民生活等各方面的交流合作成为落实这一时代主题的具体行动。全国人民对福建省在两岸和平发展进程中扮演重要角色充满期待，福建省也有“舍我其谁”的使命感，海峡西岸经济区建设目标的提出，正是这种强烈企图心的绝佳体现。而“两岸人民交流合作先行区”的提出，既体现了只争朝夕的紧迫感，也体现了福建省对自身条件和优势的清醒认识。笔者认为，福建省在两岸关系和平发展大业中具有无可替代的优势和条件，主要体现在：

1. 福建省的人文资源优势无与伦比

闽台两地自古以来就有着割不断的密切联系。85%以上的台湾同胞祖籍在福建。福建省也是台湾各界精英人士最集中的祖籍地，连战、吴伯雄、王金平、萧万长、江丙坤、王永庆、许胜发等知名人士祖籍都在福建；台湾教育界、文化界、传媒等领域中的精英人士也大多数与福建省有千丝万缕的联系。构成台湾“四大族群”的人口中，母语讲闽南方言的人口占76%以上，讲客家方言的占12%，两种方言的人口构成了台湾移民社会的绝对主体。而台湾的民间习俗、宗教信仰、戏曲、艺术等也大都是从福建传承过去的。闽台文脉相承，交流密切，闽南文化、客家文化、妈祖信仰等在台湾都有广泛的影响。从人文角度来看，可以说福建与台湾至今仍然是“一个整体，两个部分”的关系。

2. 福建省的地理条件最有利

福建与台湾近在咫尺，从台北飞福州、从高雄飞厦门的距离甚至比台北飞高雄还短。加上两门、两马“海上直航”的特殊优势，闽台地理条件就如同港澳与广东省之间的关系，无可替代。如此优越的地理条件，使得福建省最有条件与台湾展开人民之间的交流与合作。但是，受到两岸敌对关系的影响，闽台交流合作的地理条件优势不仅长期得不到发挥，而且反成“距离最遥远”的两个地区，对于往来于两岸的人来说，绕道港澳的空间安排，台湾人到福建不仅没有空间的优势，而且有如进入“死胡同”一般。

1990年代中后期开始的“高雄港与厦门港、福州港之间的海上试点直航”、两门、两马之间的定点直航虽然使闽台之间的阻隔得到一定缓解，但由于限制太多，闽台之间的地理条件优势仍然得不到真正的释放。2008年5月20日，国民党在台重新执政，两岸关系突飞猛进，闽台之间的地理优势终于进入即将爆发的关键时刻。对于航空（航海）业者来说，航程的缩短就意味着成本的降低，对于货主或旅行者来说，航程的缩短就意味着竞争力的提升。从人们的生活需求来讲，一个能够吃完早餐后出门去上班，下班后回家和家人共进晚餐的通勤距离，意味着一日生活圈的形成。

3. 福建省的对台政策最优惠

由于福建在两岸关系中的特殊地位和优势，多年来中央先后赋予了福建省一系列特殊优惠的政策。厦门经济特区的成立、福建省四个台商投资区的设立、海峡两岸农业合作实验区和林业合作试验区的建立、“试点直航”和“小三通”在福建的实施、福建居民赴金门、马祖旅游的开放、厦门被确定为两岸“春节包机”、“周末包机”航点之一；中央先后宣布的各种具体对台优惠措施，福建省都是最大的受益者，福建已经成为大陆对台开放度最高、政策最优惠、功能最齐全的地区，成为大陆对台交流的最前沿基地。

二、“海西”先行，综合配套

2006年1月16日，胡锦涛总书记考察福建时强调指出：“要切实加强两岸人员往来和经济文化交流，真心实意为台湾同胞谋福祉，使两岸同胞联系更广泛、感情更融洽、团结更紧密，齐心协力推动两岸关系朝着和平稳定的方向发展。”胡总书记还提出了加强两岸往来和交流的具体要求：一是要推动两岸经济技术交流合作，鼓励台湾企业来大陆投资创业；二是要促进两岸直接通航，支持两岸民间行业组织就通航议题依照既有的模式进行协商；三是要推动两岸共同弘扬中华文化优秀传统，促进各种形式的文化交流，尤其是青年交流。

笔者认为：“两岸人民交流合作先行区”是中央赋予福建先试先行政策的具体化，也是“海西”先行战略的重要组成部分。在两岸人民交流合作进程中，经济是基础、社会是依托、文化是纽带、政治是前瞻。“海西”先行，立足福建，着眼全国；功在当代，利在千秋。

1. 利益联结的经济内涵

经济是基础，经济基础的变革必然导致政治上层建筑及其意识形态的变革。两岸经济的差异曾经是两岸交流合作的重大阻碍，这个问题虽然已经有所缓解，但尚未完全消失。随着大陆经济的快速发展，两岸人民交流合作有了更好的经济基础，两岸双方基于共同的利益要求都希望维护和平发展的局面。

当前，两岸关系缓和的基础并不牢固，两岸经济上的相互相依存关系还有很大的潜力，只有建立起更加广泛的利益联结关系，两岸和平发展的良好局面才能彻底稳固下来。至今为止的两岸经济合作仍然具有明显的“间接性”，双方的利益联结是浅表性的互利行为，只有使两岸经济依存关系牢牢地建立在内生的需求基础上，两岸利益联结才能可长可久，这就需要有一个共同的利益平台，福建正好是现阶段最有潜力的两岸利益联结平台。透过闽台经贸关系一体化这一平台，两岸经济关系将变得更加便捷、更加有利可图，两岸经济共生关系的形成，将形成共同的利益要求，不合时宜的政策壁垒才有可能最终崩塌。

2. 人员交往的社会内涵

两岸交流以来，已有超过4500万人次的台湾同胞进入中国大陆，但是，仍然有四分之三的台湾同胞从未来过大陆。做台湾人民工作最大的难点就在于做这些从未来过大陆的台湾民众的工作。福建省在这方面的优势无法取代。随着两岸直航的全面推进，越来越多的台湾同胞将选择在福建省就业、求学、定居，不久之后，闽台生活圈就会形成，一个跨越两岸的闽台社会即将出现。两岸人民交流合作先行区不仅要着眼于经贸关系，而且要着眼于社会的融合。现阶段对台工作的现状偏重政府机构的推动，民间社会的力量还没有充分释放出来。一旦民间社会的力量得到释放，闽台社会一体化将出现良性循环。

笔者认为，福建省各行业协会要有意识地引导宗教、教育、婚姻、劳务、旅游、运输、养老等市场提出要求，促成横跨两岸的民间团组织早日诞生。随着闽台生活圈的形成，人们对各种社会团体和组织的需求就会产生，不久的将来就有可能出现诸如“闽台旅游同业公会”、“两岸妈祖文化研究会”、台湾海峡海上搜救联盟等民间组织。福建的学术界宜尽早就《涉台民间组织管理办法》等相关管理办法的制定问题展开研究，使福建省真正成为两岸人民交流合作的先试先行基地。

3. 创新共赢的文化内涵

海峡西岸“两岸人民交流合作先行区”建设的另一个重要内涵就是推进两岸文化再融合。李登辉在台执政中后期和民进党在台湾当政的8年，台湾当局出台了不少“去中国化”政策措施，虽然不可能从根本上改变台湾人的中国文化属性，但却足以混淆台湾民众的政治文化认同。

台湾民众对两岸问题的认知、情感、价值观念是在两岸长期隔绝对立的情况下形成的，非一朝一夕可以改变。

为了促进两岸文化再融合，福建省可以透过两岸人民交流合作先行区的建设，在既有的“五缘”基础上实现闽台区域文化的再融合，为两岸文化的大交流作出自己的贡献。两岸文化融合可以分为两个方面：一是对中华传统文化的继承，二是中华文化的现代化与创新。在传统文化的继承方面，两岸闽南文化、客家文化的对接相对容易，双方可以在方言的保护，地方习俗的传承、地方戏曲的弘扬、民间信仰的交流等方面继续展开合作；同时，海峡两岸在传统文化的现代化方面也发展出各自的特色，福建可以成为两岸文化取长补短、创新共赢的平台基地。文化的纽带将促进两岸人民的和解和认同，为最终实现政治和解奠定坚实的基础。

4. 先试先行的政治内涵

长期的军事对峙和政治对立，造成两岸之间在制度层面和文化层面出现不少差异。因此，两岸经济、社会、政治的重新融合过程不可能一步到位，必须经过一个渐进交流和相互调适的过程。福建省作为两岸融合的过渡地带，其独特的条件决定了它最适合作为两岸制度与文化层面渐进融合的政策试验区。这个构想中的试验区，其功能不仅限于经济合作和人员往来，更要着眼于社会与政治层面的包容与创新。“两岸人民交流合作先行区”意味着在两岸走向最终完全统一的过程中，福建省有条件作为两岸交流合作的政策试验田。

笔者认为，作为先行区，福建省可以根据实际情况提出各种可行的两岸人民交流合作方案，例如，在原有台商投资区、两岸农业合作示范区基础之上，建议中央划出特定区域作为两岸双方交流合作的综合试验区。这一试验区的内涵包括经济制度、社会制度、法律制度、教育制度等多方面的综合内容；试验区的范围可以是福建全省，可以是福建沿海地区、也可以是厦门湾、泉州湾、闽江口这样的海湾地区，甚至也可以考虑与台湾方面协商，探讨是否可以将金门－厦门这样的接合区域，划作两岸交流合作的先试地带。

结束两岸敌对状态，实现国家的完全统一，是海内外炎黄子孙的共同心愿。当经济、社会和文化融合发展到一定程度时，解决两岸政治难题的时机必将水到渠成。福建省有条件也有责任在两岸政治和解的过程中扮演好先试先行的角色。

结　语

厦门大学台湾研究院是中国大陆最早成立的台湾研究学术机构，既要服务祖国统一大业，也要服务地方建设。长期以来，我院经济研究所的研究人员戮力研究台湾经济发展和两岸经贸关系，发表和出版了大量的论著，在海峡两岸有较大的影响。近年来，该所研究人员积极参与福建省“海峡西岸经济区”建设，承接了一批省市政府下达的研究课题，撰写了一批学术论文，为海西建设和两岸经贸关系发展出谋划策。现在，他们把其中一些研究成果集结成册，既是为了形成研究合力，更好地参赞海西建设事业，同时也是为了更加系统地检验研究的能力和水平。

学无止境。为进一步改进我院研究人员的研究能力，提升我们服务两岸关系和平发展事业的能力，敬请各位读者不吝批评指正！

厦门大学台湾研究院院长　刘国深

2008 年 9 月 28 日于厦大海滨寓所

第一篇

“海西”建设中两岸经贸合作模式与机制创新研究

1970年代末期以来，两岸经济关系从贸易主导阶段、贸易与投资并重阶段到投资主导阶段，经历了规模不断扩张，层次不断提升，地域范围不断扩大的发展进程。两岸经济关系的成长演进，促进了两岸经济功能性一体化的发展，也对两岸经济机制性一体化提出迫切要求。特别是新世纪以来，两岸官方制度性磋商迟迟不得推进，诸如直航“三通”等瓶颈问题严重制约两岸经贸合作的深化发展，致使两岸经贸资源无法按照市场经济规律实现高效配置以达成“帕累托”最优，这种形势下，有关两岸经贸合作模式及机制创新问题的探讨愈益凸显其重要性。学界对于如何突破两岸政治局势的限制，务实推进两岸经济机制性一体化予以更多的关注，产出了一些建树卓著的学术观点。本篇收录的即为本所同仁的相关研究成果。

基于地理区位的“近邻性”，按照区域经济的“墨渍”扩散原理，福建在两岸经济整合中享有“近邻”优势，处于首当其冲的重要地位。也因此一直作为两岸经济合作模式创新的“试验田”、“示范区”，享有诸如“台商投资区”、“试点直航”、“小三通”、“两岸农业合作试验区”等一系列先试先行的政策。然而，囿于两岸政治关系格局特别是台湾当局的限制性两岸经贸政策，“海西”对台禀赋优势及政策优势始终难以充分发挥作用。目前，要助推“海西”

经济，充分利用对台优势是一个重要方面。关键是通过两岸经贸合作的模式和机制创新，即借助制度性一体化的推进，解除海峡两岸经济资源流动的限制。另一方面，“海西”独特的对台禀赋优势，也历史地赋予其在两岸经贸合作模式、机制创新中“先行者”的使命和责任。

本篇关于两岸经济制度性一体化模式及机制的探讨，既有对两岸经济整合总体模式和实现路径的关注，也有其中“海西”具体作为空间的研究；既有对两岸经济制度性一体化所应遵循原则及“适法性”的分析，也有对其具体实现机制的探讨；既有一致的意见，也有不同观点的争鸣。

总之，本篇所集文稿较为集中地反映了目前大陆学术界对于两岸经贸合作制度性创新的新思想新观点，是凸显本论丛理论性特色的一个重要板块。

海峡经济区的空间演进：结构、特征与问题

石正方* 邓利娟**

摘要：海峡经济区作为两岸经贸交流孕育的区域经济单元，其地域边界具有动态演进性，存在大、中、小“三层重叠”的空间结构。目前，海峡经济区业已呈现明显的“节结化”特征，并且在各“节结”集聚、辐射功能的此消彼长中，其空间网络等级体系也开始酝酿形成。从区域经济空间重组视角分析，两岸经贸交流“信道”阻塞、网络结构单一化、空间结构单向成长等问题构成海峡经济区空间演进的直接障碍，而其根源在于台湾当局的限制性两岸经贸政策。

关键词：海峡经济区；结构；特征；问题

一、海峡经济区概念的提出

从20世纪70年代末至今，两岸经济关系从贸易主导阶段、贸易与投资并重阶段到投资主导阶段，经历了规模不断扩张，层次不断提升，地域范围不断扩大的发展进程。两岸经济关系的成长演进，促进了两岸经济功能性一体化的发展，不仅为两岸经济带来了积极效应，而且推动陆、台、港、澳“两岸四地”一体化经济板块日益浮现，对亚太区域乃至全球经济格局产生巨大影响：最直接体现在台商投资拉动两岸贸易，使台湾地区、祖国大陆与发达国家之间贸易发生转向，从而导致区域乃至全球生产链重组——两岸（四地）经济的整合成为20世纪末期以来

---

* 石正方：经济学博士，博士后，厦门大学台湾研究院经济所所长、副教授、硕士生导师、国家“985工程”台湾研究创新基地成员。研究方向：区域经济、两岸经贸。

** 邓利娟：厦门大学台湾研究院副院长、教授、博士生导师、国家“985工程”台湾研究创新基地成员。研究方向：台湾经济，两岸经贸。

学术界和国际社会广为关注的区域经济现象。1993 年世界银行发布的《全球经济展望和发展中国家》年度报告，第一次把祖国大陆、香港和台湾列为一个整体经济单元——Chinese Economic Area（CEA），认为 CEA 迅速增长的经济规模极大并影响其他国家，CEA 正在成为继美国、日本、欧洲之后的第四个增长极，其对世界经济的影响是深远的。1994 年 7 月，世界银行又发表题为《东亚贸易与投资》的研究报告，指出中国大陆、香港、台湾的经贸一体化已使这一地区的经济成长超越全球各主要经济体，它不但带动了临近东亚各国的经济成长和提供了投资机会，而且美国、东盟等作为这一地区出口商品的重要市场或竞争者，也将因此面临庞大的压力不得不有所调整。

针对两岸四地经济一体化现象，自 1980 年以来学术界曾先后提出“中国人共同体”、“大中华共同市场”、“华人共同市场”、“华人经济区”、“南中国经济圈”、“海峡两岸经济圈”等概念（构想）。[①] 这些设想虽存在地域范围及侧重点的不同，但都强调以陆、台、港的经贸合作为基础。步入 21 世纪，在全球化、区域化加速发展、新的区域经济合作机制不断生成、两岸先后加入世界贸易组织等新形势的推动下，两岸经贸合作不但显现出新特点，而且亟待上升到新层次。值此时机，本研究提出“海峡经济区”概念，拟对新形势下两岸经贸合作的模式、动力、机制等进行深入探讨，以及对发展架构、运行对策等方面进行系统性、深层次、实用性的剖析：

——海峡经济区，是以台湾海峡为纽带，以海峡两岸经济互补性、地缘临近性以及文

化同源性为背景，以两岸经济功能性一体化发展为基础、两岸经济机制性一体化为共同愿景的经济区域。

首先，“海峡经济区”是分居海峡两岸的大陆、台湾两个独立关税区之间经济一体化所形成的整体区域经济单元，其边界随跨海峡生产、贸易网络的地域扩展而具有动态演进性，存在大（祖国大陆与台湾）、中（长江以南沿海地区与台湾）、小（福建与台湾）“三层重叠”的空间结构。

---

① 曹小衡：《东亚经济格局变动与两岸经济一体化研究》，中国对外经济贸易出版社，2001 年版。

其次，“海峡经济区”基于两岸经济一体化的历史基础和现实发展，已不再是一种泛区域经济整合的“构想”，而是业已形成海峡两岸大规模贸易投资往来、垂直与水平混合型产业分工网络，以及大陆台商产业集群与本土化初步发育的区域经济板块实体，其区域经济空间具有明显的“节结化”特征——形成了“珠三角”、“长三角”、福建沿海地区等两岸经济交流致密地区。

第三，从区域经济整合的阶段性演进来看，“海峡经济区”的未来发展是构建两岸物流、资金流、信息流直接畅达的沟通管道，同时借由节结区功能的提升及其扩散与辐射作用的加强，进一步扩大两岸经贸交流规模和范围（包括产业范围、地域范围），推动两岸经济整合空间由“节结区域”向“网络区域”的演进；从区域经济整合的层次来看，“海峡经济区”的未来发展在于推进两岸经济一体化深化发展，矫正两岸经济交流中的制度性扭曲，建立两岸商务仲裁制度，设立两岸自由贸易区等，达成两岸经贸直接、双向、共赢，最终形成祖国大陆与台湾经济“你中有我”、“我中有你”，相互依存、共生共荣的互动发展格局。

因此，“海峡经济区”概念不仅承载着两岸经贸关系演进的历史与现实，而且涵括着海峡两岸人民对两岸经贸关系未来发展的共同愿景。

二、海峡经济区的空间结构

承上所述，海峡经济区基于两岸经贸关系演进的历史、现实及未来发展，其区域空间具有动态演进性。根据两岸经贸交流的时空分布特点，海峡经济区存在大、中、小“三层重叠”的“扇形”空间结构：

1. 福建与台湾——近邻区

闽台经济整合具有历史的必然性（基于同根同源的文化、亲缘关系所结成的社会经济联系）和现实的发展基础（据台湾投审会统计，截至2007年底，台商经第三地间接对福建投资累计达5212项、合同金额47.9亿美元，占对大陆投资总额的7.39%。全省对台贸易总额累计高达523.6亿美元，目前闽台经贸依存度已超过25%，基本形成相互依存的产业链格局）。闽台板块定位为“海峡经济区”的近邻区，主要基于地理区位的“近邻性”，按照区域经济的“墨渍”扩散原理，福建在两岸经济整合中享有“近邻”优势，处于首当其冲的重要地位。也正是由于这种地缘关系的无可替代性，福建享有特殊的对台政策优势，闽台经济整合在两岸经济合作进程中充当试验田、示范区的角色——凭借政策优势与地缘优势的结合，福建成为最先开始对台贸易的地区、最早的台商登陆地区。从这一角度出发，闽台圈层可以看作“海峡经济区”的“生长层”，而诸如“台商投资区”、闽台农业合作试验区、“定点直航”，包括台湾当局设立的“境外航运中心”则是两岸经济关系发展进程中不同阶段的重要生长点。特别是在目前两岸政治环境呈现恶化趋势，台湾当局背离“九二共识”，推行“台独”意识形态，两岸之间一时无法进行正式经济协商，两岸“三通”迟迟无法达成的形势下，谋求两岸经贸交流机制的突破，培育“以经促政”的新生长点尤显重要。而此方面，从闽台板块内部整合着手最具可行性——从扩大“小三通”适用范围、推动“厦高”城际交流乃至成立厦门“对台特区”方面着手。

2. 东南沿海地区与台湾——致密区

实践证明，海峡经济区的地域扩展与台商投资大陆的区域扩展具有一致性。1980 年以来，台商对大陆投资的区位变化大致经历了三个阶段，[①] 即：①1980 年代以闽东南沿海及广东珠江三角洲为重心阶段；②1990 年代以长江三角洲为热点并逐步确立其重要地位阶段；③新世纪以来以闽东南、珠三角、长三角为重心，向环渤海、西部地区多元化扩张阶段。上述三阶段中，如果说第一阶段是小尺度海峡经济区——海峡经济区之近邻区——“闽台板块”的孕育和萌芽阶段；第三阶段是两岸经济整合地域全方位扩展阶段，也即大尺度海峡经济区的启动和生成阶段；那么，第二阶段则是中尺度海峡经济区——海峡经济区之致密区的发育和形成阶段：1990 年代，伴随着以石化等资金密集型产业为主体、以电子信息等高技术产业为主体的第二、第三波台商投资热潮的涌现，台商投资大陆不仅在目标取向、产业结构、企业结构方面发生了巨大变化，而且其地域分布也伴随着新投资热点地区的出现而大大扩展：以上海浦东为中心，包括江苏、浙江部分地区在内的长江三角洲地区，凭借其综合竞争优势吸引台商投资重心由闽、粤两省迅速北上，特别是高科

① 单玉丽：《台商在大陆投资的区域分布及未来走势》，《台湾研究》，2003 年第 4 期。

技企业在长三角地区大规模集结，使长江三角洲地区作为以半导体等高新科技产业为主体的台商投资基地，最终确立了其在大陆台商投资地域分布格局中的重要地位。与此同时，珠江三角洲地区凭借毗邻港澳的区位优势，经济发展势头也不逊色，对台资依然保持较强的竞争力，所吸引台资的技术层次不断提升，至新世纪前后已经成长为大陆电子零件业的重要加工出口基地。而福建的投资环境也不断改善，台商投资也开始形成较大规模，投资主体由中小企业发展为大企业。如以冠捷电子、中华映管为代表的高新技术企业在福建落户，以东南汽车为龙头形成70多家上下游企业协作的地域产业供应链。

与此相呼应，海峡经济区的“致密区”逐步发育并最终显现出来。其标志不但是长三角新投资重心区的形成，也包括闽东南、珠三角等既有重心区的调整、优化，更重要的是台资企业本土化网络的快速发育——从最初的采购、生产、人才、管理本土化向市场、营销、研究开发，乃至融资本土化延伸。从而逐步建构起物流配送、协作分工、市场营销、资金融通、人力资源调配等生产、流通、服务网络。促使两岸经济在投资、贸易互动中加速融合并显现出强大的功能性一体化特征。早期“两头在外”的“飞地式”经济，已逐渐向优势互补、合作双赢的一体化经济转化，早期的孤立分散投资也已向大型化、集团化发展，台商的跨海峡经营活动不论在空间布局还是与本土经济联系方面都呈现出致密性特征——至此，中尺度规模的海峡经济区凸显出来，其地域范围涵盖祖国大陆东南沿海地区六省、一市，即：福建省、广东省、江苏省、浙江省，上海市以及香港、澳门地区与台湾省，与“闽台板块”——海峡经济区“近邻区”形成重叠外展的地域关系。包括“近邻区”在内，“致密区”可以划分为闽台、粤台、长三角与台湾三个次级板块。目前三个次级板块内部的两岸经济整合各具特色，但与其他板块之间的经济联系还不十分紧密，因此，提升板块内部两岸经济整合层次，同时建立各板块之间在对台经贸方面的互补合作、协调发展关系，是未来时期内海峡经济区发展的目标和任务。

3. 祖国大陆与台湾——扩展区——最完整意义的海峡经济区

祖国大陆与台湾是最完整意义上的“海峡经济区”，其基于两岸经济关系发展的现实基础，具有历史的必然性和未来的可预见性。20多年来，两岸经贸关系由最初简单的货品贸易到投资拉动贸易，进而形成一定纵深的产业分工合作，经历了由小到大、由简单到复杂、由低层次到高层次的发展进程，台商的大陆投资业已形成以闽东南、珠三角、长三角为重心，并向北部、西部地区多元性扩张的格局。从世界经济大格局考察，两岸经贸关系的快速成长是在“后冷战”时期“经济合作取代政治冲突”的政经大气候中，在全球化浪潮的推动下，随着台湾经贸重心向亚洲地区的转移而孕育发展起来，又是以新世纪初期两岸“入世”为契机获得更大进步的。两岸经济关系是世界经济全球化的产物，也必然随着经济全球化的推进而成为不可遏止的潮流和趋势，这是历史必然性的一个方面。另一方面，两岸经济在禀赋资源、发展梯度方面存在互补性，这种内在的互补性在市场经济规律的作用下不仅业已转化为两岸经济互动的现实成果，而且为两岸经济关系的进一步发展提供了广阔空间。市场经济规律不可阻挡，只要两岸经济整合的市场利基存在，两岸经贸关系就会突破重重阻碍向前发展，以两岸经贸关系为物质内容的海峡经济区也将在地域拓展的同时不断实现功能提升，表现在台商投资的区位变化上，则是伴随着两岸经贸交流资源向闽东南、珠三角、长三角等结节区域的进一步集结，同时存在向周边条件较佳地区的扩散、转移。党的十六届三中全会确定了21世纪中国区域经济发展新战略，其主体思想为“西部提速，东北攻坚，东部保持，东西互动，拉动中部”。在这一战略主导下，东北及中西部地区将释出巨大市场商机，吸引台商投资“北上西进”：以辽东半岛、山东半岛、京津冀为主体的环渤海地区将挟基础设施优势、人才优势以及初露端倪的城市经济联合发展优势①成为台商投资的新热点；中西部地区则凭借政策优势和潜在市场优势，不仅有可能成为台湾本土传统产业转移的目的地，而且有可能成为承接珠三角、长三角以及闽东南传统产业转移的主要区域，台商投资将以重庆、成都、西安、武汉、兰州、昆明、桂林、哈尔滨等大中城市为据点形成新的“节结”区（点）——经由台商投资新点、域的形成推动“海峡经济区”由业已凸显的“近邻区”、“致密区”向外围扩展，② 最

① 张丽君、韩笑妍：《中国环渤海经济圈的现状及前景》，《台湾经济研究月刊》，2004年第1期。

② 《中国区域发展新格局基本形成》，《中国经济时报》，2004年1月15日。

终形成覆盖全国的最完整意义的海峡经济区——扩展区，这是可预见的必然的趋势。

三、海峡经济区的发展：现状、特征及问题

海峡经济区是以两岸经济一体化为物质内容的，是两岸不同属性经济空间借助经济要素流动（“生产力流动”）实现交接、重组、整合而为一体的过程。海峡经济区作为两种不同经济区域的链接空间，在区域经济空间五大要素（节点、信道、流、网络和体系①）发育方面业已达成一定成果，但由于两岸“三通”问题等“瓶颈”因素的存在，大大阻碍了两岸经济要素的自由流动，进而影响到海峡经济区结构重组的效率。总的来看，海峡经济区的发展主要呈现以下现状特征：

1. 从两岸贸易、投资往来的“流量”规模来看，海峡经济区充满经济活力，但其所存在的“单向性”与“非均衡性”有损于区域经济整合的互利双赢原则，不利于海峡经济区的进一步整合。

贸易、投资往来是目前海峡两岸经济交流的主体形式，也是推动海峡经济区空间重组的主要动力。目前，两岸经贸交流的“流量”规模呈现快速扩张趋势，透视出海峡经济区的巨大经济活力。据大陆商务部统计，截至2007年底，台商在大陆投资75146个项目，实际利用台资457.6亿美元。2007年，两岸间接贸易继2006年后再度超过千亿美元，达1244.8亿美元；截至2007年底，两岸贸易累计达到7281.7亿美元。目前，祖国大陆是台湾第一大出口市场和最大贸易顺差来源地，台湾是大陆的第二大进口市场。从两岸经贸交流的“流速”来看，20世纪80年代末期以来，两岸贸易、投资迅速发展。特别是1990年代以来，两岸贸易进入了加速倍增阶段：1991～2007年，平均贸易额达到419.04亿美元，年平均增长速度达到21.1%。两岸产业资本流动方面，1991～2007年间，台商对大陆投资金额以年均26.7亿美元的平均额度增长，

---

① 陈修颖：《区域空间结构重组：理论基础、动力机制及其实现》，《经济地理》，2003年第4期。

1991～2002年间年均增长率高达21.4%；2003～2007年有所下降，个别年份负增长，但年均投资额仍达25亿美元。两岸之间贸易、投资成长如此迅速，在全球范围内不同经济体之间的经济关系发展中也是不多见的，从中充分反映出海峡经济区整合的巨大潜力。

区域经济空间中经济要素的“流量”、“流速”可以衡量区域空间的“活性”，而“流向”则指明了区域空间结构成长过程中此消彼长的方向。长期以来，两岸的经贸关系一直处于“间接、单向、不对等”的畸形状态，而且呈愈演愈烈之态势：从1980年代初期开始，祖国大陆在两岸贸易中就处于逆差地位，随着两岸“间接”贸易额的不断扩大，逆差额更呈大幅增加之势。截至2007年底，两岸贸易总额累计达7281.7亿美元，其中大陆对台出口1259亿美元，自台进口6022亿美元，大陆累计逆差达4763亿美元；投资方面，两岸资金流动呈现单向性，主要以台商对大陆的单方面投资为主。两岸贸易、投资交流的“单向性”、“非均衡性”有悖于区域经济一体化的互利双赢原则，其不断累积强化终将不利于海峡经济区的健康发展：不仅使大陆因长期贸易逆差而利益受损，而且由于台资单向流入大陆，两岸经济资源的交流不畅，无法实现优化配置，对岛内经济也产生不利影响，近年来台湾经济所面临的“产业空洞化”压力，与岛内制造业资本大规模单向流入大陆关系紧密。

2. 两岸产业分工格局、大陆台资企业集群及“本土化”初露端倪；但两岸直接交流“信道”阻塞，不利于两岸区域经济网络实现对接，从而严重阻碍两岸经贸互补潜能的发挥。

近年来，伴随着台商大陆投资的规模扩展和产业层次提升，两岸产业分工网络、台资企业集群网络逐渐形成，大陆台企“本土化”进程日益加快。

近年来，两岸产业分工已初步形成垂直分工与水平分工并存的混合分工形态。从时序上考察，大陆最初是台湾转移劳力密集产业的主要基地。自1993年起，由于大陆内销市场逐步开放及因应全球高科技产业发展，台湾电子及电器产品制造业投资祖国大陆的步伐加大，大陆开始承接台湾较为成熟的电脑及半导体等产业，主要以台湾资讯硬件产业的加工出口基地角色参与台湾高科技产业的产业分工。从公司营运角度考察,[①] 台商到大陆投资制造业，绝大多数都维持母公司在台湾继续营运，其主要机器设备、原材料及半成品等中间投入，或由母公司负责或直接向台湾地区其他企业采购，因此，伴随着台商在大陆投资不断扩充，不但台湾与大陆之间双边贸易获得快速成长，而且促进两岸产业分工关系更加紧密。从贸易结构演进角度考察，两岸贸易由经贸往来恢复、发展初期的产业间贸易为主向后来的产业内贸易为主演进,[②] 标志着两岸产业分工由垂直分工向水平分工的转化；而单就台资企业在大陆的生产作业而言，两岸产业分工的格局似乎以水平式分工为主，垂直式分工并不明显，但若就企业经营活动的整体面来观察，在大陆的子公司主要是负责生产活动，其他方面的活动如研发、产品设计、产品行销等则多由台湾母公司负责，两岸垂直分工的情形较明显。

其次，大陆台资企业的规模和关联形态也发生了很大变化：其一是近年来在岛内高科技厂商投资大陆热潮中出现的以大型高科技厂商为主导、产业链整体外移的局面；其二是大陆企业配套能力成长及本地市场商机显现中台商企业本土化趋势。两种趋势促进了台资企业集群及本土化网络的发育（高长，2001；李非，2003）。其中最典型的案例当数东莞的台资制造业企业网络和苏州的台资高科技企业网络。[③] 台资企业群聚，无疑是海峡经济区区域经济空间网络结构的亮丽图景，然而，台资企业本土化网络的发育更能反映两岸区域经济空间结构重组的水平。因为由台资企业“集团化”投资导致的台资产业的地域集群如果不能与本土企业结网，则无法根植于本土经济环境而具有“飞地式”特征；虽初步形成网络，但只是台资企业内部的网络，缺乏开放性，不属于真正意义的产业（企业）集群，因而也无法享有由集群所衍生的区域创新优势。就目前台资企业的“本土化”态势来看，虽有采购本土化、人才与管理本土化、市场与营销本土化、研发本土化、融资本土化等方面不同程度的发育,[④] 体现出大陆台资企业与本土企业结网、全方位融入大陆

---

① 高长：《制造业赴大陆投资经营当地化及其对台湾经济之影响》，http：//www.moea. gov. tw/ ~ ebook，2001，(6).

② 张冠华：《台商大陆投资对两岸贸易影响探析》，《台湾研究》，2003 年第 4 期。

③ 王永龙、郑胜利：《台商投资从集聚到集群的对策分》，《经济问题》，2002 年第 9 期。

④ 张传国：《大陆台资企业本土化经营的动因、方式与影响》，《台湾研究》，2003 年第 4 期。

经济的趋势，但总体来看尚处于初级阶段，有待深化发展。

总之，经由两岸产业分工、台资企业集群和大陆台商“本土化”的发展，海峡经济区的“网络”结构有所发育和成长，由岛内民间企业突破“政治障碍”推进的两岸区域空间交接、整合业已显现可观的成果。但是，近年来，两岸间通商与通邮已事实上实现，但通航却迟迟没有解决。两岸商品运输及人员往来仍须假道第三地，而不能全面直接通航。这种经贸活动间接往来方式，不仅徒增成本费用，而且加大商业风险，常常导致商机延误。虽然两岸已于2001年末、2002年初相继加入世界贸易组织，而且在WTO原则下台湾当局也被迫对两岸经贸实施些微程度的“松绑”，但两岸经贸交流的政策环境并未有大的改观。目前两岸经贸交往主要是基于经济上的比较利益而自发性的合作，两岸经贸关系仍停留在民间性质层次。对于经贸往来，海峡两岸只是根据各自的立场和需要进行规范、推动或限制，并未共同建立起正常有效的协调与仲裁渠道，也没有制定双方共同遵守的规范性条例。因此，对于两岸经贸往来中出现的越来越多的经济纠纷如“反倾销”、税收协调等一系列问题均难以及时、有效与合理地解决——两岸经济交流的沟通“信道”不畅通，致使两岸区域经济网络无法实现全面对接，特别是制约了两岸科技、金融等高层级合作网络建设，从而严重阻碍两岸经贸互补潜能的发挥。

3. 海峡经济区的“节结”特征业已显现，并且在“节结区”功能强化与外围地域多元化扩张并进的演进格局中，海峡经济区的空间体系结构也在开始酝酿形成。

从区域经济空间演进阶段性来看，海峡经济区已显现出明显的节结特征，处于“节结区域”的初级阶段。其中，长三角、珠三角、闽东南沿海地区由于汇集了大批台资企业，成为两岸经济交流最为密集地区与两岸产业分工网络、企业集群网络集结地，因而在海峡经济区空间结构体系中发挥“节结”功能。从目前海峡经济区诸“节结”的功能发育来看，大多处于“集聚”为主阶段，辐射、扩散功能尚待提升：①海峡东岸区域——台湾地区。由于台湾地区经济开发程度较高，资金雄厚，科技产业基础好，营销及管理经验丰富，与大陆经济形成较大发展位差，辐射和扩散功能强。目前主要是通过直接投资实施其对大陆区域的产业转移和经济渗透，但台湾当局的限制性大陆经贸政策阻碍了其扩散功能的发挥，同时也使其不能充分利用大陆资源涵养本土经济，加速推进自身产业升级和经济转型，长此以往，其优越地位会逐步丧失。②长三角区域。长江三角洲是中国经济发展速度最快、经济规模最大、发展潜力最雄厚、发展前景最被看好的经济核心区。目前，长三角“两省一市”地区正着力于内部经济的互动整合，伴随中心城市与周边地区的联动发展，长江三角洲地区呈现出台商的区域营运总部向中心城市集中，而其加工制造部门向大城市周边转移并且依据专业化分工集结而成“群落化”的分布格局——“沪昆经济联动”① 即是典型案例——显示长江三角洲的“节结功能”主要是对外集聚、对内梯度扩散。随着“集聚”的“马太效应”的增强，上海及其周边城市商务成本迅速上升，将进一步推动传统密集型产业向长江三角洲地区周围转移及向内地延伸，这一过程是其竞争实力提升、辐射、扩散等“节结功能”发展强化的过程。③珠三角地区。从目前形势看，虽然台商大陆投资的区位呈现“北上西进”的趋势，但珠三角凭借其区位优势、综合实力和业已形成的台资产业链而继续保有其对台资的独特吸引力，仍将是台商主要聚集区。特别是经由 CEPA 开启的粤港澳经济一体化，以及经由“9 +2”模式开启的“泛珠三角地区”经济合作，都会更加强化珠三角作为华南、东南、西南地区区域经济核心的地位——同时也更增强珠三角作为海峡两岸“一国四方”经济接合部的特殊的集聚与扩散功能。④环渤海地区。环渤海经济区毗邻东北亚和太平洋地区，地处中国东北、华北、西北、华东四大经济区的交叠处，是祖国大陆区域经济由东向西、由南向北推移的重要枢纽。这里聚集了近 20 个大中城市、数千家大中型企业，60 多个大小港口，以京、津双核心带动的环渤海区域是中国乃至世界城市群、工业群、港口群最密集的区域之一。历史累积的集聚效应，加之近年来日渐显现的新兴产业发展快速、外来投资日益密集、城市联合发展以及基础设施互联互通趋势，以及可预期的“企业制度创新、政府职能转变”等内部动力与奥运经济、外商投资“北上”、“振兴东北”战略等外部动力的耦合，可谓历史基础、现实发展与未来的潜力相辅相成，环渤海地

① 盛九元：《沪昆经济联动与台商投资研究》，《台湾研究》，2004 年第 2 期。

区是继珠三角、长三角之后正在崛起的中国区域经济第三支柱（张丽君，韩笑妍，2004），同样也被认为是在不久的将来有能力与珠三角、长三角“三足鼎立”的台商投资重心区域。⑤福建（闽东南沿海地区）。在两岸经贸交流方面，福建昔日的辉煌已被近年的“边缘化”走势所取代，闽东南沿海地区（厦、漳、泉、福州）的台商投资虽然近年来也在规模增长中逐步实现结构优化，而且享有“试点直航”等特殊政策优势，但较之珠三角、长三角，其作为海峡经济区空间“节结”的集聚和辐射功能较弱，影响范围较小，功能位序较低。究其原因，主要是在市场规模、交通基础设施、人才储备、集聚经济、政府效率等方面存在竞争劣势，其中多数因素都与区域经济整体发展水平低下密切相关。因此，从壮大区域经济整体竞争力出发，发挥福建毗邻台湾的地缘优势，重塑福建的区域竞争力，至关重要。为此，福建省提出了建设“海峡西岸经济区”的战略目标：把“东临台湾、西邻赣湘、北承长江三角洲、南接珠江三角洲”的福建及其周边地区建设成为“地域分工明显、经济联系紧密、中心城市支撑、市场体系统一、要素流动集聚，具有自身特点和独特优势的地域经济综合体”。① 除上述台商集中投资地域外，中西部地区的大、中城市如西安、重庆、成都、武汉等是台商大陆投资“西进”的重点，正在成长为西向扩展的“海峡经济区”的新“据点”。

综上所述，海峡经济区的“节结”特征业已显现，并且在“节结区”功能强化与外围地域多元化扩张并进的演进格局中，海峡经济区的空间体系结构也在各“节结区”集聚、辐射功能的此消彼长中开始酝酿形成。目前来看，台北无疑有条件成为海峡经济区网络体系最具权威性的主导性“节结”，但由于当局政治因素的束缚，使其功能不能充分发挥，无法担当其在海峡经济区空间网络结构中应有的角色；从目前资源配置、产业层级以及对周边地区的辐射、带动力来看，长三角、珠三角享有绝对优势，处于海峡经济区体系结构的高等级梯次；环渤海地区成长势头迅猛，未来可与长三角、珠三角相匹敌；以厦、漳、泉、福州为主体的福建东南沿海地区功能弱化，相对处于次一级等级位序。海峡经

① 中经网·福建专版：《福建确立海峡西岸经济区新定位获得高度评价》，http://www.fjzb.cei.gov.cn，2004-06-09.

济区的网络体系结构与中国区域经济格局存在密切的互动关系，因此中国区域经济最为发育的东部沿海地区也是海峡经济区的经济重心所在。

综合前述分析，可以发现海峡经济区空间演进的主要问题在于：①经济流量规模大但“信道”阻塞。“信道”是经济交流得以实现的沟通管道，包括物质的交通管道，也包括非物质的信息、资讯交流管道等。没有吞吐能量相匹配的“信道”支撑，规模经济流量的实现是不可想象的。近年来，两岸经贸交流仅贸易往来一项每年就达到数百亿美元交易额度，但都是在没有全面直接“三通”的条件下通过“间接”管道进行的。②结节特征明显发育但网络结构单一化。海峡经济区已形成长三角、珠三角、闽东南等空间网络致密地区，显现明显的“节结”区域特征。但迄今为止，两岸经贸交流是以民间组织的形式、以企业的跨海峡投资为推动的，空间网络以产业、企业网络为主；没有建立以城市为单元的交流机制，更不用说跨海峡城市交流网络；两岸高科技产业园区、出口加工区、自由贸易港区等专业化区域尚未实现对接，更无法企及借由其网络化联系实现区域创新网络的对接，海峡经济区的区域空间网络结构单一，亟待向多元化、复合化发展。③空间网络结构单向成长。由于两岸资本流动以台商投资大陆为主，由此推进的产业分工网络、企业集群网络也偏集大陆区域，此外商品流动也是以台湾出口到大陆为主，两岸的商务往来活动也主要集中在大陆——海峡经济区空间网络结构具有单向成长属性。这种单向性不利于两岸经济的互补交流机制的形成，从而大大压缩了两岸经济互动双赢的回旋空间。

很明显，上述区域空间要素发育的不对称性对海峡经济区的空间结构成长形成瓶颈制约，使两岸经济空间的对接、整合不能达成在充分、合理利用资源基础上的“帕累托”最优。究其根底，这种局面的形成主要原因在于台湾当局限制性大陆经贸政策，诸如“三通”问题等障碍是造成两岸经贸交流“信道”阻塞的直接原因。而其背后的主导因素，也即海峡经济区发展的深层制约因素，则在于“台独”政治。

（原载于《厦门大学学报》（哲社版），2005 年第 5 期，数据有更新）

参考文献

[1] 曹小衡:《东亚经济格局变动与两岸经济一体化研究》, 中国对外经济贸易出版社, 2001 年版。

[2] 单玉丽:《台商在大陆投资的区域分布及未来走势》,《台湾研究》, 2003 年第 4 期。

[3] 张丽君、韩笑妍:《中国环渤海经济圈的现状及前景》,《台湾经济研究月刊》, 2004 年第 1 期。

[4] 陈修颖:《区域空间结构重组: 理论基础、动力机制及其实现》,《经济地理》, 2003 年第 4 期。

[5] 张冠华:《台商大陆投资对两岸贸易影响探析》,《台湾研究》, 2003 年第 4 期。

[6] 王永龙、郑胜利:《台商投资从集聚到集群的对策分》,《经济问题》, 2002 年第 9 期。

[7] 张传国:《大陆台资企业本土化经营的动因、方式与影响》,《台湾研究》, 2003 年第 4 期。

[8] 盛九元:《沪昆经济联动与台商投资研究》,《台湾研究》, 2004 年第 2 期。

当前两岸经济合作机制创新的空间与路径

唐永红*　邓利娟

摘　要：创新两岸经济合作机制是经济全球化与两岸经济体自身发展的必然要求。WTO为两岸经济合作机制创新提供了法律依据与空间，但当前两岸政治关系对这一空间构成了严重挤压和约束。两岸应在遵守WTO规则基础上吸收近年来国际上次区域经济合作方式的成功经验，积极探索两岸经济合作的新形式。目前厦－高与厦－金已有较好的经济交往与合作基础，两岸先行共建厦－高、厦－金跨关境自由贸易区应是突破当前两岸经济合作机制创新瓶颈的现实路径。

关键词：两岸经济合作机制；次区域经济合作；跨关境自由贸易区

近20多年来，海峡两岸的经济交往与合作在经济全球化进程中日益加强，当前两岸无论在贸易、投资还是在分工方面，都有着较为密切的联系，两岸功能性经济一体化正在自发形成和深化之中，为两岸制度性一体化构成了一个内在需要及基础条件。但与此同时，由市场机制主导的两岸经济关系是在有限制的经贸政策环境空间的约束下进行的，呈现出单向、间接、民间的状态，不仅本身未能实现其可能的发展规模，而且远未充分发挥其对两岸经济发展的促进作用。而随着两岸在新世纪初相继加入WTO，变革与创新两岸经济体之间的合作方式，进一步破除交往与合作的障碍与壁垒，成为两岸进一步参与全球化进程和实现经济再发展的必然要求与选择。由于经济全球化是一个利弊兼存的动态发展过程，各经济体主要是根据自身经济发展的需要，选择不同的方式与途

* 唐永红：经济学博士，厦门大学台湾研究院经济所副所长，厦门大学台湾研究院助理教授、硕士生导师、国家“985工程”台湾研究创新基地成员。研究方向：两岸经贸、特区经济。

径介入经济全球化进程的不同阶段，相应的，各经济体之间的交往与合作方式也应随着经济全球化发展而变化发展。就当前的两岸经济体而言，创新经济合作方式，特别是推动制度性经济一体化，是充分整合两岸较强的经济互补性，在经济全球化深化发展中进一步谋求各自最大化利益的需要；是进一步增强两岸经济合作，应对经济全球化不确定性与风险的需要；是两岸经济体在经济全球化与区域化深化发展中增强国际竞争力和防止边缘化的需要。简言之，当前两岸在经济全球化中自发形成的功能性经济一体化与追求自身再发展的需要正在急迫地呼唤两岸高层次的制度性合作。正是在这种背景之下，2005 年 4、5 月连、宋大陆行时两岸正式提出了“两岸共同市场”及“两岸自由贸易区”的议题。然而，区域经济合作特别是制度性合作本来就是一个长期艰难的过程，再加上现阶段两岸政经互动的格局，全面性的两岸经济合作机制的建立显然不是短期内可以预期的，因此，探讨当前两岸经济合作机制创新的空间及其突破的路径无疑具有十分重要的意义。

一、两岸经济合作机制创新的空间与约束

如上所述，建立两岸经济制度性合作机制是经济全球化与两岸经济体自身发展的必然要求。然而，全球化下的双边经济合作机制创新一方面要遵循 WTO 等多边经贸体制的有关规范，另一方面依然受制于双边的政治经济关系。事实上，WTO 已经为当前两岸经济合作机制创新提供了法律依据和空间，但当前两岸政治关系却对这一空间构成了严重挤压和约束，而现阶段两岸经济的交往方式则是两岸经济合作机制创新的另一个制约因素。

1. WTO 与两岸经济合作机制创新

WTO 的基本法律原则与有关规定，特别是最惠国待遇原则和国民待遇原则是 WTO 各成员都必须遵守的。但是 WTO 整个法律框架体系是以一种现实主义精神安排游戏规则的，以保证各成员方都能够从参与经济全球化中获益。这种现实主义精神的核心就是“原则中有例外，例外中有原则”，它充分考虑了经济全球化发展的趋势及其面临的各种现实条件的约束与制约，对成员方在国际或国内采取非均衡发展战略所做的各

种特殊安排包括区域经济一化措施也给予了有条件的容许。WTO对区域经济一体化安排的有条件容许，体明确体现在GATT第24条及乌拉圭回合有关GATT第24条解释的谅解（关于最惠国待遇原则在关税同盟与自由贸易区的例外安排）、GATT文本第四部分（贸易与发展）与1979年“东京回合”形成的“授权条款”（涉及发展中成员方建立经济一体化组织的规定）、乌拉圭回合所达成的GATS第5条（关于服务贸易方面的区域经济一体化安排）等规定之中。这些规定的核心是把区域经济一体化安排作为多边最惠国待遇等原则的一个例外，同时为其形成与发展限定了一些基本条件。①

自由贸易区是一体化程度较低的区域安排，也是现行较为流行的一种区域一体化形式。尽管目前国际上自由贸易区大都是国家与国家之间建立的，而大陆与台湾同属一个国家，不是国与国之间的关系，但是基于在WTO框架下的中国大陆主体与台湾单独关税区之间的同为WTO成员方的特殊关系，同样可以引用上述WTO一体化例外规定，进行自由贸易区等形式的区域经济一体化安排。这是因为作为WTO成员资格的先决条件是单独关税区，而非主权国家，这是作为单独关税区的台湾能与大陆同为WTO成员的法律基础。相应的，非主权国家性质的单独关税区因此具有依据WTO相关条文而进行区域经济一体化安排的主体地位。这就是两岸能够进行自由贸易区等形式的区域经济一体化安排的法律依据。换言之，作为经济全球化在全球多边层面上的一种组织实现形式和制度保障的WTO，已经为当前两岸经济合作机制创新提供了法律依据与空间，两岸可以在遵守WTO有关规定基础上实行某种程度与形式的经济一体化安排，以便超越WTO最惠国待遇原则和关于经贸活动自由化和市场准入的最低水平要求，彼此实行更加自由化与便利化的经贸活动措施，相互提供更大范围或更加优惠的市场准入条件。

2. 两岸政治关系与两岸经济合作机制创新

尽管创新两岸经济合作机制，推动两岸制度性经济一体化进程，是经济全球化与两岸经济体自身发展的必然要求；WTO在多边层面上也为

---

① 参见邓力平、唐永红：《经济全球化、WTO与中国特殊经济区再发展》，厦门大学出版社，2003年版，第110－119页；具体法律条文参见第366－377页。

其提供了法律依据与平台，但是，两岸经济交往与合作方式向来受制于两岸政治关系的约束。近年来由于台湾当局拒绝承认“一中原则”，坚持“台独”分裂立场，更使得这一约束极为突出。事实上，在两岸缺乏基本的政治共识与互信、经济问题被高度政治化的背景下，WTO为两岸经济合作机制所提供的良好平台难以得到应有的尊重和应用。台湾当局一方面担心两岸过于紧密的交流交往和经贸关系会危及其所谓的“政治安全”，尽量阻止或拖延两岸经贸关系正常化进程；另一方面则不顾在WTO内的两岸关系仅是中国大陆主体与台湾单独关税区因同为WTO成员方而形成的平等经贸主体之间的关系的事实，极力企图借助WTO这一经济平台来显示所谓的两岸“主权对等”，把两岸政治关系问题国际化。一个时期来台湾当局对可以由两岸民间行业组织进行协商的台湾农产品输往大陆的等相关事宜，却强调要在WTO框架下来协商，就是这种企图的明显表现。① 而大陆对任何违反“两岸一中”的做法显然都是不可能同意的。由此可见，两岸间的经济问题明显被政治化了，虽然建立两岸经济合作机制，推动双方制度性经济一体化在当前有强烈的经济方面的内在动力与外在压力，但却没有起码的政治互信基础，因而现有的WTO平台无法适当应用，即便一些有效的民间对民间的协商方式也不能实现。换言之，当前两岸经济合作机制创新的空间受到了两岸政治关系的强烈挤压和约束，迫切需要寻求突破。

3. 两岸经济交往方式与两岸经济合作机制创新

理论而言，经济交往是经济合作的基础与动力，经济合作是经济交往的深化和保障，但一定的经济合作方式有赖于一定的经济交往方式。某种程度与形式的经济一体化安排需要成员方之间彼此开放相应的市场，需要成员方之间彼此经贸往来活动的自由化与便利化。但是，当前两岸经济交往方式同样因两岸政治关系僵局而扭曲，还处在局部、间接、单向的不对称状态和高度受限阶段，远未达到经济一体化所要求的经济交往方式状态——两岸全面、直接、双向“三通”。因此，当前两岸经济合作机制创新还受到两岸经济交往方式的制约，需要探索能够同

---

① 参见言恒：《台欲借香港WTO会议同大陆咨商农产品行销事宜》，中国台湾网(www.chinataiwan.org)，2005年6月13日。

时实现经济交往方式创新与经济合作机制创新的可行路径。

综上所述，虽然当前两岸经济体都有着创新交往与合作方式，实现两岸制度性经济一体化的内在动力与外在压力，WTO 也为其提供了法律依据与空间，但是，在两岸当前的政治关系状态条件下，两岸全面性的“三通”不是短期内可以实现的，而两岸全面性的制度性经济合作机制的建立更是长期性的艰巨工作。当前迫切需要寻求一个突破口与切入点，探索能够为两岸同时接受的、既符合 WTO 规范又能够突破两岸政治关系约束的两岸经济合作机制，特别是能够促进两岸全面性“三通”与经济一体化进程同时启动的新形式与新途径。

二、两岸经济合作机制创新的原则与路径

为了寻找当前建立两岸经济合作机制的有效突破口与切入点，我们在说明当前两岸经济合作机制创新的基本原则的基础上，进一步提出创新的路径构想。

1. 当前两岸经济合作机制创新的基本原则

一方面，WTO 为两岸经济合作机制创新提供了法律依据和空间，两岸经济合作机制的创新应遵守 WTO 的法律原则和有关规定。而另一方面，当前海峡两岸的特殊政治经济格局，决定了两岸经济合作方式不能全盘照搬目前国际经济交往与合作的现成原则与模式，而只能在有所借鉴的基础上，考虑 WTO 框架的相关要求，建立一套适合海峡两岸现实情况的原则和模式。具体而言，我们认为，当前两岸经济合作机制创新应依循下列几项原则。

其一，政经暂时分离原则。

虽然政治关系与经济关系具有相互作用的互动关系，但经济活动有着自身内在规律，并在长期上会对政治关系问题起着决定性作用。而进一步加强两岸经贸关系是客观趋势所致，海峡两岸有关方面应就建立两岸经济合作机制问题积极地交换意见。鉴于两岸在短期内难以就“两岸一中”问题达成共识，当前两岸经济合作机制的创新可以采用经济合作和政治合作暂时分离的原则。随着两岸之间经济交往与联系的不断加强，经济一体化程度的不断提高，将为消减两岸之间的政治分歧提供坚

实的经济基础与动力。

其二，符合 WTO 规则原则。

海峡两岸都已是 WTO 成员方，WTO 下两岸经济交往与合作自然应遵守 WTO 的法律原则和有关规定，特别是应严格遵守最惠国待遇原则和国民待遇原则。多年来，台湾当局禁止台湾与大陆进行直接贸易，限制直接投资，并且对与大陆交往设立种种限制，拒绝给予大陆最惠国待遇原则和国民待遇原则，从而造成对大陆公司和居民的歧视，并使两岸经贸交流长期处于局部、间接、单向状态，严重阻碍了两岸经济互补性优势的充分发挥。WTO 下台湾当局有义务遵守 WTO 规则，调整其大陆经贸政策，按照对 WTO 的承诺开放市场，给予大陆最惠国待遇原则和国民待遇原则。

其三，超越 WTO 谈判内容原则。

两岸经济合作机制的创新，首先需要遵守 WTO 的基本法律原则与有关规定。但是在遵守的基础上超越 WTO 框架谈判内容，应成为两岸经济合作机制创新的核心原则。即不论 WTO 有关协议所要求的义务如何，两岸应当在遵守 WTO 有关规定下创新经济合作机制，以便相互提供比 WTO 协议要求更优惠的条件，从而才能更好地整合利用两岸各自的互补性优势，加快各自经济的发展，增强参与经济全球化与多边经贸体制的实力。例如，两岸可以引用前述 WTO 一体化例外规定，进行自由贸易区等形式的区域经济一体化安排；两岸还可以在遵守 WTO 有关特殊经济区的规范要求的基础上各自在两岸临近的局部地区建立单边的自由贸易区，进而共建跨关境的自由贸易区，以特区对接的方式渐进推动两岸制度性经济一体化。

2. 当前两岸经济合作机制创新的路径构想

在遵循上述基本原则基础上，作为当前两岸经济合作机制的突破口与切入点，一个现实可行的方式就是深入挖掘和发挥两岸现有的“试点直航”和“小三通”的潜力，在具有“试点直航”与“小三通”现实基础条件的两岸次区域层面上先行一步，建立可对接的单边自由贸易区，进而共建厦－高、厦－金跨关境自由贸易区，实现小范围的、低协调水平的制度性交往与合作，以局部、渐进的方式为将来更大范围、更高层次的制度性经济一体化探索经验和奠定基础。

就建立可对接的单边自由贸易区而言，当前厦门经济特区应在现有的发展基础上转型为一个遵循 WTO 无歧视原则的、境内关外的，集研发制造、国际贸易、物流分拨、仓储展示、过境转运、国际金融、休闲旅游等多项功能于一身的综合型世界自由贸易区，以便与台湾当前正在实施中的高雄等自由贸易港区对接，在两岸特区之间率先实质性地启动两岸直接、双向“三通”。当然，目前台湾方面实施中的高雄等自由贸易港区也应遵循 WTO 无歧视原则，在自由贸易港区内给予作为 WTO 成员的大陆方面应有的待遇。

就共建厦-高、厦-金跨关境自由贸易区而言，两岸可以在厦门特区与高雄、金门地区的现有条件特别是“试点直航”与“小三通”现实基础上，共建开放性的多功能综合型厦-高、厦-金跨关境自由贸易区，整合并充分发挥厦门、高雄、金门等地的海港、空港优势以及其他经济发展资源与条件，使之成为海峡两岸的国际贸易中心、物流分拨中心和以高科技产品为主导的加工制造中心，成为国际物流链的重要环节，并具备区域的辐射功能，从而在两岸特区之间率先实质性地启动两岸经济一体化进程。在此基础上，进一步建立开放性的厦-高、厦-金跨关境自由经济区，实现生产要素的自由流动与优化配置，发展成为国际化的区域性资金流、物流和信息流的汇集区，最终发展成为国际化区域经济中心。

简而言之，先行建立次区域性跨关境自由贸易区，是当前两岸政治关系僵持对峙背景下，建立两岸经济合作机制的一个较好突破口，它能够促进两岸全面性“三通”与制度性经济一体化进程同时启动。

三、建立次区域性跨关境自由贸易区的可行性

上述先行建立两岸次区域性跨关境自由贸易区的思路与构想，不仅现实意义突出，而且从 WTO 有关规范、两岸关系发展态势、一般经济条件等层面看还具有较大的可行性。

1. WTO 规范与国际实践上的可行性

从 WTO 对世界特殊经济区的有关规范来看，一个开放性的、无歧

视性的、可对接的单边自由贸易区或次区域性的跨国（跨关境）的自由贸易区符合 WTO 有关要求。① 与 WTO 的一体化例外规定类似，WTO 以“原则中有例外，例外中有原则”的现实主义精神有条件容许作为经济全球化在单边层面上的一个阶段性产物与实现形式的特殊经济区的存在和发展。WTO 允许其成员方在其特定的产业或特定的区域实施特殊制度、优惠性政策措施，但条件是不得有违透明度原则和非歧视原则，且《WTO 协定》和各成员方加入议定书的规定应适用于各成员方的全部关税领土，包括其各种特殊经济区域。也就是说成员方应在其包括特殊经济区的关税领土内统一实施贸易制度与关税政策，但在特殊经济区仍然可以提供一些特殊制度、优惠政策，只是这些特殊制度、优惠政策以及在特殊经济区所实施的贸易自由化与市场准入水平不得低于其对 WTO 承诺的约束义务水平，即不得低于在其他地区实施的贸易自由化与市场准入水平，并且必须以透明的方式同时对所有的 WTO 成员提供。

从国际实践的情况来看，特殊经济区的存在与发展已有很长的历史了，随着世界经济的发展，特殊经济区的内涵与外延均发生了深刻的变化，其在各国经济与世界经济中的地位及作用日益受到重视，建立和发展特殊经济区已是当今国际性的潮流。据统计，到 1996 年底，世界上特殊经济区的数量已经超过 1000 个。② 引人关注的是，近年来世界特殊经济出现了由单边的一国内部型向双边或多边的跨国（跨关境）型发展的新趋势，即几个主权国家或单独关税区把各自的彼此相邻的部分领土结成一个一体化的经济区域。世界上的各类增长三角（Growth Triangles）就是这种次区域性的跨国（跨关境）特殊经济区的典型形式。1989 年 12 月，在新加坡的倡议下，由新加坡、马来西亚的柔佛州、印度尼西亚的廖内群岛之间的三角地带建立了经济开发区。20 世纪 90 年代以来由联合国开发计划署统筹制定的“开发图们江三角洲计划”也在积极推进中，将把中国、俄罗斯和朝鲜三国共同接壤的图们江三角洲地区建设成一个次区域性跨国自由贸易区。由此可见，在各国或各地之间由于存在较大差异，建立区域经济一体化组织较为困难时，次区域经济合作方式

① 参见邓力平、唐永红：《经济全球化、WTO 与中国特殊经济区再发展》，厦门大学出版社 2003 年版，第 83－89、189－191 页。

② 数据引自高洪深：《区域经济学》，中国人民大学出版社，2002 年版，第 88 页。

是一种符合实际的选择。

2. 两岸关系现状下的现实可能性

从两岸政治经济关系的发展态势来看，建立可对接的单边自由贸易区或共建厦－高、厦－金跨关境自由贸易区也具有一定现实可能性和可操作性。如前所述，当前制约两岸经济合作机制创新的关键性因素是两岸政治关系的僵持，无法进行较高层次的协商合作。局部地区的可对接的单边自由贸易区和次区域性的跨关境自由贸易区在经济运作机制上主要是市场调节性的，一般只需要参与方的地方政府间的低水平低层次的松散性、随机性协调，即在小区域范围内的贸易、投资、运输、通信、旅游、资源开发等一系列松散型的随机性的经济合作行为。因而，在当前两岸政治关系状态下，两岸在次区域一级的接壤地区之间求同存异，先行一步，在“试点直航”和“小三通”现实基础上，建立可对接的单边自由贸易区或共建厦－高、厦－金跨关境自由贸易区，实现这一小范围的、低协调水平的经济一体化形式，有其一定的现实可能性和可操作性，也符合从局部到整体、由量变到质变的发展规律，有利于以渐进方式推进更高层次的一体化及自由化。

就大陆方面而言，进一步发展厦门经济特区，进一步发挥其在改革开放与现代化建设中的带动与示范作用，特别是进一步发挥厦门特区对台独特优势和作用，促进海峡两岸的交流与融合以及两岸经贸合作发展，是既定的发展方略。在新形势下，特别是在 WTO 多边经贸体制和当前两岸政治关系约束下，建立可对接的单边自由贸易区或共建厦－高、厦－金跨关境自由贸易区，可以进一步发挥厦门特区的优势与作用，可以在实现厦门特区自身再发展的同时实现两岸关系特别是经贸关系的再发展。因此，只要是有助于实现厦门特区历史使命的政策措施，均有可能获得各级政府的大力支持。2004 年 8 月国务院正式批准厦门试点“区港联动”，就是一个例证。

就台湾方面来说，台湾目前正在推动以自由贸易港区为代表的经贸特区计划，这为两岸单边自由贸易港区的对接和厦－高、厦－金跨关境自由贸易区的形成提供了可能。事实上高雄自由贸易港区经过一段时间筹备后已于2005 年初正式营运，而金门作为一个离岛，对台湾的政治重要性及其影响有限，加之金门本身有着良好的港口和基础实施，台湾当局也有可能将其作为向世界特别是大陆开放的一个前沿与窗口。2005年6月12日国民党主席候选人王金平就提出将金门打造成“一网三区”的“新金门”构想（即“两岸客货航线网”和“两岸台商信息交流区”、“金门和平观光特区”、“金厦共荣经济特区”）。①

再从两岸经济交往方式看，现阶段两岸已有福州与高雄、厦门与高雄的“试点直航”和马尾与马祖、厦门与金门的“小三通”，这为福建沿海地区与金、马、高等地的交流与交往提供了通道。虽然目前这一通道尚不够及时、便捷、顺畅，并由于台湾方面仅限于开放金马民众与货物的直接往来而无法完全满足两岸交流交往的客观需要，但客观上为建立可对接的单边自由贸易区或共建厦-高、厦-金跨关境自由贸易区提供了的初步的直航条件。而且，在客观形势的压力下，未来台湾当局有可能对“试点直航”与“小三通”等相关政策限制进一步放宽，使金马或高雄地区成为两岸货物运输与人员往来的中转地之一，从而有助于上述两岸次区域经济合作的发展。

3. 一般经济条件的可行性

从自由贸易区理论与国际实践看，建立自由贸易区，一般除了要在法律制度、经济政策与管理体制等方面营造适宜开展国际经济活动的良好软环境条件之外，还在地理区位与基础条件等硬环境方面有着较高的要求，主要包括：有利于开展国际经济活动与发挥集散功能的优越的地理区位特别是良好的位置接触性②与广阔的服务区域③、完善的基础设施特别是优良的港口与便捷的国际国内通道、良好的发展基础与环境等等。实践中，需要在世界经济发展背景下，运用成本-效益分析法并综合考虑与权衡各种因素，来判定特定地点建立自由贸易区的可行性。从设立自由贸易区的上述一般经济条件来看，建立可对接的单边自由贸易区或共建厦-高、厦-金跨关境自由贸易区显然具有必要的基础条件。限于篇幅，这里仅就相对重要的区位与服务区域条件、港口与物流条

① 参见火山：《王金平倡议金门建“一网三区”打造稳健两岸关系》，中国台湾网（www.chinataiwan.org），2005年6月13日。

② 所谓位置接触性是指自由经济区所在位置都是国际航运的必经之路，对国际贸易活动起着桥梁作用。

③ 所谓服务区域（Area Served）是指自由经济区等特殊经济区所能服务的区域，它既包括特区背后的内陆地区即所谓腹地（Hinterland），也包括构成特区主要物流网络的海外区域。

件、成本－效益条件对建立厦门、金门、高雄自由贸易港区的经济可行性作简要分析。

（1）区位与服务区域条件

厦门、金门、高雄地处东南亚国家与中国大陆、台湾联系的中心位置、东北亚和东南亚国际主航线的海上交通要冲。厦门、金门距香港、高雄和台中等大港均在一日航程之内，是华东和华南两大港群之间的航运次中心，同时又是南北航运的必经之地，是面向海外、利于大船集疏和向南、北、中三面辐射的理想口岸。厦门港北距福州港 200 海里、上海港 561 海里，南距汕头港 132 海里、香港 287 海里，东距高雄 165 海里、台中 136 海里，处于长江三角洲经济区与珠江三角洲经济区之间，既是上海、香港连线中点上的起着承上启下的一个重要枢纽港口，也是闽东南经济区的重要出海口①。此外，厦门还处于上海和广州之间，又在这两大城市经济的辐射半径之外，而且后方陆域腹地包括福建全省、粤东、赣南、赣东，直至长江中下游以南地区，开发前景广阔，这种地理区位有利于发展成为区域中心城市。位于台湾海峡中的金门，东距基隆 198 海里，南距高雄 160 海里，西距厦门约 18 海里，② 可以作为台湾本岛与大陆连接的桥梁。西南濒临台湾海峡、开发甚早的高雄，是台湾第二大城市，也是南台湾首要的工商重镇，作为台湾当前最大的国际港埠，在台湾经济发展中扮演着举足轻重的角色。显然，上述区位条件可以让厦门、金门、高雄、香港、澳门、广州、上海等主要城市与口岸形成“竞争为辅、合作为主”的共同发展关系，建立厦门、金门、高雄自由贸易区具有良好的位置接触性和广阔的服务区域。

（2）港口与物流条件

总体上看，厦门、金门、高雄具有建立自由贸易港区的港口与物流条件。厦门港是中国东南沿海天然深水良港，岸线总长 154 公里，港内航道全长 30 公里，5 万吨轮船不受潮位限制可随时出入，15 万吨船舶可候潮进出。厦门港现已有生产性泊位 86 个，其中万吨级以上的深水泊位 24 个，可靠泊第六代集装箱船和 7 万吨级以上豪华客轮。厦门港已

---

① 数据引自中共厦门市委政策研究室：《携手合作共创辉煌——厦门与台港经济合作研讨会论文集》，1997 年，第 164 页。

② 数据引自 http：//www. huaxia. com/tw/zbtw/24. html.

经发展成为一个以外贸运输和临海工业为主，兼有旅游客运、国际中转、过境贸易等功能，配套设施齐全的国家大型一类港口，是中国七个主枢纽港之一。全球20大班轮公司均在厦门设点，带来大量干线班轮停靠，厦门港已挺进亚太干线港之列。截至2004年底，厦门港累计开辟集装箱航线81条，其中有班轮直达国际航线65条，航班密度达每月469班次，基本覆盖全球各主要港口，与世界300多个港口建立业务联系，并与160多个国家和地区建立了经贸关系，开辟有15条欧美等远洋航线，27条东南亚等近洋航线。2004年厦门港全年港口货物吞吐量完成4261.37万吨，全港集装箱吞吐量完成287.17万标箱，跻身世界集装箱港口30强之列，两岸试点直航集装箱吞吐量36.21万标箱。① 厦门港还拥有与之配套的比较发达的水路、陆路和航空集疏运输体系。厦门空港有海关一级监管仓库，可提供提货、收货、报关、报验一条龙服务，是中国大陆第六大航空港（现有货站仓储面积近3万平方米，在建货运仓库2.5万平方米，保税仓库1.5万平方米，正在规划、建设投资5.7亿元的60万平方米空港物流园区一期工程②）、华东地区仅次于上海的重要航空枢纽，是中国大陆联接东南亚国家的重要枢纽，其国际航空货物主要流向欧洲、日本、新加坡、北美及台湾地区。而福建三横两纵的铁路交通网，通过鹰厦铁路等与全国铁路网连接，覆盖华北、西南、华中、华东等地区，为货物运输提供了方便快捷的服务。金门岛四面环海，潮高水深，环岛多港湾口岸，可停泊船艇者计30余处。③ 金门与高雄等地辟有海运与空运航线。2002年金门海港物资进出口总量达965,692公吨。④ 金门空港是金门出入境人员的首选通道。而高雄港作为国际排名第六的国际枢纽港，拥有码头115座，其中集装箱码头船席26座，可供15万吨级海轮进出港和停泊，港区水域有锚泊地2处，可停泊190多艘船舶，可系泊25万吨级的巨型油轮。此外，高雄港运输系统完善，有海底隧道与市区相同，有铁路与干线公路与港口衔接，与岛内各

① 关于厦门港的有关数据或直接引自或根据厦门市2003年、2004年国民经济和社会发展统计公报以及http：//www.fdi－xiamen－cn.com/v4/html计算得出。

② 参见http：//www.fdi－xiamen－cn.com/v4/html.

③ 数据引自http：//www.huaxia.com/tw/zbtw/24.html.

④ 数据引自金门县政府主计室：《金门县政府统计年报》，2003年第49期。

地有快速道路系统连接，货物集散方便快捷。2000年以来，高雄港货物吞吐量一直保持在1亿吨以上，但受制于两岸迟迟无法“三通”以及近年来迅速崛起的上海、深圳等港口的竞争，高雄港在国际航运格局中的地位从世界排名第三位下降到了2003的第六位。① 这也从一个侧面说明了设立无歧视性的可对接的高雄自由贸易港区或共建厦－高自由贸易区的现实意义。

（3）成本—效益条件

一般说来，设立自由贸易区的效益主要来自建立之后产生的经贸创造与扩大效应，即产生于因摆脱原来与服务区域内各国或各地的社会政治经济制度障碍而形成的经贸限制或因经济政策自由化与便利化提升了设区地的国际竞争力，把原来由外国或外地提供的货物与服务或原来无利可图的货物与服务项目以及国际资本吸引到自由贸易区所带来的经济收益。显然，这种效应大小取决于设区地与服务区域的异质性大小、②服务区域的大小、区位和港口条件等因素。设区地与服务区域的异质性越明显，设区后突破的经贸障碍就越大，经贸活动的增量也越大；服务区域越广阔，经贸流量越大；区位优势越大，对服务区域内的企业与资本的吸引力就越强，设区后的经贸活动扩张潜力也越大；港口交通条件越好，物流运输越方便，转口贸易量越大。设立自由贸易区的成本主要隔离成本、关税减免损失和经贸转向效应。隔离成本是指为防止设立特区对本国其他地区社会经济冲击而付出的费用和为防止走私而建立与维持隔离设施所付出的费用，其大小取决于特区的地形和特区与本国政治经济中心的远离性。关税减免损失是根据机会成本原理按照没有设立特区条件下的进口额计算减免关税后的财政损失。经贸转向效应是指由于减免关税使得本地和本国货物与服务的竞争力在特区内不敌外国货物与服务而被外国替代从而对设区国造成的经济损失。本地、本国货物与服务的国际竞争力越弱，在特区内的销售额越大，经贸转向效应就越大。就建立厦门自由贸易区而言，厦门特区不仅远离大陆的政治中心，而且

① 数据引自张传国：《厦门港与高雄港综合竞争力的定量化比较研究》，《台湾研究》，2005年第2期，第25－30页。

② 所谓服务区域异质性是指自由经济区等特殊经济区、内陆腹地、服务区域所及的外国三者在社会、政治、经济等方面的制度与政策差异性。

是一个凭借海堤和跨海大桥与大陆连接的海岛，因而隔离成本较低。特殊的海岛地形使厦门特区内的现有企业和人口规模相对比较确定，加之特区经济以外向型为主且国际竞争力较强，因而关税减免损失与经贸转向效应也不会过大。在效益方面，基于前述区位优势与港口条件，在大陆当前的关税水平条件下，自由贸易区经贸活动的自由化与便利化必将进一步吸引国际经贸活动的进入，产生较大的经贸创造与扩大效应。特别是鉴于大陆与台湾目前在政治经济制度上存在较大的差异性，在相互关系方面存在较大的对立与分歧，通过自由贸易区对接的形式将有助于克服当前两岸全面“三通”和全面制度性经济一体化的障碍，可以在两岸经贸方面产生较大的创造与扩大效应。显然，在设立自由贸易区的成本-效益方面，金门、高雄与厦门特区有着类似的条件。限于篇幅，不再具体阐述。

（原载于《台湾研究》2005 年第 6 期）

参考文献

［1］邓力平、唐永红：《经济全球化、WTO 与中国特殊经济区再发展》，厦门大学出版社，2003 年版。

［2］高洪深：《区域经济学》，中国人民大学出版社，2002 年版。

［3］中共厦门市委政策研究室：《携手合作共创辉煌——厦门与台港经济合作研讨会论文集》，1997 年。

［4］金门县政府主计室：《金门县政府统计年报》，2003 年第 49 期。

构建两岸合作试验示范区，推进海峡西岸经济区建设

唐永红

摘　要：“海峡西岸经济区”战略构想目前虽然在部委层面得到一些支持，但尚未成为中央层面的区域经济发展战，在改革开放发展的更深层次方面未能获得中央层面的大手笔性质的先行先试特殊政策支持。发挥对台优势，寻求突破两岸政治僵局的约束进行两岸制度性合作与交流的途径，以促进两岸合作与交流进一步发展，这是当前中央寄予福建的期望，也是福建当前的机遇。福建当前应该而且可以在建立两岸“区域对区域”合作机制中发挥重大作用，应寻求中央的政策支持，率先构建“两岸合作试验示范区”，从而借助这一政策试验平台，推进“海峡西岸经济区”建设。

关键词：两岸合作试验示范区；两岸经贸合作试验示范区；海峡西岸经济区

一、“海峡西岸经济区”构想面临困境

福建省委及省政府自 2004 年起以“操之在我”的方式开始实施“海峡西岸经济区”战略构想，一方面以福建省“十一五”规划方式实施这一战略构想，另一方面在吁请中央支持的同时，积极谋求中央各部委的支持。事实上，中央许多部委对支持海峡西岸经济发展和闽台产业对接也出台了许多优惠措施。

然而，“海峡西岸经济区”战略构想目前虽然在一些部委层面得到一些支持，在基础设施建设、海关通关、检验检疫、对台农业交流合作等局部领域有所推进，但在改革开放发展的更深层次方面，尚没有得到更高层面（中央）的大手笔性质的先行先试特殊政策支持。

其主要原因在于，“海峡西岸经济区”战略构想目前虽然获得国家有关部委的支持，但尚未正式得到中央层面的确认和批准。这可以从中国共产党十六届五中全会和国家“十一五”规划中的提法看出端倪。无论是十六届五中全会还是“十一五”规划都是这样的用词：“支持海峡西岸和其他台商投资相对集中地区的经济发展”。从来没有明确地说支持“海峡西岸经济区”的建设与发展。可见。中央目前对“海峡西岸经济区”的态度是“消极的支持”，而不是“积极的支持”，即既不反对也不在中央层面提供积极的制度与政策支持。

中央之所以会有如上的态度，笔者认为，其深层次原因在于“海峡西岸经济区”战略构想没有提出能让中央层面信服进而着手推动的充足理由。

首先，经济区这一概念在制度与政策需要这一层面的涵义，不同于经济开发区或经济特区。经济区通常是在既有制度与政策框架下，通过区域中各微观经济主体的市场经济活动而自然形成的比较紧密的区域内经济分工与合作关系状态。而经济开发区或经济特区通常是中央在该特定区域通过实施特殊制度与优惠政策，以实现特殊的使命与目的而建立和发展起来的，可谓特殊政策试验区域。这种特殊政策试验区可以促进经济区的形成与发展。因此以“海峡西岸经济区”而不是以“特殊政策试验区”的概念与名义，去吁请中央给予特殊制度与政策支持，本身就不符合逻辑。换言之，“海峡西岸经济区”要想获得中央的支持，应以某种“特殊政策试验区”的名义去吁请。

其次，“海峡西岸经济区”本身是以福建省为主体的区域范围，需要中央政府进行省际协调的要求不是十分突显和必要。因此，中央可以认为福建地方政府自己主导推动“海峡西岸经济区”建设就可以了。当然，这不排除在既有的体制内由各部委与福建省政府配合推动的努力。事实上，“海峡西岸经济区”构想当前面临的情况就是如此。

最后，也是最为主要的因素在于，中央可能认为福建省提出“海峡西岸经济区”这一构想的主要动因，是着眼于地方经济发展的考虑而寻求中央支持而已，而不是从全国高度与中央层面出发去完成中央赋予的特殊使命的需要。而事实上，随着中国大陆改革开放发展进程的深化，中央越来越需要地方政府超越地方主义的局限，能够从全国高度与中央层面考虑改革开放发展的问题。另一方面，随着两岸关系发展演变，中央也越来越需要福建地方能够进一步发挥其对台优势，在两岸交流与合作方面开创新的局面。而福建提出的“海峡西岸经济区”构想虽然标榜旨在促进两岸和平统一，但却明显缺乏达此目标的实质性的、切实可行的举措安排。

二、以“两岸合作试验示范区”推进“海峡西岸经济区”建设

“海峡西岸经济区”构想要得到中央层面的“积极的支持”，就必须转变其倡导的思路，并提出切实可行的策略。笔者认为，应把“海峡西岸经济区”的区域发展诉求融入大陆区域经济发展协调发展的需要，以及两岸整体层面的和平、发展与合作的需要。也就是说，不应仅仅停留在以福建为主体的海峡西岸经济发展的地方层面，更应从大陆区域经济协调发展的角度；不但要从大陆区域经济协调发展的角度，而且要着眼于促进两岸和平、发展与合作的高度以及现实可行性角度，去提出切实可行的路径和具有可操作性的建议。只有如此才可以说服中央并获得“积极的支持”。因此，首先，必须明了中央当前对福建的期望和需要。

发挥对台优势，寻求突破两岸政治僵局的约束进行两岸制度性合作与交流的途径，以促进两岸合作与交流进一步发展，这是当前中央寄予福建的期望，也是福建当前的机遇。

众所周知，自大陆实行改革开放与和平统一的战略以来，两岸各项交流与合作的发展基本上都是在民间层面上进行的，缺乏两岸当局层面的制度性合作的支持。这种情况下的两岸交流与合作，不仅面临许多政策层面的障碍而未能得到充分的展开，而且因缺乏两岸当局制度性合作的支持而难以实现可持续性的发展，更未能充分发挥其促进两岸经济发展与两岸政治关系改进的潜力。

特别是20多年来的两岸经济交流与合作，是在有限制的经贸政策环境空间的约束下，由市场机制主导进行的，呈现出单向、间接、民间的状态，不仅本身未能实现其可能的发展规模，而且远未充分发挥其对两岸经济发展的促进作用；当前，两岸经济体在基于互补性的交流交往

中呈现了竞争性态势，在相互依存性的发展中呈现了不对称性特征，需要制度性的协调与合作（见参考文献［1］、［2］、［3］）；而另一方面，同为世界贸易组织（WTO）成员的两岸经济体又都面临着如何在WTO约束下进一步增强交流与合作，如何在经济全球化与区域一体化深化发展中进一步谋求各自最大化利益，增强国际竞争力，防止边缘化，并有效应对不确定性与风险的问题。① 因此，变革与创新两岸经济交流与合作方式，进一步破除交流与合作的障碍与壁垒，增强交流与合作，成为当前两岸经济体进一步参与全球化进程和实现再发展的必然要求与选择。

一个可以选择的方式就是两岸经济体之间实行某种程度及形式的制度性一体化安排。而且，两岸制度性经济一体化显然也对密切两岸联系、稳定两岸关系、促进两岸和平与发展乃至统一有着重大的现实意义。正是在上述背景之下，2005年4、5月连、宋大陆行时两岸正式提出了“两岸共同市场”及“两岸自由贸易区”的制度性合作与一体化议题。

然而，区域经济的制度性合作与一体化本来就是一个艰难的渐进过程，再加上现阶段两岸政经互动格局的制约，全面性的两岸制度性经济合作与一体化显然不是短期内可以预期的。因此，当前迫切需要寻求突破，迫切需要探索在两岸当前政治经济关系与WTO多边贸易体制规则约束下的两岸制度性经济合作与一体化的实现路径。亦即，需要探索能为两岸同时接受的、既符合WTO规范又能超越两岸政治关系约束的两岸经济交流与合作形式，特别是能促进两岸“三通”与制度性一体化进程的新形式与新途径。

有鉴于此，在许多专家学者的建议和倡导下，中央已认识到当前有必要建立一个“两岸合作试验示范区”，赋予相应的特殊政策及试验权，通过政治、经济、文化和人员交流等全方位的对台政策的先行先试，打造祖国大陆与台湾实现和平稳定、共同发展并取得双赢的连接点，成为不同政治、经济、社会制度相互适应的过渡区，成为两岸和平统一的前

---

① 唐永红：《WTO框架下海峡两岸经济交往及合作方式探讨》，《国际经贸探索》，2005年第1期。

沿平台，促进两岸的进一步交流、合作与发展，加速两岸政治、经济、社会一体化，为实现两岸制度性交流、合作、一体化乃至统一先行一步，探索经验，奠定基础。

事实上，鉴于两岸政治关系的僵持使得两岸无法进行较高层次的协商合作，贾庆林在首届国共两岸经贸论坛开幕式上谈及建立两岸经济合作机制时就指出，“应本着‘双向互惠、共同繁荣，先易后难、逐步推进’的原则进行。当前，可以考虑在互相尊重和保障对方经济利益的前提下，以区域对区域、民间对民间、行业对行业、企业对企业的方式，灵活处理有关事宜，不断深入探索，不断积累经验。”①

显然，这一方面继续需要福建进一步发挥独特对台优势，促进全面直接双向“三通”和两岸交流交往发展，另一方面也为具有“试点直航”和“小三通”条件的福建进一步发挥对台优势和作用提供了更大的空间和机遇。明确地说，福建当前应该而且可以在建立两岸“区域对区域”合作机制中发挥重大作用。也就是说，福建当前应寻求中央的支持，率先构建“两岸合作试验示范区”，从而贯彻落实胡锦涛总书记的“以闽连台”战略决策，并借助这一政策试验平台，推进“海峡西岸经济区”建设。

三、“两岸经贸合作试验示范区”：“两岸合作试验示范区”构想的起点

在明了中央当前对福建的期望和需要的基础上，还必须基于现实的条件与可能性，提出当前可行的路径，以及相应需要的中央层面的制度与政策支持，才有可能说服中央并获得中央的积极支持。

广义而言，“两岸合作试验示范区”可以包括两岸社会政治、经济、文化等内容广泛的领域，但基于当前两岸现实的条件与可能性（两岸当局在当前缺乏起码的政治互信基础，难以就“两岸一中”问题达成共识，政治层面的两岸合作尚难启动），笔者认为，当前宜把重心放在经

① 贾庆林：《进一步推动两岸经贸合作》，http：//www. chinataiwan. org/web/webportal/W5267095/Uyyping/A237093. html，2006－04－14。

济层面，也就是说当前可以从构建“两岸经贸合作试验示范区”着手，循序渐进地进行。两岸在渐进的交流与合作中获益的增进与功能性一体化程度的提高，将会有助于两岸政治互信与共识的建立与累积，为两岸全面性的制度性合作与一体化构筑必要的经济、社会和政治基础与动力。事实上，理论与实践表明，区域制度性合作与一体化本身就是一个在政府控制下的循序渐进的外溢过程，具有一定的路径依赖性。

考虑到两岸制度性经济合作与一体化的路径依赖，鉴于厦门、金门、高雄在两岸之间的独特区位、政策优势和既有条件，笔者进而认为，作为其突破口与切入点，一个现实可行的方式就是深入挖掘和发挥两岸现有的“试点直航”和“小三通”的潜力，在具有“试点直航”和“小三通”现实基础条件的两岸次区域层面上先行一步，在遵守 WTO 有关特殊经济区的规范要求的基础上建立可对接的单边自由经贸区，进而共建开放性的厦－金、厦－高等跨关境自由经贸区。两岸共同在这些局部区域中率先以 WTO 非歧视原则消除经贸活动壁垒，实行商品与要素的自由流动，并率先以开放性方式实现这些小范围的、低协调水平的制度性经济合作与一体化，从而超越 WTO 谈判内容框架和当前两岸政治关系约束，以局部、渐进的方式启动两岸制度性经济合作与一体化进程，为将来更大范围、更高层次的制度性合作与一体化探索经验和奠定基础。

具体说来，首先，厦门经济特区应在现有的发展基础上转型为一个遵循 WTO 无歧视原则的、境内关外的，集国际投资、国际贸易、国际金融、研发制造、仓储展示、物流分拨、过境转运、国际旅游等多项功能于一身的综合型自由经贸区，以便把厦门建设成为我国东南沿海的一个国际化区域性中心城市，促进“海峡西岸经济区”的区内分工与联系，形成对台吸引的合力。与此同时，通过做台湾人民工作促使台湾当局把与厦门特区具有“小三通”的金门地区规划建设成为一个自由经贸区，并促使台湾当局同意在其与厦门特区具有“试点直航”的高雄自由贸易港区、具有“小三通”的金门自由经贸区率先遵循 WTO 无歧视原则，在这些特区内率先给予作为 WTO 成员的大陆方面应有的待遇。如此，两岸各自的经济特区可在 WTO 无歧视原则基础上实现对接，实质性地推动两岸直接、双向“三通”进程。

进而，在“试点直航”和“小三通”现实基础上，积极促成与金门、高雄结成开放性的多功能综合型厦－金、厦－高跨关境自由贸易区，整合并充分发挥厦门、金门、高雄等地的海港、空港优势以及其他经济发展资源与条件，使之成为海峡两岸的国际贸易中心、物流分拨中心和以高科技产品为主导的加工制造中心，成为海峡两岸与国际物流链的重要环节，并在两岸相邻的这些次区域之间率先实质性地启动两岸制度性经济合作与一体化进程。在此基础上，进一步建立开放性的厦－金、厦－高跨关境自由经济区，实现生产要素的自由流动与优化配置，成为国际化的区域性资金流、物流和信息流的汇集区，最终发展成为国际化区域经济中心。

另一方面，鉴于当前厦门经济特区的发展及其作用的发挥面临着改革开放先行先试政策优势逐步淡化、经济网络不畅与经济腹地狭小等诸多因素的严重制约，应把厦门经济特区地域空间范围至少扩大到全市行政区域，最好进一步扩大到整个福建省行政区域范围，以扩大特区发展的功能空间，并把现有的经济特区政策、台商投资区政策、海峡两岸（福建）农业合作试验区政策统一实施，促进特区做大做强，以便更好地发挥在区域经济发展中的增长极与辐射源作用，以及在对外和对台交流合作中的优势、潜力和作用。

四、“两岸经贸合作试验示范区”构想的现实可能性

上述先行在两岸次区域层面建立可对接的单边自由经贸区进而迈向开放性厦－金、厦－高跨关境自由经贸区的思路与构想，不仅现实意义突出，而且显然具有良好的经济区位条件和国际国内经济发展形势条件，并符合 WTO 关于特殊经济区的有关规范与要求。事实上，包括笔者在内的许多学者曾对 WTO 与世界特殊经济区的关系、当前世界特殊经济区发展趋势、WTO 下中国特殊经济区再发展、建立开放性厦－金、厦－高跨关境自由经贸区的经济与法律可行性等问题做过深入分析与探讨。这里仅从两岸政治经济关系发展态势层面考察其现实可能性与可行性。

众所周知，当前制约两岸全面直接双向“三通”与制度性经济合作的关键性因素是两岸政治关系的僵持，无法进行较高层次的协商合作。局部地区的可对接的单边自由经贸区和次区域性的跨关境自由经贸区在经济运作机制上主要是市场调节性的，一般只需要参与方的地方政府间的低水平低层次的松散性、随机性协调。因而，为顺应两岸功能性经济一体化深化发展趋势与要求，并在一定程度上舒缓两岸全面直接双向“三通”的压力以及国际区域经济一体化发展带来的竞争与边缘化压力，台湾当局将以局部渐进方式推进两岸直接双向“三通”以及制度性经济合作，将有可能在其自由贸易港区和离岛地区中率先遵循 WTO 非歧视原则，消除两岸经贸活动壁垒，实行两岸商品与要素的自由流动，从而使得两岸有可能在相邻局部地区间以自由经贸区对接方式率先实现直接双向“三通”以及制度性经济合作与一体化。

事实上，台湾目前正在推动以自由贸易港区为代表的经贸特区计划，这为两岸单边自由经贸区的对接和厦－金、厦－高等次区域跨关境自由经贸区的形成提供了可能。而且，高雄自由贸易港区经过一段时间筹备后已于 2005 年初正式营运，目前急需拓展发展空间，台湾当局有可能在对大陆开放方面让其先行一步；而金门作为一个离岛，对台湾的政治重要性及其影响有限，加之金门本身有着良好的港口和基础实施，在金门地区的强烈要求下，台湾当局也有可能将其作为向世界特别是大陆开放的一个前沿与窗口。事实上，2005 年 6 月 12 日台湾“立法院院长”王金平就提出将金门打造成“一网三区”的“新金门”构想：“两岸客货航线网”、“两岸台商信息交流区”、“金门和平观光特区”、“金厦共荣经济特区”。① 金门县长李炷峰也曾多次倡议建立“金厦生活圈”、“金厦一国两制试验区”。②

从大陆方面看，鉴于两岸政治关系的僵持使得两岸无法进行较高层次的协商合作，在当前形势下，建立可对接的单边自由经贸区或共建厦－金、厦－高跨关境自由经贸区，可以进一步发挥福建及厦门特区的独特

① 火山：《王金平倡议金门建“一网三区”打造稳健两岸关系》，http：//jczs. sina. com. cn/2005－06－13/1504296633. html，2005－06－13。

② 参见金门县长李炷烽于 2006 年 11 月 6 日下午在金门县“议会”第二次定期会议中的演说：《21 世纪新台湾的出路——金门作为“一国两制试验区”之刍议》。

对台优势与试验探索作用，可以在实现福建及厦门特区自身再发展的同时实现两岸经贸关系的再发展。因此，只要是有助于实现福建及厦门特区历史使命的政策措施，均有可能获得中央政府的大力支持。2004 年 8 月国务院正式批准厦门试点“区港联动”就是一个例证。[①] 再从两岸经济交流方式看，现阶段厦门与高雄有“试点直航”，与金门有“小三通”，这为厦门与金门、高雄等地的交流与交往提供了通道。虽然目前这一通道尚不够及时、便捷、顺畅，并由于台湾方面仅限于开放金马民众、大陆台商及其货物的直接往来而无法完全满足两岸交流交往的需要，但客观上为建立可对接的单边自由经贸区或共建厦－金、厦－高跨关境自由经贸区提供了的初步的直航条件。而且，在客观形势的压力下，未来台湾当局有可能进一步放松对“试点直航”与“小三通”等相关政策的限制，使厦、金、高等地成为两岸货物运输与人员往来的中转地之一，从而有助于上述两岸次区域经济合作的发展。

五、结语

“海峡西岸经济区”战略构想目前虽然在一些部委层面得到一些支持，在基础设施建设、海关通关、检验检疫、对台农业交流合作等局部领域有所推进，但在改革开放发展的更深层次方面，尚没有得到更高层面的大手笔性质的先行先试特殊政策支持。其主要原因在于“海峡西岸经济区”构想目前尚未正式得到中央层面的确认和批准。其深层次原因在于“海峡西岸经济区”构想没有提出能让中央层面信服进而着手推动的充足理由。发挥对台优势，寻求突破两岸政治僵局的约束进行两岸制度性合作与交流的途径，以促进两岸合作与交流进一步发展，这是当前中央寄予福建的期望，也是福建当前的机遇。明确地说，福建当前应该而且可以在建立两岸“区域对区域”合作机制中发挥重大作用。福建当前应寻求中央的支持，率先构建“两岸合作试验示范区”，从而借助这一政策试验平台，推进“海峡西岸经济区”建设。遵循 WTO 的无歧视

---

① 卢天娇：《国务院批准厦门试点区港联动》，http：//www. xmdaily. com. cn/csnn0408/ca268815. htm，2004－08－24。

原则，先行在两岸次区域层面建立更加开放、更加自由化与便利化的可对接的单边自由经贸区进而迈向开放性厦－金、厦－高跨关境自由经贸区以及扩大经济特区的功能空间，以之作为“两岸合作试验示范区”当前的主要内涵，不仅现实意义突出，而且显然具有良好的经济区位条件，并符合 WTO 关于特殊经济区的有关规范与要求，更重要的是，从两岸关系发展态势层面看还具一定现实可能性和可操作性。如此，福建省的“海峡西岸经济区”战略构想可真正上升为中央层面的区域经济发展战略；在“两岸合作试验示范区”政策的支撑下，“海峡西岸经济区”构想可早日变成现实。

（原载于《新视野：海峡西岸经济区的崛起》，福建人民出版社，2007 年版，为国家社科基金项目（07CJL024）“两岸经济制度性合作与一体化发展研究”的阶段性成果）

参考文献

［1］唐永红：《经济全球化、WTO 与两岸四地经济一体化》，《台湾研究集刊》，2004 年第 1 期。

［2］唐永红：《两岸经济相互依存性发展态势的定量考察》，《台湾研究》，2007 年第 2 期。

［3］王建民：《两岸经贸关系发展的不对称性分析及思考》，《台湾研究》，2004 年第 5 期。

［4］唐永红：《WTO 框架下海峡两岸经济交往及合作方式探讨》，《国际经贸探索》，2005 年第 1 期。

［5］唐永红、邓利娟：《当前两岸经济合作机制创新的空间与路径》，《台湾研究》，2005 年第 6 期。

［6］邓力平、唐永红：《经济全球化、WTO 与中国特殊经济区再发展》，厦门大学出版社，2003 年版。

［7］唐永红：《经济全球化、WTO 与中国经济特区再发展》，载于卢继传主编《中国管理科学研究文献》，中国环境科学出版社，2006 年版，第 152－158 页。

［8］唐永红：《开放性厦－金自由经济区：两岸经济一体化的一个现实选择》，《台湾研究集刊》，2005 年第 4 期。

论“两岸共同市场”与海西试行区

李　非*

摘　要：2005年4月，首次“胡连会”中，双方就“促进两岸经济全面交流，建立两岸经济合作机制”，“并促进恢复两岸协商后优先讨论两岸共同市场问题”达成共识。本文就建立“两岸共同市场”的经济背景、基本构想、试行区域等有关问题进行初步的探讨，并提出促进两岸经济合作的政策机制。

关键词：两岸共同市场；构想、机制、海西试行区

2005年4月29日，中国共产党总书记胡锦涛与中国国民党主席连战在北京举行了两党56年来的首次会谈，双方在“正视现实，开创未来”的共同体认下，就促进两岸关系改善和发展的重大问题以及两党交往事宜，广泛而深入地交换了意见，并共同发布“两岸和平发展共同愿景”，其中第三条提出“促进两岸经济全面交流，建立两岸经济合作机制”，“并促进恢复两岸协商后优先讨论两岸共同市场问题”。因此，有必要就建立“两岸共同市场”的经济背景、基本构想、试行区域等有关问题进行初步的探讨，并提出促进两岸经济合作的政策机制。

一、建立“两岸共同市场”的经济背景

在21世纪的国际经济格局中，经济区域化趋势日益明显，地区性经济整合逐渐成为国际经济运行的新形式。当前，邻近国家或周边地区之间签订各种“自由贸易协定”（FTA）日益盛行，远有“北美自由贸

* 李非：厦门大学台湾研究院台湾研究中心副主任、教授、博士生导师、国家“985工程”台湾研究创新基地成员。研究方向：台湾经济、两岸经贸。

易协定”，近有“东盟自由贸易区”。2003 年 10 月，中国正式加入《东南亚友好合作条约》，成为《条约》区域外加盟国，从而进一步加强与周边地区的经济合作。东盟“10 + 3”已达成建立“自由贸易区”的协议，计划至 2010 年全面实施“自由贸易协定”，形成东亚地区经济合作的新机制。这种区域经济整合的目的，除了追求比较经济利益外，更为侧重对区域内的经济资源加以合理配置和有效利用。地区之间的经济利益错综交织、相互影响，形成了“你中有我、我中有你”的局面①。在区域经济合作浪潮的推动下，台湾有识之士提出了“两岸共同市场”的主张，岛内厂商更是积极主动地加入与大陆的经济合作，寻求两岸之间最佳的资源配置和有效的区际分工，通过区域协作取得相对的竞争优势，避免台湾经济被逐步“边缘化”。

在中华经济区的发展格局中，两岸四地的经济整合随着历史发展潮流已悄然逐步成型。内地与香港、澳门“更紧密经贸关系安排”（CEPA - Closer Economic Partnership Arrangement）的启动，有利于在粤港澳甚至泛珠三角区域建立一种新型的经济协作关系，加速三地之间生产要素的流动和配置，促进区域经济合作机制的形成，使经济一体化进程进一步加快。在区域经济合作日益增强的背景下，海峡两岸开始走向日益深化的区域分工，逐步建立起互利互惠、互补共存的经济合作关系。然而，两岸各自实行不同的政治经济制度，追求的经济发展目标也难以一致。台湾期望通过经济交流，重新安排区际分工，进行资源优化配置，以达到贸易转移和贸易创造的效果，淘汰原有产业结构中的边际产业，转变传统的生产和贸易形态，获取更大的经济利益，从而实现经济转型与升级；而大陆的经济利益在于通过吸引台商投资，发展工农业生产，促进对外贸易，增加就业机会，提高人民生活水平，从而繁荣区域经济。因此，两岸经贸关系不是单纯遵循国（区）际分工原理的思维定势，而是把发展基点放在经济实力的积累上，通过各种有效渠道，包括建立“两岸共同市场”，积极主动参与亚太地区的区域经济合作，最大限度地分享国际分工的好处。

从中国区域经济发展格局看，入世后大陆体制改革不断深入，开放领域和范围不断扩大，以经济关系为纽带的区域经济协作日益增强。各

---

① 胡元梓：《全球化与中国》，中央编译出版社，1998 年版。

个区域根据自身的资源条件、产业优势和技术基础，进一步加强区域之间的经济联系，从而出现多种形式的区域经济合作模式。从珠江三角洲到海峡西岸经济区，从长江三角洲到环渤海经济区，从东北三省到中部地区，以至西部地区，区域之间既出现相互合作的趋势，又形成相互竞争的态势。因此，在20世纪80年代“开放华南”、90年代“发展华东”、20世纪末“开发西部”、21世纪初“振兴东北”和“中部崛起”的战略步骤下，配合“两岸共同市场”共识的提出，积极推动“海峡两岸经济圈”的形成和建立，也是中国区域经济发展的客观需要。

从台湾地区经济发展格局看，随着岛内经济从“中增长”步入“低增长”阶段，甚至可能从“长盛期”转入“长衰期”，其产业结构面临进一步的调整，不仅过去支撑经济成长的劳力密集型轻纺工业和资本密集型石化产业已大批向大陆转移，而且以电子资讯为代表的技术密集型产业和服务业也不断涌向大陆，以继续保持在生产和交易成本上的竞争优势。台湾具有相对充沛的资金、较为先进的生产技术、企业经营和管理经验、国际营销渠道以及金融、商业服务等优势，但是，受到地域较小、资源缺乏、市场有限的制约，以及劳力短缺、劳动成本较高的压力，产业升级与经济转型遇到瓶颈；而大陆拥有廉价而充沛的劳动力、广袤的地域、庞大且深具潜力的市场、相对丰富的资源、雄厚的科技队伍和科研实力等许多经济优势，但是，相对缺乏足够的资金、先进的生产技术和管理经验。两岸通过经济交流和整合，将各自的经济优势结合起来，进行合理的资源配置和有效的分工合作，可以充分发挥互补互利的经济效果，从而促进经济关系的良性互动。

二、建立“两岸共同市场”的基本构想

建立“两岸共同市场”，应遵循一定的基本准则，确立明确的发展目标，制定具体的实施内容，并有相应的推进步骤。

1. 基本准则

建立“两岸共同市场”，应遵循以下几项基本准则：

（1）“九二共识”，一中原则

“两岸共同市场”在性质上属于中国主体与台湾单独关税区之间的

经济合作关系，因而两岸之间的所有经济行为和活动，都不能违背一个中国原则，任何问题在“九二共识”下都可以通过协商加以解决。

（2）以商为本，为民谋利

深化两岸经济合作，是实现两岸经济共同发展和繁荣的必由之路，也是两岸同胞的共同利益所在。因此，从维护和扩大两岸同胞的共同利益出发，应尽快排除政治干扰，消除政策障碍，并适当采取“政经分离”、“经贸优先”等灵活、务实的做法，积极推动各种形式的经贸合作事宜。

（3）以法为据，遵守规范

海峡两岸作为世界经济的重要成员，入世后都必须严格遵守对世界的承诺。“两岸共同市场”的推动，不仅在国际经济法上必须是完全可行的，即不违反 WTO 的基本规则，而且相关法规和政策也应符合国际惯例①。

（4）互利互惠，全面合作

“两岸共同市场”的建立，必须是互利互惠的正和博弈，从而有利于两岸经济交流规模的扩大和合作层次的提高，促进某种区域经济合作机制的形成，实现两岸经济在各个领域、各个层面的全面合作和共赢。

2. 发展目标

“两岸共同市场”的发展目标，根据区域经济整合从初级至中级再至高级的发展进程，可分为近期、中期、远期。

近期目标是初级阶段的优惠贸易安排和自由贸易区：在现阶段“试点直航”、“金马直航”、“包机直航”等局部直航的基础上，以两岸直接“三通”为突破口，对两岸经济交流与合作做出某种类似 CEPA 的贸易优惠和投资便利化的安排，实现更紧密的经济联系②。

中期目标是中级阶段的关税同盟和共同市场：通过建立某种经济联系机制，协调经济政策，统一关税（关税同盟），逐步建立和形成统一的市场（共同市场），以提高两岸经济合作水平，实现两岸全面、直接、双向的经济交流。

---

① 王新奎：《世界贸易组织与发展中国家》，上海远东出版社，1998 年版。

② 李非：《关于“两岸更紧密经贸关系安排”的构想》、《CEPA 与区域经济合作研究》，（香港）中国评论学术出版社，2004 年版。

远期目标是高级阶段的制度性一体化：在两岸共同市场的基础上，通过相关的制度性安排，逐步统一货币（货币同盟），实现两岸区域经济一体化，从而为社会以至政治的整合奠定坚实的经济基础。

3. 实施内容

“两岸共同市场”的实施内容不是固定的，而是随着经济关系的推进，表现出不同的具体内涵。要做到既不违反 WTO 贸易自由化原则和非歧视原则，又赋予两岸贸易和投资活动一定的优惠待遇和便利条件。目前最可行的做法是：利用 WTO 第 24 条款的“例外”规定，即 GATS 经济一体化的规定，参照 CEPA 框架协议和方案，制定具体的实施内容。

（1）实行优惠的商品贸易政策

对双方商定的商品，只要符合原产地规则（包括材料、加工等，30% -40% 当地生产），可享受比 WTO 规定更加优惠的低关税，甚至是免税或零关税，双方互不对贸易货物实施限制性的法规和政策。

（2）实行优惠的服务贸易政策

许多服务业领域，如银行、保险、证券、零售、运输、物流、旅游、影视、展览、房地产、咨询、会计、律师、医疗等行业，可优先向对方开放，放宽市场准入条件，相应降低市场准入门槛，或减少过渡期的期限。

（3）提供便利的经贸合作条件

双方可在许多领域加强合作，提供更加便利的经贸合作环境，互不对贸易和投资引入新的针对性歧视措施。具体合作范围包括：贸易和投资促进措施、通关便利化、商品检验检疫、电子商务、法律和政策透明度、中小企业合作、中医产业合作等方面。

4. 推进步骤

“两岸共同市场”的构想，从广义上看，是一个从初级向高级不断发展的“经济一体化”进程，其实施步骤应从低层次的“优惠贸易安排”和“自由贸易区”开始，逐步推进到中层次的“共同市场”，再发展到高层次的“货币同盟”和“经济一体化”，从而做到短期的临时安排与长期的战略布局相结合。

（1）近期为初创期（2010 年以前）

在巩固现有经济合作成果的基础上，进一步发挥原有民间形式的经济交流机制，通过实现投资环境的改善，吸引更多的台商到大陆投资和发展。在两岸协商条件成熟时，可通过签订促进区域经济合作的临时性协议，实现两岸经济交流正常化，为两岸的商品、资金、人员等生产要素的自由流动做出某种优惠和便利性安排，以扩大两岸直接“三通”的规模，并为向“自由贸易区”过渡创造条件。

（2）中期为扩展期（2010－2020）

在“优惠贸易安排”的基础上，“两岸共同市场”逐步走向“自由贸易区”层次。随着“东盟10＋3自由贸易区”的正式启动，“两岸自由贸易区”也应进入实施阶段。按照WTO所认同的授权原则，由中央政府特派或授权地方政府及有关部门，负责与台湾有关方面商谈、落实或执行一国之内单独关税区之间的有关贸易自由化方案和经贸合作协议，从纵深方向全方位地拓展区域经济合作的范围和领域，并向“关税同盟”过渡，逐步形成“共同市场”。

（3）远期为成熟期（2020年以后）

海峡两岸在“关税同盟”的基础上，逐步建立起“统一大市场”，并向“货币联盟”发展，从而在经济上不断融合，形成紧密相关、高度依存、共生共荣的经济整体。

上述三个阶段是一个循序渐进的发展过程，但两岸经济整合并不一定都要经历每个发展阶段（优惠贸易安排－自由贸易区－关税同盟－共同市场－货币同盟－经济一体化），在条件成熟时，也可跳跃式发展，即超越某个阶段或进程，直接进入更高一个层次的发展阶段和整合进程。

三、建立“两岸共同市场”的试行区域

建立“两岸共同市场”，应从区位条件出发，立足于现有的经济基础，着眼于未来的发展潜力，突出地缘经济的重要作用，充分发挥区位优势的先天作用。“两岸共同市场”的推动，可以首先在局部区域、局部领域、局部产业进行初步的试点，通过试行，取得经验，在条件成熟时，再逐步推广到其他区域。从区位条件看，区位选择首推海峡西岸经济区。

1. 海峡西岸经济区的区位条件

海峡西岸由于特定的历史、人文和地理条件，不容置疑地处于两岸关系中的前沿位置，并创下多个对台交往“第一”的记录，因而其所处的区位优势，构成了以福建为主体的海峡西岸经济区率先推行“两岸共同市场”构想的独特条件。

从地缘关系看，海峡西岸与海峡东岸同属中亚热带向南亚热带过渡带季风性气候，自然生态条件十分相近，宜于开展两岸农业合作。两地之间的咫尺海峡，为双方进行各项交流活动提供便捷的海上通道。福建是大陆距台湾最近的地区，厦门距金门最近仅 2 海里，距嘉义 120 海里，距高雄 165 海里，福州距基隆也仅 149 海里。台胞从金门中转来厦门，距离短、费用低。海西区沿海许多海湾深水岸线长，建设大港条件十分优越，港口建设可充分发挥福建与台湾海上航线短的优势，对台资临港型企业有很强的吸引力。

从人文关系看，两岸深厚而密切的人缘、亲缘关系，对加强区域经济合作具有强大的凝聚作用。海峡西岸是台湾民众的主要祖籍地。在台湾人口中，讲闽南话的占 75%，讲客家话的占 13%，两种语系的人口构成了台湾移民社会的主体。由于血缘相亲，语言相通，民情、风俗相近，不少姓氏宗族也相同，从而孕育了独具特色的民俗文化。这种一脉相承的人文关系，为海峡西岸发展对台经贸合作，建立“两岸共同市场”提供天然的纽带。虽然地缘、血缘关系在引进台资方面的作用在逐渐弱化，但海峡西岸有深厚的台、港、澳、侨渊源，发挥乡情、人脉在扩大对台经贸关系中的作用，仍然是海峡西岸的优势所在。很多台资是通过港资、侨资的形式进入海西区的，“以台引台”、“以侨引台”的作用功不可没。

从经济条件看，两岸区域经济合作已具有一定的基础。福建作为海峡西岸的主体，改革开放后社会经济快速发展，经济实力明显增强，成为重要的工业生产和外贸出口基地，2007 年 GDP 达 1200 多亿美元，在全国各省市中居第 12 位，约为台湾（3800 亿美元）的三分之一弱；人均 GDP3000 多美元，居全国第 7 位，约为台湾（1.6 万美元）的五分之一；对外贸易 745 亿美元，其中出口近 500 亿美元，约为台湾（2467 亿美元）的五分之一。海峡西岸是台商投资的重要聚集地，至 2007 年仅福建累计批准设立的台资项目近万家，协议利用台资 200 多亿美元，实际到资约 130 多亿美元。这些投资从制造业开始，逐步向其他行业全面渗透，使海峡西岸成为国际市场上低成本的轻型产品生产和出口基地。

从政策优势看，海峡西岸作为大陆对台经贸的重要基地，是全国开放度最高、政策最优惠、功能最齐全的地区之一，在两岸经济交流与合作中扮演着越来越重要的角色。1981 年国务院批准厦门设立经济特区后，厦门随即成为台资在大陆的主要落脚点之一；1983 年第一家台资企业在厦门落户；1989 年国务院批准在厦门的杏林、海沧和福州的马尾设立“台商投资区”（后又增加集美），享有与经济特区相同的政策待遇，从而使福建成为台资的主要集中地之一；1994 年 8 月，福建率先实行台胞“落地办证”的政策，两年后又实行“落地签注”的政策，为台胞进入大陆提供便捷条件；1994 年福建与台湾之间实行“一票到底、行李直挂”的业务，两岸空中通航出现进展；1996 年 3 月，两岸经澳门“一机到底”航线开通，“厦门 - 澳门 - 台湾”航线投入营运，正式开启两岸间“换班不换机”的空中变相直航；1997 年 4 月，首届对台商品交易会在厦门拉开帷幕，福建成为大陆对台贸易的重要基地；1997 年厦门和福州成为大陆对台“试点直航”口岸；2001 年初，福建沿海地区与金门、马祖实现直接往来，突破了两岸人员不能直接往来的限制；2004 年福建厦门开始受理五年期《台湾居民来往大陆通行证》的办理，台湾居民来大陆更加便捷；2004 年 12 月，福建居民赴金门旅游开始启动，显示厦金旅游合作深具潜力；2006 年春节，厦门成为两岸“包机直航”的航点；2008 年 4 月，厦门对台出口商品交易会（台交会）走入第十二年，厦门同时成立了台湾水果销售集散中心，成为台湾水果销往大陆内地的重要中转地。这些“突破”以及所带来的成就，充分说明海峡西岸在对台经贸交往与两岸关系中的重要地位。在政策优势下，海峡西岸完全有条件进一步成为两岸经济合作交往的先行区。

2. 海峡西岸经济区的区域布局

海峡西岸是一块以台湾海峡为纽带，东临台湾岛、西接内陆广阔腹地、北承长三角、南接珠三角、具有特殊地缘经济利益和政治涵义的小型经济板块。它以福建（福州、厦门、泉州、漳州、龙岩、三明、南平、莆田、宁德九地市）为主体，包括福建周边地区（粤东、赣东南和浙南，有汕头、潮州、梅州、赣州、抚州、鹰潭、上饶、衢州、丽水、温州十地市）。

海峡西岸经济区的区域布局，大致可从纵向和横向两个方面考察：

从横向格局看，南部地带以汕头为“龙头”，韩江流域为轴线，潮州、梅州、赣州为腹地；中部地带以厦门为“龙头”，九龙江流域为轴线，漳州、泉州为两翼，闽西、三明、抚州为腹地；东部地带以福州为“龙头”，闽江流域为轴线，莆田、宁德为两翼，南平、鹰潭、上饶为腹地；北部地带以温州为“龙头”，瓯江流域为轴线，丽水、衢州为腹地。在功能定位上，“龙头”地区因具备加工装配、转口贸易、运输仓储、金融服务、信息咨询以及产业升级等优势，鼓励台商投资向技术型、服务型产业集中；两翼地带向资本密集型、规模经济型产业集中；内陆腹地发挥自然资源丰富、劳动力价格低廉以及地域广阔的优势，积极接应海峡两岸沿海地区劳动密集型产业的梯度转移，大力进行资源加工型产业的开发，形成多层次、梯度推进的发展布局。

从纵向格局看，它以第一层次的东南沿海开放区（包括福州、厦门、泉州、漳州、汕头、温州等）为主轴，依托经济特区、经济技术开发区、台商投资区、经济中心城市，对台发挥海运、空运便捷的优势，对内通过铁路、高速公路等交通运输网络，将第二层次的福建山区腹地（包括龙岩、三明、南平、宁德等地）和第三层次的周边地区（包括梅州、抚州、鹰潭、上饶、衢州、丽水等地）有机地联为一体，使之成为两岸经贸交往的聚集地，并发展为继长江三角洲、珠江三角洲之后的又一经济繁荣带。

四、建立“两岸共同市场”的政策机制

“两岸共同市场”构想的推动和实施，有利于进一步扩大对台经济交流，提高经济合作层次。当前，应进一步落实“同等优先、适当放宽”的政策，有步骤地让一些带有探索性的经济贸易合作议题，在一定范围内先试行，发挥“政策试验”的功能，不断完善经济合作机制，再逐步向各地推行。这些政策机制主要包括：

1. 资本开放机制

（1）项目开放机制

对港澳开放的一些行业、领域、范围等，比照CEPA模式，也逐步

对台商开放。对台商投资项目审批予以政策倾斜，对于不需要国家宏观调控的项目由地方主管部门自行审批；如涉及国家宏观调控的项目，可采取个案审批，优先安排；大型项目的审批标准适当放宽。

（2）产业合作机制

根据产业发展和结构调整的需要，采取不同的产业倾斜政策，在一定区域内形成各具特色的产业链或产业带；有计划、有步骤地引导台商投资资本密集、技术密集和知识密集型产业，吸引台湾服务企业前来投资设点，开办分支机构或办事处，放宽台湾商业零售企业、贸易公司、旅行社、信息咨询服务企业、医疗机构以及其他工商服务企业的准入条件和进入范围；推广两岸农业合作示范区的政策，扩大对台农业技术合作的广度与深度。

（3）金融合作机制

两岸金融合作中一些带有“试验性”的政策，可在沿海重要中心城市先试行操作，总结经验后再推广至其他地区。如：放宽台资银行、保险、证券机构进入条件，可不把设立代表处为先决条件，或相应减少过渡期的时间，适当降低台资银行设立门槛，资产规模以不低于60亿美元为限；允许台资参股地方股份制金融机构，适当放宽股东资格、持股比例、审批程序等条件；允许台资银行开办人民币业务和台币兑换业务，增加台资企业融资渠道；试办对台离岸业务，指定几家商业银行作为两岸货币清算的我方指定银行，推动人民币在两地的使用和结算。

2. 经贸交流机制

（1）贸易联系机制

除了继续办好每年一度的“对台商品交易会”和“中国投资贸易洽谈会”外，还应进一步发挥沿海地区对台贸易窗口的作用，将各地的“保税区”、“加工出口区”、“经济特区”、“台商投资区”等特定区域与台湾的“加工出口区”、“科学园区”、“自由贸易港区”、“营运中心”等进行对接，赋予更加多样、更加灵活以及更加变通的功能，如：设置转运发货中心、发货仓库，放宽吸引台湾贸易商、经销商、代理商以及仓储企业进入的条件，为台商提供更多的发展空间；有步骤地建立对台贸易渠道和网络，鼓励、促进台资企业产品返销台湾；各地开展对台贸易涉及的配额许可证管理的商品，由中央单列“切块”下达地方；支持福建对台小额贸易的发展，进一步落实福建沿海与金、马、澎直接贸易进口税收优惠的政策；进一步开放台湾农产品和部分工业品的进口，对互补性较强的商品项目适当减免关税。

（2）交通联系机制

在对台通航取得初步成效的基础上，努力探索实现两岸全面直接“三通”的有效途径，将东南沿海地区建成对台通航的主要基地和重要通道。首先，利用“金马直航”先行的优势，重点开拓对台旅游通道，逐步打开“大三通”的缺口；其次，利用“试点直航”的政策，扩大直航口岸的功能与范围，重点开拓对台货运通道，尽快批准其他沿海一类海港口岸中尚未开放对台试点直航的口岸；其三，按照《台湾海峡两岸间航运管理办法》，开展对金、马、澎的货运直航，争取大陆货物由加工转出口发展到进入岛内市场；其四，在两岸“包机直航”获得成功的基础上，促进“包机直航”周末化、常态化和两岸货运便捷化，减少厂商货物的运输成本与时间。

（3）经贸协商机制。

两岸之间的经贸问题，如投资者权益保障、贸易纠纷调解及仲裁、知识产权保护、商品信息交换、产品市场准入以及反倾销等事宜，可先进行沟通和协调，初步达成共识后，形成框架性协议。

3. 民间交流机制

（1）人员往来机制

为促进两岸人员往来，在开放台湾同胞“落地签证”、“落地签注”以及签发五年期《台湾居民来往大陆通行证》的基础上，可适当延长台胞证的签发期限，条件成熟时可考虑长期居住证（绿卡）的签发；将大陆一般人员（副省级以上和特殊行业人员除外）组团赴台审批权下放给地方台办，由当地根据实际情况进行灵活操作；授权地方，如从省级管理部门直接下放至福州、厦门，审批当地居民赴金、马、澎的交流活动，包括旅游观光、经贸考察、商务洽谈、商品展销、事务洽谈等，推进以民间名义的直接往来。

（2）地方联系机制

在条件成熟时，海峡西岸经济区的一些城市，如福州、厦门、漳州、泉州、汕头、梅州等，可与台湾某些城市，如基隆、高雄、宜兰、台南、屏东、新竹等，建立某种城市联系机制，促进城市或地区之间的交流，解决特定区域内经济交流与合作中出现的问题。海峡西岸经济区的中心城市，如厦门、福州等地，可成为两岸人员交流、事务性协商以及政治对话与谈判的重要基地。

总之，海峡西岸经济区的对台政策机制，就是要造就两岸经贸交流的特殊环境和对台经济政策的试验场所，以作为两岸经济合作的政策导向和建立“两岸共同市场”的发展方向，即从落实“两岸优惠贸易安排”开始，逐步过渡到建立“两岸自由贸易区”，再推进到实行“统一市场”以至“统一货币”的两岸经济整合和一体化进程。

（原载于《台湾研究》，2005 年 3 月，数据有补充更新）

参考文献

［1］胡元梓：《全球化与中国》，中央编译出版社，1998 年版。

［2］王新奎：《世界贸易组织与发展中国家》，上海远东出版社，1998 年版。

［3］李非：《关于“两岸更紧密经贸关系安排”的构想》、《CEPA 与区域经济合作研究》，（香港）中国评论学术出版社，2004 年版。

建设海峡西岸经济区与构建自由贸易区的法律思考

——以厦门为研究对象

彭　莉*

摘　要：海峡西岸经济区的建设离不开制度创新。建立厦门自由贸易区作为探讨中福建增创对台经贸新优势的重要制度创新之一，就法律角度而言，既具有必要性也具有可行性。厦门自由贸易区在性质上属单边自由贸易区，其建构应充分借鉴世界各国及地区的一般惯例尤其是台湾自由贸易港区的先进经验，在管理体制、海关监管，优惠措施等问题上做出合理安排。

关键词：单边自由贸易区；厦门自由贸易区；国际惯例；台湾经验

海峡西岸经济区与海外经济区域的对接成功与否，是关系到海峡西岸经济区发展外部动力强弱的重大战略性课题。积极对接海外区域，一是要加快对外经贸合作，促进外向型经济的发展。二是必须充分发挥福建作为两岸三地联结点的区位优势，对接台湾。在与台湾对接的过程中，“制度创新重于产业布局”，“每一个成功利用外资推动区域发展的区域，总是在一定历史条件下，有效地进行了制度创新。”① 有鉴于此，建设海峡西岸经济区，应在不违反“一个中国”原则的前提下，有步骤地让一些带有创新性的对台制度在区内试行，以造就对台经贸交流的特殊环境。

构建自由贸易区作为探讨中福建增创对台经贸新优势的重要制度创

---

* 彭莉：厦门大学台湾研究院两岸关系所所长、教授、硕士生导师、国家“985 工程”台湾研究创新基地成员。研究方向：台湾经济法、两岸经贸。

① 《提升合作，建设海峡西岸经济区》，http：//www. hxdsb. com/news/allnews/2004-09-10/n20040910104033. asp htt.

新之一，虽然存在众多争议，却广为人们所关注。由于自由贸易区是一种被赋予法律形式的基础性制度创新，因此，不仅要从经济、政治层面考量其可行性与必要性，还应从法律层面思考其“适法性”及其他问题。本文拟以厦门为研究对象，就建立厦门自由贸易区的法律问题进行分析。文中的观点与结论同样适用于福建其他在两岸经贸交流中具有区位与基础优势的区域。

一、建立厦门自由贸易区的必要性及法律依据

（一）概念厘清：自由贸易区的两种法律模式

1. WTO 架构下的自由贸易区（Free Trade Area①）。WTO 架构下的自由贸易区即双边或多边自由贸易区，是按照 WTO 协议规定，在两个或两个以上关税领土间建立的自由贸易区，实际上是 WTO 所认可的区域经济一体化的形式之一。WTO 架构下的自由贸易区（以下称“自由贸易区”）具有以下两个特点：第一，在两个或两个以上关税领土之间建立，具有双向或多向性；第二，只在两个或两个以上特定成员之间实质上相互取消关税或其他贸易限制，具有特定性。②

2. 非 WTO 架构下的自由贸易区（Free Trade Zone③）。非 WTO 架构下的自由贸易区即单边自由贸易区，是一国或一地区内的自由贸易区，不同的国家或地区对此有不同的称谓，除自由贸易区外，主要还有免税贸易区、对外贸易区、自由关税区等。非 WTO 架构下的自由贸易区通常有两个特点，第一，由一国或一地区政府单独决定设立，只解决进口商品的关税豁免问题，不解决出口到其他国家或地区的商品享有同等的进口关税问题，因而具有单向性；第二，向所有国家或地区的商品开

---

① 成思危：《从保税区到自由区》，http：//news. sina. com. cn/o/2003 - 12 - 10/04331300345s. shtml.

② 周新成：《关于我国加入 WTO 后经济特区存在和发展的法律思考》，《法商研究》，2003 年第 2 期。

③ 成思危：《从保税区到自由区》，http：//news. sina. com. cn/o/2003 - 12 - 10/04331300345s. shtml.

放，具有广泛的不特定性。[①] 本文所探讨的厦门自由贸易区即属此类自由贸易区。

（二）从法律视角看建立厦门自由贸易区的必要性

关于建立厦门自由贸易区的必要性，长期以来理论界及实务界人士从经济视角已多有论述，其中较具代表性的论点即在当前经济自由化、全球化加速发展，中国已正式成为 WTO 一员的形势下，经济特区“试验田”的核心功能并没有改变，而继续保持经济特区这一核心功能的最佳方式之一即将经济特区逐步转型为“自由”程度更高的单边自由贸易区，换言之，单边自由贸易区是经济特区的进一步延伸和发展。从法律角度看，厦门特区要求存图进，同样有转型为单边自由贸易区的必要。众所周知，随着改革开放的深入，以及“非歧视待遇”原则在我国立法上的适用，20 世纪 90 年代中后期以来，经济特区创建初期法律上所赋予的一些优惠措施已逐步淡化，中国在关税区领土内实施统一的关税政策。这些优惠措施的淡化尤其是优惠关税政策的取消是经济特区得以继续存在的前提条件，它确保了 WTO 协议要求有关贸易政策应在成员内得到统一实施原则的实现。但是，这些优惠措施的取消也使得经济特区原有的优势日趋衰退，为此，必须寻求一个符合国际规则与国际惯例的新的发展模式，构建单边自由贸易区正是这种新模式的首选。

（三）建立厦门自由贸易区的法律依据

厦门自由贸易区属非 WTO 架构下的自由贸易区或单边自由贸易区模式，是一种早于 WTO 及其前身——GATT 便已存在的特殊性经济区，晚近所达成的 WTO 一揽子协议也没有对此类自由贸易区作明确限制，只要成员在设立这种自由贸易区时遵守 WTO 的基本原则，即自由竞争原则、非歧视待遇原则、透明度原则、统一原则，因此，从国际规则角度出发，建立此类自由贸易区似乎不存在国际法上的障碍。在我国，建立单边自由贸易区的合法性问题并没有太多争议，随着入世后现有经济

① 周新成：《关于我国加入 WTO 后经济特区存在和发展的法律思考》，《法商研究》，2003 年第 2 期。

特区法律地位的确立，单边自由贸易区的合法性问题更已埃尘落定。因此，《中国入世议定书》第2条（B）关于“特殊经济区”（Special Economic Areas）的规定，可视为建立单边自由贸易区的法律依据和条件，其具体内容为：（1）中国应将所有与其经济特区有关的法律、法规及其他措施通知WTO，列明这些地区的名称，并指明这些地区的地理界线。中国应迅速，且无论如何应在60天内，将经济特区的任何增加或改变通知WTO，包括与此有关的法律、法规及其他措施；（2）对于自经济特区输入中国关税领域其他部分的产品，包括物理结合的部件，中国应适用通常适用于输入中国关税领域其他部分的进口产品所有影响进口产品的税费和措施，包括进口限制及海关税费；（3）除本协议书另有规定外，在对此类经济特区的企业提供优惠安排时，WTO关于非歧视待遇和国民待遇的规定应得到全面遵守。

二、厦门自由贸易区的法律框架

由于世界各国及地区经济发展水平不同，地缘经济结构不同，因而所设置的单边自由贸易区的法律规范也有所不同。

（一）单边自由贸易区的法律框架：一般惯例

1. 单边自由贸易区的基本特征。世界各国及地区自由贸易区一般具有以下特征；（1）在设区国的政治管辖之下；（2）处在关境之外；（3）享有海关治外法权保护；（4）不存在任何贸易限制；（5）豁免关税。[1]

2. 管理体制。单边自由贸易区是一个既独立于一般行政区而直受国家控制的特殊区域，又是一个从开发到营运都按照经营法则运转，具有经济实体性质的经济区域。单边自由贸易区的这种双重性质，决定了其管理机构也具有双重性质。一般看来，欧洲各自由贸易区由欧共体理事会统一管理；美国管理体制则分两个层次，宏观决策、管理由中央对外贸易委员会负责，各个对外贸易区则由非赢利性私营、国营、合营公司作为自由贸易区的开发者和组织管理者；在发展中国家，私人企业不太

---

① 李力：《自由贸易区的基本特征及发展走势》，《经济特区》，1995年第11－12期。

可能承担起管理自由贸易区的职责，因而多由政府建立行政机构，加强政府的直接参与和控制，实行统一领导和部门式管理。如土耳其自由贸易区由中央特区办统一管理，智利伊基克自由贸易区最初由介于企业形式和行政之间的自由贸易区管理和监守委员会管理，开发建设由国家投资，后撤销了管理和监守委员会，组建了自由贸易管理公司进行管理。①

3. 海关监管。海关管理是单边自由贸易区管理的主要内容，从国际上通行的海关管理模式来看，通常具有如下特征：（1）监管的区域性质——境内关外；（2）监管的观念——以使用者知法守法为前提；（3）监管的指导思想——提供服务；（4）监管方式和手段——全程计算机控制；（5）海关报关手续——当天结算发单。②

4. 优惠政策。除实施“关内境外”，强调关务便捷和服务意识外，能否提供具有竞争力的优惠政策是单边自由贸易区是否具有吸引力的另一重要因素。单边自由贸易区的优惠政策包括税收优惠、财政优惠、金融优惠、投资优惠、自由港政策等内容，通常以立法的形式明确和固定下来。③ 税收优惠涵盖关税豁免和国内税减免两方面，其中关税豁免是最本质的税收优惠，但各国或地区关税豁免情况不尽一致；在是否免征或减征国内所得税问题上一般有两种处理方式，一种是不提供所得税减免，另一种则提供。财政和金融优惠则包括了名目繁多的财政补贴、放宽外汇管理、提供优惠利率的投资贷款和出口信贷、提高固定资产加速折旧等等。

（二）台湾《自由贸易港区设置管理条例》：立法例的分析

2002 年 10 月，台湾当局出台了《自由贸易港区设置管理办法》，条例分总则、自由港区之划设与管理、货物自由流通、自由港区事业自主管理、租税措施、人员入出许可及罚则 8 章，计 43 条条文，其立法重点包括：④

---

① 李力：《自由贸易区的区域管理应有哪些内容》，《特区理论与实践》，第 2001 第 6 期。

② 李力：《自由贸易区的基本特征及发展走势》，《经济特区》，1995 年第 11－12 期。

③ 成思危：《从保税区到自由区》，http: //news. sina. com. cn/o/2003 － 12 － 10/04331300345s. shtml.

④ 台湾：《“立法院”公报》，第 92 卷 37 期，P47－48。

第一，境内关外。“自由贸易港区”以“境内关外”的观念设计，进入港区的物品，就港区事业所用货物及机器设备的通关，原则上视同“中华民国领域”外，而自港区以外的“中华民国领域”进入港区的物品，就港区事业所用货物通过则视为出口。至于港区间物品流通，除有“国家安全”或有环境影响顾虑外，原则上由业者自行管理并以加封免押运方式转运。

第二，以“最小变动”原则确定自由贸易港区营运管理组织架构。在“行政院”下成立一由相关“部”、“会”组成的跨“部”、“会”“自由港区协调委员会”，审议自由港区发展政策、自由港区划设案件、跨自由港区业务协调等相关事宜外，为统筹自由港区之营运管理，自由港区的“中央”目的事业主管机关得选定自由港区管理机关，管理自由港区内一般事务，并提供自由港区内所需的各项服务。

第三，加速货物流通效率。自由贸易港区事业申请从海外进入自由港区内之物品，原则上免审免验，除基于“国家安全”及遵守国际条约必要情形下始予设限。货物由岛外或岛内其他自由贸易港区进储，或港区货物输往岛外或其他自由贸易港区，仅须依照规定的标准格式或书表向海关通报，经海关电子讯息回复完成档案记录后，即可将货物进储或运往岛外。

第四，自由港区事业自主管理。自由港区内事业之管理，以高度的厂商自主管理制度，取代“政府”管理现制，降低“政府”实质介入程度，以使自由贸易港区之货物及人力得以迅速流通，进而增加厂商进驻意愿。厂商申请进驻自由贸易港区之要价，须具备符合自主管理基本要件，包括具有良好的货控与会计制度、良好的保全与稽查配合，且其营业活动规范应符合港区管理机关所订的自由港区作业规范。

第五，便利国际商务人士进出自由贸易港区。为便利国际商务人士进出自由贸易港区从事商务活动，外籍商务人士入境，除得依一般签证、免签证及落地签证入境外，对于紧急案件则由港区管理机构核转主管机关于3个工作日内办理“选择性落地签证”入境。

第六，区内货物、设备免税。为配合自由港区之运作，吸引岛内外厂商进驻自由港区，区内货物、设备可享受多项租税优惠，主要有（1）货物自岛外进入自由港区，免征进口关税、货物税、营业税、烟酒税、烟品健康福利捐、推广贸易服务费及商港服务费；（2）自由港区内之货物、机器、设备及其他物品因修理、测试、检验、委托加工或提供劳务目的输往课税区，复运回港区者，免征进口关税、货物税及营业税；（3）课税区之营业人员销售货物至自由港区内，视为外销货物，其营业税税率为零；自由港区事业或外国事业在自由港区内销售货物或劳务，或与其他港区、国外客户间之交易，其营业税税率为零。

此外，为发挥台湾业者擅长的深层加工技术及价值，提供企业更具弹性的作业空间，《自由贸易港区设置管理条例》明订，允许厂商在港区内进行深层加工。

（三）厦门自由贸易区的法律框架

探讨中的厦门自由贸易区是未来中国自由贸易区发展战略的组成部分之一，其立法方式有两种。一是由中央一级立法机关先制定一部有关单边自由贸易区的基本法，对单边自由贸易区的设立条件、管理机构与体制、海关监管、优惠政策、人员往来等予以规范，并辅以相应的配套子法，符合法定条件并经主管机关批准者即可申请成立；另一种方式则是由中央有关部门先确定一个或几个各方面条件都较具优势的区域为单边自由贸易区，其后授权地方立法机关制定规范本区域自由贸易区的法规、规章。值得注意的是，无论采取何种立法方式，管理体制、海关监管、优惠政策应为立法的重点内容。

1. 管理体制。无论采发展中国家或地区的政府主导性管理模式，还是发达国家或地区的企业主管型模式，未来的厦门自由贸易区作为一个扩大了的经济实体，都应具有高度的商业性特征、行政自治特征、机构精简特征及服务性特征，其管理内容包括充分按公益事业原则进行的区域工商行政管理，及充分按市场原则进行的区域经营管理。①

2. 海关监管。海关监管是单边自由贸易区法制的主要内容。从国际惯例来看，单边自由贸易区是从海关管制区划分出来的，准许外国商品自由免税进出口的区域，因此，“境内关外”是其最主要的法律特征，

---

① 秦建利：《自由贸易区的区域管理特征与国际惯例》，《计划与市场》，1997 年第 12 期。

厦门自由贸易区亦不例外。这种“境内关外”的性质决定了海关对单边自由贸易区的管理主要是针对货物出区进入国内非自由贸易区，对区内货物的储存、流动、买卖等活动则基本不加干预。有鉴于此，厦门自由贸易区立法在海关管理上应坚持以下原则：第一，信赖原则。在充分相信入区企业的高度自律的前提下，推行分级管理制度。所谓分级管理即海关根据区内企业的自律能力和经营业绩进行分级管理，对自律性较强、经营业绩好的企业，放宽管理，减少查验；对自律性差、经营业绩一般的企业，进行重点抽查式监管；第二，简化原则。自由贸易区的核心吸引力之一就在于海关手续的简化，一般情况下必须在24小时内办理完货物进出的手续，通关放行；第三，服务原则。自由贸易区海关对一切事宜的监管目标，均应本着为使用者提供服务的思想。①

3. 优惠政策。如前所述，世界各国或地区政府一般均给予单边自由贸易区内的企业一些政策上的优惠，主要包括税收优惠、财政优惠、金融优惠、投资优惠、自由港政策、商业零售等，其中关税豁免为单边自由贸易区最本质的税收优惠。优惠政策无疑也将是研拟中的厦门自由贸易区立法的主要事项之一，其具体内容将在参照各国与地区立法体例，以及现有保税区立法、经济特区立法作出规定。必须注意的是，有别于保税区与经济特区，“境内关外”是单边自由贸易区最重要的法律特征之一，因此，关税优惠条款将是厦门自由贸易区税收优惠的主要内容。

此外，台湾《自由贸易港区设置管理条例》开放厂商在港区内进行深层加工的规定具有一定的借鉴意义。为充分发挥台湾业者擅长深层加工的专长，提供企业更具弹性的作业空间，台湾自由贸易港区立法突破原有立法体例，准许厂商在港区内进行深层加工，这一经验值得大陆借鉴，有“世界工厂”之称的大陆境内的自由贸易区，若能对境内初成品进行深加工，对促进区内整体经济效益提升将有所助益。

三、结语

制度的主要功能在于通过提供一系列界定人们的选择空间的规则，

① 秦建利：《自由贸易区的区域管理特征与国际惯例》，《计划与市场》，1997年第12期。

从而减少环境中的不确定性，减少交易费用，促进经济活动的发展。海峡西岸经济区的建设离不开制度创新，只有有步骤地让构建厦门自由贸易区等一些带有探索性的对台制度在区内试行，造就对台经贸交流的特殊环境，才能更好地利用海峡两岸先后加入 WTO、闽台海上试点直航和福建沿海部分地区与金门、马祖、澎湖直接往来的有利时机，加快拓展闽台之间各层次合作与交流，使福建成为两岸经贸交流的重要区域。

（原载于《厦门涉台调研课题汇编》2005 年，编入本书时有所改动更新）

参考文献

［1］周新成：《关于我国加入 WTO 后经济特区存在和发展的法律思考》，《法商研究》，2003 年第 2 期。

［2］李力：《自由贸易区的基本特征及发展走势》，《经济特区》，1995 年第 11 - 12 期。

［3］李力：《自由贸易区的区域管理应有哪些内容》，《特区理论与实践》，2001 第 6 期。

［4］台湾：《“立法院”公报》，第 92 卷 37 期。

［5］秦建利：《自由贸易区的区域管理特征与国际惯例》，《计划与市场》，1997 年第 12 期。

建立厦金次级自由贸易区的法律问题

彭　莉

摘　要：WTO架构下的自由贸易区在理论上有一般意义上的自由贸易区及次级自由贸易区之分，厦金次级自由贸易区在性质上显然属于后者。目前，建立一般意义上的自由贸易区的法律依据不仅充分而且成熟，建立次级自由贸易区的合法性问题则存在较大争议。但这并不意味着海峡两岸次级自由贸易区完全不可行，可考虑在“先易后难”的原则下，逐步构建海峡两岸次级自由贸易区的法律框架。

关键词：厦金次级自由贸易区；法律基础；法律性质；法律框架

自由贸易区有非WTO架构下的自由贸易区及WTO架构下的自由贸易区之分。非WTO架构下的自由贸易区与WTO架构下的自由贸易区是两种法律性质有所不同的经济区域，前者为单边自由贸易区，是一国或一地区内的自由贸易区，不同的国家或地区对此有不同的称谓，除自由贸易区外，主要还有免税贸易区、对外贸易区、自由关税区等；后者为双边或多边自由贸易区，是按照WTO协议规定，在两个或两个以上关税领土间建立的自由贸易区，实际上是WTO所认可的区域经济一体化的形式之一。从理论上看，WTO架构下的自由贸易区按其构成主体的不同又可分为两类：第一类为一般意义上的自由贸易区，它由两个或两个以上关税区的全部领土组成；第二类为次级自由贸易区，它由一WTO成员的部分关税领土与其他成员的全部或部分关税领土所组成。本文将从规则角度全面探讨构建厦金（厦门－金门）次级自由贸易区的法律基础、法律性质及内容安排。

一、厦金次级自由贸易区概念的提出

次级自由贸易区是近年来随着大陆与港澳台建立更紧密经济合作关系的提出与实践而逐步引起人们关注的概念。冯宝苏（2002）以深圳的发展历程中一直是以不断加强深港经济合作为基本思路的角度出发，提出自由贸易区最有条件在港深或澳珠之间率先启动；邓广尧（2002）则认为，“深港自由贸易区”等不可行。因为根据世贸规定以及国际通行惯例，深圳等地区没有权利和单独关税区的香港成立自由贸易区。相对而言，基于现实因素的考量，“厦金自由贸易区”获得更多支持。台湾学者翁锦栋（2003）倡议，倘若能借助厦门的区域经济优势，将金厦两地整合成为一个“自由贸易区”，将可发挥无限量的经贸潜力，进而承担两岸经济“前哨站”之转运及加工出口区的重要功能。林媛媛（2003）认为，应尝试先在厦门、金门建立区域性自由贸易区，然后进一步建立台湾与闽东南地区自由贸易区，形成海峡两岸自由贸易区；再发展到经济一体化，最后两岸逐步建立统一市场，并向货币联盟发展。周志怀（2004）提出，两岸经贸可望借由設立“厦金自由贸易区”，作为海峡西岸经济区试点，为两岸经贸建立更紧密的合作机制。除透过在厦金间建立自由贸易区外，也可允许厦门经济特区转行为自由贸易港区，和台湾的高雄自由贸易港区、金融自由贸易港区对接。经济学家高尚全（2004）也认同此法的可行度，他认为借由特定区域建立经济合作制度，可望逐步加强两岸经贸合作，以目前台商投资区、保税区、出口加工区为基础，和台湾的出口加工区、科学园区等进行对接，同时还可建立金融、保险业等服务机构等，借由区域试点，以推展两岸大自由贸易区。

二、厦金次级自由贸易区的法律基础

就国际经贸规则而言，现阶段，建立海峡两岸自由贸易区的法律依据不仅充分而且成熟，但在建立厦金次级自由贸易区的适法性问题上，则存在较大的争议。

1. 海峡两岸自由贸易区

海峡两岸自由贸易区是自由贸易区的特殊形式之一。《GATT1947》第26条、32条、第33条规定，主权国家并不是GATT唯一的主体，任何实体不论是否为主权国家，只要构成一个独立关税区，即可按一定程序成为GATT的缔约方，这一条款既是中国在WTO内创造性地实现“一国四席”的法律基础，也是建立海峡两岸自由贸易区的法律前提。正如“一国四席”是WTO体制内的创举，海峡两岸间设立自由贸易区亦是一新鲜事物，因为国际上现行的自由贸易区一般都是国家之间建立的，但这并不对海峡两岸自由贸易区构成妨碍，其理由有三：首先，无论是一般国际法，还是WTO法律，并没有规定自由贸易区只能在主权国家之间建立；第二，CATT/WTO是一个把单独关税区而非主权作为成员资格的先决条件的国际组织，依据CATT/WTO相关条文而设立的自由贸易区亦应承认非主权的单独关税区的主体地位；第三，如果说一个国家之内的不同关税区间建立自由贸易区没有国际先例，中国实行“一国两制”以及中国在世贸组织中的“一国四席”的特殊法律地位，在国际上同样没有先例可言。因此，可以认为，建立海峡两岸自由贸易区是符合WTO要求的。《GATT1947》第26条、32条、第33条与1994年GATT第24条及其相关条款为祖国大陆与台湾之间建立自由贸易区提供了法律依据。

2. 厦金次级自由贸易区

与构建海峡两岸自由贸易区没有太多法律障碍不同，学术界在构建厦金自由贸易区等次级自由贸易区的合法性问题上存在明显的分歧。

“否定说”者认为厦金自由贸易区等“次级自由贸易区”不符合WTO规则，其理由主要有：第一，GATT第24条第1款指明“本协议的规定适用于缔约方本土的关税领土”，第2款对“关税领土”进行了解释：“一关税领土应理解为一对与其他领土之间贸易实质部分保留单独关税或其他贸易法规的任何领土。”上述规定表明自由贸易区参与主体必须是独立关税区的全部领土。自由贸易区的建立是经济体主体的行为，在中国主权范围内存在4个独立关税区，即中国内地、台湾、香港和澳门，内地关境之内的任何省市地区不可以凭自身名义单独与外部建立自由贸易区；第二、中国在加入WTO的“议定书”第2条中关于

WTO的“贸易制度实施”（Administration of the Trade Regime）除在上述（B）款中针对“特殊经济区”做了前述三项规定外，还在（A）款中针对“统一实施”（Uniform Administration）问题作了如下规定：（1）《WTO协议》和本议定书的规定应适用于中国的全部关税领域，包括边境贸易地区、民族自治地区、经济特区、沿海开放城市、经济技术开发区以及其他在关税、国内税和法规方面已建立特殊制度的地区（统称为“特殊经济区”）；（2）中国应以统一、公正和合理的方式适用和实施中央政府有关或影响货物贸易、服务贸易、与贸易有关知识产权（TRIPS）或外汇管制的所有法律、法规及其他措施以及地方政府发布或适用的地方法规、规章及其他措施；（3）中国地方各级政府的地方性法规、规章及其他措施应符合在《WTO协定》和本议定书中所承担的义务；（4）中国应建立一种机制，使个人和企业可据以提请国家主管机关注意贸易制度未统一适用的情况。从“议定书”第2条（A）、（B）两款的规定，可以得出这样一个结论：“议定书”中的经济特区，“只是中国的特区，过去不能、未来也不能与其他WTO成员缔结协议，建立自由贸易区或关税同盟”。

“肯定说”者则认为，WTO规则没有禁止成员部分关税领土与其他成员部分或全部关税领土建立自由贸易区，我国在入世承诺法律中也没有承诺禁止，因而厦金自由贸易区等次级自由贸易区在法律上是可行的。第一，一个关税领土与其他关税领土上的部分领土或一个关税领土上的部分领土与其他关税领土上的部分领土之间建立自由贸易区，在区内实行更加优惠的贸易政策，与WTO倡导的自由贸易不相矛盾，应当予以准许；第二，中国在入世“议定书”第2条（B）款针对“特殊经济区”所作的三项承诺中的第二项针对的是经济特区对我国境内非特区之间的关系，而不是经济特区对境外的关系。此外，国际上已有此类实践，如新加坡同马来西亚的柔佛洲、印度尼西亚的廖内群岛组成的增长三角的自由贸易安排。

笔者基本同意后一种观点，除以上述理由外，还基于以下考量：

第一，入世以来，大陆始终未就原有涉台经贸法律、法规进行调整，这一情况表明在对台经济交流问题上，大陆在贯彻中央“遵守规则、履行承诺、以我为主、为我所用”12字入世应对方针时，更为强调的是“以我为主、为我所用”。也就是说，大陆注意充分利用“一国四席”的特殊情形下的“模糊地带”来处理两岸经贸关系。

第二，WTO虽然有四、五十部协议，并构成了一部完整的法律框架，规范从商品贸易、服务贸易，到投资、知识产权等各个方面的经济活动，但在具体运行时，主要靠各国自觉遵守。从世界各国及地区实践WTO规则的方式来看，主动执行的国家较少，被动执行的占大多数，有些成员经过对自身利益总体、均衡的考虑后，甚至宁可受到对等报复，也不放弃某些既有利益。一些对其他成员并无特殊利益影响的违规行为，并不会过多受到关注与报复。厦金自由贸易区由于其贸易量不大，影响力较小，因而遭遇其他WTO成员起诉的可能性不大。

第三，不同于“内地与香港、澳门更紧密经济关系安排”，在“海峡两岸更紧密经济关系安排”还存在种种政治因素干扰的情况下，厦金自由贸易区的构建有特殊的必要性，它不仅有利于突破长期以来无法解决的两岸经贸交流中的一些法律症结，也有助于台商现有在大陆所享有的较外商优惠的经贸待遇和竞争利基不致丧失。质言之，构建厦金自由贸易区与世贸组织实现贸易全面和高度自由化的宗旨是相吻合的，是两岸特殊政经形势的要求。

三、厦金自由贸易区的法律性质

由于建立厦金次级自由贸易区的合法性问题还存在较大的争议，且无成熟的前例可援，因此，有必要对其及构成其基础的“厦金自由贸易区协议”之法律性质作深入探讨与分析。个人认为，厦金自由贸易区具有如下法律性质：

1. 双向性与局部性

作为WTO成员的祖国大陆部分关税领土与台湾单独关税区部分或全部关税领土所组成的自由贸易区，首先具有双向性。厦金自由贸易区系由两个独立关税领土间相互取消关税或其他贸易限制而结成的利益集团，它与单边自由贸易区即非WTO架构下的自由贸易区有本质的不同，后者是由一国或一地区政府单独决定设立，划在所在国或地区的海关管辖区的关卡以外，以贸易为主的多功能经济性特区，只解决进口商品的关税豁免问题，不解决出口到其他国家或地区的商品享有同等的进口关税问题，具有明显的单向性；其次具有局部性。厦金自由贸易区是WTO一成员（大陆）的部分关税领土而非全部领土与另一成员（台湾）的全部或部分关税领土所组成的经济体。

2. 特殊性

厦金自由贸易区的特殊性主要表现在规范该经济体行为准则的自由贸易协议上，即构成两岸次级自由贸易区法律基础的“厦金自由贸易区协议”是一项相对独立的特别法。目前，海峡两岸都有一套民商法规和冲突法规，直接或间接适用于对岸人民。它们可大致分三类：第一、一般的涉外经济立法。如大陆的三资企业法，台湾的《贸易法》；第二、专门的涉台或涉大陆立法。如大陆的《对台湾地区贸易管理办法》、《台湾海峡两岸间航运管理办法》、《关于台湾海峡两岸间货物运输代理业管理办法》；《中华人民共和国台湾同胞投资保护法》，台湾的《台湾地区与大陆地区人民关系条例》、《台湾地区与大陆地区贸易许可办法》、《在大陆地区从事投资及技术合作许可办法》；第三、一般的法律冲突法。如大陆的《民法通则》第八章“涉外民事关系的法律适用”中的各项规定在实践中参照适用于来大陆的台胞，《台湾地区与大陆地区人民关系条例》中的民商冲突规范。拟议中的“协议”应是在WTO相关基本原则与具体规则的基础上，针对两岸特定区域的现状及特点，本着“求同存异”的精神协商制定。因此，该“协议”一旦签订并生效，相较于上述诸类普通法而言，即成为具有相对独立性的特别法，成为该特定区域之间的经贸活动和法律行为优先适用的游戏规则。

3. 限时性

厦金自由贸易区是一个限时性的经济一体化区域，“厦金自由贸易区协定”是一个限时性的双向规范。一旦海峡两岸局势缓和，台湾当局放弃“台独”意识，台海两岸认为具备了成立全方位的“海峡两岸自由贸易区”“海峡两岸更紧密经济关系安排”的前提条件，两岸次级自由贸易区则将随着“海峡两岸自由贸易区”的构建而完成历史使命，“厦金自由贸易协议”也将随着“海峡两岸自由贸易区协议”的签订和实施而失去法律效力。因此，两岸次级自由贸易在内容设置上以解决一定时期内大陆与台湾特定区域经贸往来法律问题为主要内容，具有明显的限时性特征。

4. 示范性

一切经过实验，从实验中总结、提高、推广。人类发展史上这条重要的行事准则和行动路线，自然也适用于调整和规范两岸人民的频繁往来，适用于与此有关的一切立法实践。建立两岸更紧密的经贸关系，规范两岸经贸往来的立法，目前既然难以从总体求同，则不妨暂时存异，改从局部求同。这里所说的“局部”主要指“地域”，即从两岸经济联系最具区位优势的部分地域进行试点和实验，总结提高后逐步推广到其他地域。可见，厦金自由贸易区的建立具有现实意义，也具有历史意义，它不但有助于促进两岸经济关系最紧密的部分地区经贸互利互补活动的新的长足发展，而且可以成为日后构建全面性的“海峡两岸自由贸易区”或“海峡两岸更紧密经济关系”的试点和示范。

四、厦金自由贸易区的内容安排

厦金次级自由贸易区是一个尚存争议的议题，在立法上没有前例可援，因而仅能在不违背 WTO 规则及坚持“一国两制”基本原则的基础上，参照世界上已有较为成熟的 FTA 等区域贸易安排而设置。

1. 自由贸易区的国际惯例

1998 年 3 月，WTO 区域贸易协议委员会制订了一项有关区域贸易协议通知的一般标准格式，规定了如下基本内容：(1) 本协议之基本背景信息；(2) 贸易条款。包括进口限制；出口限制；关税及规费、数量限制；原产地规定；标准：包涵技术性贸易障碍（TBT）、食品卫生检验及动植物检疫措施（SPS）；防卫措施；(3) 一般条款。如例外及保留、加入、争端解决机制、与相关贸易协议之关系、相关机构之设立；(4) 其他。为达到透明化之原则，与本协议相关之其他讯息。

目前，各国及地区签订的协议条文所涵盖的主要内容与区域贸易协议委员会所规范的标准格式大致相符，主要包括：前言（目的）、商品贸易、原产地规定、海关作业程序（关务合作）、食品卫生检验及动植物检疫措施、技术性贸易障碍、防卫措施、反倾销及反补贴、政府采购、知识产权、竞争政策、国营贸易事业、工作小组之设立、例外条款、一般条款、服务业贸易自由化以及各项附件。

2. 厦金自由贸易区的内容安排

鉴于自由贸易区的建立并非一蹴而就，以及两岸经贸交往不可避免的将受到政治因素的影响，厦金自由贸易区的构建可采“先易后难”的原则，分阶段分步骤进行。前一阶段应选择两地某些具有良好合作基础的产业进行关税减让及配额限制取消，逐步减少或取消双方之间实质上货物贸易的关税和非关税壁垒；逐步实现服务贸易的自由化，减少或取消双方之间实质上所有歧视性措施；签订双方互惠的投资协议，以及对外资的共同规则。然后，再根据实际需要逐步扩大到其他领域。厦金自由贸易区建立与发展的基本原则是：符合世界贸易组织的规则；顺应双方产业结构调整和升级的需要，促进稳定和可持续发展；实现互惠互利、优势互补、共同繁荣。在建立自由贸易区之前，两地可考虑先签订形成自由贸易区所必需的临时协议，该临时协议的内容须符合 GATT 第 24 条《第 24 条谅解》的规定。

鉴于厦金自由贸易区是一个仍有较大争议的问题，WTO 规则的解释、两岸关系的发展、大陆区域经济发展战略都将可能影响厦金自由贸易区的建构，为此，除自由贸易区模式外，海峡西岸其他与台湾具有地理优势及合作基础的区域还可以从以下角度思考密切海峡两岸关系的路径：

第一，力争成为未来“厦金更紧密经济关系”的实际受益者。虽然港、澳在 CEPA 架构下面对的是整个大陆内地，而非广东省、深圳市或其他某一区域，但深港、粤港凭借其客观上已经存在的较深的经济依赖关系，以及地理、文化上的优势，实际上仍将是 CEPA 的最大或优先受益者，这在《内地与香港关于建立更紧密经济关系的安排》第 14 条等条款中已有所体现。类似的设计，同样可以出现在未来“海峡两岸更紧密经济关系”安排中。

第二，建立 WTO 体制外的经济合作机制。WTO 虽然是一个涉及货物贸易、服务贸易、知识产权贸易、投资管理及贸易政策评估和解决争端机制的多边国际贸易制度体系，但却非包罗万象，例如在投资问题上，TRIMS 仅就与贸易有关的当地成分要求、出口实绩要求、外汇平衡要求等投资措施进行了规定，这就为海峡两岸寻求建立 WTO 体制外的经济合作机制提供了可能。

（原载于《国际贸易问题》2005 年 11 期，收录本书时标题及内容略有改动）

参考文献

［1］周新成:《关于我国加入 WTO 后经济特区存在和发展的法律思考》,《法商研究》, 2003 年第 2 期。

［2］曾令良:《论 WTO 体制下区域贸易安排的法律地位与发展趋势》，孙琬钟主编《中国经贸法律的热点问题》，中国人民公安大学出版社，2004 年版。

［3］傅昆成:《评两岸加入 WTO 后建立“南中国自由贸易区”的构想》，廖延豹主编《企业法律顾问制度研究》，华星出版社，2004 年版。

［4］周林彬:《WTO 规则与中国经济法理论创新——一种法律经济学的观点》，中国政法大学出版社，2003 年版。

［5］翁国民、李新:《从 WTO 有关区域贸易协议的规定看我国内地、香港和澳门地区建立“紧密经贸关系安排”的法律设想》，孙琬钟主编《中国经贸法律的热点问题》，中国人民公安大学出版社，2004 年版。

协同发展视域下的海峡西岸经济区建设

——以厦泉漳城市联盟发展为例

石正方

摘　要：从协同学理论视角看海峡西岸经济区建设，存在区内协同、区际协同等多层次发展目标。推进“海西”的协同发展，首先需要建立互利共赢的协同发展支撑体系，其中最为关键的是建立对整个区域具有统筹能力的权威性机构，实施对整个区域发展的组织调控。本文在相关理论探讨基础上，以“厦泉漳城市联盟”为案例，探讨建立由政府、市场及行业协会等“第三方”力量组成多层次、多元化的区域协调机制的必要性。

关键词：协同发展；海峡西岸经济区；厦泉漳城市联盟；区域协调机制

一、“协同”与区域经济“协同发展”

“协同”概念源于协同学。协同学是关于开放系统通过内部子系统间的协同作用形成有序结构的机理和规律的科学，是原联邦德国科学家赫尔曼·哈肯在20世纪70年代创建的。协同学的理论核心是自组织理论。所谓“自组织”就是系统自身所具有的、能使系统从不平衡状态恢复到平衡状态的能力，这种自组织能力赋存着一个系统从无序到有序的转变机制和驱动力量。各种具有自组织特性的系统的形成都是由于子系统之间的合作形成序参量——每个子系统对协同运动的贡献总和，在序参量作用下和支配下就形成一定的自组织结构和功能。这种自组织是伴随“协同作用”而进行的，所谓“协同作用”实际上就是系统内部各要素或各子系统相互作用和有机整合的现象。在此过程中强调系统内部各个要素（或子系统）之间的差异与协同，强调差异与协同的辩证统一必须达到的整体效应等。

区域经济是一个涵盖自然、经济、社会、文化、科技乃至政治等内容的开放的复合巨系统，其内部各地域板块及各经济组分之间要达成功能优化、高效运行的和谐发展境界，形成要素流通畅达、市场体系统一、经济联系紧密、地域分工明显的有序化状态，协同发展是其必由路径。区域经济“协同”发展是指区域内各地域单元（子区域）和经济组分之间应该协和共生，自成一体，形成高效和高度有序化的整合，形成区域内各地域单元和经济组分的“一体化”运作与共同发展的区域（或区域合作组织）经济发展方式。① 协同发展的区域体系往往具有统一的联合、合作发展目标和统一规划，各地域板块之间具有高度的协调性和整合度，形成统一的区域市场，商品及生产要素可以自由流动与优化组合，具有严谨和高效的组织协调与运作机制，内部各区域之间是平等和相互开放的，同时也向外部开放。从而使协同发展的区域体系形成一个协调统一的系统，既有利于内部子系统的发展，也有利于与外部区域经济系统的对接和互动。

区域经济的协同发展是竞争与差异互补基础上的协同发展；是基于资源禀赋理论、劳动地域分工理论、比较优势理论等区域分工理论的协同发展；是互利共赢与整体效益最佳兼顾原则下的协同发展。对于“行政区经济”特征彰显的我国区域经济而言，要实现协同发展，建构有执行力的区域利益共享机制与协调机制最为关键。正如协同学原理所指出的，系统的协同发展要借助于建立自组织和组织（控制的组织）之间的合作与合成，② 也即强调区域经济的协同发展要按照客观需要进行宏观调控，建立必要的区际协同发展的组织协调机制，制定有利于整体协同与引导控制的区域政策、产业政策、投资政策、财税金融政策等“控制参量”，促进区域经济协同系统“自组织”的形成和完善，以最终实现区域经济协同发展的目标。

---

① 黎鹏：《区域经济协同发展及其理论依据与实施途径》，《地理与地理信息科学》，2005 年第 4 期，第 51 – 55 页。

② H. 哈肯：《协同学讲座》，山西科学技术出版社，1987 年版，第 136 – 137 页。

二、海峡西岸经济区的协同发展

海峡西岸经济区是以福建为主体，涵盖周边区域（包括浙南的温州、衢州、丽水，赣南的赣州，赣东的抚州，赣东北的鹰潭、上饶，粤东的汕头、潮州、梅州、揭阳等地、市），对应台湾海峡，具有自身特点、自然聚集、优势独特的区域经济综合体。目前，这一经济区域业已形成了以福州、厦门、泉州、温州、汕头等五大沿海中心为增长极核，并以这些增长极为中心分别形成闽江口、厦门湾、湄洲湾、瓯江口、汉江口等五大城市经济发展区，进而带动山区次中心城市并辐射闽东北和赣东北、赣东、闽西和赣南、闽中内陆地区、浙南、粤东地区的梯度发展格局，区域经济空间呈现极化发展形态。然而，由于历史的累积与现实发展的局限性，海峡西岸经济区各增长极点的集聚和辐射效应相对较弱，对周边区域的带动能力不强，区域整体以“地域分工明确、市场体系统一、经济联系紧密、全面繁荣进步”为特征的发展势头还远未形成。于此，必须“优化区域布局，对内加强资源整合共享与要素集聚，培育壮大区域经济发展的增长极；对外延伸两翼、对接‘两洲’，拓展发展空间和腹地，延伸周边区域协作区，促进海峡西岸区域经济一体化发展”。[①] 未来的海峡经济区的发展要突出以市场为导向，突出整合聚集，优化区域布局。也即，实现区域经济协同发展、一体化发展。

从协同理论视角看海峡西岸经济区建设，存在区内协同、区际协同两方面、多层次的协同发展目标。区内协同是指区域内部诸板块间及诸板块内部的协同，包括海西区域内的“山海”协同、地区间的协同、各城市经济发展区的协同、部门协同、行业协同、企业协同等；后者是指海西区与海峡东岸、与长三角、珠三角等区域经济板块之间乃至与亚太经济、全球经济的对接与互动。区内协同是海峡经济区整体竞争力提升的基础性依托，而区际协同则是海西区发挥比较优势、获得后发优势的重要途径，二者相辅相成，相得益彰。

---

① 叶飞文：《海峡西岸经济区发展现状、趋势目标、功能定位与发展对策》，《2006 年：海峡西岸经济区发展报告》，社会科学文献出版社，2006 年 12 月版，第 66 页。

推进并最终实现海峡经济区这样一个涵盖福建全省及浙南、赣南、赣东、赣东北、粤东等周边区域的地域范围广大、跨省级行政区众多、存在内陆、山区与沿海、城镇与乡村较大发展落差的经济区内部的协同发展，及其与毗邻经济区之间的协同发展，无疑是任务艰巨的复杂的系统工程，需要构建互利共赢的区域协同发展支撑体系。概括而言，海峡西岸区域经济协同发展的支撑体系应包括下述几方面：

1. 协同发展的内容

包括：海西内部及其与珠三角、长三角乃至海峡东岸区域的基础设施对接、产业对接、企业对接、人才、资金、信息、市场的对接；区域内部城乡之间、“山、海”之间经济的差异协同；海西内部城市之间及其与区际近域城市，特别是海峡东岸对口城市的联盟发展；海西港口群的联动发展及与海峡东岸对口港的协同发展，等等。其中，谋求与海峡东岸台湾地区经济的协同发展尤为重要，因为“近台快攻”优势是海峡西岸经济区的独特优势。

2. 协同发展的模式

如前所述，正如系统的协同发展需要“控制的组织”与“自组织”之间的合作与互动一样，区域经济的协同需要政府运用政策工具（区域经济系统的控制参量）实施宏观调控，与企业、市场等“自组织”元素协和互动。因此，海西区域的协同发展应是以政府推动、企业为主体、市场为导向的模式，由于海西区较之珠三角、长三角而言，有一定的发展落差，区域内部要素市场的一体化远未发育，因此政府能否巧用政策杠杆进行宏观调控对推进海西经济协同发展尤为重要。其次，企业是市场经济的主体，也是区域协同发展的主体，是区域协同发展最具活力的基础性元素。通过企业跨区域扩展与联合，有利于促进区域经济协同发展。市场导向是区域经济协同发展的保证，统一有序的市场网络的构建，是有效提升区域经济“自组织”发展能力的必由途径。具体而言，就是要做到“四个结合”：① 坚持政府引导与市场运作相结合、专业市场与产业集群相结合、商品市场与物流配送中心相结合、外贸与内贸相结合，发展大市场、大流通、大贸易。大力推进市场开放，发展现代流

① 《海峡西岸经济区建设纲要（试行）》，http：//www.chinataiwan.org，2006－04－20。

通方式，打破行业垄断和地区封锁，形成人流、物流、资金流、信息流的有效集聚。

3. 协同发展的统筹机制

如前所述，就行政区经济特征彰显的中国区域经济发展现状而言，无论是区域内部协同，还是区际协同，都必须依赖有执行力的区域统筹发展机制。目前，海西区内部各区块都明确了在海西经济建设中的角色定位，呈现“八仙过海”的“竞技”局面：“发挥福州省会城市的带动作用，凸显服务全省发展的带头效应；发挥厦门经济特区的龙头作用，凸显先行先试的辐射效应；发挥泉州侨乡工贸城市的先导作用，凸显民营经济快速发展的示范效应；发挥漳州、莆田、宁德在区域经济发展中的承接、传导作用，促进沿海城市带的形成；发挥南平、三明、龙岩在拓展内陆腹地中的枢纽、通道作用，实现共同发展。”① 然而，如何使诸板块在差异竞争中实现协同发展，关键则在于要处理好三大矛盾，即：市场机制与行政壁垒的矛盾、区域整体利益与地方利益的矛盾、经济成长与环境质量下降的矛盾。于此，发挥市场对资源配置的基础性作用与发挥政府的主导作用都很重要。特别是跨行政区界限的区域的协同发展，需要建立对整个区域具有统筹能力的权威性机构，实施对整个区域发展的组织调控。

三、“厦泉漳城市联盟”发展：意义、进程、问题及对策

城市联盟作为福建发展壮大中心城市的新举措，无疑是培育海峡西岸区域经济发展增长极，进而带动周边区域协同发展的重要途径。同时，城市联盟本身也是对区域经济协同发展理念的贯彻和具体实践。福建提出重点构建三个层次的城市联盟，即经济联系紧密的闽江口、厦门湾与泉州湾城镇密集区的城市联盟；漳州到宁德的闽东南沿海城镇密集带和沿闽江流域的城市联盟；闽粤赣和闽浙赣等若干跨省域城市联盟。而厦泉漳城市联盟作为试点于2004 年6 月开始启动。本文以厦泉漳城市

① 《海峡西岸经济区建设纲要（试行）》，http：//www. chinataiwan. org，2006 - 04 - 20。

联盟作为案例，希望通过对其发展进程及成效的考察，透视出海峡西岸经济区协同发展面临的问题，进而寻求解决途径。

1. *厦泉漳城市联盟发展意义*

城市联盟是以经济、社会、自然、资源等联系密切的区域为基础单元，以区域经济一体化为目标的特定区域内的城市群，通过加强城市在多层次平台上的协商、对话、沟通、交流、合作和协调，逐步实现特定城市群区域内的生产要素有机结合、各类资源优化配置、城市规划统一实施和基础设施共享共建，从而实现城市和区域共同发展。可以说，城市联盟是城市圈域经济协同发展的经典模式之一。

改革开放以来，福建省闽东南沿海城镇密集地区经济社会快速发展，城市化进程明显加快，占全省45.7%的土地面积、76.5%的人口，创造了全省80%的GDP，是全省经济发展的“火车头”。但总体来看，仍存在城市规模偏小，中心城市带动力弱，城市之间缺乏必要的联系和沟通，区域整体发展态势尚未形成等现象。如果靠单个城市自身的发展，难以在短时期内强化中心城市的集聚辐射效应，难以发挥中心城市在区域发展中的重要增长极作用。福建省要发展壮大中心城市就必须走城市联盟之路，大力发展城市群和城市带，通过城市联盟倍增中心城市的整体功能。

厦泉漳城市联盟发展具有重要意义。不仅有助于厦门、泉州、漳州三个设区市所在的“闽南金三角”地区经济协同发展，而且有助于开创海峡西岸经济区协同发展的新格局，从而有力推动海西建设。首先，厦泉漳在福建省九地市经济总量中占有绝对优势权重，三地集经济特区、沿海开放城市、台商投资区、海峡两岸农业合作试验区和沿海开放区于一体，是全国对外开放时间最早、开放程度最高、开放层次最多的地区之一，其产业结构梯次相较福建省其他地区为高，是福建省经济最具活力的增长极与核心区域，并且日益成为福建省新型生产中心与制造业基地、先进制度与技术的创新源以及海峡西岸主要的城镇密集带。目前三市的经济发展相当程度上呈现粗放的自我孤立发展模式，还存在产业同构现象，没有按照比较优势实现产业结构的衔接、互动。如能按照“资源共享、设施共建、优势互补、共同发展”的原则建立三市间的城市联盟，使三市各依比较优势实现产业“错位”发展，无疑将极大提升地区经济资源利用效率，推动地区产业结构的总体提升，最终形成“地域分工明显、经济联系紧密、中心城市支撑、市场体系统一、要素流动集聚，具有自身特点和独特优势的地域经济综合体”，并以自身辐射和扩散功能的发挥带动整个海峡西岸经济区综合竞争力的提升。

其次，厦泉漳城市联盟有利于提升海峡西岸经济区因应台湾产业转移、承接海峡东岸经济辐射的能力。厦泉漳城市联盟可以转化三市的资源互补优势为区域经济协同发展优势，提升闽南金三角地区城市集聚经济、产业集群经济、企业聚集经济；促进区域工业化，提升企业配套能力；提高区域城镇化水平，扩张市场规模；并通过基础设施的互联互通有效促进区域腹地扩张，使厦泉漳城市地区成为资源、人才、资本、信息汇聚的平台，从而大大提升其承接台湾经济辐射的能力，强化海峡西岸经济区的对台优势。

第三，厦泉漳城市联盟有助于海峡西岸经济区“承‘珠’接‘长’、连接中部”、力抗区域经济边缘化。海峡西岸经济区定位是从全国区域经济发展大趋势着眼，积极参与区域经济合作和竞争，构建福建及其周边地区所处海峡西岸与珠三角、长三角区域乃至中部地区的联动发展格局。早在2001年，福建省政府就曾提出构建山海协作、对内联接、对外开放的“三条战略通道”，建设海峡西岸繁荣带的构想。如今的海峡西岸经济区战略虽然内涵有所不同，但也体现了把国际、区际、区内三种开放的共生演进，把省内、省外、国外三个经济圈的对接互动，把基础设施、城市、产业三大体系的滚动发展有机融合，实现区域经济协调发展的总体思路。建设海峡西岸经济区不仅要协调区内经济发展，拓宽对外开放通道，密切海峡西岸经济区与台湾以及港澳的合作，联手加强与世界各国特别是发达国家经济往来和技术交流，而且要构筑与国内区域连接的通道，即北承长江三角洲，南接珠江三角洲，发挥地处东南沿海中间地段的作用，西连京九线，增进区际经贸互补，积极参与西部大开发，进一步拓展区域经济发展空间。实现上述目标，同样需要通道和平台建设。因为区域经济的对接实际上是区域经济网络的对接，其中城市网络作为产业网络、企业网络、市场网络的主要载体和交通、通讯信息网络节点，将在区域经济融合对接中发挥平台和枢纽作用。因此，通过打造城市联盟，促进区域内部城市经济整合，壮大城市经济规模，凸现中心城市区域增长极的效应，则成为海峡西岸经济区“承‘珠’接‘长’、连接中部”、力抗区域经济边缘化的重要途径。

2. 厦泉漳城市联盟发展进程

厦泉漳城市联盟由启动到逐步推进，历时两年多时间。在这两年多时间里，厦泉漳城市联盟重点开展了城市规划、交通、环保、旅游、海洋及省级以上风景区资源共享等多方面的合作；签订了《厦泉漳城市联盟宣言》；成立了办事机构，建立了城市联盟市长联席会议制度；举行了《2005 年中国·厦泉漳城市联盟高峰论坛》，以及海峡西岸经济区金三角人居环境推介会；组织了中规院、泉州、漳州规划院编制了《厦泉漳城市走廊发展规划》；并开创性地提出了打造海峡西岸经济区南翼城市群的新思路；促进了龙岩市加入厦泉漳城市联盟；明确了城市联盟近期需要协调的几个问题，为联盟工作的进一步深化打下了良好的基础。

“联盟”启动至今共举行了四次市长联席会议，每一次会议都有不同的议题，并确定了未来一段时期的合作内容：

2003 年 5 月，福建省政府制定了“福建省开展城市联盟工作总体框架”；2004 年 6 月，在省有关部门的牵头下，闽南地区三个设区市规划局局长齐聚漳州，宣告厦门、漳州、泉州三个设区市城市联盟试点工作正式启动。

2004 年 7 月，福建省建设厅和厦泉漳三城市政府在厦门举行了城市联盟第一次联席会议。会议发表《厦泉漳城市联盟宣言》，确定先从基础设施和社会事业项目开始，突破行政区划，加快厦泉漳中心城市和厦泉漳都市圈发展，形成真正意义的“厦泉漳城市地区”。

2004 年 12 月，厦泉漳城市联盟第二次市长联席会议在厦门召开。标志着厦泉漳城市联盟进入正式运作阶段，3 个城市成立城市联盟市长联席会议制度、确定会议常设机构和审议 14 项联盟研究机构，具体在规划建设、区域交通建设、港口建设和岸线资源分配、区域基础设施建设、生态环境保护和旅游业发展等六个方面进行协调。3 市联盟开展对话和合作工作机制，由主席团和下设秘书处组成。首届主席团由省建设厅，厦、泉、漳 3 市分管城建领导组成。联席会议实行执行主席制，每届任期两年，每年召开一至两次会议，并可视情况召开若干专题会议。

2005 年 8 月，厦门泉漳城市联盟第三次市长联席会议在厦门召开，会议还邀请了龙岩、三明两市分管城市建设的副市长以及相关部门的领导参加。会上城市联盟市长联席会议秘书处报告了厦泉漳城市联盟2004—2005年的工作情况和对2006年的工作的建议。会上由厦泉漳城市联盟市长联席会议第一届执行主席提议，邀请龙岩市加入联盟，成立厦泉漳龙城市联盟，提议提到了一致的响应。同时会上听取了三明市关于其市域范围内联盟建设的经验，并商榷了城市联盟市长联席会议执行主席由厦门市移交泉州市的有关事宜。

2006年11月，城市联盟第四次市长联席会议在泉州召开。会议还邀请了莆田和三明市参加。会议确定了10个合作议题，包括结合福厦、厦深、龙厦铁路建设，合作开展厦泉漳龙城市联盟铁路沿线城镇群发展规划研究；整合港口资源，合作开展海峡西岸南翼港口群发展规划研究，达到优势互补，做大做强港口经济；以园博园建设为平台，四市参与闽台园建设，展示人居环境和旅游品牌；合作开展九龙江流域水环境综合整治步伐，建立上下游补偿机制等。

2007年3月30日，厦泉漳龙城市联盟市长联席会议秘书处会议在泉州召开，① 参加会议的有四城市规划局分管副局长、联络员和规划设计院院长，省建设厅领导到会指导。会议就贯彻落实厦泉漳龙城市联盟第四次市长联席会议精神，使城市联盟2007年度工作计划更具可操作性，务实推进城市联盟工作向纵深发展，对城市联盟秘书处在省建设厅的指导下并征求各城市意见的基础上提出的2007年度工作计划实施方案（建议稿）进行了认真的研讨。“方案”主要内容包括：（1）整合城乡空间资源，建立城市规划会商合作机制；（2）搭建交流平台，成立规划师、建筑师联盟；（3）三个规划编制任务：铁路沿线城镇群发展研究、海西南翼港口群发展规划、沿海岸带发展规划研究；（4）倡导共建共享，协调区域重大基础设施布局；（5）建立补偿机制，加强九龙江流域水环境综合整治工作；（6）彰显历史文化，加强文化合作；（7）海洋管理合作；（8）合作建设园博园之闽台园。会上对以上十项工作任务进行了分解，并明确了项目实施的牵头单位和规划设计单位，同时对2007

---

① 《厦泉漳龙城市联盟市长联席会议秘书处会议在泉州召开》，http://www.zzghj.gov.cn/onews.asp? id=625，2007-03-31。

年城市联盟的工作做了具体的时间安排。本次会议为筹备召开城市联盟第五次市长联席会议打下了基础。

从“联盟”历次市长联席会议的议题来看，厦泉漳城市联盟经历了合作领域不断拓展、合作机制逐步完善、合作目标渐臻清晰的成长过程。人们对“联盟”赋予越来越多的期望和热情。继龙岩加入联盟以后，莆田也表示加入的意愿，未来联盟的阵容会更加强大。此外，厦泉漳龙城市联盟将拥有自己的 Logo（标志）。① 并且已经在交通基础设施规划与建设（城市及城际连接通道规划建设）、港口联盟发展、② 旅游经济联盟发展③等方面有所作为。

3. 厦泉漳城市联盟发展面临的问题

厦泉漳城市联盟虽然取得了不小的成绩，但与人们的期待相比，与厦泉漳城市合作发展应有的挥洒空间相比，“联盟”的发展还是显得滞后。目前，“联盟”的成果还仅限于基础设施共建方面。正如省台盟在省政协会议提案中所指出的，④ 厦泉漳城市联盟发展程度不尽理想，主要表现在：区际间的商品与生产要素的自由流动、优化组合不够顺畅；缺乏统一的规划协调，产业布局缺乏层次和递补；合作多在传统项目，重点项目合作不足；在产业链延伸对接、现代物流业交融与发展方面也有待加强。

不可否认，基础设施的联盟建设是区域经济协同发展的基础，但企业协同、产业协同才是区域经济协同发展最为核心的内容。而要推进“联盟”向企业、产业协同的高层次发展，本着“互惠互利、优势互补、结构优化、效益优先、协调发展”的原则，实现生产要素资源的共享和有序流动，构建、完善区域市场分工体系是关键。这就要求打破地域、部门界限，转变政府职能，搭建有效的协调对话平台以解决区域的利益矛盾。

厦泉漳三市在自然资源、区位条件、生产要素等方面各有优势，这

---

① 《未来两年厦泉漳龙城市联盟泉当头家》，http：//www. 66163. com，2006 – 11 – 11。

② 《大厦门港建设正式启动》，http：//www. xiangmu. org/project/project _ detail. asp？id = 260342。

③ 《厦泉漳结成城市旅游联盟》，http：//www. qzwb. com，2005 – 01 – 18。

④ 《福建省台盟提案建议：强化厦泉漳城市联盟》，http：//www. sina. com. cn，2006 – 01 – 09。

是区域经济协同发展、形成整体优势的基础。然而，目前厦泉漳地区由于缺少合理分工，重复建设、产业雷同严重，特别是厦门和泉州之间的无序竞争更显著。实际上，自“联盟”启动以来，就一直存在着“谁做盟主”的争论，合作方对区域利益的争夺之势宛在。在这种行政壁垒和地区利益争夺的背景下，如何期望“联盟”会有更为实质性的大跨步的推进呢？因而，可以说，厦泉漳城市联盟发展滞后，主要是受“行政区经济”、“政绩经济”的影响。

“行政区经济”与“政绩经济”是我国现行行政组织结构、税收结构和政府官员的考核方式下，地方政府在行政区划边界内追求垄断利益最大化所形成的市场割据的经济形态。地方政府一方面会防止本区划内经济利益的溢出，另一方面将会进行制度安排，最终由其他主体承担区域内发展成本，这必然会引起区域之间的盲目竞争，导致市场竞争的行政扭曲及较高的资源配置成本。“行政区经济”与“政绩经济”不仅是厦泉漳城市联盟深化发展的障碍，也是我国其他地区经济一体化发展面临的普遍问题。即使是引领区域经济一体化潮流的长江三角洲地区，由于上述体制问题的存在，其区域一体化的繁荣也仅限于交通、信息、生态领域，而最为关键的指标（市场一体化、产业一体化和制度一体化）的发展还很落后，发展的阻力也最大。

因此，要实现真正意义上的联盟，提升厦泉漳城市地区经济的自组织能力，实现协同发展目标，就必须从制度创新入手。

4. 厦泉漳城市联盟深化发展策略探讨

厦泉漳城市联盟发展实际上是厦泉漳龙等近域城市经济板块的整合发展。从制度创新角度探讨，区域板块整合发展的动力来源于自上而下、自下而上两方面的制度创新，也即体制力与市场力的双重作用。“体制力来自于政府为优化体制环境而进行的自上而下动员资源与要素的各种努力，包括区域开发政策与协调机制等。市场力的影响不仅依赖于正式的制度创新，在很多情况下还表现为利益驱动下的非正式制度创新。而且，当非正式制度创新具有积极的外部性时，往往会得到体制力的协同响应，并通过经济组织与社会组织的相互嵌套共同促进地域劳动力的分工与协作及区域生产力的发展。”制度创新可以降低交易成本，提升经济效率。特别是对于“行政区经济”特征凸显的区域而言，要突破行政壁垒对于区域内经济要素流动的障碍，构建区域市场一体化，实现“行政区经济”（“政绩经济”）① 向“经济区经济”的转变，推行行政体制改革和政府职能的转换尤显重要。

综上，要推进厦泉漳城市联盟向纵深发展，最为关键的就是从政府行政体制改革和政绩考核制度改革入手，实现区域统筹机制的创新。目前厦泉漳城市联盟的市长联席会议制度，不能有效规避行政壁垒，因而远不能满足区域经济联盟发展的需要。所谓区域统筹机制的创新，就是探索、寻求区域整体利益的代言人，以总领区域经济合作的规划、协调，培育区域有序竞争环境。于此，可以从以下几方面着手：

（1）在加强厦泉漳龙政府之间的协调配合、实现优势互补的基础上，谋求区域管理体制创新：成立一个有执行力的权威性机构，赋予类似于美国“田纳西河流域管理局”的职能，对整个城市联盟区域进行统筹规划，对合作项目进行督导调控。惟此，可能有效规避行政壁垒，消除地方经济割据，推进区域市场、产业和制度一体化。

（2）探索政府政绩考核制度的创新。现行的考核方式以 GDP 和财政收入为主，地方政府官员在有限任期内、有限资源的约束下，要实现既定目标，必然诉诸于形象工程、短平快项目等，而不愿投入资源于合作、联动等较长时间才能显现效益的方面。因此，在考核地方政府的政绩时，有必要把对其他地区发展的贡献度纳入政绩考核指标体系。

（3）淡化行政区色彩，把政府职能转变到提供服务和制定规划上来，不过多地用行政手段阻碍生产要素的合理配置。按经济规律办事，特别是按区域经济布局的规律办事。对微观经济主体的活动，引导为主而不直接干预，逐步使区域合作实现由政府主导向民间主导的转变，充分发挥市场对区域资源的配置作用。

（4）构建多层次、多元化的区域合作协调机制。政府和市场在协调区域合作过程中具有不可替代的作用。然而，依赖行政手段的政府（看得见的手）与依赖价格机制的市场（看不见的手）并不一定能够达成区域合作的“帕累托”最优，因为行政机制与市场机制都有失灵的时候。

① 吴先华、郭际：《长三角一体化的矛盾根源与政府职能思考》，《经济与管理》，2006年第4期，第10－13页。

因此，建构多元化的协调机制就显得很有必要——“区域治理理论”对此提供了宝贵的借鉴，也即建立包括市场、政府及非政府组织在内的多元化的“协同治理”模式，以达到“善治”的目的。① 对于“联盟”的协调机制而言，除了强调政府职能创新和重视市场机制之外，还要致力于发挥行业协会及其他中介机构等非政府组织的作用，如建立区域性的联合商会和主要行业协会等，负责协调产业整合中各项经济、财务和法律问题；建立各项专家委员会，为解决全区域内各种合作和利益分配问题提供经过科学论证的方案；建立区域性的合作与发展论坛，组织区域内甚至国内外政、学、商界的专家学者为区域经济一体化献计献策、为重大合作项目形成共识奠定理念基础等等。总之，重视政府、市场以外的第三方的力量，以弥补政府与市场对区域合作协调的不足，逐步形成多层次、多元化的协调机制，最终实现“联盟”区域各级政府行为和政策的协同。

重视政府与市场以外的“第三方”的力量谋求区域经济协同发展，对于“海西”与海峡东岸台湾经济的整合更加具有深远的意义：在政治对峙的背景下，两岸经济整合方面，政府和市场都存在不同程度的“失灵”，而行业协会等“第三方”的回旋余地颇大。

城市联盟发展是一个系统工程。不仅是经济制度的改革、行政制度的改革，还涉及社会政治文化层面。因此，对厦泉漳区域实行综合配套改革具有重要意义。2007 年 3 月，在全国“两会”上，福建省人大代表李春兴提出在厦泉漳所在闽南金三角地区设立“闽南新区”，② 使之成为继沈北新区、郑东新区、浦东新区、天津滨海新区之后的第五个全国和谐社会试点区，并提议在区内将厦门市已有的台商投资区扩大到整个试验区，在区内率先试行海峡自由贸易区和海峡共同市场的某些政策，给区内的台商类似港澳的更紧密经贸关系安排（CEPA）的待遇，在税收、融资、用地、市场等方面赋予特殊政策，等等。实际上，这些建议是把联盟发展的视野扩大到海峡东岸，与借助外来创新推动区域内部创

① 吴宗祥：《行业协会在区域经济合作中的协同治理》，《学会》，2006 年第 8 期，第 15－19 页。

② 《建议在闽南设立中国第五个新区》，http：//news. sohu. com/20070304/n248490294. shtml.

新发展的思路相吻合。如能得到中央政府认可与支持，对厦泉漳城市联盟的深化发展不啻是难得的机遇。

四、结论

协同学的核心精神在于：系统中各子系统和各要素的“协同”会使无序转化为有序，使分散甚至相互抵触的成分转变成有序的整体合力、形成整体功能；相反，若得不到很好的协同，系统要素往往会处于离散或相互抵触的无序状态，既无法形成合力，更无法形成整体功能和整体效益。海峡西岸经济区内部山海之间，城乡之间经济差异较大，城市对区域经济的组织、调控功能不够发育，区域经济不发达，成为我国东南沿海地区长三角、珠三角板块之间的“陷落”地带。如今，要振兴海西经济，提升海西整体竞争实力，就必须以协同发展的观念，整合区域优势资源，并谋求区际协同，主动与海峡东岸及长三角、珠三角区域实现对接。

正如厦泉漳城市联盟深化发展所面临的挑战一样，海西要尽快实现差异竞争、有序竞争基础上的协同发展，就必须创新区域统筹机制，打造“强而有力”的、有效的，同时又是“有限的”、“服务性”的政府团队，充分发挥市场机制的作用，同时培育、借重行业协会等“第三方”的力量，建构多层次、多元化的区域协调机制。

（原载于《海峡两岸经济交流与合作学术研讨会》论文集，厦门大学台湾研究中心、厦门大学台湾研究院，厦门，2007 年 4 月）

参考文献

［1］黎鹏：《区域经济协同发展及其理论依据与实施途径》，《地理与地理信息科学》，2005 年第 4 期。

［2］H·哈肯：《协同学讲座》，山西科学技术出版社，1987 年版，第 136－137 页。

［3］叶飞文：《海峡西岸经济区发展现状、趋势目标、功能定位与发展对策》，《2006 年：海峡西岸经济区发展报告》，社会科学文献出版社，2006 年 12 月版。

［4］吴先华、郭际：《长三角一体化的矛盾根源与政府职能思考》，《经济与管

理》，2006 年第 4 期。

［5］吴宗祥：《行业协会在区域经济合作中的协同治理》，《学会》，2006 年第 8 期。

海峡经济区区域治理管见

石正方　刘严毅*

摘　要： 作为两岸经贸交流的现实图景，海峡经济区日益显现。然而，由于两岸政治环境的特殊性，海峡经济区的区域治理存在特定意义的“政府失灵”和“市场失灵”，而具有民间属性的行业协会等“第三方力量”回旋空间较大，应作为目前海峡经济区“多元化治理结构”的主体发挥更多作用。

关键词： 海峡经济区；治理；第三方力量

二十多年来，海峡两岸经济交流与合作获得了长足发展，不但跨海峡贸易、投资持续增长，而且，伴随着台商大陆投资的区位转移与扩散，两岸经济交流网络的覆盖面不断扩展，一个以台湾海峡为纽带，以海峡两岸经济互补性、地缘临近性以及文化同源性为背景，以两岸经济功能性一体化发展为基础的区域经济板块——海峡经济区日益显现出来。作为海峡两岸不同属性经济空间交接、重组、整合的丰硕成果，海峡经济区已不再是一种泛区域经济整合的“构想”，而是业已形成以海峡两岸大规模贸易投资往来、垂直与水平混合型产业分工网络，以及大陆台商产业集群及本土化初步发育的区域经济板块实体，其区域经济空间具有明显的“结节化”特征，形成了“珠三角”、“长三角”、福建沿海地区等两岸经济交流致密地区。①

“海峡经济区”的未来发展，从区域经济整合演进的阶段性来看，是构建两岸物流、资金流、信息流直接畅达的沟通管道，同时借由节结区功能的提升及其扩散与辐射作用的加强，进一步扩大两岸经贸交流规

---

* 刘严毅：厦门大学台湾研究院区域经济学博士研究生。

① 石正方、邓利娟：《海峡经济区的空间演进：结构、特征与问题》，《厦门大学学报》（哲社版），2005 年第 5 期，第 77－83 页。

模和范围（包括产业范围、地域范围），推动两岸经济整合空间由“节结区域”向“网络区域”的演进；从区域经济整合的层次来看，“海峡经济区”的未来发展在于推进两岸经济一体化，矫正两岸经济交流中的制度性扭曲，建立两岸商务仲裁制度，设立两岸自由贸易区等，达成两岸经贸直接、双向、共赢。换言之，海峡经济区进一步成长发育的关键在于推进两岸经济机制性一体化。

然而，与两岸经济的功能性一体化进程相比，两岸经济的机制性一体化因受制于两岸政治僵局和台湾当局的限制性两岸经贸政策，而迟迟未获得突破性进展。近年来，受两岸经济整合发展趋势的要求，有关两岸“机制性一体化”实施模式的讨论受到两岸学界的热切关注，先后提出“两岸更紧密经贸制度安排”①、“两岸共同市场”②、“厦金自由贸易区”③ 等设想。这些设想都是从区域经济一体化角度出发，把两岸经贸合作纳入区域经济整合视野，落实到实体的地域空间版图，进而通过制度性建构深化两岸产业、企业乃至城市等不同层级、性质的合作，促进两岸经济网络的充分对接和区域空间的整合，最终达成完全意义上的两岸经济一体化。这些关于两岸经济整合模式的构想不同于企业或行业之间的合作行为，必须由两岸官方主导、协商，经由制度化的安排实施、推进。因此，要深化两岸经贸合作，推进两岸经济机制性一体化发展，就必须找到行之有效的途径，使两岸区域经济整合能够有效规避政治壁垒，更快地取得突破性进展。

这里所谓行之有效的途径，是指能够有效促进政府间协商机制的构建或能够弥补政府协商缺失、使两岸经济整合充分回归市场逻辑的途径。海峡经济区作为一个区域板块实体的显现，为我们从区域治理理论视角观察、分析上述问题奠定了物质基础：一直以来，囿于两岸特殊政治环境，跨海峡经贸合作的发展一向不能充分按照市场经济规律运行，更无法在政府积极协商下适时推进。也就是说，两岸经贸交流方面存在着特定意义上的“政府失灵”和“市场失灵”。因此，两岸经济合作的

① 杨春：《从 CEPA 看两岸经贸合作之前景》，《开放导报》，2003 年第 10 期。

② 邓利娟：《评萧万长的“两岸共同市场”构想》，《台湾研究集刊》，2001 年第 3 期。

③ 唐永红：《从开放性次区域自由贸易区到全面性两岸经济一体化》，《国际经贸探索》，2006 年第 2 期。

深化需要更多倚重政府、市场之外“第三方”力量，也即两岸经济一体化需要建构以行业协会等“第三方力量”为主体的多元化协调治理结构。

一、治理理论对区域治理模式的探讨

治理（governance）一词源于拉丁文和古希腊语，原意是控制、引导和操纵；治理理论兴起于公共行政管理领域，强调多元化、民主化、合作化、非意识形态化的公共行政管理理念。20世纪末期以来，随着全球化和公共事务环境的变迁，“治理”被赋予新内涵，治理理论也被作为一种管理思想和分析框架广泛应用于经济、教育、医疗、环保等各个领域。

综观各国学者关于“治理”概念的理论界定，比较有代表性和权威性的是联合国全球治理委员会在1995年发表的研究报告《我们的全球伙伴关系》中提出的：“治理是个人和公共或私人机构管理其公共事务的诸多方式的总和。它是使相互冲突的或不同的利益得以调和并且采取联合行动的持续的过程。它既包括有权迫使人们服从的正式制度和规则，也包括人民和机构同意的或以为符合其利益的各种非正式的制度安排”。① 另外，作为治理理论主要创始人之一的罗西瑙（J. N. Rosenat）在其代表作《没有政府统治的治理》和《21世纪的治理》等文章中，将治理定义为一系列活动领域里的管理机制，它们虽未得到正式授权，却能有效发挥作用。与统治不同，治理指的是一种由共同的目标支持的活动，这些管理活动的主体未必是政府，也无须依靠国家的强制力量来实现。由上述两个定义来看，可以总结出治理的几方面特征：治理的行为主体具有多元性，不仅包括政府，而且包括各种社会中介组织乃至被管理者以及普通的公民个体；治理的基础不是传统意义上的政府行政权威，而是建立在多元治理主体共同认可基础上的权威；就实质而言，治理不是一种管理活动，也非管理机制，而是倡导多元主体互动协商的管

① 俞可平：《治理和善治——一种新的政治分析框架》，《南京社会科学》，2001年第9期，第40页。

理思想和管理理念；治理的方式不是传统理念上的单向、强制性的自上而下的控制和干预，而是基于多方民主对话的协商管理方式。①

“治理”的目标在于“善治”，即用“协商治理”替代“控制、干预”。在经济运行中，存在市场机制与政府管制两种调节手段，二者互相补充，促进资源优化配置，这是获得普遍认同的观点。政府管制与市场机制是相互替代的作用，② 现实经济生活中也时常出现“市场失灵”、“政府失灵”现象。前者主要是由于市场在限制垄断、提供公共产品、约束投机行为、克服生产的无政府状态等方面存在内在的局限性，因此，单纯依靠市场手段（看不见的手）往往无法达成资源配置的高效率，从而导致资源浪费；后者则是指政府（看得见的手）在通过计划和指令干预市场以矫正市场失灵的过程中，由于干预不当，不但未能有效克服市场失灵，反而阻碍和限制了市场功能的正常发挥，从而导致经济关系扭曲，市场缺陷和混乱加重，社会资源配置效率低下。正是由于存在政府失效和市场的失效，西方学者提出了治理理论，倡导“新公共行政主体”——“第三方力量”（如行业协会等非政府组织）参与管理社会经济资源的配置，以形成多元化协调治理结构。

这里所谓的“第三方力量”、或称“第三部门”、“非政府组织”、“非营利组织”、“公民社会”等，是指独立于政府和企业之外的非营利组织，其主要特征是民间性、自制性、自愿性和非营利性。随着治理主体的多元化和居民需求的复杂化，作为“第三方力量”的非营利组织，在公共行政治理领域发挥越来越重要的作用，其主要功能在于提供公共物品满足特殊群体的需求以弥补政府与市场的双重失灵。③ 然而，作为“第三方力量”的非营利组织也存在局限性，也即“公益不足”、“独立不足”和“志愿失灵”。一方面，非营利组织作为社会某些群体利益的代言人，由于不同的利益关注与利益取向，其行为模式不同于政府部门，对公共需求的满足缺乏宏观考虑；另一方面，民间非营利组织往往

---

① 王凤春：《治理理论视野下的高等教育质量保障问题研究》，《内蒙古师范大学学报》（教育科学版），2006 年第 11 期，第 35 页。

② 余东华：《政府与市场：一个管制经济学的视角》，《经济体制改革》，2004 年第 1 期，第 44 – 48 页。

③ 吴光芸、方国雄：《市场失灵、政府失灵与非营利组织失灵及三者互动的公共服务体系》，《四川行政学院学报》，2005 年第 1 期，第 19 – 21 页。

独立性不足，在其设立、组织、运作等方面对政府存在一定程度的依赖性，这种现象在我国表现更为突出，加之“志愿失灵”的存在致使非营利组织所能提供的社会公共产品往往不能达成最优。

在社会公共管理领域，政府失灵、市场失灵、第三方失灵的存在，说明社会公共管理需要一个健全的由政府、市场、第三方力量协同作为的多中心体制和互补机制，需要充分发挥政府、市场、第三方力量等三方面的作用，建立新的公民与政府及与市场之间的联系和交流方式，构建充满活力的公共服务体系。

二、海峡经济区的治理问题

承上，海峡经济区是一个客观显现的经济区域，是在经济全球化、区域化潮流催化下，两岸经济资源努力按照市场逻辑交流、重组以追求效益最大化的结果，然而，其成长却由始至终受到“两岸政治”的深刻影响。“政分经合”——两岸政治对峙与两岸区域经济一体化的悖论，致使海峡经济区的发育相对于两岸经济互补性、地域临近性、文化同源性所提供的成长空间而言远为滞后。从区域治理理论视角出发，两岸区域经济整合存在着特定意义的“政府失灵”与“市场失灵”。

1. 两岸政治对峙下的“政府协商失灵”

区域经济合作，是建立在区域内不同地域单元之间经济互补性基础上的，其动因在于追求比较利益，而其原则是区域内合作方的互利共赢。两岸区域经济整合是以双方的经济利益为驱动，以民间企业的交流协作为形式，以产业分工与对接为内容，循序渐进逐渐走上市场化、规范化轨道，最终实现区域经济一体化的发展过程。应该说在海峡经济区的区域治理方面，市场应该发挥基础性作用，政府协商提供政策、规制、协调等公共服务。然而，海峡经济区具有复杂性——两岸政治对峙局面，特别是台湾当局推行“台独政治”，不但在政治、文化方面谋求与大陆分立，在经济上也推行“去中国化”。从李登辉时代的“戒急用忍”到陈水扁时期的“假开放、真管理”，都体现了台湾当局不惜背离市场经济原则，以限制性两岸经贸政策阻碍两岸经济合作正常发展的狭隘政经思维。

囿于特殊政治环境，一直以来，两岸在经贸交流政策、法规方面各说各话，无法建立共同认可的商务协调机构以妥善调解两岸间的商务纠纷；无法就直接“三通”等重大经贸合作问题进行磋商谈判；等等，从而严重阻碍了两岸经贸交流的健康发展。

自1979年元旦以《告台湾同胞书》的发表为标志，祖国大陆政府对台政策出现历史性转折以来，大陆不仅在对台经贸政策、法规方面秉承积极鼓励、充分保护和适当管理的态度，① 相继出台了数十项鼓励台商投资及开展两岸其他领域经贸交流的法规、政策，以建构和逐步完善大陆对台经贸制度环境，而且积极促成两岸民众团体之间的经贸协商，并表示愿意在一个中国原则下与台湾当局开展包括政治对话在内的“一切有利于和平统一，有利于发展两岸关系”的对话。② 然而，由于台湾当局坚持“台独”政治立场，在两岸经贸交流方面一直推行“限制性”政策。虽然1980年代以来，迫于世界经济全球化、区域化的大趋势下台湾经济持续发展的需要，台湾当局不得已逐步放宽对两岸经贸交流的政策限制，如1990年代初配合“台湾地区与大陆地区人民关系条例”的制定，台湾当局相继出台了《台湾地区与大陆地区贸易许可办法》、《在大陆地区从事投资及技术合作许可办法》、《台湾地区与大陆地区金融业务往来许可办法》、《在大陆地区从事商业行为许可办法》、《大陆地区产业技术引进许可办法》、《大陆地区专业人士来台从事专业活动许可办法》等一系列配套经贸法规，赋予两岸经贸交流一定的弹性发展空间，使两岸经贸交流由“法律上的不可能”渐次演化为“法律上的混乱脱序”、“有限制的法律上的可能”，③ 但这些法令存在许多“歧视性”规定，对两岸经贸交流设置了重重障碍。而且，台湾当局对于两岸政府部门之间的经贸协商，虽然不再是严格意义上的“不接触、不谈判、不妥协”，却依旧坚持要以承认台湾为与祖国大陆对等“政治实体”为前提。而且在两岸相继“入世”后，台湾当局不是利用WTO平台积极推

① 彭莉：“法理结构的改变与台湾当局的两岸经贸立法”，《厦门大学学报》（哲社版），2005年第3期，第94－101页。

② 台盟网：“光辉的文献历史的篇章：纪念《告台湾同胞书》发表二十周年”，http：//www.taimeng.org.cn/fwzx/zyyl/wdh/t20060729_137123.htm.

③ 彭莉：“法理结构的改变与台湾当局的两岸经贸立法”，《厦门大学学报》（哲社版），2005年第3期，第94－101页。

动两岸经贸政策、法规的交流对话，而是刻意滥用世贸组织中的争端解决机制将两岸经贸争端“国际”化。

在“台独政治”诉求下，台湾当局不断以政治分歧干扰两岸经贸交流，阻挠两岸经贸合作，致使两岸政府间有关两岸经贸往来问题的谈判一次次陷入僵局。迄今为止，两岸之间没有直接的“政府协商”，能够代表政府意图的“间接协商”严格地说也只有“两会协商”，即由两岸政府分别授权“海协会”和“海基会”就两岸经贸文化交流及人员往来的衍生性问题所进行的“事务性”协商。然而，“两会”协商这一在两岸协商谈判历程上有所建树、同时被两岸民众寄予厚望的会商平台也因李登辉“两国论”的抛出而遭到破坏，无法继续发挥作用。

由此可见，在海峡经济区区域整合方面，存在特定意义的“政府协商失灵”——或言“区域政府”治理缺位——两岸政府无法协同一体为区域提供政策、规制等“公共服务”。两岸政府协商，无论是经贸交流还是政治对话，其基础都是“一个中国原则”。只要台湾当局继续推行“台独”政治，不肯回归“九二共识”，两岸政府间的直接协商就难以开启。两岸政府协商难以实现，那么主要由“区域政府”提供公共管理服务以达成海峡经济区域的“善治”目标，则更加不可企及。

2. 台湾当局限制性两岸经贸政策下的“市场扭曲失灵”

就理论层面分析，区域间的经贸往来，包括商品流动和资本、劳动力、技术等要素流动。无论是何种内容的经贸往来，其发生、发展都是基于区域间资源禀赋和生产要素结构、丰度的不同。区际之间的经贸往来，不论是商品贸易还是要素流动，其内在的动力均是经济利益。在市场经济条件下，追求盈利最大化是企业目标，发挥生产功能是生产要素的本性，只要区域之间的资源禀赋与生产要素存在互补性，只要商品与要素在区际之间流动的管道和体制畅通，这种区际经贸交流就成了一种挡不住的潮流。

从现实层面看，海峡两岸的经贸交流属于两个经济区域之间的经贸交流。由于台湾与大陆之间的资源禀赋不同和经济发展阶段上的差异，两岸经济上具有很强的互补性。这种经济互补性在两岸交流“解禁”的政治背景下，通过市场机制的作用转化为两岸经济合作的现实图景。然而，两岸经济合作作为市场经济规律作用的结果，却深受两岸政治环境的制约，特别是台湾当局推行限制性两岸经贸政策，如直接“三通”问题、陆资入岛问题、台商赴大陆投资产业、资本权重限制问题，等等，致使两岸经贸交流在相当程度上需要绕过政治壁垒，于间接、迂回过程中枉费成本、错失良机。从这个意义上说，两岸经贸交流源于市场经济，而又不能充分依照市场逻辑运行，存在着特定意义的“市场扭曲失灵”。从海峡经济区空间发育水平观察，这种“市场扭曲失灵”特征更为明显。

海峡经济区是以两岸经济一体化为物质内容的，是两岸不同属性经济空间借助经济要素流动（“生产力流动”）实现交接、重组、整合而为一体的过程。区域经济空间作为经济活动的地域投影，其结构组成有节点、信道、流、网络和体系等要素。① 上述五大要素中，“流”、“网络”、“体系”作为动态的或非物质性的内容，更具有空间结构的规定性，更能代表经济空间发育水平。海峡经济区作为两种不同经济区域的链接空间，在上述五大要素发育方面业已达成一定成果，② 但由于台湾当局推行限制性两岸经贸政策，大大阻碍了两岸经济要素的自由流动，进而影响到海峡经济区结构重组的效率，造成海峡经济区空间发育的明显不对称性。主要表现在以下几个方面：（1）经济流量规模大但“信道”阻塞。“信道”是经济交流得以实现的沟通管道，包括物质的交通管道，也包括非物质的信息、资讯交流管道等。没有吞吐能量相匹配的“信道”支撑，规模经济流量的实现是不可想象的。近年来，两岸经贸交流仅贸易往来一项每年就达到数百亿美元交易额度，但都是在没有全面直接“三通”的条件下通过“间接”管道进行的。（2）结节特征明显发育但网络结构单一化。海峡经济区已形成长三角、珠三角、闽东南等空间网络致密地区，显现明显的“结节”区域特征。但迄今为止，两岸经贸交流是以民间组织的形式、以企业的跨海峡投资为推动的，空间网络以产业、企业网络为主；没有建立以城市为单元的交流机制，更不用说跨海峡城市交流网络；两岸高科技产业园区、出口加工区、自由贸

---

① 陈修颖，《区域空间结构重组：理论基础、动力机制及其实现》，《经济地理》，2003(4)，第45－50页。

② 石正方、邓利娟：《海峡经济区的空间演进：结构、特征与问题》，《厦门大学学报》(哲社版)，2005年第5期，第77－83页。

易港区等专业化区域尚未实现对接，更无法企及借由其网络化联系实现区域创新网络的对接，海峡经济区的区域空间网络结构单一，亟待向多元化、复合化发展。（3）空间网络结构单向成长。由于两岸资本流动以台商投资大陆为主，由此推进的产业分工网络、企业集群网络也偏集大陆区域，此外商品流动也是以台湾出口到大陆为主，两岸的商务往来活动也主要集中在大陆——海峡经济区空间网络结构具有单向成长属性。这种单向性不利于两岸经济互补交流机制的形成，从而大大压缩了两岸经济互动双赢的回旋空间。

上述区域空间要素发育的不对称性对海峡经济区的空间结构成长形成瓶颈制约，使两岸经济空间的对接、整合不能达成在充分、合理利用资源基础上的“帕累托”最优。

三、着重发挥“第三方力量”，建立海峡经济区多元化治理结构

作为特殊政治背景下、不同关税区之间，不同属性经济空间的交接、重组，海峡经济区的区域治理存在特定意义的“政府失灵”和“市场失灵”，在相当程度上阻碍了海峡经济区的发育进程。然而，在经济全球化、区域化潮流的推动下，两岸经济一体化已是历史发展的必然趋势。自1980年代两岸恢复经贸往来至今，虽然有政治因素的重重阻碍，两岸经贸交流还是顽强地循着市场经济的逻辑轨道前行，形成如今的规模和气候。其中，一个不可忽视的力量——两岸民间团体等非政府组织——“第三方力量”发挥了至关重要的作用。事实上，这些民间团体或接受官方授权、委托（如“海协会”与“海基会”），或自行发起（诸如行业协会、各种经贸论坛等），就解决两岸经贸交流衍生的具体问题进行商谈，进而达成协议的行为模式，[①] 有效地规避了“两岸政治”的敏感话题，在一定程度上使经济问题能够绕过“政治壁垒”得到有效解决。因而，对于两岸经贸合作的制度性建构、促进两岸经贸合作的深化

---

① 王建源：《两岸授权民间团体的协议行为研究》，《台湾研究集刊》，2005 年第 2 期，第 37－47 页。

发展，这些民间团体起到了积极的不可替代的作用。正是这些民间团体的积极协商和有效推进，使两岸经济合作在渐进发展中不断有所突破。如在两岸直航“三通”方面，从1986年开始间接通航、到1995年开始“试点直航”，从2001年福建沿海地区局部直航，到2003年两岸“春节包机直航”再到近年来“节日客运包机机制化”、“两岸货运包机专案化”，以及“小三通”适用范围及航线增加，等等，这些阶段性成果的取得，无不得益于两岸航空业界的对话磋商。

海峡经济区具有特殊的政治背景，存在特定意义的“政府失灵”和“市场失灵”，因而其区域经济治理面临更多的挑战，而“政府”与“市场”之外的“第三方力量”的回旋空间较大，对于海峡经济区的功能性一体化发展及机制性的推进，业已发挥不可替代的重要作用。两岸经济一体化是市场经济的产物，虽然可能由于台湾当局的“政治壁垒”而延宕一时，但终究会突破层层阻碍，不断演进到新阶段，一个“信道”畅达、网络结构发育均衡、完善的海峡经济区终将会成为现实，这是历史的必然的发展趋势．然而，其现实发展和务实推进，还需建构由政府、市场、民间团体等三方协同运作的治理机制，从“我”做起，主要有以下几个方面：

1. 在目前两岸政治对峙的局势下，海峡经济区域的协同治理应以行业协会等民间团体为主体，可以有效规避目前“政府协商”的“不作为”和市场作用的不充分；与此同时，推动政府部门对话机制的建构。

2. 政府应为行业协会授权，使行业协会有更多的自主权，使其更具“民间性”、“事务性”、“功能性”。目前，祖国大陆行业协会大多还具有政府“附庸”属性：市场地位不独立，政、会不分；功能缺失，服务水平低；内部运行机制不合理等。① 因此，政府应在规范和扶持的同时，转变职能，通过法律法规“让位”授权。使行业协会真正成为企业的代言人，以民间性、事务性、功能性在两岸经济合作协商领域发挥作用。

3. 加快经济体制改革步伐，遵照WTO规则适时适度开放市场，尽快实现与世界经济接轨，与此同时，对台商给予适度优惠，充分运用市

---

① 冯赫：《外国行业协会的业务职能及其对我国的启示》，《学会月刊》，2004年第12期，第5－7页。

场杠杆机制开展对台经济合作。

（原载于《台湾研究集刊》，2007 第 4 期，2006 年国家社科重大项目（0620032）相关成果。）

参考文献

［1］石正方、邓利娟：《海峡经济区的空间演进：结构、特征与问题》，《厦门大学学报》（哲社版），2005 年第 5 期。

［2］杨春：《从 CEPA 看两岸经贸合作之前景》，《开放导报》，2003 年第 10 期。

［3］邓利娟：《评萧万长的“两岸共同市场”构想》，《台湾研究集刊》，2001 年第 3 期。

［4］唐永红：《从开放性次区域自由贸易区到全面性两岸经济一体化》，《国际经贸探索》，2006 年第 2 期。

［5］俞可平：《治理和善治——一种新的政治分析框架》，《南京社会科学》，2001 年第 9 期。

［6］王凤春：《治理理论视野下的高等教育质量保障问题研究》，《内蒙古师范大学学报》（教育科学版），2006 年第 11 期。

［7］余东华：《政府与市场：一个管制经济学的视角》，《经济体制改革》，2004 年第 1 期。

［8］吴光芸、方国雄：《市场失灵、政府失灵与非营利组织失灵及三者互动的公共服务体系》，《四川行政学院学报》，2005 年第 1 期。

［9］彭莉：《法理结构的改变与台湾当局的两岸经贸立法》，《厦门大学学报》（哲社版），2005 年第 3 期。

［10］陈修颖，《区域空间结构重组：理论基础、动力机制及其实现》，《经济地理》，2003 年第 4 期。

［11］王建源：《两岸授权民间团体的协议行为研究》，《台湾研究集刊》，2005 年第 2 期。

［12］冯赫：《外国行业协会的业务职能及其对我国的启示》，《学会月刊》，2004 年第 12 期。

构建两岸人民交流合作先行区，进一步发挥海峡西岸对台优势与作用

唐永红

摘　要：海峡西岸近30年来在发挥独特对台优势，拓展两岸交流合作，促进对台工作与两岸关系发展中起到了一系列独特作用。海峡西岸对台优势与作用的发挥，与祖国大陆及海峡西岸开放型经济的持续快速发展有着高度的正向相关性，是和中央在改革开放与对台工作方面对海峡西岸的定位以及相应赋予的特殊政策与灵活措施紧密相关的。两岸直接“三通”将有助于海峡西岸对台优势与作用的充分发挥。新形势下进一步发挥海峡西岸对台优势与作用不仅依然有其客观必要性，而且面临重要机遇与现实可能，但有赖于中央在改革开放与对台工作方面对海峡西岸的新的定位和相应的政策支撑。当前中央应在海峡西岸建立一个遵循WTO无歧视原则的开放性的“两岸人民交流合作先行区”，整合构建起一个有助于扩大对外开放、推动区域（两岸）合作、促进国家统一的平台，以进一步发挥海峡西岸对台优势与作用。

关键词：两岸人民交流合作先行区；海峡西岸；对台优势；对台作用

海峡西岸与台湾地缘相近、血缘相亲、文缘相承、商缘相连、法缘相循（“五缘”），在对台工作中具有不可替代的独特优势。发挥海峡西岸对台独特优势，加强对台工作，促进两岸关系发展，推动祖国统一大业进程，是中央的一贯要求与期待。中央为此也赋予了许多特殊政策与灵活措施，以支持海峡西岸在改革开放发展与对台工作中先行一步。事实上，自改革开放以来，海峡西岸在祖国大陆改革开放发展进程中发挥先行先试作用的同时，在促进对台工作与两岸关系发展中也发挥了独特优势和作用。近30年来，无论是祖国大陆的改革开放发展进程、台湾

政治经济局势，还是两岸关系发展态势、国际政治经济形势都发生了深刻的变化。特别是随着党的十六大与十七大报告提出对台工作与两岸关系新思维与新战略，随着认同“九二共识”、主张两岸交流合作与和平发展的中国国民党在台湾重新执政以及两岸经贸关系正常化与两岸全面直接“三通”的临近，海峡西岸对台优势与作用必将发生较大变化。新形势下如何进一步发挥海峡西岸对台优势与作用，这是一个迫切需要研究与解决的问题。本文在总结海峡西岸过去30年来发挥对台优势与作用所取得的主要成效、基本经验及其所面临的制约因素的基础上，探讨新形势下海峡西岸进一步发挥对台优势与作用的必要性与机遇、思路与举措。

一、海峡西岸发挥对台优势与作用的主要成效、基本经验与制约因素

（一）海峡西岸发挥对台优势与作用的主要成效

众所周知，海峡西岸在促进对台工作与两岸关系发展中具有如下独特优势：一是有助于海峡西成为祖国大陆改革开放的前沿、对台交流的前沿的毗邻的地缘与经济区位优势。二是为海峡西岸拓展对台直航、扩大两岸经贸交流合作奠定了良好自然基础的海空运输能力与港口优势。三是可以促进台湾同胞对祖国大陆的认同感的源远流长的亲缘、血缘、文缘关系与人文优势。四是有利于做好对台工作、扩大两岸各项交流合作的中央赋予的“特殊政策、灵活措施”与各种特区优势。

近30年来，海峡西岸在发挥上述独特对台优势，拓展两岸交流合作，促进对台工作与两岸关系中起到了一系列独特作用。① 其一，在中央赋予的特殊政策与灵活措施的支持下，作为改革开放的前沿，海峡西岸形成了包括经济特区、出口加工区、保税区、保税物流园区、保税港区、高新技术开发区、台商投资区、两岸农业合作试验区、现代林业合

① 唐永红：《厦门经济特区的对台优势和作用：回顾与思考》，《台湾研究集刊》，2007年第3期。

作试验区等在内的全方位多层次的对外开放格局，建立了祖国大陆最重要的国际招商口岸和对台贸易口岸，成为国际资本和台商投资的一个重要聚集地，为两岸交流合作的拓展提供了桥梁和平台。其二，厦高、福高“试点直航”实现了两岸船只直接往来的新突破，厦金、两马、泉金、泉澎“小三通”开辟了两岸人员、货物直接往来新通道，并为两岸全面直接“三通”的开展累积了经验和互信。其三，率先实现了经由“小三通”渠道与台湾离岛地区的双向旅游，从而拓展了两岸民众互动平台。其四，设立了两岸农业（福建）合作试验区、海峡两岸（三明）现代林业合作试验区、漳浦和漳平台湾农民创业园，促进了闽台及两岸农业交流合作及其模式的创新。其五，围绕闽南文化、客家文化对台开展了多方位的文化交流活动，增进了两岸文化同根同源的认同感，对反制“文化台独”起到了独特的积极作用。其六，有效地配合了两岸重大事务商谈，妥善解决了大量敏感的涉台问题，作为对台工作与两岸交流合作试验区、处理涉台事务前沿基地的作用日益凸显，对促进两岸交流和两岸关系稳健发展发挥了积极作用。

总之，近30年来，在中央赋予的特殊政策与灵活措施的支持下，海峡西岸在自身开放型经济形成与发展基础上，发挥其独特“五缘”优势，为缓和两岸关系奠定了基础，为发展两岸关系创造了条件，积累了经验。

（二）海峡西岸发挥对台优势与作用的基本经验

如果说海峡西岸自改革开放以来在促进对台工作与两岸关系发展方面，一定程度上发挥了独特优势，起到了独特作用，那么，回顾这一历程，我们发现，除了海峡西岸敢闯敢试、敢为天下先的勇气和精神这一主观方面的因素之外，以下两个方面对于海峡西岸对台优势与作用的发挥，乃是至关重要的因素。亦可谓之基本经验。

其一，祖国大陆与海峡西岸开放型经济在稳定的社会政治局势下持续快速发展，是决定海峡西岸对台优势与作用得以发挥的根本性因素。30年来，正是祖国大陆与海峡西岸开放型经济在稳定的社会政治局势下持续快速发展，为台湾资本的盈利与经济的发展提供的不容忽视的诱人机会，使两岸“三通”不仅日益必要而且迫切，从而迫使台湾当局不得不不断调整其大陆政策，为1997年开设“试点直航”和2001年启动“小三通”提供了契机；并使得海峡西岸可以发挥其独特优势，建成了祖国大陆最重要的国际招商口岸和对台贸易口岸，成为国际资本和台商投资的重要聚集地，从而为两岸交流合作的拓展提供了桥梁和平台。正是祖国大陆与海峡西岸开放型经济的持续快速发展所提供的不断增加的两岸同胞交流机会，使得海峡西岸发挥其独特优势开展对台文化交流活动、做好台湾人民工作、反制“文化台独”成为可能，并卓有成效。也正是祖国大陆与海峡西岸开放型经济的持续快速发展所带来的两岸各项交流合作的不断增加及其健康发展的需要，使得处于对台交流前沿的海峡西岸作为对台工作与两岸交流合作试验区、处理涉台事务前沿基地的作用日益凸显。

其二，中央在改革开放与对台工作方面对海峡西岸的定位以及相应赋予的特殊政策与灵活措施，是决定海峡西岸对台优势与作用得以发挥的关键性因素。如上所述，祖国大陆与海峡西岸开放型经济的持续快速发展，是决定海峡西岸对台优势与作用得以发挥的根本性因素。而众所周知，祖国大陆与海峡西岸开放型经济的形成与发展的动力主要就源于体制改革与对外开放。因此，毫无疑问，中央在改革开放与对台工作方面对海峡西岸的定位以及相应赋予的特殊政策与灵活措施，是决定海峡西岸对台优势和作用得以发挥的一个关键性因素。事实上，改革开放以来，中央赋予了福建及厦门特区改革试验权、省级经济管理权、地方立法权和对外资（台资）的特殊优惠政策，并使海峡西岸形成了包括经济特区、出口加工区、保税区、保税物流园区、保税港区、高新技术开发区、台商投资区、两岸农业合作试验区、现代林业合作试验区等在内的全方位多层次的对外开放格局。这些特殊政策与灵活措施促使海峡西岸始终处于祖国大陆改革开放的前沿，在获得持续快速的经济发展的同时，拥有了祖国大陆最重要的对台贸易口岸、台商投资的重要聚集地、对台工作与两岸交流合作试验区、处理涉台事务前沿基地。此外，正是中央赋予厦门港等海峡西岸沿海对台直航试点口岸的权力，使海峡西岸沿海地区得以发挥港口、区位优势，开辟两岸人员、货物往来新通道，并为两岸直航累积经验和互信。也正是中央赋予福建两岸农业合作试验区与免税进口部分台湾农产品的权力，使得福建得以发挥对台优势，在两岸农业合作方面取得了较大成绩。

总之，海峡西岸对台优势与作用的发挥，与祖国大陆及海峡西岸开放型经济的持续快速发展有着高度的正向相关性，是和中央在改革开放与对台工作方面对海峡西岸的定位以及相应赋予的特殊政策与灵活措施紧密相关的。

（三）海峡西岸发挥对台优势与作用的制约因素

虽然海峡西岸近 30 年来在促进对台工作与两岸关系方面，一定程度上发挥了独特优势，起到了独特作用，但其优势和潜力尚未得到充分发挥，与中央的期望尚有很大差距。事实上，基于上述基本经验判断，当前，在主观及客观方面都存在许多影响和制约海峡西岸对台优势与作用进一步发挥的因素。

其一，两岸政治关系僵局在政策层面的制约和影响。多年来，由于众所周知的因素，两岸政治关系僵局一直存在。尤其是自民进党执政以来，台湾当局基于其“台独”目的，一方面坚持把两岸航线当作“国家间航线”，企图以“三通换两国”；另一方面坚持消极的、有限开放的限制性大陆经贸政策取向，阻碍两岸交流合作。两岸政治经济关系的非正常状态，一方面催生了“试点直航”及“小三通”这种有限的两岸局部地方间的较为直接的交流交往方式，从而凸显了海峡西岸对台地位与先行先试作用，另一方面也严重扭曲了两岸资源与要素的流动与配置，抑制了海峡西岸对台优势的充分发挥，削弱了海峡西岸在两岸交流合作中的应有地位。例如，由于没有直接“三通”，台商大陆投资在区位选择方面就不得不优先考虑那些临近国际贸易、金融、航运、物流中心的地带。这就是为什么临近香港的珠三角成为台商投资的先行地和密集区，后来，随着上海浦东新区的开放与开发，许多台商投资又选择了长三角的一个重要原因。这也就是在海峡西岸的台商投资占在全大陆的台商投资的比重，除了在早年的基于人脉关系的试探性投资时期名列大陆各省市之首外，在之后基本上呈逐步下滑态势的一个重要原因。当然，经济网络不畅与经济腹地狭小也是造成此种现象的另外一个重要因素。

其二，经济网络不畅与经济腹地狭小的弊端日益显现。海峡西岸内部各地区之间以及海峡西岸连接内地各省市的交通、流通、通讯网络与能力虽然一直在改善中，经济总量与市场空间也随着地区经济的发展而不断在扩张中，但相对于作为经济增长极与辐射源乃至经济区的客观需要而言，经济网络不畅与经济腹地狭小的弊端日益显现。经济总量偏小，对外经济网络不畅，加之行政区域的分割，致使海峡西岸经济的腹地与服务区域狭小、市场空间与规模不大，集散能力不强，使得产业集聚能力不足、产业链条延伸受限，削弱了对外资及台资的吸引力，不仅严重制约了作为经济增长极与辐射源的作用，影响到海峡西岸经济发展，而且也影响到海峡西岸在祖国大陆对外与对台经贸交流合作中的地位和作用。

其三，改革开放先行先试的政策优势逐步淡化和丧失。当前，随着祖国大陆渐进式改革开放发展战略的深化实施，市场经济体制在全国范围已经初步确立，全国全方位对外开放格局也已初步形成，全国经济运行格局与区域经济发展格局也在发生变化。以加入世界贸易组织（WTO）为标志，祖国大陆改革开放发展进入了新的历史阶段。原先赋予海峡西岸及厦门特区的部分特殊优惠政策因不符合市场经济要求和WTO规则等原因已无存在的必要，部分特殊优惠政策则因在全国范围内推广而事实上不再有其特殊优惠性。① 这必然在一定程度上相对削弱海峡西岸及厦门特区较之于国内其他地区的改革开放先行的优势。与此同时，中央又没有赋予海峡西岸及厦门特区新的发展定位与特殊政策。换言之，海峡西岸与厦门特区的发展在新形势下正面临着政策优势丧失和淡化的挑战。此外，为做好对台工作、促进两岸更紧密交流合作，先前大陆按照“适度开放、同等优先”原则对台湾的照顾性做法，也面临WTO无歧视原则的约束。这种挑战与约束显然会影响到海峡西岸与厦门特区对台优势和作用的进一步发挥，给海峡西岸与厦门特区尚未完成的部分历史使命的完成带来新的挑战。

---

① 邓力平、唐永红：《经济全球化、WTO与中国特殊经济区再发展》，厦门大学出版社，2003年版，第157－178；唐永红：《经济全球化、WTO与世界特殊经济区发展研究》，张汉林主编《WTO与中国经济》（第二卷），中国环境科学出版社，2005年版，第360－366页；唐永红：《经济全球化、WTO与中国经济特区再发展》，卢继传主编《中国管理科学研究文献》，中国环境科学出版社，2006年版，第152－158页。

综上可见，进一步发挥海峡西岸对台优势与作用，有赖于中央在改革开放与对台工作方面对海峡西岸的新的定位和相应的政策支撑。

二、两岸关系新形势对海峡西岸对台优势与作用的影响

随着认同“九二共识”、主张两岸交流合作和平发展的国民党重新在台湾执政，祖国大陆“反独”压力减弱，台海局势的总体氛围大大改善，这是两岸关系发展的重大历史机遇，两岸交流合作与和平发展将成为两岸关系发展的趋势与主题。在两岸关系发展的新形势下，海峡西岸对台优势与作用必将发生较大变化，海峡西岸对台优势与作用的发挥必将面临新的机遇与挑战。

（一）两岸关系新形势下海峡西岸面临的机遇与挑战

就机遇而言，其一，新形势下海峡西岸在两岸关系中的地位与角色也必将发生相应改变，有可能从两岸对峙与斗争的前沿转换为两岸交流合作与融合的前沿，成为促进国家和平统一的前沿。海峡西岸的这种地位与角色的转换，意味着长期以来阻碍海峡西岸发展及其对台优势发挥的潜在威胁得以消除，海峡西岸有可能迎来发展的春天。其二，新形势下两岸经贸关系正常化与两岸直接“三通”迎来实现的可能，台湾海峡将从两岸往来的天堑变成两岸往来的通道，成为联结海峡两岸与国际航运的黄金水道，从而促进两岸交流、合作、融合与发展的扩展与深化。这一方面意味着长期以来抑制海峡西岸对台优势与作用发挥的“三通”不通因素将得以解除，另一方面也意味着可以重新定位海峡西岸的对台角色与作用。

新形势下海峡西岸也面临新的挑战。随着两岸经贸关系正常化，台湾与大陆的交流合作面临更宽广的空间与更多的机会，新形势下台湾当局的注意力可能集中于两岸整体性的交流合作。因此，新形势下与台湾虽是近邻并具“五缘”优势，但却处于大陆政治、经济、文化中心之外的海峡西岸可能被置于两岸交流合作的主潮流之外，可能会面临进一步“边缘化”的风险。此外，两岸全面直接“三通”也将相对削弱“小三

通”渠道在两岸交流中的地位与作用的重要性。

（二）“三通”新形势对海峡西岸对台优势与作用的影响

基于上述认识，笔者进一步认为，在两岸全面直接“三通”与经贸关系正常化有望实现的新形势下，总体上而言，海峡西岸的对台优势必将得以进一步发挥，对台作用的潜力必将得以进一步开发。就两岸全面直接“三通”对海峡西岸对台地位与作用的影响而言，可以归结为两个效应：一个是替代效应，一个是增长效应①。

所谓替代效应，就是指由于两岸全面“三通”，大陆其他省市得以获得两岸直接交流的权力与机会，两岸交流将有更多的直接管道，海峡西岸“试点直航”与“小三通”在两岸交流中的地位与作用的重要性将相对下降。但这种基于“分流”而产生的替代效益是有限的，因为：在没有全面直接“三通”的现况下，基于交流的需要与当地的综合性竞争优势，台湾早已与大陆各地展开了广泛的交流与合作，并非高度集中于海峡西岸地区；在人员、贸易、投资往来方面，基本上都是通过第三地间接实现的，也并非高度依赖于海峡西岸的“试点直航”与“小三通”直接管道。事实上，由于政策限制，海峡西岸的“试点直航”与“小三通”的潜力特别是人员、货物往来方面远未得到充分发挥。

所谓增长效应，是指海峡西岸在两岸交流中的地位与作用将随着两岸直接“三通”而得到提升。首先，两岸直接“三通”与经贸关系正常化意味着海峡西岸对台优势发挥的一个制约因素得以消除，对台交流与合作有望迎来蓬勃发展的局面。其次，两岸直接“三通”与经贸关系正常化意味着“试点直航”与“小三通”政策限制被解除，海峡西岸“试点直航”与“小三通”的潜力得以进一步发挥，规模水平必得以进一步提升。此外，两岸直接“三通”与经贸关系正常化意味着海峡西岸与台湾之间将开通更多的直接双向交流管道，双向交流的规模、广度与深度也必将因直接交流管道的增加与经贸政策松绑而得到提升。

总之，随着两岸全面直接“三通”与经贸关系正常化的实现，福建

---

① 唐永红：《两岸全面直接“三通”对福建对台优势的影响》，《两岸关系》，2008 年第 6 期。

的“试点直航”与“小三通”这一直接交流的管道在两岸交流中的地位与作用的重要性可能会相对下降，但“试点直航”与“小三通”的绝对规模水平必将进一步提升；与此同时，随着海峡西岸经济区发展战略的推进以及经济网络不畅与经济腹地狭小的弊端逐步克服，在制约海峡西岸对台优势发挥的诸因素逐步解除之后，海峡西岸对台作用的潜力必将得以进一步发挥，对台交流与合作必将在更大的规模与更高的层次上得以展开。

三、新形势下进一步发挥海峡西岸对台优势与作用的必要性与可能性

（一）新形势下进一步发挥海峡西岸对台优势与作用的必要性

新形势下，一方面两岸交流合作与和平发展有望成为两岸关系的趋势与主题，但与此同时，台湾分离主义问题、两岸政治关系上的结构性矛盾以及两岸社会的各种差异依然存在，这仍然是两岸和平发展与和平统一的重大挑战，并可能在新形势下更加突显。因此，现阶段必须牢牢把握两岸关系和平发展的主题，以切实可行的实际行动推进两岸社会在政治、经济、文化等各方面的全面交流、合作与融合，为两岸和平统一奠定基础，确保和平发展导向和平统一 。

事实上，推进两岸交流、合作与融合，是实现两岸和平统一的一个必然选择与现实路径，在当前有其客观必要性。其一，近 30 年来的两岸交流合作，是在有限制的政策环境空间的约束下，呈现出单向、间接、民间的状态，不仅本身未能实现其可能的发展规模，而且远未充分发挥其促进两岸关系发展与两岸自身发展的潜力。① 其二，两岸近 60 年

① 李非：《海峡两岸经济合作问题研究》，九州出版社，2000 年版，第 105 – 171 页；唐永红：《经济全球化、WTO 与两岸四地经济一体化》，《台湾研究集刊》，2004 年第 1 期；王建民：《两岸经贸关系发展的不对称性分析及思考》，《台湾研究》，2004 年第 5 期；唐永红：《两岸经济相互依存性发展态势的定量考察》，《台湾研究》，2007 年第 2 期；唐永红：《两岸经济一体化问题研究》，鹭江出版社，2007 年版，第 107 – 152 页。

的分离发展，使得两岸在政治、经济、社会、文化、教育及法律诸多领域都存在着严重的差异性。其三，台湾分离主义问题、两岸政治关系上的结构性矛盾依然存在。其四，长期以来台湾当局对大陆的负面宣传以及两岸在政治军事上的对立氛围，使岛内民众不了解大陆的真实情况，两岸民众之间的猜忌与误解多，互信与共识少。其五，随着参与全球化进程的深化以及两岸民间交流合作的发展，当前两岸（特别是在经济层面）都有着实现制度性交流、合作与一体化（融合）的内在动力与外在压力，但两岸不同的社会经济发展水平、不同的社会政治制度与社会意识形态以及并不完全相似的社会文化、观念与思维方式，必将对两岸整体层面的制度性交流、合作与一体化的步伐形成相当程度的制约，并使其继续呈现一个循序渐进的过程。①

因此，在两岸最终实现和平统一目标之前，两岸需要有一个彼此磨合与相互适应的过程，在这一过程中，需要利用有效的措施化解两岸交流、合作与一体化过程中可能产生的摩擦与矛盾，从而增强两岸的互信与共识，促进两岸在各个层面的制度性交流、合作与一体化发展。换言之，当前有必要探索推进两岸在政治、经济、文化等各方面进行制度性交流、合作与一体化的可行途径，以推进两岸社会的全面融合与和平统一大业进程。显然，这一方面继续需要海峡西岸进一步发挥独特优势，做好先行先试的工作；另一方面也为海峡西岸进一步发挥对台优势与作用提供了更大的空间和机遇。

（二）新形势下进一步发挥海峡西岸对台优势与作用的可能性

新形势下进一步发挥海峡西岸对台优势与作用，不仅依然有其客观必要性，而且还面临新的战略机遇与现实可能。

从祖国大陆的对台方略看。2007 年，党的“十七大”报告关于

---

① 唐永红：《WTO 框架下海峡两岸经济交往及合作方式探讨》，《国际经贸探索》，2005 年第 1 期；唐永红：《WTO 下两岸经济一体化的法律定位、依据与原则》，《台湾研究集刊》，2006 年第 4 期；唐永红：《两岸经济一体化问题研究》，鹭江出版社，2007 年版，第 107 - 206 页；唐永红：《两岸制度性经济一体化的经济可行性考察》，《台湾研究集刊》，2007 年第 1 期；唐永红：《当前两岸制度性经济一体化实现路径探讨》，《厦门大学学报》（哲学社会科学版），2007 年第 6 期。

“推进‘一国两制’实践和祖国和平统一大业”部分明确提出“牢牢把握两岸关系和平发展的主题”，“在一个中国原则的基础上，协商正式结束两岸敌对状态，达成和平协议，构建两岸关系和平发展框架，开创两岸关系和平发展新局面。”“将继续实施和充实惠及广大台湾同胞的政策措施”，“支持海峡西岸和其他台商投资相对集中地区经济发展”，“两岸同胞要加强交往，加强经济文化交流，继续拓展领域、提高层次，推动直接‘三通’，使彼此感情更融洽、合作更深化”。2008 年 4 月，胡锦涛在博鳌“胡萧会”回应萧万长的呼吁时，强调今后将“继续推动两岸经济文化等各领域交流合作、继续推动两岸周末包机和大陆居民赴台旅游的磋商、继续关心台湾同胞福祉并切实维护台湾同胞的正当权益、继续促进恢复两岸协商谈判”。2008 年 5 月中共中央总书记胡锦涛在与中国国民党主席吴伯雄会谈时强调，“国共两党和两岸双方应该共同努力，建立互信、搁置争议、求同存异、共创双赢”。这些为海峡西岸进一步发挥对台优势与作用提供了机遇，指明了方向。

从台湾岛内局势与两岸关系态势看。认同“九二共识”、主张两岸交流合作、和平发展的“泛蓝”阵营，继“县市长”、“立法委员”选举大胜后又重新夺回执政权。这表明台湾同胞求和平、安定与发展的意愿日益增强，两岸和平发展已成为现阶段两岸关系发展的趋势和主题。事实上，对面临着连任压力的台湾新当局而言，推动两岸关系和平发展也是其必然的选择：一是因为岛内主流民意要求改善和发展两岸关系；二是因为台湾经济越来越离不开大陆，全面直接“三通”是台湾经济发展的内在要求。台湾岛内局势与两岸关系态势的这种演变为海峡西岸进一步发挥对台优势与作用提供了重要机遇与现实可能。

再从国际经济发展形势与格局看。随着经济全球化与区域一体化趋势的不断发展、祖国大陆改革开放进程的不断深化和经济起飞后的持续快速发展，21 世纪的世界经济重心与国际经济格局正在发生明显的变化。围绕祖国大陆这一新的经济增长点的国际产业分工体系的调整与国际经贸活动的开展，既加快了祖国大陆经济的全球化步伐，又为之提供了史无前例的发展机会。这显然一方面对作为对外开放前沿的海峡西岸加快对外开放与全球化步伐提出了迫切要求，另一方面也为其进一步发展、对台优势与作用的进一步发挥提供了战略契机。

四、新形势下进一步发挥海峡西岸对台优势与作用的思路与构想

综上所述，新形势下进一步发挥海峡西岸对台优势与作用仍有其客观必要性，但既面临难得的战略机遇，又面临诸多因素制约。必须积极应对各种挑战，抓住有利时机，采取切实有效措施，充分发挥海峡西岸的对台优势，开发其促进对台工作与两岸关系的潜力，推动祖国统一大业进程。

（一）思路、目标与功能

基于上述对海峡西岸发挥对台优势与作用的基本经验、制约因素、必要性与机遇的认识与判断，新形势下进一步发挥海峡西岸对台优势和作用的基本思路应是：随着经济全球化与区域一体化趋势的发展、大陆改革开放发展进程的深化，新形势下海峡西岸对台优势与作用的进一步充分发挥，仍然有赖于海峡西岸开放型经济的进一步发展，特别是有赖于其内各种特殊经济区域发展模式的创新与转型。当前，应立足海峡西岸自身的各种独特优势与条件，特别是其港口、区位和对台优势与条件，与时俱进地创新发展模式，将海峡西岸的发展与祖国大陆改革开放的深化发展、区域经济的协调发展、对台工作的深入开展、两岸关系的和平发展有机结合起来，以便在更好地发挥经贸自由化的试验田与先行区作用、区域经济的增长极与辐射源作用的同时，更好地发挥在两岸交流、合作与整合中的优势和作用，进一步为促进对台工作、两岸关系与国家统一大业作贡献。

遵循上述基本思路，从进一步发挥海峡西岸对台优势与作用，开创两岸关系和平发展新局面，推进国家和平统一需要角度看，新形势下，除了海峡西岸自身可在现有条件、政策及对台优势基础上勇于开拓和创新之外，中央应将改革开放、区域（两岸）合作、国家统一三个目标任务统一起来，整合构建起一个有助于扩大对外开放、推动区域（两岸）合作、促进国家统一的平台。当前可参照20世纪香港、澳门回归前将深圳、珠海特区建成开展对港澳工作先行区的做法，应

当在两岸临近的有条件的次区域层面建立一个遵循WTO无歧视原则的开放性的“两岸人民交流合作先行区”，力争在推动两岸关系和平发展、构建两岸共同家园、维系两岸同胞命运共同体中先行先试，有所创新、有所突破。

“两岸人民交流合作先行区”作为改革开放、区域（两岸）合作与对台政策的试验区，通过政治、经济、科技、文化、教育和人员交流等全方位的区域合作与对台政策以及相关改革开放政策的先行先试，努力在政治、经济、文化（社会）等方面建成两岸制度性交流、合作与一体化的试验示范区，成为不同政治、经济、社会制度相互适应相互融合的过渡区以及两岸和平统一的前沿平台与试验区，从而在两岸关系发展中继续起到探索、试验、先行、示范的作用。特别是，通过构建两岸命运共同体的经济利益纽带、精神文化纽带、和谐共处纽带与通道连接纽带，不仅成为两岸实现和平发展的连接点、两岸交流合作的核心区和海峡西岸经济区经济发展的增长极，而且促进两岸交流合作朝着更加开放、更加灵活、更加密切、更加便捷的方向深化发展，加速两岸政治、经济、社会一体化，从而贯彻落实胡锦涛总书记的“以闽连台”战略决策，并起到面向东南亚、联结海峡两岸、带动海峡西岸、辐射华东华南、促进台海和平、服务两岸发展、推进和平统一的作用。

（二）内容框架

“两岸人民交流合作先行区”在功能方面包括构建两岸命运共同体的经济利益纽带、精神文化纽带和谐共处纽带与通道连接纽带；在内容方面原则上可以包括两岸经贸交流合作、两岸文化交流融合、两岸政治交流合作等广泛领域。实践中，可依据祖国大陆的对外开放发展形势、台湾政治经济发展局势与两岸政治经济关系发展态势的演变与需要，在中央统一部署和具体政策规定下，从易到难分阶段实施上述总体目标功能。在空间演进方面，可首先确定在厦门、福州等对台工作基础较好的沿海地区先行先试，累积经验后再扩大到整个福建省及海峡西岸经济区与周边腹地。

从当前扩大对外开放、推动区域（两岸）合作、促进和平发展需要看，在“三通”直航尚未完全实现的现阶段，主要应从经贸、文教交流合作事务入手。首先应在建立两岸直接往来的通道功能方面先行先试，以构筑起“两岸人民交流合作先行区”必要的辅助功能与基础条件；其次，应以构建“两岸经贸交流合作先行区”为中心和重点；此外，还应在两岸社会文化交流融合、两岸政治交流合作与两岸共同家园建构等方面先行先试。

1. **两岸经贸交流合作先行先试，构建两岸命运共同体的经济利益纽带**

构建两岸命运共同体的经济利益纽带，旨在通过两岸经贸交流合作融合，使两岸经济形成“你中有我，我中有你”的相互依赖与一体化格局，形成休戚与共的两岸经济共同体，实现两岸社会经济一体化，为两岸和平统一奠定坚实的经济基础。

现阶段的两岸经贸交流合作先行先试，可在海峡西岸设立“两岸经贸交流合作先行区”，赋予特殊政策与灵活措施，在包括两岸产业合作对接、两岸金融合作试验、两岸旅游合作对接、两岸经贸自由化、两岸经济一体化等内容广泛的领域先行先试。但从当前扩大对外开放、推动区域（两岸）合作的需要看，特别是在改革开放与对台工作方面最具条件与基础的地方，应以构建“两岸经贸自由化先行区”、“两岸经济一体化先行区”为中心和重点，并推进与此配套的其他方面的交流合作事宜与政策试验，从而构建起“两岸经贸交流合作先行区”内的中心（核心）区域，带动其内的外围区域的配套发展，以及其他方面交流合作的先行先试。

具体而言，厦门经济特区应向一个遵循 WTO 无歧视原则的、境内关外的，集国际投资、国际贸易（含对外贸易、转口贸易、加工贸易、对台贸易）、国际金融（含离岸金融、两岸金融）、研发制造、商品加工、仓储展会、物流分拨、过境转运、国际旅游（含两岸旅游）等多项功能于一身的集约化的综合型自由经贸区转型，进而跨关境发展，与台湾的金门地区及自由经贸区结成开放性的次区域跨关境自由经贸区，整合两岸毗邻地区的海港、空港优势以及其他经济发展资源与条件，实现商品与要素率先在两岸次区域层面的自由流动与优化配置，从而成为海峡两岸的国际贸易中心、物流分拨中心和以高科技产品为主导的加工制造中心，成为海峡两岸与国际物流链的重要环节，成为国际化的区域性资金流、物流和信息流的汇集区，最终发展成为国际化区域经济中心。

此外，当前至少还应在建立两岸产业合作的集聚功能、两岸区域性金融合作中心的服务功能等方面先行先试，有所作为。前者包括先行打造产业对接合作聚集基地，开展产业、园区、县市对接，提升产业对接合作的技术含量，促进现代服务业对接合作，密切农业交流合作，深化旅游对接合作，做大经贸交流合作平台。后者包括先行建立人民币新台币清算机制，构建两岸区域性金融服务中心。这些方面本身也是两岸经贸自由化与两岸经济一体化所需的辅助功能与配套措施。

2. 两岸文化交流融合先行先试，构建两岸命运共同体的精神文化纽带

构建两岸命运共同体的精神文化纽带，旨在通过两岸社会文化教育交流合作与融合，在两岸民众中建立起拥有“我群”观念的整合形态（认识论共同体），进而建构起两岸社会文化共同体与对和平统一的认同感，实现两岸社会文化一体化，为两岸和平统一奠定坚实的思想基础。

现阶段的两岸文交流合作先行先试，应围绕闽南文化、客家文化的认知系统（学术、出版、新闻资讯等领域）、民俗信仰系统（妈祖文化、保生大帝、宗教等领域）、规范系统（教育、伦理、法律等领域）、表现系统（电影、电视、戏剧、音乐等领域），率先与台湾深化双向交流合作。在文化交流融合方面，可基于“五缘”优势，在海峡西岸设立“两岸文化交流融合先行区”，实行更加开放灵活的涉台文化交流合作政策与措施，构建两岸文化交流合作与融合大平台，使之成为反制“文化台独”的重要阵地和两岸文化的重要连接带和融合区，促进两岸社会文化的全面融合。在教育交流合作方面，可在海峡西岸设立“两岸教育交流合作先行区”，应在观念、政策、体制、模式、运行机制等方面先行先试，跨越各种传统地域、隶属关系、意识形态的限制，实现教育“无边界”的交流合作，以强化两岸教育交流合作。

3. 两岸政治交流合作先行先试，构建两岸命运共同体的和谐共处纽带

构建两岸命运共同体的和谐共处纽带，旨在构建“两岸同胞共同的家园”，在两岸之间形成关于和平与安全的共识及其合作机制与组织，探索实践“一国两制”、融解两岸政治关系结构性矛盾的可行路径，实现两岸社会政治一体化，为两岸和平统一奠定坚实的政治基础。

现阶段两岸政治交流合作先行先试，可在海峡西岸有条件的特定区域设立“两岸政治交流合作先行区”。应率先放宽台湾居民入出境限制，简化办证手续，设立台湾同胞往来绿色通道，维护台海航线安全运行，构建和谐安定的台湾海峡；率先赋予台湾同胞“国民待遇”，积极促成两岸台胞共同生活圈、共同经济圈的形成与发展，在台胞的投资、兴业、生活、交流、甚至参政议政的各方面实践中，全方位培养两岸同胞一家人的意识，促进先行区率先成为“两岸同胞共同家园”。此外，还应继续开展两岸基层政党交流合作与两岸民间组织交流合作，在加强两岸基层党际交流合作与民间组织交流合作并发挥对台作用的同时，为中央部署的两岸基层党际交流合作与两岸民间组织交流合作探索经验，提供示范。

4. 两岸直接“三通”先行先试，构建两岸命运共同体的通道连接纽带

构建两岸命运共同体通道连接纽带，旨在通过建立两岸直接往来的通道功能，为“两岸人民交流合作先行区”及其上述功能的发挥构筑起必要的辅助功能与基础条件。这是在“三通”直航尚未完全实现的现阶段，建立“两岸人民交流合作先行区”的首要任务。

现阶段两岸直接“三通”先行先试，应让先行区与台湾（至少让两岸临近的次区域）在海空直航、人员往来、邮电直通等方面先行先试，并应构建起台海大通道与两岸物流枢纽。特别是，在海空直航方面，应率先让先行区所有有条件的港口都可以与台湾所有有条件的港口直接通航；在人员往来方面，应率先准许所有大陆民众和来大陆交流旅游的境外民众可经由先行区港口往返于两岸。

五、海峡西岸构建两岸人民交流合作先行区的意义与作用

基于海峡西岸对台优势和现有条件，建立“两岸人民交流合作先行

区"，是新形势下确保两岸和平稳定发展导向和平统一与进一步发挥海峡西岸对台优势和作用的需要与选择。事实上，上述构建"两岸人民交流合作先行区"的思路与构想有着重大的现实意义和作用。

（一）发挥经贸自由化与便利化试验田与先行区作用

上述思路与构想有助于构建起大陆、海峡西岸及台湾参与经济全球化进程的一个新平台，在贸易自由化、金融全球化、投资全球化、生产要素流动全球化等方面进一步率先发展，从而可以顺应全球化深化发展趋势与要求，积极稳妥地在更高层次上和更大范围内参与全球化进程，发挥经贸自由化与便利化试验田与先行区作用；也可作为两岸经济体对WTO承诺的对外开放义务（包括加入WTO时承诺的和今后参与WTO多边谈判承诺的义务）的率先试验区，从而可在多边开放过程中优先促进两岸经贸交流与合作的进一步发展，更好地实现与保障两岸经济利益。

（二）发挥台湾海峡区域经济的增长极与辐射源作用

上述思路与构想不仅可以整合台湾海峡东西两岸的海港、空港优势以及其他经济发展资源与条件，吸引国际经济资源与要素的流入，从而在克服台湾海峡东西两岸自身经济发展面临的各种瓶颈约束的同时，使经贸自由化先行区成为两岸人员往来、货物中转、经贸交流的重要枢纽，促进海峡西岸经济区与海峡经济区内部的分工、合作与协调发展，而且有助于整合两岸四地彼此的经济互补性优势特别是港口区位优势与运输能力，在促进海峡经济区深化发展的同时，有利于加强两岸四地中华经济区内部的承接与合作，从而在更大范围、更高层次上发挥区域经济的增长极与辐射源作用。

（三）发挥对台工作前沿平台与两岸全面整合先行试验区作用

上述思路与构想首先可以作为两岸经济制度性交流、合作与一体化的一个先行区与试验区。两岸共同在这些局部区域中率先以WTO无歧视原则消除经贸活动壁垒，实行商品与要素的自由流动，并率先以自由经贸区对接方式实现这些小范围的、低协调水平的两岸制度性经济合作与一体化，是基于两岸经济发展现实条件的一个现实选择，可顺应两岸功能性经济一体化深化发展趋势与要求。此外，上述思路与构想还可以促进台湾海峡东西两岸经济、社会一体化，形成两岸交流合作的一个重要连接点与接口，祖国大陆对台工作的一个前沿平台与抓手，乃至两岸经济、社会、政治全面整合的一个先行试验区，为两岸将来更大范围、更高层次的制度性合作、一体化以及两岸和平统一探索经验，并构筑必要的经济、社会和政治基础与动力，更好地发挥海峡西岸在两岸交流、合作与整合中的优势和作用。

结　语

近30年来，海峡西岸在发挥独特对台优势，拓展两岸交流合作，促进对台工作与两岸关系发展中起到了一系列独特作用。海峡西岸对台优势与作用的发挥，与祖国大陆及海峡西岸开放型经济的持续快速发展有着高度的正向相关性，是和中央在改革开放与对台工作方面对海峡西岸的定位以及相应赋予的特殊政策与灵活措施紧密相关的。两岸直接“三通”与两岸经贸关系正常化将有助于海峡西岸对台优势与作用的充分发挥。新形势下进一步发挥海峡西岸对台优势与作用不仅依然有其客观必要性，而且面临重要机遇与现实可能，但有赖于中央在改革开放与对台工作方面对海峡西岸的新的定位和相应的政策支撑。当前中央应在海峡西岸建立一个遵循WTO无歧视原则的开放性的“两岸人民交流合作先行区”，整合构建起一个有助于扩大对外开放、推动区域（两岸）合作、促进国家统一的平台，从而有助于海峡西岸在两岸关系发展中继续起到探索、试验、先行、示范的作用，加速两岸政治、经济、文化（社会）一体化，贯彻落实胡锦涛总书记的“以闽连台”战略决策，并继续发挥经贸自由化与便利化试验田与先行区作用，以及区域经济的增长极与辐射源作用。

（原载于《纪念改革开放30周年暨福建省社科界第五届学术年会——经济改革与发展论坛》论文集，福建省社科联、厦大经济学院，

2008 年 11 月。)

参考文献

[1] 唐永红:《厦门经济特区的对台优势和作用：回顾与思考》,《台湾研究集刊》, 2007 年第 3 期。

[2] 邓力平、唐永红:《经济全球化、WTO 与中国特殊经济区再发展》, 厦门大学出版社, 2003 年版。

[3] 唐永红:《经济全球化、WTO 与世界特殊经济区发展研究》, 张汉林主编《WTO 与中国经济》(第二卷), 中国环境科学出版社, 2005 年版, 第 360 – 366 页。

[4] 唐永红:《经济全球化、WTO 与中国经济特区再发展》, 卢继传主编《中国管理科学研究文献》, 中国环境科学出版社, 2006 年版, 第 152 – 158 页。

[5] 唐永红:《两岸全面直接“三通”对福建对台优势的影响》,《两岸关系》, 2008 年第 6 期。

[6] 李非:《海峡两岸经济合作问题研究》, 九州出版社, 2000 年版, 第 105 – 171 页。

[7] 唐永红:《经济全球化、WTO 与两岸四地经济一体化》,《台湾研究集刊》, 2004 年第 1 期。

[8] 王建民:《两岸经贸关系发展的不对称性分析及思考》,《台湾研究》, 2004 年第 5 期。

[9] 唐永红:《两岸经济相互依存性发展态势的定量考察》,《台湾研究》, 2007 年第 2 期。

[10] 唐永红:《WTO 框架下海峡两岸经济交往及合作方式探讨》,《国际经贸探索》, 2005 年第 1 期。

[11] 唐永红:《WTO 下两岸经济一体化的法律定位、依据与原则》,《台湾研究集刊》, 2006 年第 4 期。

[12] 唐永红:《两岸经济一体化问题研究》, 鹭江出版社, 2007 年版。

[13] 唐永红:《两岸制度性经济一体化的经济可行性考察》,《台湾研究集刊》, 2007 年第 1 期。

[14] 唐永红:《当前两岸制度性经济一体化实现路径探讨》,《厦门大学学报》(哲学社会科学版), 2007 年第 6 期。

2003年1月8日）

参考文献

[illegible]

第二篇

“海西”建设中闽台经济的互动发展研究

海峡西岸经济区是以福建为主体，涵盖周边区域（包括浙南的温州、衢州、丽水，赣南的赣州，赣东的抚州，赣东北的鹰坛、上饶，粤东的汕头、潮州、梅州、揭阳等地、市）的区域经济板块。近台优势是海西的独特优势，特别是作为本经济区核心地域的福建，其对台经贸合作对海西区域经济建设具有举足轻重的影响。本篇以闽台经济互动发展为主题，从宏观层面比较闽台经济社会发展特征和差异，回顾闽台经济合作发展历程、探讨福建在两岸经济整合中的作用和地位，以及展望322台湾大选后两岸关系新形势下闽台经贸合作发展走势。

闽台之间不同的经济基础、经济环境、经济制度和发展战略等因素，导致两地之间的经济发展水平存在一定差异，但是，经过近十多年的发展，这种差距正在逐步缩小。从发展阶段看，福建已进入工业化中后期阶段，而台湾已进入后工业化阶段；福建近年来外来投资、对外贸易增长迅速，与台湾外向型经济发展的差距逐渐缩小。经济发展处于不同阶段，影响到闽台就业结构、消费结构和消费水平的差异乃至科技发展水平等差异。总体来看，闽台经济发展的差异性保证了闽台经济、科技资源互补性强，从而为闽台经贸的互动发展提供了条件。

闽台经贸交往自1979年恢复发展，30年来，在党中央的正确领导与国台办直接指导下，福建充分发挥对台区位优势，积极推动对台经济工作，取得了显著成效。目前闽台之间，产业交流与合作广泛而深入地展开；贸易往来加快发展；经贸交流方式领先突破；经贸交流合作机制先行创新，福建已经成为海峡两岸经贸交流与合作的重要基地。然而，由于区域禀赋因素、历史发展积累等自身条件的制约，以及“长三角”、“珠三角”等地区的强势竞争和两岸“三通”瓶颈问题等外部因素的影响，使得福建的对台综合优势不显著，闽台经贸发展因而遭遇边缘化的困境。

近年来，特别是福建落实海峡西岸经济区建设以来，闽台经贸开始呈现良好发展势头，无论从吸引台商投资还是贸易往来方面都有可喜的进步。闽台经贸的渐入佳境，主要得益于“海西”发展战略的逐步落实，特别是对外交通的大为改善，得益于福建省政府近年来的中小企业发展政策以及产业园区策略，得益于海交会、台交会、投洽会等重大涉台经贸平台的构建和完善。通过这些内、外部因素的提升，福建的区域综合优势有了很大提升，从而为台湾322大选后两岸关系新形势下的闽台经贸大发展奠定了基础。

今后一段时期内，两岸经贸关系朝向正常化方向发展，三通直航等政策瓶颈得以突破，对于福建而言，无疑是在“地利”和“人和”基础上恰逢“天时”——自身禀赋要素优化、对外联系通道的建设以及外部环境（两岸经贸交流环境）的改善，将进一步促使福建的绝对区位优势提升，加之地缘优势、政策优势潜力的发掘，福建的综合区位优势将因而大为凸显，使福建有能力抓住两岸经贸开放的新契机，迎来飞跃发展的大好形势，成为新时期两岸经贸成长最受惠地区。

海峡西岸与东岸经济社会发展比较

李　非

摘　要：海峡西岸与海峡东岸两地社会经济在历史上曾是紧密相联、相互依赖的关系，但自1949年以后，因两岸政治对立和军事对峙，各自又走上相互封闭且完全不同的发展道路。随着大陆“改革开放”与“和平统一”政策的逐步推行，从1979年起，海峡西岸社会经济发展又重新回到正轨，与东岸的社会经济关系也从相互隔绝走上相互交流的轨道，逐步形成一种新型的互补、互利的合作关系，从而促进两地社会经济的共同繁荣和发展。本文拟对海峡西岸与东岸社会经济发展状况和发展趋势进行初步的比较分析。

关键词：海峡西岸；东岸；经济社会发展；比较

一、闽台经济发展状况比较

闽台经济发展状况比较主要是对两地的重要经济指标进行比较分析。由于海峡西岸与东岸经济发展条件存在较大差异，这种比较不能完全反映两地经济发展的实际情况，仅从一个侧面说明两地经济发展的特点，可作为福建经济发展的一种参数。以下主要从经济规模与发展速度、经济结构与发展阶段、就业人员与就业结构、外向型经济发展水平等指标进行分析。①

（一）闽台经济发展差距正在逐步缩小

闽台之间不同的经济基础、经济环境、经济制度和发展战略等因

① 由于海峡西岸以福建为主体，出于统计数据获取便利性的考虑，两地比较指标采用闽台社会经济统计数据。

素，导致两地之间的经济发展水平存在一定差异，但是，经过近十多年的发展，这种差距正在逐步缩小。

从发展规模看，2007 年福建省 GDP 总量为 9075.16 亿元人民币（约1200 亿美元），约为同期台湾 GDP（约3800 亿美元）的 31%，相当于台湾 1988 年的经济总量（1258 亿美元）。2007 年福建省人均 GDP 为25424 元人民币（约3300 美元），约占同期台湾人均 GDP（570844 新台币）的 20%，大体相当于台湾 1985 年的人均水平（3315 美元）。也就是说，从静态指标看，闽台两地经济发展水平在时间上还存在大致 20 年左右的差距。

从发展速度看，1978－2006 年间，福建省 GDP 和人均 GDP 年均名义增长率分别为 18.86% 和 17.26%，而同期台湾 GDP 及人均 GDP 年均名义增长率分别为 6.5% 和 5.4%，两地两项指标分别相差 12.36 和 11.86 个百分点，福建的增幅分别是台湾的 2.9 倍和 3.2 倍。福建经济大致是在 1990 年以后逐步进入快速发展阶段，工业化进程明显加快；而台湾则在 80 年代中后期大致完成工业化进程，逐步进入经济调整和转型阶段。两地经济因处于不同的发展阶段，发展速度也明显不同，总的来看，福建经济发展正在逐步加速，而台湾经济发展则在逐步减速，这从一个侧面反映了两地经济发展差距处于不断缩小的过程中。

（二）闽台经济发展阶段处在不同层次

从经济结构看，2006 年福建三次产业的结构比重依次为 11.8%∶49.1%∶39.1%；台湾则为 1.5%∶26.8%∶71.7%。从两地三项指标的比较可以看出，福建第一产业高出台湾 10.3 个百分点，第二产业高出台湾 22.3 个百分点，而第三产业则低于台湾 32.6 个百分点。这表明福建经济结构指标大约落后台湾 20 年，大致相当于台湾 80 年代中期的水平。

从发展阶段看，闽台两地经济发展处于不同层次，但两条曲线表现出趋近的走势。福建经济从 1978 年起开始逐步步入工业化初期阶段，当时三次产业的产值比重分别为 36.0%∶42.5%∶21.5%；1997 年以后，第一产业比重开始低于 20%，第二产业比重则持续攀升，至 2007 年达到 49.7%，显示福建经济发展已进入工业化中后期阶段。未来 10 年福建工业化进程仍会进一步加快，第二产业的结构比重将继续提高，在达到50%以上的比重后才会有所回落，开始转向后工业发展阶段。台湾经济在20世纪60年代初就开始进入工业化初期阶段，工业化进程比福建提早近20年。1962年台湾产业结构比重发生第一次质变，三次产业结构比重依次为24.97%∶28.22%∶46.81%，工业产值首次超过农业；经过60年代的经济起飞（工业化初期）和70年代的经济调整（工业化中期），台湾工业化程度不断提高，至80年代中期（工业化后期）达到顶峰，产值比重最高时达到47.1%；进入80年代后期，服务业在经济结构中的优势地位逐步加强，其占GDP的比重于1988年高出工业5.3个百分点（50.1%∶44.8%）之后，差距逐渐拉大，农业和工业结构比重持续下降，21世纪初期前者跌破2%，后者跌破30%，而服务业的结构比重则突破70%，日益成为经济发展的主导产业。这表明台湾经济已进入后工业中期阶段，逐步迈向现代社会的成熟阶段。

（三）闽台就业人口结构比重分布各异

从就业结构看，闽台两地就业状况由于经济发展阶段差异而呈现出不同的分布特征。福建省全社会从业总人数2005年为1868.49万人，占总人口的52.86%。其中，第一产业就业人员为702.49万人，就业结构比重的37.6%，较1978年下降了37.51个百分点；第二产业就业人员582.31万人，就业结构比重为31.16%，较1978年上升17.72个百分点；第三产业就业人员583.69万人，就业结构比重为31.24%，较1978年上升19.79个百分点。总体来看，福建就业状况呈现第一产业就业人员快速减少、第二产业就业人员大量增加、第三产业就业人员缓慢增长的变化趋势，但是，与工业化中期发展阶段三次产业就业结构标准比重比较，第一产业就业比重仍相对较高，而第三产业就业比重则相对不足。这主要是因为福建省农业发展条件较好，吸收了大量农业劳动力；而城市化进程主要以中、小城镇为主，大城市和特大城市数量少、规模小；同时，产业内计划经济的运作模式仍有保留、产业化步伐相对缓慢等因素，影响到第三产业的发展空间。在失业率方面，2005年福建省城镇登记失业率为4%，2006年降至3.93%，至2007年再降至3.89%，呈逐年稳步下降的态势，但是，就业市场仍面临劳动力资源供给大于需求、劳动力整体素质不高造成结构性与技术性失业的较大压力。

台湾全社会就业总人数2006年为1011万人，占总人口的44.37%。其中，三次产业就业人口分别为55.4万人、370万人和585.7万人，各占就业总人数的5.5%、36.6%和57.9%，相较于1979年的三次产业就业结构，农业和工业就业人口比重分别下降了16.0和5个百分点，而服务业就业人口比重则大幅上升了21个百分点。可以发现，台湾三次产业就业比重变化与其经济发展进程是基本吻合的，即伴随工业化的进行、人均国民收入的提高，第一产业就业结构比重逐步下降；第二产业就业结构比重先是逐年提升，到一定阶段（1987年达42.8%）后开始逐渐下降；第三产业就业结构比重先是随工业化和城市化的发展逐步提升，到一定阶段后加速上升，不仅吸收了大量第一产业中转移出来的劳动力，还吸收了大量新增劳动力和第二产业转移出来的劳动力。从劳动力的受教育程度来看，2006年台湾受过初级教育者占就业总人口的27.4%，受过高级教育者占35.9%，而受过高等教育者则占到36.7%，劳动力资源整体素质十分可观，明显优于福建。在失业率方面，1996年以前台湾一直保持在2%之下，之后开始逐年上升，至2002年跃升至5.2%的新高，2003年以后持续三年微调，在2005年达到4.1%之后，2006年又反弹上升了一个百分点。

（四）闽台外向型经济发展水平存在一定差距

闽台两地经济形态均属外向型，但对外开放程度存在较大差距。从对外贸易总量看，2007年福建省进出口总额为744.5亿美元，其中进口245.15亿美元，出口499.43亿美元，比2006年分别增长了18.8%、14.6%和21.0%，相当于台湾80年代中后期的贸易规模；而台湾2007年进出口贸易总额达4661亿美元，是同期福建省的6.23倍，其中进口2193亿美元，出口2467亿美元。

从外贸发展速度看，1985－2007年期间，福建外贸年均增长率在20%以上，而台湾外贸年均增长率在10%左右。虽然福建外贸总量远不及台湾，但成长速度却大大超过台湾，大约是台湾的2倍以上。

从贸易依存度看，2007年福建省外贸依存度、进口依存度和出口依存度分别从1985年的13%、5%和8%上升至64%、22%和42%，经济开放程度大幅度提高。进口产品主要集中于非食用原料等初级产品、机械及运输设备等工业制成品以及钢铁、纺纱织布制成品等原料产品；出口以加工贸易出口为主，以机电产品与高新技术产品为主的工业制成品占全省出口总额的93.5%，是拉动福建出口增长的重要力量。相比之下，属高度外向型海岛经济的台湾的外贸依存度、进口依存度和出口依存度在1985年已达81.85%、32.41%和49.44%，而至2006年更跃升至112.62%、53.50%和59.12%，对外依存度一直远高于福建，由此反映出台湾经济的开放性明显优于福建，但纵深性则不及福建。由于资源相对贫瘠，台湾进口产品主要集中于农工原料、资本设备及消费品；而由于高科技产业是当前台湾经济的支柱型产业，电子产品、基本金属及其制品、塑橡胶及其制品、纺织品、机械以及资讯与通信产品是其主要出口产品。

在利用外资方面，福建投资环境优势日益显现，引资总量逐步赶超台湾。1985年台湾核准侨外直接投资总额为7.02亿美元，同期福建实际利用外资额则为1.18亿美元，仅为台湾的16.81%；至2007年，福建实际利用外资金额大幅上升至81.31亿美元（历史可比口径），年均增长率达21%，引资势头十分强劲。由于独特的地缘优势、丰富的自然及市场资源、廉价的劳动力成本以及优惠的招商引资政策等良好的投资环境因素，福建成为吸引港澳台及欧美国家传统产业外移的主要地区，外商投资福建主要集中在第二产业中的制造业领域，包括电子、光电、化学纤维、机械、金属制品业、服装及其他纤维制品制造业等，而对第三产业中的服务贸易领域部分行业的投资近年来也呈现显著增长趋势。

台湾利用外资导向随着经济发展进程而不断调整。20世纪60年代，工业化初期台湾侨外直接投资以轻纺工业为主，70－80年代工业化中期转向以石化产业为主，90年代工业化后期又转向电子信息产业，投资领域主要集中于电子及电器产品、化学品、基本金属及金属制品以及食品及饮料品制造业。随着台湾经济迈向后工业化时期，逐步进入服务产业时代，侨外资本投资第三产业日益增加，主要集中于金融保险业、批发零售业及运输仓储业。

二、闽台社会发展状况比较

闽台社会发展状况比较主要是对两地的重要社会指标进行比较分

析。由于海峡西岸与东岸社会发展条件、社会环境和社会制度均存在较大差异，这种比较不能完全反映两地社会发展的实际情况，仅从一个侧面说明两地社会发展的特点。以下主要从文化背景与区域发展、人民生活水平、科技发展水平等指标进行分析。

（一）闽台社会文化背景相似，地域发展各异

闽台社会均具有同根同源的多元化文化特性。中原文化随着历史上三次大规模的汉族南移入闽，构成福建社会的文化主体；而具有福建本土特色的汉民族文化继而迁入台湾，并发展成为台湾社会的文化主体。移民社会与原住民的文化交融、闽台复杂地形造成的对外交往相对闭塞等因素，共同形成了闽台文化的多元化基因，而文化的沿袭承载也使闽台两地地缘相近、血缘相亲、语言相通、民间习俗相同。台湾80%以上人口祖籍福建，“国语”（“普通话”）、闽南话及客家话是其主要语言，汉字为官方文字，主要宗教信仰也与福建大致相同。

台湾地区行政区划包括台北市和高雄市2个“院辖市”，基隆、台中、台南、新竹和嘉义5个省辖市，16个县下辖31个县辖市、60个镇和218个乡，总面积3.6万平方公里；而福建全省共辖1个副省级市、8个地级市、26个市辖区、14个县级市、45个县、173个街道办事处、592个镇、322个乡以及18个民族乡，地域面积12万平方公里，是台湾的3.4倍。

从人口结构来看，至2006年底，福建省常住人口总数为3558万人，是台湾的1.56倍，自然增长率为6.25‰，城镇化水平（即城镇人口数占总人口数比值）为48.0%，远低于台湾的发展水平；而同期台湾地区总人数则为2279万人，自然增长率仅为3‰，城镇化水平达到85.0%，高出福建37个百分点。闽台两地人口变动均呈现低生育率、低自然增长率的发展态势，在城镇化水平和受教育程度不断提高的同时，人口老龄化速度加快，均已进入老年型社会。

（二）闽台人民生活水平存在差距，消费结构处在不同层次

与经济发展阶段和发展水平相对应，台湾地区社会发展水平同样较大幅度领先于福建。在人民生活水平方面，1990-2006年，台湾家庭人

均收入总额由17万元增加至40多万元新台币，平均每人可支配收入从15万元增加至30多万元新台币，年均增长率约为5%。可支配收入按户数五等分位组的最高收入所得组为最低收入所得组的倍数由5上升为6，说明台湾社会贫富差距近年来呈扩大趋势。从支出结构来看，人均全年消费支出从1990年的12万元增加为2006年的30多万元新台币，年均增长率为6%；消费倾向从80%上升为88%，而储蓄率则由20%下降至12%。1990年台湾食品饮料及烟草消费支出占总消费支出的比率即恩格尔系数为32%，到2006年则降至23%，而房地租、水费、燃料和动力费用、医疗及保健、运输交通及通讯以及娱乐教育及文化服务消费已逐渐成为台湾社会消费支出的主要构成，显示台湾已进入恩格尔定律中的“最富裕”社会阶段。

2007年末福建省城镇人口为1744万人，占总人口的48.7%，农村人口为1837万人，占总人口的51.3%，城镇化水平低于台湾。1990－2007年，城镇居民人均可支配收入由1749元增至15505元人民币，农民平均每人全年纯收入由764元大幅增长到5467元人民币，年均递增率分别为8%和12%。从消费面来看，福建省城镇居民平均每人全年消费支出由1990年的1431元增加到2006年的9808元人民币，消费倾向则由82%下降到73%。在消费结构上，基本生活支出消费占消费支出比重逐年下降，而医疗保健、交通通信以及教育文化娱乐等服务型消费支出比重则不断上升，消费质量持续提高，消费结构渐趋合理，显示福建省已由“温饱型”社会实现向“小康型”社会的转变，而城镇生活水平已接近“富裕型”社会阶段。

（三）闽台科技发展水平差异显著，但科技资源互补性强

台湾对科研发展一直十分重视，其中科技研发经费投入由1993年的1036亿元新台币上升至2006年的2810亿元新台币，年均增长率达8%，占GDP比重也由1.75%上升至2.52%，接近美国、德国、日本等经济发达国家研发经费投入的比重。2006年，在台湾全部研究发展人力149，154人年（人年是研发人力全时约当数的计量单位）中，研究人员占59.6%。研究人员年平均增长率达到8.3%，高于技术人员（6.5%）和支援人员（5.7%）的增长率。研究领域主要集中于自然科

学、机械制造、医学、农业科学以及社会科学和人力资源开发等方面。其中，基础科学研究投入约占总投入的10%以上，应用科学投入近占30%，而实验性研发则占到60%以上，延续了台湾一直以来偏重应用性研发而基础性科研投入相对不足的态势。

表1　闽台两地经济社会指标比较

	1995年		2000年		2006年	
	闽	台	闽	台	闽	台
年末总人口（万人）	3237	2130	3410	2234	3558	2279
GDP（亿人民币；亿新台币）	2094.90	76090.29	3920.07	100810.59	7614.55	123506.38
人均GDP（人民币；新台币）	6629.35	357231	11495.81	451256	21401.21	541932
三次产业产值比重	22.2∶42.1∶35.7	3.3∶32.8∶63.9	16.3∶43.7∶40.0	2.0∶29.1∶68.9	11.8∶49.1∶39.1	1.5∶26.8∶71.7
进口总额（亿美元）	65.38	1040.12	83.15	1407.32	213.97	2026.98
出口总额（亿美元）	79.08	1133.42	129.08	1519.50	462.62	2240.17
实际利用外资（亿美元）	40.39	29.25	38.04	76.08	71.85	139.69
就业比重	48.41%	57.7%	48.69%	56%	65.62%	55.7%
平均每人全年可支配收入（人民币；新台币）	4853	236703	7432	325736	13753	352146*
研发经费及占GDP比重（亿人民币；亿新台币）	—	1250.31 1.72%	11.45 0.29%	1976.31 1.97%	37.5 0.72%	2809.8* 2.52%

注：1. “实际利用外资”即台湾“核准侨外投资”；2. “就业比重”为“就业人口/总人口”；3. 表中福建“平均每人全年可支配收入”为“城镇居民平均每人全年可支配收入”。4. 表中*为2005年数据。

资料来源：《福建年鉴》2007年光盘版；台湾 Taiwan Statistical Data Book, 2007.

福建科技发展处于起步阶段，2007年科技经费总投入为170亿元，比上年增加20%，占当年GDP的1.86%，其中研发经费投入为82亿元，占 GDP 的 0.9%，不及台湾 1984 年的水平（0.96%）；科技活动人员近 10 万人，仅占全省年末总人口的 0.2%。可以发现，无论是研发投入经费的绝对值，还是其占 GDP 的比重，或是研发人员占总人口的比重，福建省均较大幅度落后于台湾。福建科技研发领域的优势主要在于基础性科学和软科学，包括农业、医学、生物学、电子信息技术以及各类社会科学等方面的研究，但科研发展还存在自主创新能力不足、科研开发面不广、资源投入有限等问题，与台湾科研开发与应用能力较强、科技经费投入相对充足等优势形成较为明显的互补。

三、闽台经济发展趋势预测

闽台经济发展趋势预测可以从三个方面来考虑：一是经济发展周期趋势，二是经济发展总量水平，三是产业结构比重变化趋势。

（一）闽台经济发展周期趋势预测

1. 福建经济发展周期

（1）数据的选取与处理

数据来源于《福建省统计年鉴 2007》。根据对福建经济发展的重要性，选取福建省 1994－2006 年地区生产总值、固定资产年增量、居民消费总额（人均消费水平和总人口两项相乘）和出口净额（进出口额相减）为经济发展的主要考查指标。先对这三个变量单位取亿元，并取以 10 为底的对数，对原始数据进行预处理，消除异方差的影响。设处理后的变量为 GDP、GDZC、ZXF、CKJE。

（2）福建省经济发展周期模型

根据动态计量经济学的理论，误差修正模型可以解释因变量的短期波动是如何被决定的。对误差修正模型的一般形式是：

$$\text{ECM}: \nabla y_t = \beta_0 + \beta_1 \nabla x_t + (\beta_2 - 1)\left(y - \frac{\beta_1 + \beta_3}{1 - \beta_2}\right)_{t-1} + \varepsilon_t$$

其中 β_2 为因变量 y_{t-1} 的系数，β_1 和 β_3 为 t 期和 $t-1$ 期的自变量系数，其中 $\text{ecm} = \frac{\beta_1 + \beta_3}{1 - \beta_2}x$ 是误差修正项，多元自变量时公式做相应调整。如果

因变量与自变量之间存在长期均衡关系，则 ecm 可表示为 $\bar{y}=\frac{\beta_1+\beta_3}{1-\beta_2}\bar{x}$，其反映了变量在短期波动中偏离它们长期均衡关系的程度，称为均衡误差。这里可以根据 ecm 的时间序列图来考察闽台经济发展周期的变化情况。

（3）建模与步骤

根据协整理论，只有变量间存在协整关系，即存在长期、稳定的比例关系时，模型中的随机误差项才为白噪声，所估计的各项参数才具有合理的经济解释。而进行多重协整检验的前提是，所有变量均为同阶的单整变量，即变量经过同阶差分后，可成为稳定序列。因此，首先对 GDP、GDZC、ZEF 和 CKJE 做单整 ADF 单检验，检验条件为二阶差分、一阶滞后、不带趋势项和常数项。其中，在 95% 置信水平的临界值均为 -1.9881。检验结果如下：

表 2　模型变量 ADF 检验结果汇总表

检验变量	T 统计量	接受零假设概率
GDP	-1.883775	0.0604
GDZC	-4.945335	0.0002
ZXF	-4.145583	0.0008
CKJE	-5.048974	0.0002

由上可知，进入模型的变量均为二阶单整，符合以向量自回归为基础的多重协整检验条件。分析发现，GDZC、ZXF 和 CKJE 之间可能存在多重协整关系。为了突出进出口对 GDP 的影响，舍去其中 GDZC 变量，对三个变量做 Johanson 协整检验。检验条件为含截距项，但不含趋势项，得出如下结果：

表 3　模型变量多重协整检验结果

假定协整关系数量	特征值	统计量	5% 临界值	拒绝概率
0	0.926448	46.00950	29.79707	0.0003
≤1	0.786055	17.30216	15.49471	0.0264
≤2	0.030416	0.339774	3.841466	0.5600

结果表明，模型变量存在至多一个多重协整关系。时间序列存在一

个平稳的线性组合，表示一种期的均衡关系，可以对变量间的长期均衡方程进行估计。

最终的误差修正模型为：

$$\nabla^2 GPD_T = \beta_0 + \beta_1 \nabla^2 CKJE_T + \beta_2 \nabla^2 CKJE_{T-1} + \beta_4 \nabla^2 ZXF_T + \beta_5 \nabla^2 ZXF_{T-1} + \eta ECM + \varepsilon_t$$

相关自变量的当其项和滞后项可视作决定因变量 GDP 长期均衡变化趋势的影响因素，而误差修正项 ECM 则代表在不同时点上，GDP 偏离长期均衡水平的程度，可以反映福建 GDP 的周期情况。结果 AIC 和 SC 值都较小，分别为 -7.123381 和 -6.972088。这说明模型整体效果较好。

因方程含有滞后项，DW 检验失效。采用 LM 检验，条件为滞后一期，LM 统计量结果为 0.18，检验相伴概率为 0.89，大于置信度 0.05，所以，不能拒绝原假设，即残差序列不存在二阶自相关，模型自相关检验通过。考查其残差图，如下所示：

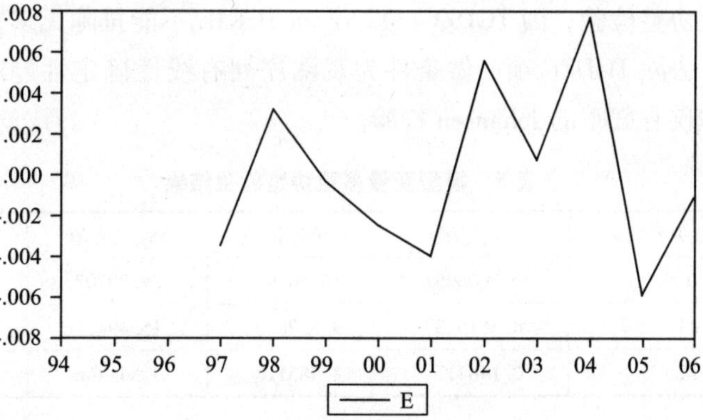

图 1　福建省 GDP 波动周期图

从图中可以看出，福建省经济总量以四年为一周期波动上升，在今后的几年里上升势头强劲。

2. 台湾经济发展周期

台湾地区的数据来源于 Taiwan Statistical Data Book 2007。选取 1994 年到 2005 年的 GDP、固定资产年增量、出口净额和个人总消费额。因为两地数据指标不完全一致，这里采用的个人总消费额是：以“国民收入”（NI）项下的雇员补助（Conpensation of Employees）、个人产权收入（Private Income from Property）和从企业转让至个人这三项之和来表示个人总收入，再减去个人储蓄（Net National Savings 项下的 Private Sector）得到的数据指标，单位为亿元新台币。对数据进行以 10 为底的对数预处理，并分别设为 TGDP、TGDZC、TCKJE 和 TZXF。

首先，对模型进行 ADF 单整检验，检验条件为二阶差分、一阶滞后、不带趋势项和常数项。其中，在 95% 置信水平的临界值均为 -1.9881。检验结果如下：

表 4　模型变量 ADF 检验结果汇总表

检验变量	T 统计量	接受零假设概率
TGDP	-5.461697	0.0001
TGDZC	-4.80083	0.0003
TZXF	-2.495265	0.0193
TCKJE	-5.437776	0.0001

各变量的 T 统计量均小于 95% 的临界值，单整检验通过。接着，再进行多重协整检验，因 TGDZC、TZXF 和 TCKJE 不能排除无多重共线性的情况，去除 TGDZC 项，做条件为观测序列有线性确定性趋势，并且协整方程仅有截距的 Johansen 检验。

表 5　模型变量多重协整检验结果

假定协整关系数量	特征值	统计量	5% 临界值	拒绝概率
0	0.990605	56.50395	29.79707	0.0000
≤1	0.561533	9.827823	15.49471	0.2942
≤2	0.146417	1.583126	3.841466	0.2083

第一个假定被拒绝，第二个和第三个假定被接受。结果表明，模型变量存在至多一个多重协整关系，可以对变量间的长期均衡方程进行估计。

最终的误差修正模型为：

$$\nabla^2 TGPD_T = \beta_0 + \beta_1 \nabla^2 TCKJE_T + \beta_2 \nabla^2 TCKJE_{T-1} + \beta_4 \nabla^2 TZXF_T + \beta_5 \nabla^2 TZXF_{T-1} + \eta ECM + \varepsilon_t$$

模型的结果 AIC 和 SC 值为 -5.987227 和 -5.877658，都较小，说明向量误差修正模型整体效果较好。对其进行 LM 检验，相伴概率的结果为 0.98339，说明序列不存在二阶自相关的假设成立。考查其残差图，如图 2 所示：

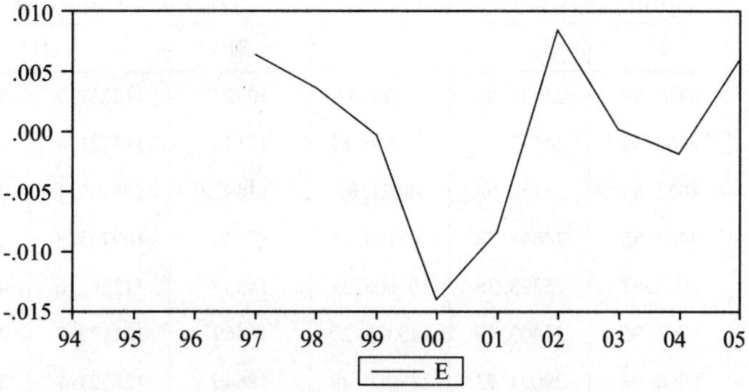

图 2 台湾 GDP 波动周期图

从图中我们可以看出，台湾经济总量变化也是以四年为一周期波动上升。在今后几年内，仍将保持适度上升的势头。

对比闽台两地经济发展周期可以发现，福建省偏离长期趋势的短期波动，到达波峰或波谷的时间晚台湾大约一年，且随着台湾短期经济波动而发生变化。这也表明了两地之间经济的紧密联系。

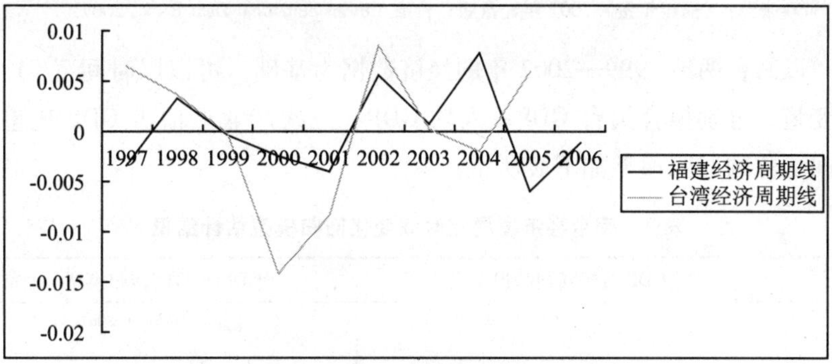

图 3 闽台两地经济周期波动图

（二）闽台经济发展总量水平预测

对于闽台经济发展水平的长期预测，因为受到汇率、经济政策等因素影响的可能性较大，无法用短期动态计量模型进行精确的预测，这里用趋势模型按照近几年的发展状况做初步的长期趋势预测。

表 6　近年闽台经济总量发展状况比较

年份	GDP（亿人民币；亿新台币）			人均 GDP（人民币；新台币）		
	闽	台*		闽	台*	
1999	3414.19	24734.86	95314.25	10323	112257.7	437546.2
2000	3764.54	26597.31	100810.59	11194	119721.4	451570.7
2001	4072.85	24150.68	98621.83	11892	108105.1	441458.5
2002	4467.55	24641.23	103194.45	12938	109745.8	458439.7
2003	4983.67	25298.38	106806.31	14333	112262.6	466810.5
2004	5763.35	27403.43	113378.29	16469	121173.7	489301.3
2005	6568.93	29094.73	117989.29	18646	128227.1	503360.9
2006	7614.55	29066.11	123506.38	21471	127538.9	520356.2
2007	9075.16	29186.77	126000	25424	127131.1	548828.3
年均递增率	13.05%		3.58%	12.0%		2.9%

注：(1) 年度汇率来源于各主要货币当地外汇市场或纽约外汇市场银行间即期交易的收盘汇率月度汇总平均，由人民币和新台币对美元汇率交叉计算而得。(2) 台湾 2007 年 GDP 来源于 2008 年 2 月 21 日台湾“行政院”主计处“国情统计公报”第 33 期；2007 年末总人口来源于 2008 年 3 月 12 日“国情统计公报”第 46 期。

资料来源：《福建年鉴》2007 年光盘版；台湾 Taiwan Statistical Data Book, 2007.

以闽台两地 1999—2007 年的经济数据为基础，可以以时间（T）为自变量，分别拟合闽台 GDP、人均 GDP、三次产业产值占 GDP 比重随时间变化的回归模型如下表所示：

表 7　闽台经济发展随时间变化回归模型估计结果

	GDP 对时间回归模型人均	GDP 对时间回归模型
福建	$\hat{Y}_{11}=e^{(7.908655+0.011819T^{1.8})}$ $R^2=0.999167$ DW 值 $=2.025304$	$\hat{Y}_{12}=e^{(9.015844+0.009726T^{1.85})}$ $R^2=0.999003$ DW 值 $=1.990528$
台湾	$\hat{Y}_{21}=14.10061T^3+95094.21$ $R^2=0.990551$ DW 值 $=2.019939$	$\hat{Y}_{21}=55.50715T^3+427625.6$ $R^2=0.989744$ DW 值 $=2.038826$

由于回归模型均能够通过回归系数及回归方程的显著性检验，拟合程度较高，且不存在自相关性，模型效果较好。因此，可以由回归模型对闽台经济发展趋势做出初步的预测，如下表：

表 8 闽台经济发展趋势初步预测

年份	GDP（亿人民币；亿新台币）			人均 GDP（人民币；新台币）		
	闽	台*		闽	台*	
2008	10669. 66461	30990. 38857	133786. 2838	29702. 17027	134337. 2375	579937. 2196
2009	12782. 72343	33051. 41088	142683. 7688	35371. 48558	142450. 4662	614962. 2313
2010	15466. 66945	35406. 39833	152850. 3086	42554. 30672	151720. 8908	654982. 8864
2011	18897. 99806	38074. 9486	164370. 5069	51714. 95788	162225. 6576	700332. 228
2012	23314. 66484	41076. 65937	177328. 9675	63479. 21799	174041. 9131	751343. 2988
2013	29039. 50619	44431. 12831	191810. 294	78695. 98939	187246. 8036	808349. 1419
2014	36513. 32028	48157. 95311	207899. 09	98524. 55309	201917. 4755	871682. 8
2015	46341. 87351	52276. 73143	225679. 9592	124558. 8067	218131. 0752	941677. 3162
2016	59363. 0989	56807. 06096	245237. 5053	159005. 292	235964. 7491	1018665. 733
2017	76743. 74798	61768. 53937	266656. 3319	204939. 9496	255495. 6436	1102981. 094
2018	100119. 262	67180. 76434	290021. 0426	266680. 833	276800. 9051	1194956. 442
2019	131797. 4449	73063. 33354	315416. 2413	350332. 7139	299957. 6799	1294924. 819
2020	175056. 8936	79435. 84465	342926. 5314	464588. 1356	325043. 1146	1403219. 268
2021	234587. 0163	86317. 89535	372636. 5166	621913. 5496	352134. 3553	1520172. 833

* 栏内分别为台湾 GDP 及人均 GDP 按 4. 3∶1（新台币：人民币，2007 年）汇率换算所得的人民币金额及按新台币计算金额。

从 1999－2007 年闽台经济增长趋势看，两地 GDP 增长速度表现各异，福建省的增长率明显高于台湾地区。按照目前这种发展趋势，两地经济总量差距和人均差距将逐步缩小，从表 8 中看出，福建省 GDP 可在 2016 年前后超过台湾，人均 GDP 也可在 2019 年左右超过台湾。

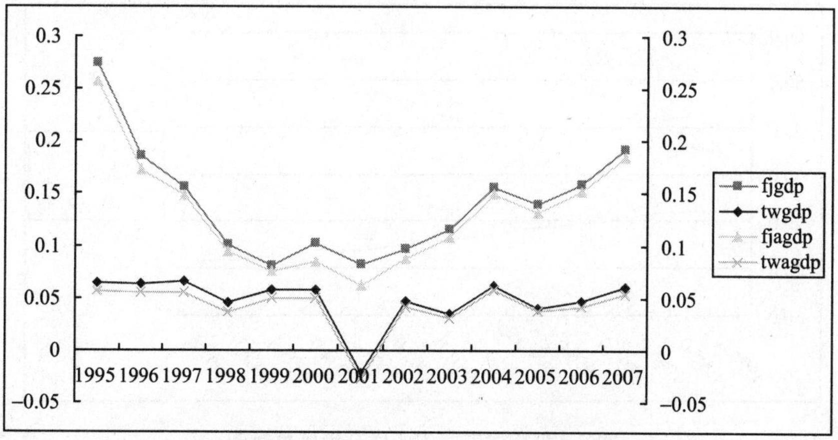

图 4 闽台两地 GDP 年增长率变化图

（三）闽台产业结构比重变化趋势预测

从闽台两地三次产业结构比重变化趋势看，未来福建经济仍以第二产业为主，其在 GDP 中的结构比重在突破 50% 后，开始进入稳中有升的成熟阶段；第一产业继续呈下降趋势，结构比重逐渐萎缩，将跌至 10% 以下；第三产业发展潜力巨大，但目前尚未充分表现出来，需要在初步完成工业化进程后才会发力，结构比重突破 40% 后呈走高趋势，最终超过第二产业。因此，如何进一步加强第二产业的发展，进而推动第三产业的扩张，成为福建省在工业化后期经济发展的关键。

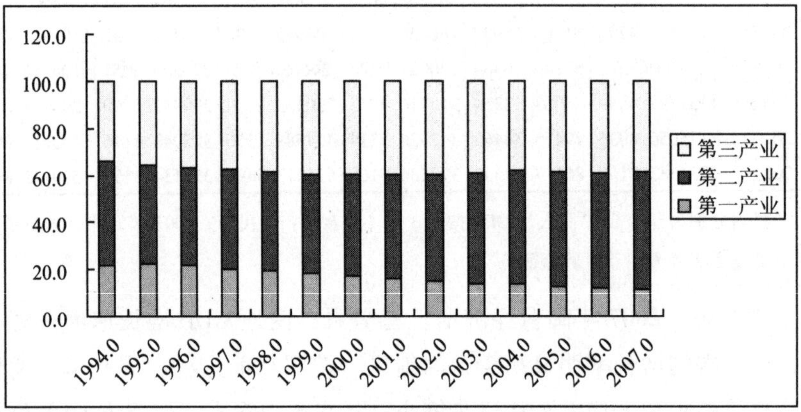

图 5　福建省三次产业结构比重图

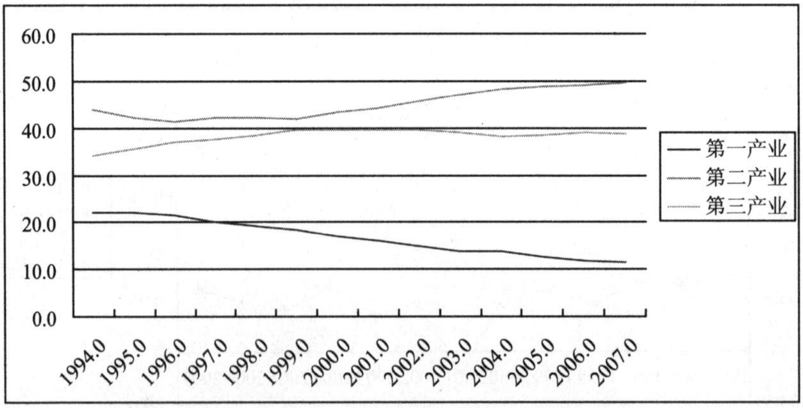

图 6　福建省三次产业成分发展趋势图

台湾三次产业结构比重变化趋势如图 7 所示。未来台湾经济逐步进入后工业化社会的成熟阶段，三次产业的占比变化趋势呈现相对稳定状态，其中第三产业比重稳中有升，逐步达到 75% 以上，成为经济成长的主要动力来源；第一产业继续萎缩，结构比重降至 1% 以下；第二产业的结构比重虽然趋于减少，降至 25% 以下，但其总量在第三产业研发和创新的带动下，仍然会相应有所增加。

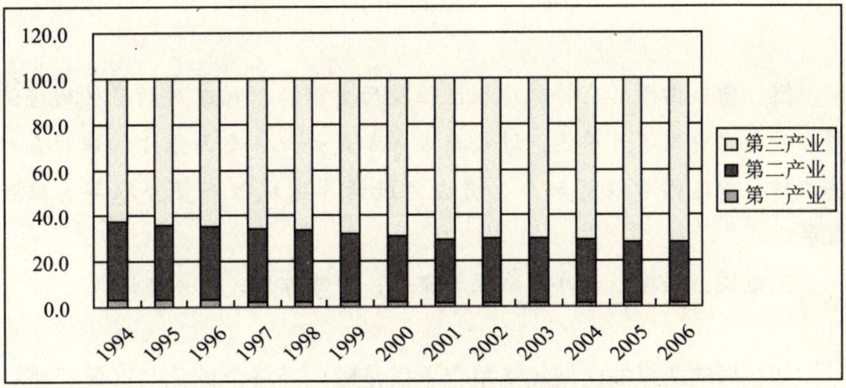

图 7　台湾三次产业结构比重图

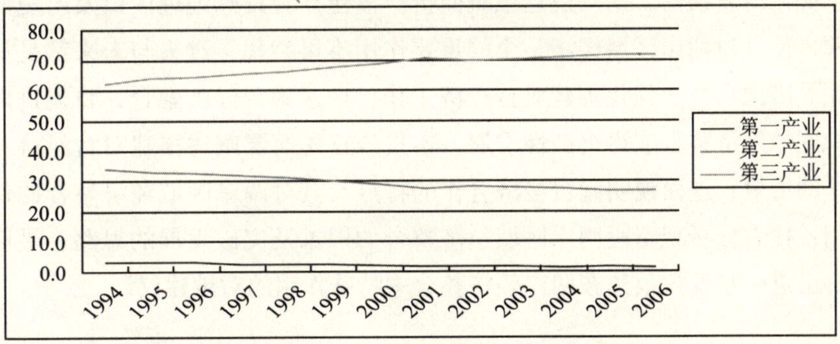

图 8　台湾三次产业成分发展趋势图

（原载于《亚太经济》，2005 年第 5 期，数据资料有更新）

福建在两岸区域经济整合中的特殊作用

邓利娟

摘　要：由于具有特殊地理区位及历史渊源，福建对两岸区域经济整合的重要作用不可替代，过去与未来都是如此。全面强化福建对台经济工作，加速闽台经济融合，将会促进两岸区域经济整合取得突破性发展。

关键词：福建；两岸区域经济整合；特殊作用；对策建议

加快海峡两岸的区域经济整合不仅是顺应经济全球化与区域经济一体化的世界潮流，也是构筑祖国统一大业经济基础的历史工程。但因两岸关系的复杂性，这一进程艰难曲折。福建具有特殊地理区位及历史渊源，使其对两岸区域经济整合的重要作用不可替代，过去与未来都是如此。因此，全面强化福建对台经济工作，加速闽台经济融合，将促进两岸区域经济整合取得突破性发展。本报告首先简要阐述福建对台经济工作的成效；进而说明闽台经济合作的特点及其对两岸区域经济整合的作用；接着分析现阶段两岸区域经济整合的困难及突破发展的思路；最后提出进一步发挥福建在两岸经济整合中特殊作用的对策建议。

一、福建对台经济工作的成效

闽台经贸交往自 1979 年恢复发展，20 多年来，在党中央的正确领导与国台办直接指导下，福建充分发挥对台区位优势，积极推动对台经济工作，取得了显著成效。目前闽台之间，产业交流与合作广泛而深入地展开；贸易往来加快发展；经贸交流方式领先突破；经贸交流合作机制先行创新，福建已经成为海峡两岸经贸交流与合作的重要基地。

(一) 产业交流合作领域不断扩大层次明显提高

闽台产业交流与合作随着1981年第一家台资企业来闽落户而开启了，80年代中至90年代初国务院陆续批准在福建设立海沧、马尾、杏林、集美四个台商投资区，从此台商来闽投资由小到大，由少到多，福建成为台商投资密集的地区。截至2005年止，福建省累计批准台资项目已达8463项，合同利用台资169.5亿美元，实际利用台资109.3亿美元（不含第三地转投资），台湾成为福建吸收境外资金的第二大来源地。随着台商投资的持续发展，闽台产业交流合作领域不断扩大，层次明显提高。

1. 制造业投资规模明显扩大，投资结构日益优化

制造业是台商来闽投资的主要领域，近年来呈现投资规模不断扩大的趋势。截至2005年底，全省投资千万美元以上的台资项目共有229项，其中十几项是投资额数亿美元的大型项目，如华阳电业、翔鹭集团、华映光电等。目前，台湾百大企业中，已有37家来闽投资74个项目，合同台资约90亿美元。与此同时，台商投资结构日趋优化，投资重点转向技术资金密集的电子、机械、石化能源等产业，形成以产业关联度强的大型台资项目为龙头、上中下游配套的产业集群，并成为福建省的主导产业。如以“冠捷”为龙头、“华映光电”等一批配套企业为骨干的电子产业，显像管产业链投资总额超过10亿美元；以“东南汽车”为龙头，以数十家配套台资企业及日、德公司为骨干的机械制造业，形成产值达80多亿人民币的“汽车城”；以“翔鹭集团”为龙头的石化产业等。

2. 闽台农业合作特色突出，成效显著

闽台两地农业合作得天独厚，具有较明显的优势与特色，在整体两岸农业合作中居于领先地位。目前，福建省累计批准农业台资项目1730个，合同利用台资21.13亿美元，实际到资12.28亿美元，农业利用台资总额在全国各省市中位居第一。农业合作内容由引进台湾农作物良种转向投资开发、引进农业高新技术方向发展；合作项目则由零星单项逐步向农副产品深加工、休闲农业、土地成片开发和整体配套方向发展。投资区域也由沿海向内陆山区延伸，除了福州、漳州等沿海地市成为两

岸农业合作的密集区外，南平、宁德、龙岩等山区地市农业利用台资也方兴未艾。日益深入发展的闽台农业合作，带动了福建农产品品种的改良，形成了一批优良农产品的生产基地，有力地促进福建现代农业的发展，并加速福建农业与国际市场的接轨。

3. 现代服务业日益成为闽台合作的新领域

闽台第三产业合作已有多年历史，据统计、截至2004年底止，第三产业在台商来闽投资项目总数中占12.7%，在实际投资金额中则占14.7%。早期台商对服务业的投资主要集中于房地产业、住宿及餐饮业、文化娱乐业等，近年来随着两岸产业水平的发展变化及大陆对外开放程度的不断提高，旅游业、物流业、大型商业及金融业等现代服务业日益成为闽台合作的新热点。1980年福建省接待入闽旅游的台胞才119人次，到2001年已增加到49.42万人次。2004年福建居民赴金门游启动后，特色突出的闽台旅游合作更是进入新的发展阶段。闽台物流业合作起步较晚，但深具发展潜力。台湾辜氏家族在长乐投资的“台通国际物流有限公司”，将建成涵盖报关、仓储、装卸、加工及包装业务在内的现代化物流园区；闽台合资设立的“林登物流（厦门）有限公司”，从事专业保税物流业务；台湾航勤（澳门）有限公司出资参与兴建“厦门国际航空港空运货站”；全球第三大海运公司台湾长荣海运有限公司继开辟厦门到高雄的直航航线和厦门到欧洲地中海的航线后，2005年8月又新辟厦门至美国西海岸的直航航线。闽台金融交流合作也有不断新进展。其一，福建的商业银行已与台湾20多家银行开办了两岸直接通汇业务，其中工商银行厦门市分行承做了大陆方面对台湾直接通汇业务的“第一单”。其二，目前福建所有中国银行支行以上网点都开办新台币兑入业务，而自2003年6月起，福州、泉州、漳州、莆田、厦门的中国银行试点开办新台币兑出业务。其三，闽台金融界积极推动互设金融机构，2003年国家有关部门已批准福建兴业银行到台湾设立代表处的申请，台湾多家金融机构也有意来闽开设分支机构或与福建的同行合资设立金融机构。其四，积极推动台资企业在大陆上市筹资。在厦门灿坤成功发行B股后，近年福建推动若干大型台资企业在A股市场上市的工作也有了可喜的进展。

（二）多种形式的贸易往来加快发展

闽台经贸往来系由贸易起步的，80年代中期后，多种形式的闽台贸易加快发展，规模逐步扩大。2005年，福建对台贸易总额48.79亿美元，同比增长12.01%，其中，对台出口7.87亿美元，增长16.39%；自台进口40.93亿美元，增长11.21%。截止2005年止，福建对台贸易累计总额达402.03亿美元，其中，对台出口51.42亿美元，自台进口350.61亿美元，台湾贸易顺差299.19亿美元。台湾已成为福建第三大贸易伙伴和第一大进口来源地。闽台贸易商品结构方面，福建对台出口的商品以机电、音像设备及其零部件为主，自台进口主要商品是福建的台资企业所需的原辅材料、零配件、机械设备等商品，投资与贸易良性互动态势日趋明显。

迄今为止间接转口贸易仍是闽台贸易的主渠道，但具有特色的闽台沿海直接贸易也颇有成效。其中，对台小额贸易作为一种特殊贸易，至2005年9月，累计贸易总额4亿多美元。目前福建有29个对台小额贸易点，32家经营公司，具备条件的沿海县市基本都有贸易点和经营企业；对台小额贸易以出口为主，绝大部分为水产品，进口业务逐渐恢复，主要是在闽台资企业生产需要的零配件。对金马“小三通”的直接贸易自2002年开展以来也取得较好成效。截止2005年11月，组织货物直接往来2937航次，贸易额970万美元。直接贸易以出口为主，出口品种主要为河沙、碎石、石制品、水泥、瓷砖、建材等。2005年以来，台湾农产品进口逐渐增多。

（三）闽台经贸交流方式领先突破发展

打破两岸经贸交流间接方式的格局一直是对台经济工作的重要任务。1997年4月，厦门港、福州港与台湾的高雄港之间“试点直航”开始营运，使两岸商船直接航行台湾海峡在封闭了近半个世纪后终于解冻。8年来试点直航营运顺利，截至2005年10月止，两岸直航营运量累计已达415.38万标准箱，营运航次累计为7520艘次。福州、厦门作为两岸试点直航的口岸，为两岸实施全面双向直航积累了十分宝贵的经验。2001年1月厦门与金门、马尾与马祖开通了海上直航。4年来两岸人员与货物的直接往来日益频繁。据统计，自2001年1月至2005年12月，福建对金马“小三通”直接航运往来9423航次，往来总人数超过百万人次，仅往来厦金航线的总人数就达115.92万人次。同时货运直航如上所述也取得突破发展。其间，自2002年起福建、厦门台胞获准经金门中转直航往返两岸，厦门成为台胞进出祖国大陆最便捷、最集中的口岸。

（四）推动两岸经贸交流合作机制先行创新

在闽台经贸往来过程中，福建省还积极推动两岸经贸交流合作机制的创新尝试，取得较好效果。一是积极完善维护台商权益的机制。一方面，福州、厦门等台商投资相对集中的市委市政府定期召开双月、季度联席会议，直接听取台商反映情况，现场有效解决问题。另一方面，建立起以省和各地台办、台商投诉协调中心为主体的与台商联系和处理台商投诉的服务网络，并形成投诉、受理、调查、处理、结案、反馈的有效机制。同时全省涉台系统还建立了快速反映重要情况和重大台商投诉案件的报告制度。二是，大力推动闽台地方合作协议的签订。2001年1月与3月，“两马”与“两门”先后签订了《福州马尾－马祖关于加强民间交流与合作的协议》及《关于加强厦门与金门民间交流交往合作协议》，2002年9月马尾经贸文化交流联谊会与台湾连江县商业会又签署了五项重要合作协议。这些地方合作的民间协议不仅为金、马地区与福建经贸关系的健康发展奠定了基础，还产生了良好示范作用，澎湖等县市也前来与有关县市联系，希望推动两岸县市间的交流。三是积极推动闽台两地有关部门的协作配合。2005年7月，在厦、金两地港务部门有效协作配合下，双方在各自海域设置航标，以确保厦金航线畅通。自2004年底赴金旅游开通后，厦金两地旅游部门逐步建立起较为稳定的联系协调机制，随时协调解决“金门游”中出现的问题。

总而言之，福建对台经济工作的各方面均取得了可喜的成绩，福建省作为海峡两岸经贸合作的前沿地带，已初步形成了与台湾互补互利、共同发展的格局。

二、闽台经贸合作的特点及其对两岸区域经济整合的作用

由于福建是中国大陆距台湾最近的地区，与台湾仅一水之隔，与金马地区更是近在咫尺。这种特殊地理区位使得闽台经济合作具有显著的特点，并使福建对两岸区域经济整合及祖国和平统一的重要作用为其他省份所不可替代。

（一）地缘经济的特色使福建成为两岸区域经济整合的桥梁和纽带

地缘经济是指两个或两个以上位置毗邻、空间相连的地域经济单元，以传统的经济联系为基础，按比较利益来开展较为密切的产业和劳动地域分工，以获得最大的经济利益。从实际情况看，由于闽台邻近的特殊地理区位，历史上台湾建省前就作为台湾府隶属于福建，社会经济紧密相联、相互依赖。正是因为闽台具有地缘经济优势，在两岸恢复经贸往来后，福建最先作为台湾产业转移的承接者，闽台经贸合作逐渐全面而有特色地展开，闽台两地呈现出区域经济整合的趋向，福建也历史性地成为大陆对台区域经济整合的桥梁和纽带。

由上述闽台经贸合作发展的过程也可看出，地缘因素使得闽台经贸合作特色突出。闽台两地自然环境相近，海岸线长，港口资源丰富，同属丘陵地貌，同属中亚热带向南亚热带过渡带季风气候。因此，与自然生态相关的产业，如农业、贸易业、港口业、旅游业及海洋产业等便成了闽台合作的优势部门。农业是地域性很强的产业，20 多年来，基于农业生态环境相近而迅速发展的闽台农业合作，在相当程度上展示了这一优势的潜力。富有特色的闽台小额贸易，其前身便是历史上闽台渔民在海上渔场共同作业自发形成的以货易货的交易。全国首家设立的厦门大嶝对台小额贸易商品交易市场现在已成为对台贸易的窗口。金马“小三通”直接贸易开展以来，更充分显示闽台邻近十分符合双边贸易要求快捷高效的优势。现代服务业方面日益成为闽台合作新热点的旅游业、物流业等也都是地域性较强的行业。总之，闽台紧密的地缘关系是目前闽

台经贸合作的深厚基础，也是未来双方经贸关系进一步发展的巨大潜力之所在。

（二）政策上的“先行先试”使福建成为两岸区域经济整合的示范区

尽管两岸区域经济整合顺应区域经济一体化的世界潮流，也符合两岸各自经济发展的需要，但两岸毕竟经历了长期的隔离，台湾当局基于政治利益又一直设置种种障碍，两岸区域经济整合的进程因此艰难曲折。在这种背景下，采取积极的政策引导与推动无疑对加快这一进程具有十分重要的意义。按照区域经济的“墨渍”扩散原理，福建在两岸经济整合中享有“近邻”这种无可替代的地缘优势，处于首当其冲的重要地位。因此中央对福建赋予了一系列特殊对台政策，从而促成了闽台经贸合作“先行先试”的显著特征。

在产业合作方面，80 年代中至 90 年代初国务院先后批准福建设立四个台商投资区，区内实行特殊优惠政策，使之成为吸引台资、推动两岸产业分工合作的重要载体；1997 年 12 月，中央批准福州、漳州设立海峡两岸农业合作实验区，2005 年 7 月又批准设立海峡两岸（福建）农业合作试验区，将农业合作实验区范围扩大到福建全省；2004 年 12 月中央先行开放福建居民赴金门、马祖旅游，一举打破了两岸旅游长期以来的“单向”与“间接”的格局；在福建金融机构开展新台币兑入业务多年后，2003 年 6 月中央有关部门又批准福建五个城市的中国银行试点开办新台币兑出业务，推进两岸金融交流合作。在推动两岸“三通”方面，1997 年 4 月中央批准厦门港、福州港为两岸“试点直航”口岸，2001 年 1 月又批准厦门与金门、马尾与马祖开通海上直航，实现所谓“小三通”，2006 年厦门被确定为两岸春节包机的新航点。在建立两岸交流机制性的平台方面，每年 4 月在厦门举办经商务部特别授权、两岸共同主办的“海峡两岸机械电子商品交易会”（“台交会”）；每年 9 月在厦门举办由商务部与相关单位主办的“中国国际投资贸易洽谈会”（“投洽会”）。

凭借政策优势与地缘优势的结合，福建的多项对台经济工作走在其他省份的前面，在两岸区域经济整合的进程中充当着示范区的角色。

（三）深厚文化历史渊源使闽台经贸合作具有争取台湾民心的明显成效

80%的台湾同胞祖籍地在福建，同宗共祖的血缘关系与同音共俗的传统文化为闽台经贸合作提供了天然纽带，闽台经贸合作也因此具有浓厚亲情与文缘的特色。福建最早成为台商投资的密集地区与闽台两地血缘亲、方言通、民俗同这种独特的人文环境优势密切相关，广大台商在大展事业宏图之时，也深怀着报效桑梓之情。“自己人”、“回到家”的情感认同使他们较容易地融入当地社会，并较客观地认识大陆现实。厦门台商协会定期组织台商从事慈善活动、多次参与组织重要节日厦、金两地共放烟火活动、积极参与厦门国际马拉松盛事等等，真实地展现“闽台一家亲”深厚背景。

闽台宗教文化交往与经贸活动良性互动的特色也十分突出。台湾每年都有超过10万的妈祖信众前往莆田湄州朝拜祖庙，这一闽台宗教文化交往的盛举一方面有力地带动了福建特别莆田地区的旅游事业，自2002年起作为全省五大旅游品牌之一，福建每年都举办规模盛大的湄洲妈祖文化旅游节；另一方面，以妈祖信仰交流为媒介，许多台湾妈祖信众到福建投资经商，仅莆田地区就有台资企业400多家，投资额7亿多美元。厦金海上直航开通后两岸人员往来频密，宗教文化交往人员就是其中重要组成部分，仅2006年三月份一个月就有多个大型民间团队、逾千人次取道厦金航线莅闽参加妈祖诞辰、“保生大帝”诞辰等民间节日，两岸民间加强交流的同时，也促进了闽台旅游业、航运业的发展。

正因为闽台两地人民有着深厚的文化历史渊源，以此为纽带而展开的闽台经贸交流合作除了有经济效益外，还明显具有争取台湾民心的作用。2006年2月厦门台商廖万隆在台北发起百名台商连署《台商宣言》，敦促台湾当局开放两岸政策，在海内外产生了很大影响。

三、现阶段两岸区域经济整合的困难及突破发展的思路

（一）现阶段两岸区域经济整合的困难

海峡两岸自1979年恢复经贸往来后，双方经贸交流合作发展迅速，目前，两岸无论在贸易、投资还是在产业分工合作方面，都有着十分密切的关系，两岸功能性经济一体化正在自发形成和深化之中。但是，由于台湾当局长期坚持限制性两岸经贸政策，特别是2000年陈水扁上台后，为了推行“台独”分离路线，采取进一步紧缩两岸经贸往来的政策，两岸经济整合进程因此困难重重。尽管两岸经贸往来在量上扩张迅速，可在结构上至今仍基本呈“间接、单向、民间”的畸形格局。

1. 经贸交往限于间接方式。海峡两岸投资贸易规模庞大，人员往来频繁，但至今不能全面直接“三通”、进行直接经贸交往，这是目前两岸经济整合进程的首要障碍。近年来，两岸间通商与通邮已事实上实现，但通航却迟迟没有解决。两岸商品运输及人员往来仍须假道第三地，而不能全面直接通航。这种经贸活动间接往来方式，不仅徒增成本费用，加大商业风险，而且常常导致商机延误。

2. 经贸关系结构呈单向、不平衡性。迄今为止两岸经贸往来仍没有体现对等与公平原则。投资关系方面，基本上是台湾方面的人、物、资金等生产要素单向流入大陆，而大陆方面则不能入岛投资设厂。两岸贸易关系尽管已实现一定程度的双向交流，但却长期存在严重的不平衡性。2005年两岸贸易额912.3亿美元，其中，台湾对大陆出口达746.8亿美元，而台湾自大陆进口则仅有165.5亿美元，台湾对大陆贸易顺差额高达581.3亿美元。两岸贸易的严重失衡，固然与两岸经济发展阶段及产业结构的差异有关，但更重要的直接原因是台湾当局至今仍对大陆产品输入台湾实行严格限制。

3. 两岸经贸合作缺乏制度性保障。受制于政治因素，目前两岸经贸交往主要是基于经济上的比较利益而自发性的合作，两岸经贸关系仍停留在民间性质层次。对于两岸经贸往来，双方只是根据各自的立场和需

要进行规范、推动或限制，尚未共同建立正常有效的合作机制，这使两岸经贸合作进一步深入、健康的发展面临越来越多的挑战。

上述两岸经济整合进程中存在的结构性问题导致了两个结果，其一，虽然两岸经贸往来在量上规模较大，但由于其发展的深度与广度不够，因此对两岸政治、经济与社会等方面的影响仍较有限。其二，当两岸经贸关系发展到一定阶段时，其持续发展会受到阻碍。2005 年，不论是两岸贸易还是台商对大陆投资的增长速度都已明显低于往年。

（二）两岸区域经济整合突破发展的思路

由于两岸区域经济整合中存在的问题是经济问题，更是政治问题，而当前两岸关系又处于严峻复杂的局面，推动两岸区域经济整合突破发展需要探索新的思路与新的途径。

1. 寻求突破两岸区域经济整合瓶颈的切入点

两岸区域经济整合困难的主要原因来自于台湾当局的政策限制，2006 年以来，陈水扁当局加快“台独”步伐，又采取更加紧缩的两岸经贸政策，年初提出有关两岸经贸关系“积极管理”政策，随后再出台一整套配套措施。在此背景下，解决两岸经贸结构性问题显然不是短期内可以实现的，而两岸全面性经济整合更是长期性的艰巨工程。当前迫切需要的是寻求一个突破两岸经济整合瓶颈的切入点，推进两岸经济整合的深入发展。福建具有不可替代的地缘优势，并已有对台经贸合作的深厚基础，正适合承当这一历史角色。台湾当局虽然在整体上顽固紧缩两岸经济关系，但迫于经济发展的困境及岛内外强大的压力，不得不陆续采取若干小幅度、局部性及地域性的开放措施，如近期开放金、马地区试办人民币兑换业务，同意两岸春节包机等，这些往往都为福建提供了加强对台经贸合作的独特机遇。

2. 有针对性地突破两岸“间接、单向、民间”经贸合作格局

现阶段两岸贸易与台商对大陆投资的数量规模发展较快，当前推动两岸经贸合作工作的重点应是积极打破两岸经贸结构上的“间接、单向、民间”格局，以促进两岸经济整合质上的提升。过去十几年拥有地缘优势的福建在中央特殊对台政策的扶持下，在促进两岸“三通”与两岸经贸双向往来方面发挥了“先行先试”的作用，新形势下则应加大力

度，以取得进一步的突破进展。由于台湾当局坚持“台独”立场，现阶段两岸难以建立官方层次的经贸合作机制，但加快推动两岸民间性、地方性的经贸合作机制则应是当务之急的工作。福建在这方面已先行实践，并取得较好的经验，可以继续发挥更大的作用。

3. 有意识地将推动两岸经贸合作与争取台湾民心相结合

在当前两岸关系新形势下，反对和遏制“台独”分裂势力及其活动是我们对台工作的首要任务，而落实寄希望于台湾人民的方针、广泛而有效地争取台湾民心则是完成这一任务的关键。这就要求我们在推动两岸经贸合作时，应在尊重市场规律的前提下，有意识地将其与争取台湾民心的工作相结合。闽台独特的历史背景，使双方的经贸交流合作除了有经济效益外，还明显具有争取台湾民心的作用。新形势下，福建在这方面应进一步充分发挥其无可替代的作用。

总之，为了适应两岸关系发展的新变化，应当高度重视并充分发挥福建在促进两岸区域经济整合深化发展及祖国和平统一中的特殊作用。

四、进一步发挥福建在两岸经济整合中作用的对策建议

要真正有效充分发挥福建在对台工作中的特殊作用，首先必须改变以往推动闽台合作分散、零星及无计划性的做法，尽快从战略的高度制定深化闽台合作交流发展的规划及其配套政策措施。福建省的“十一五规划纲要”列有“促进海峡两岸交流与合作”专章，这是良好的开端，但同时还需要中央政策上的大力支持。具体做法建议为，在整体上朝构建“闽台经济特区”方向推动，有计划地综合实施各项更加开放的两岸经济政策，其中以突破现阶段两岸区域整合的瓶颈为重点，并强调发展与台湾中南部地区的经济关系。

（一）积极探索推进两岸直接“三通”进程的有效途径

闽台两地现有“试点直航”基础与“小三通”经验，应尽力在此基础上进一步扩大两岸直航成效。

其一，突破“试点直航”所谓“不通关、不入境”的限制，达成两岸实质直航。现行厦门港、福州港与高雄港之间的“试点直航”由于高雄港境外航运中心“不通关、不入境”的限制，所谓的“直航”成效大打折扣。2005年采取“境内关外”特区模式的高雄自由贸易港区已正式营运。这使“试点直航”面临的困境有可能被突破。在“货物自由流动”的功能下，自由港区外的台湾其他领域进入港区的物品被视同为出口，而大陆物品可以进入台湾自由港区，经加工制造后还可进入台湾本岛。这样，境外航运中心可以把“直航”运来的大陆货物送到自由港区加工，之后再外销或经课税后内销。也就是说将境外航运中心的“直航”功能与自由港区的“可输入大陆物品”政策有效结合，就可实质达成两岸直航的效果。当然，目前两岸关系复杂，要真正实现厦、高实质直航，还需要实际的努力推动。

其二，积极拓展“小三通”成效。一方面通过拓展两岸旅游、宗教文化交流等活动，大力扩大与金马地区乃至台湾本岛的人员往来，使“两门”、“两马”航线成为两岸人员往来的便捷通道；另一方面，积极扩大对金马货运直航的规模与品种，争取大陆货物直接进入岛内市场，同时争取台货从金马中转运往福建，以解决在闽台资企业急需的模具、样品、零配件等供应问题。

其三，以春节包机为契机，推动闽台空中直航。2006年厦门空港作为两岸春节包机的新航点，成功完成了“直接对飞、双向载客、不中停第三地”包机业务，为推动闽台空中直航积累了宝贵经验。在此基础上，应进一步循序促成厦门与高雄间的客运包机的节日化、周末化、常态化及定期航班，并积极推动货运包机的实现。

以上措施的推动落实，不仅将有效推动两岸直接“三通”进程，还会创造便利的交通网络，促进福建对台湾，尤其是对台湾南部地区的经贸往来。

（二）加大力度继续推动两岸经贸双向往来的“先行先试”政策

1. 建立厦门自由贸易港区，作为两岸经贸双向往来的“先试区”

为了突破两岸经贸关系的“单向性”及“间接性”，应对台湾自由贸易港区的设立营运，推动建立厦门自由贸易港区十分必要与紧迫。首先，尽快设立厦门自由贸易港区，并与高雄自由贸易港区相对接，必将加快两岸“三通”进程，扩大两岸经贸直接、双向往来的范围。其次，它有利于厦门港借助大陆经济快速发展的优势，在与高雄港合作与竞争中尽快提高自身的实力，从而确立厦门港在两岸航运中的地位与作用。第三，可以作为建立“两岸共同市场先行区”的基础。两岸共同市场的建立是一个长远的目标，需要一个由点到面、由小到大的长过程。如果厦门建成自由贸易港区，就可以逐步与高雄自由贸易港区以及金门岛联接起来，建立区域性自由贸易区，为最终建成两岸共同市场奠定基础与积累经验。

事实上，厦门港口具有设立自由港区的自然条件与社会经济条件，经过20多年的努力建设，厦门特区已形成了一套较为完善的经营和管理模式，为自由贸易港区的设立奠定了较好基础。2005年包括保税区、区港联动试验区在内的厦门象屿保税物流园区正式运行，迈出了建立自由贸易港区实质性的一步。

2. 积极建立有区域特色的闽台产业合作体系

农业、旅游业、物流业等都是地域性强的行业，也是闽台合作有基础的优势领域，福建应该进一步推动建立有区域特色的闽台产业合作体系，使闽台经贸合作的基础稳固，并有自身特色。

（1）促进高层次的闽台农业合作。现有海峡两岸（福建）农业合作试验区为进一步加强闽台农业合作提供了良好的平台，福建要有规划地做好引进台湾农业的先进及适用技术、资金以及先进管理模式等工作，重点吸引台湾农业资本，特别是中南部的农业资本来闽投资创业。以“台湾农民创业园”为载体，将引资与吸收台湾农业经营管理经验有机结合，推进闽台合作的深化。

（2）以“金马游”为契机，推动闽台旅游新发展。“金马游”使两岸直接双向旅游迈出了第一步，同时，也为闽台双方开发旅游资源提供了极好的机会。在大陆积极推动开放大陆居民赴台湾旅游，而台湾当局却设置重重种种阻碍的情况下，福建要有效利用已有的对台旅游优势，积极拓展，继续保持在两岸旅游合作领域的领先地位。首先，努力做旺“金马游”。“金马游”的实施一年多了，但实际成效不尽如人意。有关部门应认真检讨各项相关工作，针对存在的问题采取切实有效的解决措施。让中央赋予福建的这一独特政策真正发挥其应有的作用。同时，积极争取中央的支持，尽快推动将“金马游”的对象由福建居民扩大到全体大陆居民。其次，抓住机遇，积极推动福建成为大陆居民赴台旅游的重要中转口岸。一方面，积极联合台湾业界，推动大陆居民中转金门赴岛内旅游以及岛内居民中转金门赴大陆旅游外；另一方面，在现阶段两岸大力推动大陆居民赴台湾旅游过程中，福建要充分利用区位、海空港及“金马游”基础等优势，力争福建首批成为大陆居民赴台旅游的中转口岸。

（3）加强闽台物流业合作，把福建建成两岸区域物流重要通道。福建的地理位置与港口条件均十分有利于其成为台湾对大陆贸易的集散地及大陆东南地区对台贸易的主要出海口，这为闽台物流业合作奠定良好基础。现阶段福建除了在中央支持下，加快港口、陆路交通等物流基础设施建设外，应积极推动闽台物流业的合作发展。其一，要积极利用现有“试点直航”及“小三通”的有利条件，在扩大闽台货物直接往来基础上，通过建立大型仓储和配送中心等，把福建与高雄、与金马之间建成两岸区域物流重要通道。其二，加强利用台资发展物流业，为闽台及两岸经贸往来提供优质的物流服务。一方面加大引进台湾专业物流公司的力度，另一方面鼓励有条件的现有台资企业向下整合，出资成立物流公司。其三，把福建建成台湾农产品在大陆的物流中心。积极创造条件，确保台湾农产品便捷通关及转运，并使台湾农产品在闽加工、仓储及运销形成一条龙。2006 年 4 月“台湾水果销售集散中心”在厦挂牌成立，这是福建成为台湾农产品物流中心的良好开端，应进一步采取有力措施促进台湾农产品、水果大批量通过福建中转集散到大陆各省市。

积极建立有区域特色的闽台产业合作体系，不仅有利于加快闽台经济融合，还有利于加强福建与台湾中南部经济联系，进而有利于做好台湾中南部民众，特别是广大农民的工作。

3. 推动台商投资区的扩大再发展

福建四个台商投资区，作为国家对台工作与经济建设的重要载体，经过十几年的发展，取得了明显成绩，不仅有力促进了福建发挥对台工作的独特作用，而且为福建经济发展做出了显著贡献。但现阶段台商投资区均已呈现饱和之势，特别是用地紧张的现实问题严重制约了进一步发展的空间。而另一方面，台商前来投资的意愿高，现有台资企业增资扩产的需求也十分强烈。因此，台商投资区迫切需要在中央的支持下通过扩大外延、延伸其功能来获得新的发展动力。扩大后的台商投资区，应从福建独特的区位及人文优势出发，重点加强对台湾中南部的招商引资。

4. 进一步在福建先行试验两岸金融合作的某些开放政策

在两岸关系的现状下，两岸金融合作采取先易后难、先试后行的策略较为妥当。目前福建已在两岸货币兑换方面先行了一步，可在此基础上，进一步推动在福建试行人民币和新台币进行计价结算，以解决目前两岸只能以人民币和新台币以外的第三种可兑换货币进行两岸通汇，增加了两岸经贸交往的不便和结算成本，并助长两岸“地下通汇”的问题。在目前官方清算机制难以建立的情况下，可采“民间模式”的两个步骤来推动。其一是“间接清算”机制，即通过第三地如香港、澳门的银行建立两岸的人民币和新台币清算渠道。大陆银行和台湾银行可在第三地同一家清算银行分别开立新台币清算账户和人民币清算账户，同时该清算银行分别在大陆和台湾的代理行开立人民币和新台币账户，便可实现银行间资金清算。其二是“直接清算”机制。当条件成熟时，两岸商业银行间互设人民币、新台币账户，建立存同行关系，进行人民币和新台币直接清算。

（三）在建立两岸经贸合作机制中发挥福建“先行先试”的作用

作为经济区域一体化的一种形式，自由贸易区是层次较高的制度化的经济合作关系。在推动建立两岸经济贸合作机制方面，福建应如上所述力争在建立厦门自由贸易港区上先行突破。此外，还可从以下几方面进行探索创新。

1. 进一步创新保障台胞权益的机制

为了保障在闽台湾同胞在投资、生活等方面的合法权益，福建省自1990年以来，先后制定了多部涉台法规，是全国涉台立法最早、最多的省份。但随着时间推移，两岸形势已发生巨大变化，原有法规已难以适应实际情况了，进一步完善涉台法规已是十分迫切的任务。除了应对原有法规进行全面修订外，还应对闽台经贸往来中急需解决的问题进行单独立法。同时，要加大涉台法规执行的监督力度，以确实起到保障台胞权益的作用。另一方面，如何突破目前由大陆单方面保护台胞权益的局面，逐步让台湾民间、半官方介入，建立双方合作机制以达到有效保障台胞权益是今后发展的方向。福建也应在这方面先行探索与创新。

2. 建立闽台城市交流合作的地方联系机制

福建省与台湾中南部之间有独特的地缘、人缘及血缘关系，而且已有“两马”与“两门”交流合作的实践经验，进一步密切与台湾中南部城市的经贸关系，进而建立相对稳定、长期的交流合作机制具有独特优势。高雄市、台中市作为台湾传统产业集中的城市，近年面临经济不振，失业等突出问题，均希望通过两岸交流与合作带来经贸、物流、观光及转运等商机，以提升经济景气。福建应抓住时机，主动推动福州、厦门与高雄、台中建立制度化的联系机制，促进闽台城市间友好的经贸和文化交往关系，除了加强港口航运业、物流业及会展业务等有特色的经贸合作外，大力开展行业之间、工商团体之间及公司之间的合作，促进两岸城市的经济繁荣。

3. 建立闽台经贸往来业务协商机制

随着闽台经贸往来日益频繁，特别是福建对高雄、金马直接经贸往来不断增加，涉及双方各项业务负责部门的问题也相应增加。福建应进一步就相关具体业务与高雄、金门相关单位进行事务性、技术性及专业性商谈，并建立相对稳定协商机制，以利及时、高效地解决双方经贸往来中已经出现或可能出现的问题，为两岸经贸往来业务协商机制的建立起到先行示范的作用。

（本文为2006年4月完成的委托调研报告）

参考文献

［1］邓利娟：《在闽台经贸互动中推进海峡西岸经济区的建设》，《亚太经济》，2004年1期。

［2］邓利娟：《推动闽台经贸合作的创新发展》，《闽商》（香港），2004 年 12 月创刊号。

［3］邓利娟：《创新厦台经贸合作，构筑海峡西岸经济区建设领先优势》，毛涤生主编：《海峡西岸经济区发展研究》，华星出版社，2006 年 4 月。

海峡西岸经济区对台经贸合作问题研究

李 非

摘 要：海峡西岸经济区作为祖国大陆对台交流的重要基地，在两岸关系发展中扮演着先行先试的角色。福建作为海峡西岸经济区的主体，凭借其特殊的地缘优势，在发展对台经贸关系上取得初步成效，并形成相当规模。对台经贸是海西区域经济赖以发展的重要动力。本文就海西对台经贸关系发展的现状、问题、挑战、策略进行探讨。

关键词：海峡西岸经济区；对台经贸；合作；问题

海峡西岸是一块以台湾海峡为纽带，东临台湾岛，西接内陆广阔腹地的具有特殊地缘经济利益和政治涵义的小型经济板块。它以福建为主体，包括福建周边地区。从横向格局看，它包括以汕头为“龙头”的南部地带、以厦门为“龙头”的中部地带、以福州为“龙头”的东部地带和以温州为“龙头”的北部地带；从纵向格局看，它以第一层次的东南沿海开放区为主轴，依托经济特区、经济技术开发区、台商投资区、经济中心城市，对台发挥海运、空运便捷的优势，对内通过铁路、高速公路等交通运输网络，将第二层次的山区腹地有机地联为一体，使之成为两岸经贸交往的聚集地，并发展为继长江三角洲、珠江三角洲之后的又一经济繁荣带。

在区域经济合作日益增强的背景下，海峡两岸开始走向日益深化的区域分工，逐步建立起互利互惠、互补共存的经济合作关系。台湾通过经济交流，重新安排区际分工，进行资源优化配置，以达到贸易转移和贸易创造的效果；而海峡西岸经济区通过吸引台商投资，发展工农业生产，促进对外贸易，从而繁荣区域经济。两岸经贸关系不再是单纯遵循国（区）际分工原理的思维定式，而是把发展基点放在经济实力的积累上，通过各种有效渠道，积极主动参与区域经济合作，最大限度地分享区际分工的好处。因此，推动两岸区域经济合作，应突出地缘经济的重要作用，充分发挥区位优势的先天作用。两岸区域经济整合，可以首先在局部区域进行初步的试点，在条件成熟时，再逐步扩大到其他区域。从区位条件看，区位选择首推海峡西岸经济区。

海峡西岸与海峡东岸两地社会经济在历史上曾是紧密相联、相互依赖的关系，但自 1949 年以后，因两岸政治对立和军事对峙，各自又走上相互封闭且完全不同的发展道路。随着大陆“改革开放”与“和平统一”政策的逐步推行，从 1979 年起，海峡西岸社会经济发展又重新回到正轨，与东岸的社会经济关系也从相互隔绝走上相互交流的轨道，逐步形成一种新型的互补、互利的合作关系，从而促进两地社会经济的共同繁荣和发展。

在全球制造业逐步向中国集聚的经济背景下，台湾制造业同样也呈现加速向大陆转移的趋势。这对海峡西岸经济区制造业的发展，既是机遇，又是挑战。作为福建工业主体和经济发展主导产业的制造业实力的提升，是确保福建经济持续、稳定、健康发展的客观要求。如何利用闽台制造业合作的现有基础和优势条件，把握台湾制造业转移的机会，发挥比较优势，改善投资环境，促进与台湾地区制造业产业对接，是福建建设海峡西岸制造业基地，实现经济持续健康发展的有效途径。

旅游业作为一种把物质产品与非物质产品有机地组合起来的综合性经济事业，是 21 世纪的“朝阳产业”，也是海峡西岸经济区社会经济发展中具有优势和潜力的支柱产业。在两岸关系发展的新形势下，闽台两地旅游资源以其相同或各自的特色，不仅在拉动经济发展、促进社会繁荣方面发挥重要的作用，而且在两岸交流与沟通上也具有积极的推动作用，并在相互交流与合作的发展格局下，走向互补互利的双赢之路。当前，两岸旅游业的交流与合作主要表现为台湾游客到大陆旅游观光，大陆游客赴台观光也有望在政策互动下逐步开放。在世界旅游业日益兴盛和两岸关系不断发展的新形势下，闽台旅游业只要秉承开放、互利、双赢的理念，整合优势旅游资源，携手一起共同发展，一定能走出一条资源共享和利益最大化的合作之路。

一、海峡西岸经济区对台经贸关系

海峡西岸经济区作为祖国大陆对台交流的重要基地，在两岸关系发展中扮演着先行先试的角色。福建作为海峡西岸经济区的主体，凭借其特殊的地缘优势，在发展对台经贸关系上取得初步成效，并形成相当规模。从20世纪80年代初起，福建就大力吸引从事中、下游工业生产的台湾中小企业到海峡西岸沿海地区设立加工出口基地，通过吸引投资扩大对台贸易，90年代进一步鼓励供应原材料的台湾中上游工业生产厂商到福建拓展发展空间，21世纪初期又努力争取台湾高新技术厂商进入海峡西岸经济区，对台经贸发展规模越来越大，领域越来越深入，作用越来越重要，有力地推动了海峡西岸经济区外向型经济的迅速发展。

（一）海峡西岸对台经贸关系的发展与挑战

1. 海峡西岸对台经贸关系的发展

海峡西岸对台经贸关系的发展起步于20世纪80年代初厦门经济特区建立之时，发展于80年代中后期第一波两岸经贸热潮阶段，兴盛于90年代第二波两岸经贸热潮时期，至21世纪初期第三波两岸经贸热潮时进入调整阶段。尽管整个发展过程曲折变化，但已初具规模。

2. 第一波经贸热潮的先机（20世纪80年代）

20世纪80年代初期，台商在福建的投资，为规避台湾当局的政策管制，多以迂回的方式进行“投石问路”，或化明为暗，或化整为零，表现出隐蔽、零星、分散等特征，主要集中在厦门湖里工业区和福州马尾开发区，不仅数量和规模相当有限，而且行为具有明显的短期性，至1987年止，累计只有40项，4000多万美元，平均单项投资规模约100万美元。至80年代中期，以台湾当局开放民众赴大陆探亲为契机，台商在福建的投资从隐蔽性逐步走向半公开化以至公开化，企业分布从工业区和开发区扩散到沿海地区，并向周边地区延伸。虽有相当一部分台商仍经由第三地中转，但越来越多的台商开始直接以台湾企业法人的身份从事投资活动。许多台湾中小企业把海峡西岸经济区作为加工出口基地，以“台湾接单、福建生产、香港转口、海外销售”的模式，转移台湾部分传统产业，即以轻纺为代表的劳力密集型产业。至80年代末，福建台资企业有近500家，累计协议投资金额4亿多美元，实际到资2亿多美元，各项指标约占大陆吸引台资的三分之一左右，在大陆沿海地区处于领先水平。

3. 第二波经贸热潮的成效（20世纪90年代）

以20世纪90年代初中共“十四大”确立市场经济发展方向为契机，台商在看好大陆市场经济发展前景的趋势下，采取各种不同方式，扩大对大陆的投资，福建利用台资逐渐步入高潮，1992年新增台商投资项目724项，协议金额8.96亿美元；翌年更增至1010项，达到创纪录的15.09亿美元。台资企业从以轻纺为代表的劳力密集型扩展到以石化为代表的资本密集型，房地产开发和工业园区建设等也成为投资热点，投资区域从沿海地区扩大到内陆山区。由于台商日益看好海峡西岸经济区，其投资行为趋向长期化。至90年代末，福建吸引台资企业约5856家，协议投资金额累计达110亿美元，实际到资为79亿美元，各项指标约占中国大陆利用台资的20%左右，成为大陆台资最集中的地区之一。台商投资动机改采积极的产销策略，从最初的“跑、带”战略转变为“生根”战略，签约期限一般都在40年以上。

4. 第三波经贸热潮的反差（21世纪初期）

进入21世纪，台商在大陆的投资活动形成新的热潮，不仅投资数量大幅增加，而且集聚规模不断扩大。然而，在第三波台商投资热潮中，以电子信息为代表的技术密集型产业大多数转移至长江三角洲地区，福建吸引台资的成效不仅明显不如前两波利用台资的业绩，而且还远远落后于长三角和珠三角地区。据统计，2000－2007年，福建利用台资不到4000项，协议金额约90亿美元，实际到资50多亿美元，各项指标约占大陆利用台资的10%左右。福建台资企业从传统产业衍生出两种截然不同的经营模式：借用海峡西岸经济区的优势资源降低生产成本，将产品推向价格居于高水平的海外市场；或是瞄准海峡西岸经济区市场的空白，强势进入，抢占先机。

（二）海峡西岸对台经贸关系的特点

海峡西岸经济区发展对台经贸关系，是以吸引台商投资为主线，通过投资带动贸易和其他各项经贸交流活动。总体看来，福建利用台资成效显著，吸引台资大多为生产性项目，经济效益普遍较好。自1983年引进第一家台资企业起，至2007年底，福建省引进台资企业约9500家，合同利用台资200多亿美元，实际利用台资130多亿美元，占大陆利用台资的12%、10%和13%，在大陆各省市中名列第三位，虽然明显落后于江苏、广东两省，但稍领先浙江、上海等地，仍为大陆台资较集中的省份之一。福建台资企业不仅涉及的领域越来越深，而且投资规模越来越大，投资行为也趋向长期化，其特点主要表现在：投资活动的集中性、投资企业的规模化和经济收益的普遍性。

1. 台商经贸活动的集中性

随着台湾企业在海峡西岸经济区的发展，其投资行动、行业分布和地域分布具有独自的特点。

（1）投资行动趋向联合。台商的投资经营活动从过去个体分散行动，发展到数家产业关联的台商群体联合行动，往往是上、中、下游相关配套或连锁的项目共同投资，或由一个龙头企业带动一批相关企业前来投资，形成“卫星”体系。台商的联合投资行动，推动了台商企业朝生产一体化、产品系列化、行业配套化的方向发展。

（2）投资领域趋于集中。台商投资和经营的行业主要集中在生产领域，其中绝大多数是工业生产项目，约占75%左右，主要以电子、机械、光学、塑胶制品、食品、纺织、化工、建材等行业为主，其出口创汇额占销售总额的70%以上；农业生产项目（含农产加工）也占有一定比例，约占10%以上，高于大陆台资农业项目的总体水平（5%），主要是养殖、园艺和农产加工等；服务业比例有所提高（15%），主要是商贸、餐饮、物流、交通运输等行业。近年来，旅游业、房地产、基础设施建设、工商服务业等成为台商投资的热点。

（3）投资布局均衡发展。福建利用台资已初步发展成以厦门和福州为中心，杏林、海沧、集美和马尾四个台商投资区为核心，泉州、漳州、莆田等东南沿海地区为外围的全方位、多层次的投资格局，其中中心城市的台商投资趋于向技术型和服务型产业集中，周边地区的台商投资趋于向资本密集型和规模经济型产业集中，内陆腹地的台商投资则趋于向劳动密集型和资源密集型产业集中，大体形成“前店后厂”的产业发展关系。

2. 台商投资企业的规模化

台商投资企业的规模化主要表现在：投资形式独资化，投资项目大型化和企业经营集团化。

（1）独资企业扮演主角。至2007年底，在福建批准的9500家台资企业中，独资企业近7000多家，占总数的70%以上；合资企业不到2000家，约占20%；合作企业不到1000家，约占10%。台资企业大部分属于独资经营形态，自主管理，自负盈亏。

（2）投资项目大型化。近年来，台商投资大型项目不断涌现，从原来多为百万美元以下，发展到数百万、数千万以至数亿美元。1988年在闽台商企业的平均单项投资额不到100万美元，至2007年平均单项投资规模已达200多万美元，其中单项总投资在千万美元以上的台资项目就有近百项。

（3）企业经营集团化。台商从中小企业到集团企业，从民间资本到公营资本，都纷纷涉足海峡西岸，尤其是经常出现以同业公会为主的组团访问，以及以大台商为主体的大规模集团化、组合性投资。在台湾排名前100大企业中，约有60%以上来过海峡西岸进行工商考察和经贸洽谈，并有30多家在海峡西岸经济区投资设厂。较具代表性的有：电子业的冠捷、友达，石化业的南亚、台塑、翔鹭，橡胶行业的正新，汽车业的中华、庆丰，运输业的长荣，百货业的好又多等。以电子产业为例，2006年厦门引进的友达光电，由行业世界第三、台湾第一大TFT－CCD厂商友达企业独资设立，项目总投资达2亿美元，该项目的落户将至少带进30家以上的配套厂商进驻翔安，奠定了厦门光电子产业集群的形成和发展，目前其配套项目已落户10多个，合同外资另有2亿美元。

3. 台资企业收益的普遍性

台商投资海峡西岸获得了良好的经济效益，主要表现在：

（1）台商投资效率高。台商投资效率的主要衡量指标——到资率、开工率和履约率等普遍较好，远高于大陆平均水平。至2007年底，福建台资企业协议投资额累计约200多亿美元，实际到资金额130多亿美元，到资率为65%，高出大陆平均水平（45%）20个百分点。在总数

9500家台资企业中，已开工的企业约7000多家，开工率达80%以上；有8000多家台资企业都按规定履行合约，资金如期到位，履约率在90%以上。

（2）企业经济效益好。海峡西岸的台资企业，尤其是大企业的起点高，产品升级换代快。由于其设备与技术较为先进，台资企业一般都具有一定的产品研发能力，加上其母公司的研发力量，新产品开发周期短，企业产品更新换代快，能较好地适应市场的变化，具有较强的竞争力。因此，福建台商投资企业获得较好的回报，经济效益普遍较好，盈利面在70%以上，其中投资经营工业生产项目为主的企业盈利面高达80%以上。

（3）台商增资扩产多。从已投产的台资企业看，相当一部分台商增资扩产势头强劲，显示其扎根海峡西岸经济区的信心。在已开业的7000多家台商企业中，有1000多家增资扩建，约占五分之一，平均每家增资200万美元以上，累计增资超过30亿美元。如明达塑胶、正新实业、尤扬电器、多威电子、玉晶光电等原有台资在闽投资的项目都加大了资金投入。台商通过扩大生产规模、新办企业以及带进配套项目等方式进行增资，逐步朝集团化、规模化经营方向发展。据分析，台商增资主要来源于投资盈利，也不乏证券融资。先期在福建投资的企业，如翔鹭、正新等大型台资企业产销两旺，不断增资扩产。正新轮胎经过多次扩资，合同外资由原来的2000万美元增至2亿美元以上，成为福建出口大户和纳税大户之一；翔鹭公司已成为中国化纤行业中最大的外商独资企业。

（三）海峡西岸对台经贸关系的作用

海峡西岸经济区对台经贸关系的发展对当地社会经济发展产生了重要的促进作用，不仅有力地推动了外向型经济的迅速起飞，而且带来了社会的巨大变化。

首先，增强了区域经济实力。台资是福建仅次于港资的第二大境外资本，构成福建经济持续快速发展的一个重要因素。台商投资项目数、投资总额、到资额约占福建外资总数的20%以上，其生产总值和出口创汇均居重要地位。台资企业以工业生产为主，是福建工业的主要支柱之一，对经济发展起重要作用。台资企业生产出来的产品有数千种，数万个规模，其中不乏世界品牌，在一定程度上填补了海峡西岸经济区许多工业产品的空白。台资企业产值占福建工业总产值的10%以上，产品外销比例达70%以上，有近一半企业的产品全部外销，是福建出口创汇的主要来源。

其次，增加了区域财政收入。台资企业大多已进入纳税期，其涉外税收占有重要地位。2007年，福建台资企业共计缴纳各项地方税费数十亿元人民币，约占全省涉外税收的10%以上。其中东南汽车、翔鹭化纤股份有限公司、正新橡胶工业有限公司、明达塑胶有限公司、翔鹭石化企业等公司全年缴纳地方税费均在千万元以上，有的上亿元。

第三，提供了众多的就业机会。从台资企业就业人数看，已投产开业的台资企业7000多家，雇佣员工100多万人，平均每家企业雇佣员工150人。如果加上为台资项目基建的工人以及为台资企业、台商提供生产、生活配套服务的员工，那么台商在福建投资则为当地提供了大约200多万人的就业机会。这些员工全年的工资总额数百亿元人民币，其在社会上消费形成的商业利税也有数十亿元。

第四，带来了先进的管理经验。台商在福建投资，不仅带来了有形的资产和技术设备，更重要的是促进了社会价值观念的变化。台湾业者精明的投资理念和市场观念以及台资企业较为先进的管理和经营经验，不仅直接影响许多受雇于台资企业的本地管理人员、技术人员和普通工人，而且间接影响福建的本地企业，带来了无形的社会价值观念的变化。

第五，扩大了利用外资的来源。随着国际资本流动日益频繁，台资企业，尤其是大企业利用其与国际大财团的关系，有效地与国际资本相结合，联合外国跨国公司的资本、品牌、市场，共同投资，如翔鹭、明达等企业就是台资结合东南亚华人资本设立的外资企业。这在客观上丰富了海峡西岸吸引外资的内涵，形成了“以台引台、以台引侨、以台引外”的发展格局，扩大了福建利用外资的来源。

（四）海峡西岸对台经贸关系的挑战

在国际经济环境和两岸关系形势不断变化的背景下，海峡西岸经济区发展对台经贸关系虽有独特的区位优势和条件，但也面临新的挑战和困难。

1. 外因：区域之间吸引台资竞争加剧

（1）台商投资热点逐步北扩内移。21 世纪初期，台湾企业掀起第三波投资高潮后，以电子资讯为主的技术密集型产业加速“登陆”步伐，不仅投资形态从以往在大陆东南沿海地区设立加工出口基地为主要目的，转向重点布局大陆市场，而且投资地域格局也发生重大变化，投资重心从过去以华南、东南沿海地区为“主战场”，转向北扩至华东和华北沿海地区。台商对珠江三角洲和海峡西岸沿海地区的投资步伐已明显放缓，以上海为中心，苏南、浙北为两翼的长江三角洲地区和以京、津为中心，山东半岛和辽东半岛为两翼的环渤海湾地区日益成为台商投资的热土，并出现向内陆地区转移的发展趋势，甚至出现外移至越南等地的现象。

（2）其他地区对台招商引资力度明显加强。由于大陆其他地区，尤其是东部和北部沿海地区的有力竞争，海峡西岸在吸引新一轮台商投资中，相对处于下风。表现最为突出的是，苏州和东莞两地引进台资遥遥领先。仅广东东莞一地的台资企业就超过万家，协议台资总额近 200 亿美元；江苏的苏州更是以惊人的速度在发展，累计协议引进台资超过 250 亿美元，实际到资超过 150 亿美元，故有福建吸引台资“南不如东莞，北不如苏州”的说法。北部的天津、河北、山东、辽宁虽然在利用台资的总量上还不如海峡西岸，但是，其增长速度明显快于海峡西岸，甚至超过长三角和珠三角地区。

2. 内因：海峡西岸一些对台魅力正在丧失

近年来，海峡西岸吸引台资的一些原有魅力正在逐步丧失。

（1）投资门槛过高影响对台招商引资的竞争力。据反映，台商在海峡西岸沿海地区投资设厂的经营成本越来越高，不仅劳动力和土地价格上涨过快，而且工业用电和用水价格一路攀升，港口的码头费、集装箱拖车费、报关费等也相对较高，影响到台资企业产品在国际市场上的竞争力。

（2）行政工作效率不高让部分台资企业望而却步。台商投资常常受到政策不规范的困扰，地方一些政府部门缺乏统一的协调机构，无法对台资企业的经营活动进行有效的宏观指导、服务和监督。

(3) 政策优势淡化减弱了对台资的吸引力。随着中国改革开放力度不断加大，内陆地区的开放政策不断加强，政策差距日益缩小，甚至有过之而无不及，从而使海峡西岸原有的优惠政策不再具有多少优势，“特区不特”的趋势不可避免。如近年来中央政府出台的一系列综合改革配套措施的试点地区，均设在中部（武汉、长沙）和西部（成渝）地区。

(4) 市场腹地限制关联产业形成一定规模。随着台商投资形态从加工出口型转向市场占领型，海峡西岸物流覆盖面有限的弱势逐渐显现出来。由于原有产业基础较为薄弱，可供台资企业选择的合资载体或合作伙伴较少，周边地区能提供配套零部件及相关服务的企业也不多，无法形成大规模的产业链。

二、海峡西岸扩大对台经贸的战略构想

在当前经济区域化步伐日益加快、两岸经贸交流持续扩大、中央惠台政策不断出台的新形势下，海峡西岸经济区应充分利用两岸关系发展出现的新机遇，进一步发挥“近台快攻”的独特优势，“着力先行先试，争取更多作为”，率先开展对台交流，积极落实惠台政策，通过建立两地经济合作机制，构筑对台合作的前沿平台，加快推进海峡西岸经济区建设，促进两岸之间形成更紧密的经贸联系，以扩大对台经贸交流的规模。

（一）海峡西岸扩大对台经贸的政策思路

扩大两岸区域经济合作的政策思路，就是要造就两岸经贸交流的特殊环境和对台经济政策的试验场所，以作为两岸经济合作机制的发展方向。加强两岸经济合作应有宏观的战略思维，从拓展对台经济关系、提高交流层次入手，落实“同等优先、适当放宽”的政策，有步骤地让一些带有探索性的经济合作议题，在一些地方先行先试，发挥“政策试验”的功能，为进一步完善两岸经济合作机制做出应有的贡献。

1. 大力推动闽台产业对接

在两岸经贸关系日益密切的形势下，福建在“十一五”规划中制定

了打造海峡西岸制造业基地的目标，并为有效利用台湾产业优势资源，加强两岸产业对接制定了具体策略。2006 年 8 月，福建省政府发布了《福建省“十一五”闽台产业对接专项规划》和《关于实施福建省“十一五”闽台产业对接专项规划的若干意见》，提出十大重点对接行业领域以及五个方面、十七条推进闽台产业对接措施，对闽台产业对接的目标任务、重点及政策与协调机制等，做出了制度性、创新性安排。福建打造海峡西岸产业基地的目标和各项措施，为闽台产业对接发挥了实质作用。近年台商在海峡西岸投资的制造业层次不断提升，正逐步形成闽台产业合作分工的新格局，在石化、机械和电子资讯方面的产业分工与合作已逐步由劳力密集型向资本、技术密集型转变，并从垂直分工向水平分工方向发展，初具较强的产业关联度和发展链。目前，福州、海沧、杏林、集美四个台商投资区已成为两岸产业对接的集中示范区。福建已初步形成多个台资产业集群，以华映、冠捷、友达光电等为代表的电子信息产业集群，以东南汽车等为代表的机械产业集群，以翔鹭石化、正新橡胶等为代表的石油化工产业集群等三大台资主导产业集群，推动闽台产业对接向纵深方向配套发展。

在农业合作方面，福建充分发挥区位优势，大力推动闽台农业对接，率先发布大陆首个《海峡两岸（福建）农业合作试验区发展规划》，成立全国唯一的两岸林业合作试验区，开办漳浦台湾农民创业园，通过举办两岸农业合作成果展览暨项目推介会、海峡两岸花卉博览会、海峡两岸茶叶博览会、海峡两岸林业博览会等各种平台，密切闽台农业交流与合作。至 2007 年底，福建省已累计引进台资农业项目 2012 个，合同利用台资 25.2 亿美元，实际到资 14.5 亿美元，成为大陆农业引进台资最多、对台合作平台最大的省份。

2. 率先突破闽台直接交流

扩大两岸直接、双向交流，是两岸经济发展的客观需要和两岸同胞利益之所在。随着两岸经贸规模的不断扩大和经贸关系的日益密切，两岸民众基于经济利益的现实需要，通过各种方式与途径要求台湾当局进一步放宽政策限制，从而促进两岸直接“三通”逐步取得进展。在两岸直接、双向交流的发展进程中，福建率先突破，取得明显成效。1997 年闽台海上定点中转直航正式启动，厦门、福州与台湾高雄港率先开展海上集装箱班轮试点直航，并且进展顺利，至2007年底累计营运508万标箱。从2001年初起，金门、马祖客运相继直航厦门、福州、泉州、莆田等地，率先实现福建沿海地区海上客运直航，客运量从当年的2.5万人次增至2007年的78万人次，累计运送旅客达260多万人次。继2004年厦门航空公司参与两岸春节客运包机之后，2006年两岸包机直航新增厦门航点，并实现从“春节包机”到“节日包机”的转变。2004年12月和2005年6月，福建居民赴金门、马祖地区旅游先后启动，标志着闽台旅游双向对接正式开始，率先迈出大陆居民赴台旅游的第一步，至2007年底，赴金、马旅游的福建居民已达5.5万人次。目前，以台湾在大陆投资的工商界人士为主体的民间力量，以国民党、亲民党、新党等在野党为主体的岛内政治力量，在两岸直接、双向交流问题上已与大陆取得基本一致的共识，并以各种方式敦促、推动台湾当局尽快开放全面直接“三通”。2008年预计在“包机周末化”和常态化、大陆居民赴台旅游等方面会有所突破。

3. 积极落实惠台先试政策

自2005年连战、宋楚瑜相继访问大陆以来，大陆先后在台湾农产品零关税进入大陆以及检验、检疫等方面出台许多惠及台湾民众的政策措施。2006年首届两岸经贸论坛、随后的第二届博鳌两岸农业合作论坛和第三届两岸经贸论坛，进一步推进两岸经贸交流与农业合作进程，积极落实有关两岸交流与合作的协议，使台湾民众，尤其是农民真正从两岸交流中获得益处。围绕中央近期出台的一系列惠台政策措施，海峡西岸经济区应着力构筑全新的政策机制，先行先试，逐步推动。这些政策主要包括：在鼓励台商投资方面，支持现有台资企业发展，保护台商合法权益，继续办好台商投资区，逐步扩大其功能与范围，对台商投资项目审批予以政策倾斜，争取涉及国家宏观调控的台资项目，采取个案审批，优先安排，大型台资项目的审批标准适当放宽；在金融合作机制方面，一些带有“试验性”的政策措施可在区内先试行操作，总结经验后再推至其他地区，如适当降低台资银行的准入门槛、减免设立分行的过渡期；在产业合作机制方面，密切与台湾行业协会、企业的联系，采取倾斜政策，大力引进机械、电子、石化等资本与技术密集型重点领域的产业，引导台商向知识密集型服务业投资，吸引台湾信息咨询服务业及其他工商服务企业前来投资；在农业合作方面，落实两岸农业合作试验区政策，加快两岸现代林业合作试验区发展，推动厦门台湾水果销售集散中心、霞浦台湾水产品销售集散中心和漳浦、漳平、福清等台湾农民创业园建设；在交通联系机制方面，利用“金马直航”和“试点直航”政策，发挥福建与金门、马祖、澎湖直接往来的通道作用，扩大直接往来的成果以及直航口岸的功能与范围，探索实现两岸“大三通”的有效途径，打开“大三通”的缺口，推动“小三通”航线延伸至台湾本岛；在人员交流机制方面，在开放台湾同胞“落地签证”、“落地签注”和授权福建省签发五年期《台湾居民来往大陆通行证》的基础上，可考虑放宽五年期通行证的适用对象（扩大到台湾本岛居民）和更长期或灵活的台胞签注手续或免签条件，争取和推动将大陆一般人员赴台审批权下放给地方台办，由当地根据实际灵活操作；在城市交流机制方面，在条件成熟时，区内的一些地区，如福州、厦门、漳州、泉州等可先行与台湾的基隆、高雄、台中、宜兰、台南等地建立某种城际交流关系。海峡西岸经济区作为对台经济政策的试验场所，就是具体造就对台经贸交流的特殊环境，以作为对台经贸政策创新的重点和发展方向。

4. 努力打造闽台合作平台

当前对台工作的主要任务是扩大两岸经贸交流，打造两岸合作平台。据此，着眼于“两岸人民的共同利益”，采取“不以政治分歧去影响、干扰两岸经济合作”的策略，积极探寻并构筑适应形势发展需要的两岸经贸合作平台和机制。在经济全球化和区域化越来越深入的形势下，虽然市场力量仍是两岸经贸关系的主要动力，但是制度性的经贸安排在适应区域化发展、应对“边缘化”危机中发挥越来越大的作用。两岸产业分工，不单纯是两岸产业互补性的体现，更是全球产业分工中的一个环节。纯粹由市场力量推动、民间自发行为构筑的功能性经济一体化已不适应形势发展的需要，两岸经贸关系需要从功能性一体化走向制度性一体化。2004 年内地与港澳签署的 CEPA 相继生效实施，使港澳以服务业为主的产业在大陆占有更大的市场，也使港、澳产业，尤其是服务业在大陆市场与台湾产业的竞争具有更强的优势，其贸易转移和创造效应对港澳经济的促进也远较台湾大。台湾产业界人士纷纷采取措施间接利用这一制度性安排，并积极敦促台湾当局与大陆合作，做出适合于台湾产业转移的相关安排。为此，应积极促进大陆与港澳在CEPA框架下的经济合作，进一步发挥对台湾的示范效应，并寻找有利时机，在条件成熟时，按照WTO所认同的授权原则，在海峡西岸经济区政策试验的基础上，由中央政府特派或授权地方政府及有关部门，负责与台湾有关方面商谈制度性一体化下的经贸合作，为两岸要素流动、经济合作提供更有效的制度保障。贾庆林主席在首届“两岸经贸论坛”开幕式中指出，扩大对台经贸合作，可以“区域对区域”进行，一些对台政策可以首先在局部地区、局部领域和局部产业中试行，通过政策试点，取得经验，在条件成熟时，再扩大到其他区域。从区位条件看，区位选择首推以福建为主体的海峡西岸。国台办陈云林主任在首届“两岸经贸论坛”闭幕式上宣布的对台十五项“大礼包”中，有十项以上与海峡西岸有关。

从海峡西岸在未来两岸关系中的战略地位着眼，福建应在立足现有对台经贸交流成果的基础上，积极构筑对台交流与合作的前沿平台，进一步认真研究台湾社会群体的经济需要、经济主张，在不损害大陆相关群体利益的前提下，以市场为导向，以经贸为纽带，继续实行“同等优先、适当放宽”的政策，实施有利于吸引和争取台湾人民的经贸政策，有步骤地让一些带有探索性的交流合作议题在一定范围内试行，积极发挥“政策试验”的功能，逐步完善经济合作机制，在条件成熟时，再扩大到其他区域。可见，推动海峡西岸经济区建设的深层意义在于创建对台经济合作新平台，即将海峡西岸经济区作为对台经济政策的试验场，整合创新现有对台经贸政策，使之走向规范化，为即将到来的全面合作提供经验，因而其近期目标是在“试点直航”和“金马直航”的基础上，以实现两岸直接“三通”为突破口，达成两岸特定区域之间全面、直接、双向的经济交流与合作，率先促进两岸经贸关系正常化；远期目标是为两岸经济一体化进行全面的政策准备。

（二）海峡西岸扩大对台经贸的具体措施

拓展对台经贸关系、扩大利用台资规模的有效手段，已从最初的投资硬环境建设，发展到后来的投资软环境改善，再演进到产业链的构建，先后经历了三个阶段的发展变化。

1. 灵活运用引进台资政策

扩大利用台资是海峡西岸经济区拓展对台经贸关系的关键。在基础设施等“硬体”条件日益完善的基础上，海西区应在投资软环境建设上多下工夫，尤其是在运行机制上营造扩大利用台资的政策优势。

（1）营造对台经贸的法制化环境。海西区应进一步完善立法制度，制定一整套可操作、有利于扩大利用台资或朝“两岸经济合作交往先行区”方向发展的政策法规，以体现对台政策优势。除了《台湾同胞投资保障条例》外，还有必要进一步侧重研究与制定有关台资企业组织管理、企业税收优惠及管理、贸易、金融、知识产权保护、商业、服务业管理以及经济纠纷解决办法等一系列条例或管理办法，颁布有关与涉台法律及法规相配套的实施细则和政策措施，切实、认真落实并定期检查执行情况，使海西区从依靠优惠政策吸引台资转向依靠经济立法扩大对台经贸合作。

（2）扩大利用台资的方法和途径。在台商独资、合资、合作等形式的基础上，应积极采用股权转让、收购兼并、合资基金、证券投资、产权置换等多种方式扩大利用台资。一方面，要加强对台招商的针对性，及时了解和掌握台湾企业对外投资动向，做好前期规划，抓好有投资意向的台资大企业项目的引资工作，尤其是加强对台湾大企业的招商，争取逐个落实推进，达到“引进一个、成功一个，增资一个、带进多个”的连带效果；另一方面，要建立项目跟踪服务制度，做好台资企业的服务和管理工作，扶持重点，尤其是对台湾大企业投资项目实行全过程服务，办好现有台资企业，及时为台商排忧解难，解决其在投资经营过程中出现的困难，保护其合法权益，使其发挥示范作用。

（3）发挥对台经贸的政策集成效应。除了用好、用足、用活国家已出台的各项对台经贸政策和措施外，海西区还应进一步贯彻落实“同等优先，适当放宽”的政策，积极制定优先处理涉台经贸事务的各种办法，对台湾大企业及上市公司投资符合产业政策的项目和老企业技术改造项目，在同等条件下，优先审批，优先融资、优先验放、优先办证照，对台资企业的水、电等优先供应，涉台治安案件优先处理。同时，对台资企业的投资方向、方式、领域及内销市场方面等给予适当放宽，尤其是放宽对台商投资服务性产业的限制，放宽台商设立中介机构的条件，放宽台商子女上学条件等，并可考虑在条件成熟时，给台商发放大陆身份证或类似“绿卡”的长期居留证。

2. 构筑台资企业产业链

构筑产业平台，承接群体性投资，是海西区发展对台经贸、扩大利用台资的有效手段。在吸引台资的软环境建设中，优惠政策和服务措施固然重要，其对台湾厂商降低经营成本，实现利润最大化有较强的吸引力。但是，服务措施，尤其是优惠政策极易被复制，而厂商同样看重的产业链却不易被模仿。产业链对扩大利用台资的重要性日益突显。

（1）产业链与台商群体性投资

台湾厂商之所以看重产业链，主要是因为在有产业链的地方，各项资源较为集中，许多交易成本可以大幅度降低。从理论上看，边际成本等于边际收益时，企业才能实现利润最大化。产业链在很大程度上降低了企业的物流成本，在一个较小的经济区域中能找到上有供应商、下有买家的地方，对投资厂商具有极大的吸引力。除了降低有形生产成本外，有产业链的地方还有信息资源汇聚等许多无形的好处。产业链在扩大利用台资中的功能越来越重要。一方面，大企业带着中小企业走；另一方面，大量中小企业落户并形成较为齐全的产业配套基础后，对大企业也会产生超强的吸引力。

苏州、东莞的引资经验和成功之处正是如此，尤其是在以昆山、吴江为中心的苏南地区，已经集中了大量的台湾电子信息企业。优良的投资环境，加上产业链优势，诱发台资企业的群体性投资。这一效应不仅在电子信息产业内发酵，而且延伸到其他产业，促使其他台资企业也涌向长三角地区。大量的台资企业涌入，又强化了长三角地区电子信息产业的整体优势。实际上，海西区也有不少凭借产业链吸引配套企业的例子。例如，杏林的正新橡胶带动了厦晖、尚晖、白马、新长城等相关企业入驻；友达光电在翔安设厂，也带来了10多家配套企业，形成了较为完整的分工、协作网络，发挥了规模经济的作用。但是，从总体上看，海西区利用台资还没有形成某类完整的大产业链，以产业链引资的效应还不是十分显著和有效。产业链的形成并非一朝一夕就可成就之事，政府有关部门应在这一问题上多下工夫。

从理论上看，在构筑某一产业平台与承接台商群体性投资之间存在某种关系。海西区要在扩大利用台资上取得新的突破，有必要在营造投资环境的基础上，选准符合台商投资的某类产业，以此为平台，承载台商的群体性投资。创造群体性投资效应不乏为已被经验证实过的正确策略选择。换句话说，海西区要进一步扩大利用台资的优势，必须遵循群体性投资的规律，开拓全新的引资模式，重点是瞄准新兴的技术产业，针对台湾外移产业的类别和群体性投资的特征，注重某项关联性产业链的建立，增强海西区对台资企业的吸引力，积极促进台湾集团企业在海西区投资，以提高利用台资项目的资金和技术含量，大力引进与大项目关联度大、面向全球供货的零配件项目。

(2) 海西区的产业平台选择

海西区应以什么样的产业平台来承接大规模的台商投资？由于电子信息硬体产业已在长三角地区形成相当规模，要想改变台资电子信息硬体生产企业的流向似乎不合现实。海西区毕竟已失先机，在未来争夺台资的竞争中，若想取得骄人的业绩，必须寻找新的产业，构筑新的产业平台，而这个产业平台体现在制造业上就是光电业、软件业和石化业。光电业是台湾新兴的高科技产业，在岛内市场尚未完全成熟时，企业出于大陆市场布局的考虑已陆续启动对大陆的投资，在厦门也初具规模，但是，完整的产业链尚未形成。未来这类产业外移的空间还十分大，海西区可以借友达光电投资厦门的集聚效应，促进光电子产业的集群发展。软件业是台湾电子资讯产业的重要一环，未来向大陆转移的趋势会进一步加强。以软件业为重点，而“以软带硬”，从资金、法律、管理等各方面给予有力的支持，吸引更多的台湾电子信息软体厂商来海西区投资，促进海西区产业结构的调整和优化。以石化业作为海西区大规模利用台资的产业平台，也有一定的合理性。随着台湾产业外移趋势加强，石化业向具有巨大市场潜力和低投资成本的大陆转移和发展不可避免。海西区在承接台湾石化产业外移上应积极有为，促进并形成台湾石化产业在海西区的群体性投资。

台湾服务业向大陆转移是未来台商投资的重要发展趋势。海西区，尤其是厦门在建立两岸金融合作机制方面可发挥更大的作用。两岸金融合作中一些带有“试验性”的政策，可在厦门先试行操作，总结经验后再推广至其他地区。如：放宽台资银行、保险、证券机构进入条件，可不将设立代表处为先决条件，或相应减少过渡期的时间，适当降低台资银行设立门槛，资产规模以不低于60亿美元为限；允许台资参股地方股份制金融机构，适当放宽股东资格、持股比例、审批程序等条件；允许台资银行开办人民币业务与台币兑换业务，增加台资企业融资渠道；试办对台离岸业务，指定几家商业银行作为两岸货币清算的我方指定银行，推动人民币在两地的使用和结算。

鉴于扩大利用台资规模的需要，建议由福建省政府向国家有关部门提出：1. 国家在考虑全国区域产业布局时，有意识地将台湾外移产业布局在海西区，依托在沿海港口布局的重点行业，积极承接台湾相关产业的转移。2. 继续保留台商投资区的原有政策。厦门海沧、杏林、集美、福州马尾等台商投资区，是国务院为强化海西区吸引台资功能而批准设立的，建议国家调整外资企业税收政策时，对台商投资区内的企业继续保留15%的优惠税率，或延长执行过渡期。3. 调整和扩大台商投资区的范围，如将厦门台商投资区从原来的厦门岛、集美、杏林和海沧地区扩大到同安和翔安新区。4. 对台商投资项目，继续采取“同等优先、适当放宽”的原则，对台商投资项目审批予以政策倾斜，对于不需要国家宏观调控的项目由地方主管部门自行审批；如涉及国家宏观调控的项目，可采取个案审批，优先安排；大型项目的审批标准适当放宽。

3. 借鉴利用台资的成功经验

除了加强和完善自身的投资软、硬环境建设、构筑台资产业链外，海西区还应借鉴苏州、东莞等地成功而有效的引资经验，建立起一整套完整的台资服务网络，共同为台资企业提供各种服务，切实解决台资企业遇到的困难和问题。这一网络可包括三个层次：

第一层网络是由各地政府直接领导、由政府各有关部门构成的支持对台工作的“政府网络”。在利用台资工作的关键时刻或引进重大项目时，各地领导应积极主动指导、支持，甚至参与。在这一方面，正如苏州人常说的：“领导也是投资环境，主要领导是主要投资环境”。在政府领导的全力支持下，对台办发挥职能作用，调动各方面的力量，为台资企业提供各项服务。昆山市政府每年都组织所有外资企业以“背靠背”、不记名的方式，对全市经济管理部门和行政执法部门的服务和效率进行测评，测评优秀的嘉奖表彰，反之则给予曝光，限期整改。这一做法值得海西区各地借鉴。

第二层网络是由各区、乡镇构成的积极有效地开展利用台资工作的“基层网络”。台商遇到困难，各级领导积极主动、不遗余力地伸出援手，为其排忧解难。苏州市的口号是：“人人都是投资环境，事事关乎利用台资”。任何涉外部门的工作人员，未经许可，不准对台商说“不”。一般审批手续在三至五天即可办好，有的甚至当天办好。“台商的事就是咱们自己的事”，这是东莞各级党委和政府的共识。台资企业征地手续、农民土地动迁，区、镇政府工作到家，很少发生对台企强买强卖，或为多得赔偿金而漏夜密植果树的现象发生。

第三层网络是以各地台商投资企业协会为中心，由各行业台资企业组成的“台商网络”。政府部门应加强与台商联络的力度，充分发挥“台商网络”所具有的“以台引台”的优势，让其主动参与、积极支持与配合利用台资工作。一方面，有计划、有步骤地邀请台湾工商界、科技界、新闻界、学术界等团组到海西区进行工商考察、参观和调研，大力宣传海西区的投资环境，让台商进一步了解海西区，认识海西区；另一方面，在积极组织赴台招商的同时，应充分发挥台商与台湾工业总会、工商联和各产业公会等民间机构广泛联系的优势，选择一些有影响力的台商和行业组织作为对台招商的代理，以具体项目登台招商。

（原载于《东南学术》，2004 年增刊，数据资料有补充更新）

新时期两岸及闽台经贸关系发展趋势研究

石正方　邓利娟　王　华*

摘　要：322台湾“大选”结果为两岸关系增加了积极因素，更为两岸经贸关系提供了宽松的发展环境，两岸经贸交流进入了加速发展的新时期。未来四年里，两岸经贸交流合作将向正常化、制度化大步迈进，两岸经贸交流规模将有大幅度的扩张；福建作为祖国大陆与台湾地缘关系最为紧密的地区，经过近年来“海西”建设的实施，综合经济实力已然得到提升，有条件在两岸经贸互动新格局中获得更大利基，成为未来一段时期内两岸经贸增长最受惠地区。

关键词：新时期；两岸经贸；闽台经贸；发展趋势

一、新时期两岸经贸关系发展的总体趋势

322台湾“大选”马英九阵营获胜，意味着两岸经贸关系进入了加速发展的新时期。未来四年内两岸经贸关系将在正常化道路上大步迈进，两岸经贸的交流合作会更加紧密。

1. 两岸经贸关系走向正常化，是民心所归、潮流所向，是历史的必然趋势

两岸自1980年代恢复经贸往来至今，贸易、投资关系日益紧密，中国大陆不但已成为台湾最大的出口目的地，对大陆出口占其对外出口已近四成，而且是台商投资最集中地区，虽然不同统计口径结果有所偏差，但可以肯定台湾对外投资有六成以上集中在大陆。经过二十多年来

---

* 王华：经济学博士，厦门大学台湾研究院助理教授、硕士生导师、国家“985工程”台湾研究创新基地成员。研究方向：经济统计、两岸经贸。

的发展，两岸产业分工也由初期简单化的垂直分工向垂直与水平兼具的复合型分工演进，在长三角、珠三角、环渤海及福建等地台资企业的集群发展已成趋势，台资企业的本土化也日益显现。总之，近30年来两岸经贸关系日益密切，已形成合则两利、分则两害的互利互补之势。特别是台湾经济对大陆经济的依赖更强，如果没有对大陆的贸易顺差，台湾的外贸将出现巨额逆差。而台商来大陆投资的快速增长，也极大地带动了岛内相关产业的发展，促进了台湾的产业调整和升级。一旦丧失祖国大陆市场，对台湾经济发展将极为不利，这是台湾各界、无论持何政见者都不能不正视的事实。海峡两岸经贸交流对台湾经济的重要性日益凸显，台湾各界有识之士，包括学者、商界、在野党派等不断呼吁民进党当局松绑两岸经贸政策，开放两岸“三通”直航。特别是广大台商更是“用脚投票”，千方百计突破当局政治封堵赴大陆投资，身体力行地促进了两岸经贸关系的发展。

3月22日，台湾领导人大选落幕，马英九以高票当选，大赢对手221万票。岛内各界解读马英九阵营胜选主要原因，认为其竞选主轴“拼经济”诉求奏效。实际上，马、萧为候选人的蓝营与谢、苏为候选人的绿营，为了赢取选票，都在“拼经济”上大做文章。谢苏所提出的“大投资”与马萧阵营提出的“爱台十二建设”，主导思想具有很大一致性，都是谋求透过提振政府与民间投资，带动内需，促进经济成长，而两者的最大分歧在于两岸经贸政策方面。马萧承诺开放两岸直航、松绑企业登陆投资40%上限、开放大陆游客入岛旅游及开放陆资来台投资生产事业等。这些开放性两岸经贸主张受到岛内广大民众的普遍欢迎，民调支持率因此大有提升，从而使得坚持“去中国化”限制性两岸经贸政策理念的民进党倍感压力，不得不也在“大选”前透过“行政院”“一周一利多”积极松绑相关政策，如轻罚违规西进投资台商、弹性解释企业登陆40%上限、开放岛内银行间接参股陆银等，以拉取选票挽救颓势。可以说，马萧阵营竞选获胜，相当程度上得益于其开放性两岸经贸主张，其对松绑两岸经贸政策的一系列承诺使岛内民众看到了希望，对于吸纳选票起到了关键性的作用。这次“大选”的结果充分反映了台湾民众对于两岸经济关系正常化的强烈诉求。可以说，两岸经贸关系走向正常化，是民心所归、潮流所向，是历史的必然趋势。

2. 今后四年，“马萧”将全力推进两岸经贸关系正常化发展

承认“九二共识”、发展两岸关系是近年来国民党的一贯主张。特别是民进党执政八年时间里，其基于“去中国化”“台独”政治理念的限制性两岸经贸政策致使台湾经济不能充分利用大陆经济成长所带来的发展机会，而走上衰退的下坡路的事实，更使得国民党认识到推进两岸关系发展对于振兴台湾经济的重要性。过去的几年里，国民党作为“在野党”积极推进两岸关系发展，先后有江丙坤、吴伯雄、连战访问大陆，取得了“胡连会”、“国共论坛”等成果。并于2005年8月中国国民党第17次党代会上将“胡连会”五项共同愿景正式列入中国国民党政策纲领，表示要反对“台独”，主张回归“九二共识”，重启两岸会商，循序迈向“两岸共同市场”，实现两岸“三通”，全面开放大陆人民赴台观光，推动两岸农业交流等。

如今，代表国民党参选的马萧阵营赢得大选，国民党即将由“在野党”成为“执政党”。可以动用行政资源推动实施其两岸经贸主张，对于两岸经贸关系而言，无疑是利好利多。有充分的理由相信，马英九无论是为实践竞选承诺保障政治前途计，还是为台湾经济振兴计，在今后的四年里，即使面对“台独”势力的阻挠羁绊和“在野”民进党的攻讦杯葛，都会着力推动两岸关系发展，积极推动落实竞选中所提出的一系列两岸经贸主张，“胡连会”所达成的五项共识将会陆续付诸实施，海峡“两会”接触和事务性商谈也将很快得到恢复。

3. 祖国大陆贯彻“和平统一”理念，将更加努力促进形成两岸互利合作的发展局面

和平统一是大陆对台政策的主旋律。胡锦涛总书记在中共十七大的政治报告中提出签署“两岸和平协议”的倡议。在最近举行的“两会”期间，胡锦涛主席又强调“实现两岸关系和平发展，基础是坚持一个中国原则，目的是为两岸同胞谋福祉，途径是深化互利双赢的交流合作。我们要继续促进两岸人员往来和经济文化交流，继续推动两岸直接‘三通’进程，也要继续努力争取恢复和进行两岸协商谈判”。两岸和平发展的环境需要两岸人民共同来创造。一直以来，两岸经贸关系正常化发展的“瓶颈”在于台湾当局的限制性两岸经贸政策，而其根源在于台湾当局背离一个中国原则。虽则大陆一向努力谋求搭建对台经贸交流平台、推进两岸经济合作的深化发展，但无法得到台湾当局的善意回应。如今，台湾“大选”尘埃落定，正如岛内外各界普遍认同的那样，坚持一个中国原则的马萧阵营当选，两岸关系将因此跨出和平稳定发展第一步。毋庸置疑，一个中国原则基础上，两岸官方在两岸经贸交流方面的共识将形成巨大的合力，成为两岸经贸正常化进而机制化发展的动力所在。

二、今后四年两岸经贸合作发展进程及成长空间预测

综合前述分析，今后四年的两岸经贸关系形势乐观，将会在两岸官方的积极推动下获得突破性进展，马萧竞选文宣中所提出的一系列“开放”承诺会逐步得到推进、实施。当然，考虑到各方面相关因素、特别是岛内政治因素的制约，以及两岸谈判协商需假以时日，马英九承诺的两岸经贸开放时间表可能无法完全如期兑现。

1. 今后四年的两岸经贸合作进程

马英九在其竞选政见中提出有关松绑两岸经贸政策的内容包括如下两方面：一是推动两岸经贸动态调整，具体包括：(1) 开放两岸海空直航，初期以桃园中正、台中清泉岗、台北松山、高雄小港、澎湖马公、花莲、台东七个机场列为两岸直航机场；(2) 展开两岸直航谈判，实现两岸直航；(3) 开放陆资来台投资生产事业；(4) 适度松绑对大陆投资的40%净值比例上限及产业别的投资限制，但鼓励关键技术留台。二是开启两岸经贸协商新时代，全面展开两岸经贸协商，建立应有制度及规范；其规划的优先协商议题包括：(1) 两岸贸易正常化及特定产业保护机制；(2) 两岸投资保障及经贸纠纷调解仲裁；(3) 两岸智财权保护及专利认证规范协调；(4) 产品标准规格化及标准检测认证规范协调；(5) 两岸金融接轨与监理合作；(6) 两岸海空直航协商及安排；(7) 两岸渔业劳务合作机制。实际上，上述两方面内容又可以归结为两岸经贸正常化与两岸经贸机制化两方面。前者如两岸包机、大陆民众入岛旅游、“小三通”全面开放、开放台商大陆投资40%上限等；后者如两岸海空直航谈判、两岸共同市场等方面。就现有基础及未来协商谈判复杂性来

看，两岸经贸关系正常化更容易达成，可望在较短的时间内落实。而两岸经贸机制化方面，特别是涉及政治敏感度高的话题则需假以时日。

此外，马英九在选前推出了直航时间表和观光政策。承诺只要他当选，就会开始规划与对岸协商，在今年7月开放直航与陆客来台。在马英九的观光政策中，开放大陆观光客入台观光被作为关键内容；主打当选后四年内逐步将大陆观光客每年来台人数上调至365万人次。马英九承诺当选后要推出台－沪、台－闽与台－粤等双城行，吸引前往大陆的国外观光客以“台进陆出”或“陆进台出”的方式来台观光。节日包机转型为周末包机，然后逐渐转为平日包机，再视旅客量提升为定期包机。另外配合兴建第三座故宫展馆等计划，承诺四年后让台湾观光业产值突破6000亿元，创造14万个就业机会。①

表1　马英九两岸经贸政策的主要政见

项目	内容
“三通”	“520”后马上进行直航谈判；7月1日前落实“周末包机”；年底前开放“每日包机”；2009年6月实现定期班机直航
旅游	开放大陆民众赴台旅游：初期每天3000人，第2年每天5000人，第3年每天7000人，第4年每天1万人
金融	开放台湾金融业登陆；开放台商回台上市；建立两岸金融监理机制
“陆资入岛”	开放大陆居民赴台投资；开放陆资赴台投资房地产，禁止炒作
台商投资	通案解除企业投资大陆40%上限，实施配套措施，让企业根留台湾
贸易	不开放大陆农产品进口，支持台湾农产品出口大陆
人员往来	扩大开放两岸人员往来，但不开放大陆劳工赴台
经济合作机制	建立两岸产业共同标准；签署两岸投资保障与租税协议；签署两岸农业合作协议；建立两岸经济合作机制；推动两岸共同市场
长期目标	推动“双黄金航圈”与“双营运中心”，建立两岸共同市场

资料来源：王建民、宋文：《新一轮两岸经贸热即将来临》，http：//www. huaxia. com/la/hxjj/2008/00786974. html.

综合上述信息，考虑到岛内政治及两岸政治环境的作用，我们认为，今后四年两岸经贸合作进程会表现为如下趋势：

近期：2008年7－12月，实现两岸周末包机、全面开放“小三通”、

① 参见台湾《经济日报》，2008年3月2日A5版。

大陆游客赴台旅游。

中期：2009年6月－12月，实现两岸包机常态化，松绑40%赴大陆投资上限等。

远期：2010年—2012年，实现两岸海空直航，开放陆资入岛，开启两岸共同市场谈判。

马英九5·20就职后，即会着力推动落实其两岸经贸开放主张。为了抢占北京奥运商机，会协调岛内各相关部门全力以赴落实周末包机、开放“小三通”、启动大陆游客来台，并尽量在7月如期达成，最迟在八月份可见成效。因为上述几项开放内容或已有成例可循（节日包机）、或仅涉及单方面法规修正，可能的障碍是岛内以民进党为主体的在野势力的杯葛，不存在复杂的技术层面问题。

接下来如实现两岸包机常态化、松绑台商赴大陆投资40%上限等会循序推动。而如海空直航、开放陆资入岛、两岸共同市场等历来是涉及两岸政治敏感的范畴，受岛内政治、两岸政治牵制更多，需要较长时间的协商谈判和理顺关系，因此要假以时日渐进落实。特别是两岸共同市场作为较高级的经济合作模式，要求达成较高的机制性、制度化协约，要拆除关税及非关税等壁垒，因此更不可能一蹴而就。

2. 今后四年两岸经贸增长空间预估

总体来说，马英九执政四年内，两岸经贸经由上述近期、中期、远期的推进，可望基本实现两岸经贸正常化，同时两岸经贸的制度化也获得长足发展；特别是在两岸互涉性经贸立法方面（前述“两岸经贸协商”部分）获得可观成果。具体落实到两岸贸易、投资往来与人员往来方面：

第一，台商赴大陆投资将有较大增长。

今后四年，随着台商大陆投资40%上限的解除，以及两岸关系改善背景下两岸经贸合作前景看好，可以预期台商投资大陆会有较大增长。

首先考虑岛内产业资本外移的潜力。近年来，台商赴大陆投资呈现大型化、集团化特点，集团企业成为台商大陆投资的主体。台湾“中华征信所”总经理张大为表示，针对五千大企业、三百大集团及台商千大调查来看，台湾一千大企业已有55%投资大陆，五百大制造业登陆比率更超过70%，五百大服务业也有近36%挥军西进①。可见，未来赴大陆投资潜力较大的应为从事服务业的台商。这些台商在制造业台商西移的带动下，跟进投资的意愿强烈。此外，未来拉动台商大陆投资成长的是现有企业的增资模式。从调查得知，有高达56.4%的千大企业对大陆投资事业持续看好，增资意愿强烈。因此，开放台商投资大陆40%上限，对于促进台商大陆投资增长具有显著的刺激效应。

实际上，台湾当局关于台商大陆投资上限的规定主要是针对台湾上市、上柜的大企业。依据台湾当局规定，岛内现行上市柜公司净值在50亿元以下者，大陆投资上限为40%；净值在50亿元至100亿元之间，大陆投资上限为30%；净值在100亿元以上者，大陆投资上限为20%。目前上市柜公司投资大陆限额已达上限规定者共有二十八家公司，包括统一、台积电等大型公司入列；累计有117家投资大陆占比达七成，若松绑投资大陆资金上限，逾百家公司将直接受惠。目前，限额在100亿元以上的公司有33家，其中已汇出投资大陆金额占规定限额比重在两成以上的包括华硕、广达、仁宝、台泥、光宝科、亚泥、台积电、日月光、铼德、台达电、统一等；而台积电、统一已汇出投资大陆金额，都已经触及规定上限。这些公司大多在大陆事业兴旺，增资意愿强烈。由此可见，开放投资上限所将释放出的台商大陆投资空间还是很大的。仅就100亿元以上的33家公司而言，即使仅调高投资上限10个百分点，则至少可释出330亿新台币的投资（相当于10多亿美元额度）。

其次，岛内新政府执政后，两岸经贸关系前景大好，势必会引发新一轮“台商大陆投（增）资热”。据台《工商时报》报道，台湾“经济部投审会”3月26日通过19件赴大陆投资案，金额高达4.727亿美元，创近两年新高。其中，除中石化申请投资河北渤联石化9700万美元，从事经营醋酸等化学制品产销业务，其余均为增资案，包括台泥增资贵港台泥300万美元、英业达增资英源达科技3800万美元、英华达增资上海英华达4000万美元、仁宝计算机增资句容华叶新科技3888.12万美元、友达光电增资厦门友达2000万美元及纬创增资中山纬创资通1600

① 《中华征信所：落实两岸共同市场，拉抬台湾经济最有效！》http：//tw.stock.yahoo.com/news_content/url/d/a/080306/2/uiy2.html.

万美元等共19件投资案。① 可见，由马萧竞选获胜所引发的“投资大陆热”已初露端倪。后续如两岸经贸关系正常化、直航便利、两岸经贸制度性协商的推进等方面将会大大提升两岸经贸软环境，更有利于大陆吸引台商投资。

近年来，台商大陆投资呈现稳步增长，根据台湾“投审会”的核准投资数据，自2004到2006年，台商赴大陆投资额一直维持在70亿美元上下。2007年猛增至99亿美元，主要是台商为因应2008年大陆实施“两税合一”新税制，而赶在年底前以“盈余转增资”方式扩增对大陆投资。这也说明虽然大陆经济转型使台商经营环境有所变化，但并未消减台商投资大陆的热情。此外，近年来台商大陆投资的另一个特点是投资件数少、投资规模大，平均单项规模直逼千万美元，表明近年来台商大陆投资以岛内大企业、大集团投资为主体。通常而言，大企业、大集团资金实力雄厚，目光远大，对大陆投资一般采取稳步增资的较为长期的投资规划。

综合上述分析进行预期，马英九就职后两岸关系利好，会对台商大陆投资形成长久性激励效应，台商大陆投资成长空间很大，预估年均成长值低位为15亿美元，中位可达到25亿美元，高位在40亿美元左右。

第二，两岸贸易大幅增长。

近年来，两岸贸易平稳快速增长。截至2007年底，两岸贸易总额累计已达到7281亿美元。其中大陆自台湾进口额达到6022.1亿美元，对台湾出口额达到1259.3亿美元，对台累计贸易逆差达4763.2亿美元。以近四年做一时段考察，年均两岸贸易增长近1000亿美元，年均增长率20%左右。大陆出口增长年均185亿美元，自台进口年均增长819亿美元。

两岸贸易具有投资带动属性，随着台商投资的增长，两岸贸易量会相应随之增长。此外，两岸贸易正常化发展，大陆出口到台湾的货物贸易量也会迅速增加，两岸贸易失衡的现象会逐步缓解。今后四年，在台湾新当局两岸经贸开放政策下，在台商投资、区域紧密合作、市场相互

---

① 《预期两岸逐步开放，台商赴大陆投资案暴增》，http://www.huaxia.com/sw/lajm/2008/00784414.html.

开放度提高的态势下，两岸贸易成长空间广阔，预期成长率高于近四年均值3到8个百分点。

第三，人员往来方面将有巨大增长空间。

目前两岸人员往来以台胞赴大陆为主，近年来都达到400万人次以上，大陆赴台人数规模很小，仅为20万人次左右。主要的往来途径以第三地中转（经港、澳）为主，“小三通”航线为辅。近两年“小三通”航线运量增长迅速，2007年已高达77万人次。

今后四年，随着两岸经贸关系的推进，两岸人员往来规模将快速增长。一方面，大陆观光客赴台贡献最大，将成为两岸人员往来增长规模最大的板块。参照马英九承诺的开放大陆游客赴台时序及规模安排，初期开放3000人/天，则每年可达110万人的规模；第二年开放5000人/天，年规模180万人；第三年开放7000人/天，则年规模可达250万人；远期1万人/天，则每年360万人规模。上述目标能否实现，取决于三方面重要因素，即市场空间、两岸协商情况以及台湾当局的开放“配额”（量）。大陆出境游市场空间广阔（近年来内地赴港澳游人数每年都在1200万人以上），据调查大陆有5000万人有兴趣赴台旅游，因此市场空间不成问题。就两岸协商而言，近年来两岸业界已就此问题进行了数次磋商，基本的技术问题已经解决；推进两岸经贸合作是大陆的一贯主张，相信马英九就职后两岸就开放大陆观光客赴台观光会顺利达成协议。而就“配额”问题来看，可能采取初期少量开放（1000人/日或1500人/日），然后按试行逐步增加的方式。

另一方面，岛内居民赴大陆游及台商往返两岸规模和频度增加。由于近期“小三通”的全面开放（取消适用对象限制）、中期包机常态化、远期完全意义的空中直航，会大大降低两岸往来成本，增加往来便利，促进台湾居民赴大陆游普及化及台商往返两岸频繁化，成为两岸人员往来的另一个较为突出的“成长板块”。据估算，直航后两岸人员往来规模可呈成倍增长，即由目前的400多万增长为年均800多万。

此外，国际游客“两岸游”（马英九拟推出台沪、台闽、台粤等双城游，如能两岸联手做大“两岸游”国际线路品牌，则可以吸引更多国际游客行走两岸）也是增长潜力可观的部分。

综上，受大陆观光客赴台、两岸直航便利等因素影响，预计今后四年内两岸人员往来规模至少有1000万－1500万人次的成长，年均增长在250万－375万人左右。

三、闽台经贸合作发展空间预测

1. 福建将成为今后四年中两岸经贸成长最受惠地区

地缘优势和政策优势，是福建对台经贸的独特优势。首先，福建位于祖国大陆东南部，与台湾一衣带水，是祖国大陆距离台湾最近的地区。尤其闽东南与台湾的地缘关系更为密切，其中厦门距嘉义仅120海里，居高雄165海里；福州距基隆仅149海里。福建沿海港口直航台湾沿海港口的海运航程仅为从香港转口航程的四分之一。台湾海峡西岸的闽东南地区，集中了福建三分之二的人口与四分之三的国内生产总值、工农业产值和财政收入，① 初步形成以福厦交通主干道为轴线、以闽南三角区、闽江口经济圈、湄洲湾沿岸为依托，连接沿海港口与城市的海峡西岸繁荣带；而与之相望的海峡东岸则是台湾西部滨海都市走廊，集中了工业区、高新技术园区和主要的海港、空港，是台湾岛内最为繁荣的经济带。闽台之间这种地理的开放性以及经济重心地域的相互呼应，为海峡两岸经济深度整合、融合一体创造了良好的地缘经济条件。

其次，闽台经济合作享有特殊的政策优势。自祖国大陆确立“改革开放”、“和平统一祖国”的基本国策，福建、广东获得率先设立经济特区的政策以来，福建作为对台工作的前沿，确立了其在祖国大陆“和平统一、一国两制”进程中的重要地位。1980年代后半期以来，国务院先后批准福建设立4个台商投资区、2个免税区、2个闽台农业合作试验区，允许厦门经济特区实施“自由港某些政策”、福州与厦门两港区为对台定点直航口岸，开放福建沿海地区与金、马、澎地区往来即“小三通”，以及开放福建居民赴金门、马祖旅游等等，近年来这些优惠政策对于推进闽台经贸交流发挥了重要作用。

---

① 陈频：《福建在推动两岸合作中的独特优势》，《亚太经济》，2001年第1期，第36－38页。

在上述地缘优势与政策优势的作用下，闽台经贸合作取得了一定成绩。但由于受两岸“三通”问题等因素影响，以及福建自身在基础设施、产业配套、腹地纵深等方面的限制，使得这些独特优势难以充分发挥。

近年来，“海西”建设初见成效，特别是高速公路、铁路、港口等基础设施建设蓬勃发展，使福建的腹地纵深得以扩展，另外在产业聚落方面也渐成气候，产业配套能力大为改善，福建综合经济发展环境日益优化，为闽台经济合作的深化发展奠定了良好基础。今后四年，两岸经贸关系朝向正常化方向发展，三通直航等政策瓶颈得以突破，对于福建而言，无疑是在“地利”和“人和”基础上恰逢“天时”，今日的福建已有条件抓住两岸经贸开放的新契机，迎来飞跃发展的大好形势，成为今后四年两岸经贸成长最受惠地区。

2. 闽台经贸合作有很大的成长空间

第一，台商赴闽投资显著增长。

今后四年，随着两岸交流大环境的改善和台湾当局限制性政策条例的解除，台商赴大陆投资将掀起新一波热潮。由于独特的地缘优势、政策优势以及“海西”效应等综合作用，福建将会在这波台商投资的新浪潮中表现亮丽，台商赴闽投资会有显著增长。

由于与台湾紧密的地缘关系，福建成为台商最早登陆的省份，1990年代以前一度是台商大陆投资布局的重心地区，但随后由于腹地狭窄、交通不便、产业配套能力有限等因素制约而逐渐丧失了优势，遭受边缘化的挑战。2000年的统计数据表明，福建吸纳台资所占大陆总体份额已从1991年的32%降至3.8%，10年下降了28个百分点。此后由于投资环境优化，特别是近年来政府调整对台招商思路，确立因应台湾岛内产业外移趋势、主动推进闽台在信息产业、石化产业、机械产业领域的产业对接的理念，加之“海西”效应的日渐显现，福建台商投资又呈现增长势头。据台湾“投审会”统计，截至2007年底，台商经第三地间接对福建投资累计达5212项、合同金额47.9亿美元，占对大陆投资总额的7.39%。今后四年，两岸关系的全面回暖，两岸经贸关系朝向正常化、制度化方向的大跨步迈进，将与“海西”效应共同作用，大大改善闽台经贸交流环境，使福建特有的对台地缘优势、政策优势得到充分发挥，成为新一轮台商投资的热土。同时，福建与内地（包括沿海发达地区及内陆省份）铁路交通一旦畅通，福建作为台湾与大陆沿海及内陆地区的“中介地”而获得“中介发展”机会，包括承接珠三角、长三角等地外移台资，与“两三角”形成错位发展、协同发展的局面。

总之，广阔的腹地、配套完善的产业聚落、便捷的两岸往来通道、一衣带水的地缘关系、紧密地文缘关系，这些将极大地提升福建对台交流重要地位。福建在台商大陆投资总额中所占比重将显著提升，预估由目前7.39%上升到10% -12%。

第二，闽台贸易增长空间巨大。

闽台贸易主要由转口贸易、对台小额贸易及“福建对金、马、澎直接贸易”三部分组成。其中，间接贸易占绝对权重（98%以上）；对台小额贸易近年来增长迅速，但所占权重不足2%；“福建对金、马、澎直接贸易”品类及数量规模都非常有限，目前尚仅涉及砂石和民生日用品、农副产品。

闽台贸易的快速增长，有赖于福建独特的地缘优势和对台政策优势。近年来，福建坚持先行先试，率先零关税进口台湾水果，率先扩大台湾农产品准入种类和范围，率先设立台湾农产品、水产品集散中心，率先恢复对台渔工劳务合作，率先实施台湾居民在大陆申办个体工商户，率先入岛举办商品展等。同时积极促进闽台产业深度对接，承接台湾高新技术产业转移，扩大金融、物流等服务业领域合作。落实更加开放的对台小额贸易政策等，这些措施极大促进了闽台各种形式的贸易往来。毋庸置疑，今后四年中，随着两岸经贸正常化、机制化的推进，特别是“小三通”全面开放、“三通”直航逐步达成，闽台经济合作将进入新的发展阶段，闽台贸易将获得快速增长。

首先，台商赴闽投资增长将带动闽台转口贸易快速增长。根据模型估算，① 台商投资对于闽台贸易有显著的促进作用，贸易弹性系数为0.5563，意味着投资每增加1%，则会拉动0.5563%的贸易增长，表明，由投资引致的闽台贸易成长量相当可观。

其次，小额贸易将以更快速度成长。随着两岸经贸正常化推进，享

---

① 参见《福建发展高速公路有限公司课题报告》，2008年5月。

有地缘优势的福建与台湾的经贸交流将空前紧密，类似“边境”贸易功能的闽台“小额贸易”将更加活络。小额贸易产品中增长最快的板块应是农产品贸易。初期进口规模大于出口规模，然后逐渐趋于平衡，形成闽台之间货畅其流、互通有无、互利双赢的局面。2007 年闽台小额贸易年增长率达到53 个百分点，主要归因于大陆落实开放性政策使潜在的市场空间得以释放。有充分的理由相信，今后四年预期中的两岸经贸政策松绑将带来更大利多，闽台小额贸易将更加兴旺。保守估计，其年均增长量在5000 万 -8000 万美元之间。

再次，福建对金马澎直接贸易增长空间较大。目前这一部分贸易量还很微小。“小三通”全面开放后这一形势会大大改观。如所预期的那样，金马作为两岸货物的中转口岸、双向旅游口岸而获得发展契机，其本身消费市场需求大增，同时作为闽台便捷直接的贸易通道，经由这一直航路线的闽台贸易量将会大大增加，特别是在全面“三通”实现以前，其发展空间更大，或将部分替代闽台转口贸易。

此外，得益于相似的自然条件、紧密的地缘关系和诸如“闽台农业合作试验区”、“闽台林业合作试验区”等政策优势，闽台农业、林业、水产业合作蓬勃开展，其产品差异化必将推动闽台农林渔产品贸易的快速增长，成为闽台贸易的特色板块。

总之，福建作为今后四年两岸经贸开放最受惠地区，对台贸易发展空间广阔。

第三，闽台两地人员往来成长空间广阔。

今后四年，随着两岸“三通”的逐步开放、海峡两岸“双向旅游”的开通，以及两岸经贸交流的日益紧密特别是闽台经贸合作的不断深化，闽台之间的人员往来将会有大幅度的成长，而且在迅速增长的总趋势中将会伴随阶段性成长特征。

今后四年中，随着两岸经贸合作开放预期进程的近期（2008 年 7 - 12 月）和中期（2009 年 6 - 12 月）两岸周末包机、全面开放“小三通”、大陆游客赴台旅游、两岸包机常态化等项目的落实，两岸人员往来将会迅猛增长；而福建具有“小三通”优势，闽台人员往来将成为两岸人员往来中增长规模最大的板块。

目前，台湾“行政院”已落实扩大“小三通”为“中三通”，① 允许台湾本岛居民在金门、马祖停留一夜可直接赴大陆旅行，于4月1日起实施。马英九就职后还会进一步扩大“小三通”，不但会方便海峡两岸的人员与经贸往来，而且随着“小三通”的人员往来与货物运输扩大，特别是大陆居民赴台旅游的开启，将形成一个继香港、澳门之后第三个台海往来通道，对于密切闽台经济交往、加速海西建设既具有直接的刺激效应更具有深远的影响。

未来随着“小三通”扩大——“小三通”全面开放——“小三通”成为第三个台海双向往来通道，经由“小三通”往来两岸的台湾居民与经由“小三通”赴台旅游和从事其他领域对台交流的大陆居民都将大幅增长。将出现头两年增长幅度大，届全面直航后，由于其他两岸“航线”的分流作用，增长势头会有所回落。但是这种回落是有限回落，“小三通”有其独特的便捷性，不只是成本低，还因为金门机场有通往台湾岛内各县、市的“地方航线”，这是“小三通”受台商欢迎的原因之一。2004年以来的四年内，每年经由“小三通”往来的人数平均达到60万人次左右，2007年高达77万人次，显示增长势头强劲。

估计今后四年经由“小三通”路线赴台旅游的大陆居民至少会达到每年30万-50万人次左右，只要有四分之一的大陆游客经由“小三通”赴台，就可达成这个增长额度。如果中央给予福建以“对台先行区”的政策倾斜，允许福建作为开放大陆居民赴台旅游的先行口岸，则闽台人员往来规模会有更大增长。预估年增长至少在100万人次以上。

此外，经由“小三通”往来大陆的台胞人数将有较大增长。仅就目前台“行政院”通过“扩大小三通规划方案”来看，开放台湾地区人民赴金门、马祖停留后转赴大陆观光旅游，以初期每日配额680人计算，每年将增加24万多人次。

其余如周末包机、两岸定期班机的循序落实，仅经厦门-高雄航线往来的客流量就会有大规模成长，年均增加预估在30万-50万人次②，这个预期量还不包括福建如福州、武夷山等机场加入两岸直航的可能。

---

① 《台“行政院”通过扩大“小三通”规划方案》，http://www.sina.com.cn，2008-03-19。

② 《“三通”升温福建公司加紧热身》，http://www.stockstar.com，2008-03-28。

除上述直接的增长因素以外，还有间接的刺激因素应予考虑。一直以来，福建受困于交通不畅、腹地狭小。近年来，省政府致力于推进“海西”建设，重点规划落实区域综合运输枢纽布局。据报道①，未来5至10年，海峡西岸将形成一个长达4800公里，布局完善、设施先进、国际一流的铁路网。据介绍，海西铁路网完成后，将形成完整的“两纵三横”网状结构，两纵为：杭州－宁波－温州－福州－厦门－漳州－潮州－深圳－香港沿海快速铁路；北接浙赣铁路干线、南接京九铁路干线的纵向铁路。三横为：福州－江西－北京铁路；厦门－龙岩－赣州－湖南－重庆铁路；莆田（福州）－三明－江西向塘铁路。这张钢铁网络将联结长三角和珠三角，串起沿海经济发达的10个大中城市，往北可高速直达北京；它使福建的经济腹地延伸至昆明、重庆，为中西部地区搭建起又一条出海大通道，为海西的物流体系搭建一个钢铁骨架。可以预见，海西铁路网的建成将使海西的内陆腹地大大扩展，福建将会有机会成为沟通福建和大陆东南沿海经济发达地区、连接珠三角、长三角台商聚集区的“中介地”，福建能够因此真正成为沟通两岸的桥梁和纽带，享有地缘优势和“中介”发展的双重机会。这一前景对于闽台人员往来的增长具有不可忽视的正效应。另外还有闽台特色旅游产品的开发，也是重要的成长刺激因素。

综合上述分析，我们对于闽台人员往来的增长抱有乐观的预期，预估年均增长区间如下：低位值50万人次，中位值80万人次，高位值100万人次。

（福建发展高速公路有限公司课题阶段性研究成果，2008年5月）

① 《海西启动新一轮铁路建设》，http://news.sohu.com/20080321/n255824194.shtml，2008－03－21。

闽台经贸关系发展回顾与展望

——基于区位优势变迁视角的分析

石正方

摘　要：区位优势是区域经济学的核心概念，是对区位诸要素经济价值的综合描述；区位优势具有相对性，但归根结底是由区位禀赋要素的经济属性决定的；区位优势是随外部竞争环境的变化而变化，随区域经济空间的自身演化而变迁的。闽台经贸关系由初期的繁荣兴旺，到后来的萧条衰落，再到近期的渐入佳境，其兴衰演变历程反映了福建对台区位优势的阶段性变迁。近年来，福建推进“海西”建设，综合区位优势渐入佳境，为新形势下闽台经贸合作大发展奠定了良好基础。

关键词：闽台经贸关系；区位优势；变迁；回顾与展望

1990年代中期以前，闽台经贸在大陆对台经贸中曾一度占据领先地位。1990年代中期开始出现下滑，突出表现在台商赴闽投资势头逐步减弱，尤其是在台商掀起以资本与技术密集型产业为主导的新一轮投资大陆的区域布局中，出现福建被“边缘化”的现象。① 近年来，闽台经贸合作虽然有所起色，但较之长三角、珠三角等地区的对台经贸合作，闽台经贸规模较小、层次较低，台商投资产业集聚特征不够显著。② 相对于福建对台禀赋优势以及中央政府的政策支持所提供的发展空间，存在较大发展落差。322台湾“大选”结果为两岸关系增加了积极因素，更为两岸经贸关系提供了宽松的发展环境，两岸经贸交流将加速向正常化、机制化方向迈进。在此利好形势下，福建作为祖国大陆与台湾地缘关系最为紧密的地区，是否有条件把握机会在对台经贸领域大有作为，

① 蔡宏波：《福建引进台资与闽台经贸关系发展》，《港澳台视窗》，2006年第8期。

② 郭丽：《闽台经贸合作现状分析》，《发展研究》，2005年第5期。

值得探讨。

一、区位优势及其变迁理论探讨

对于闽台经贸滞后发展的原因，学者们多从基础设施落后、腹地狭窄、产业基础薄弱、经济规模小等因素制约角度进行分析。本文拟从区位优势及其变迁理论视角，检讨福建的对台经贸合作，并在此基础上展望闽台经贸合作发展前景。

区位和区位优势是区域经济学的核心概念。在传统的区域经济学中，包括作为区域经济学理论渊源的西方经典区位理论在内，通常把区位理解为经济活动的场所，如企业活动的场所就是企业区位，城市经济活动所占据的场所就是城市区位等。这些是把区位等同于位置（location），只不过是经济事物所占据的位置。实际上，区位既是空间位置，也是各种经济性要素的有机结合体。区位既有位，也有区，还有被设计的内涵①：区位是一定经济空间场中的区位，作为构成经济空间的细胞，体现了所在位置的要素禀赋的性质和特征，并能够承载经济主体的经济活动。这个意义上讲，区位不仅是属于特定的区域经济空间，而且也代表一定的区域经济空间。因此，区位概念强调三方面内容：区位自身禀赋特征（包括要素禀赋、要素等级以及要素的聚集状态）、区位的外部联系（区位所受到的外部影响及其自身对其他区位的影响）、区位接受外部影响和实施其对外影响的通道。②

区位优势是对区位诸要素经济价值的综合描述，单一要素难以成就区位优势。区位优势是相对而言的概念。其一，区位优势是相对于经济活动主体而言的。不同的经济活动主体有不同的区位偏好，决定了其所关注的区位优势的内涵不同；其二，区位优势是相对于其他区位而言的，是在与其他区位比较和竞争中而检验、显现的；其三，区位优势被用以描述特定经济空间中由于与“特惠地点”的独特地理关系而能够为经济主体带来额外利益的经济属性，通常具体化为由此所反映的市场、

① 杨吾扬：《区位论原理》，甘肃人民出版社，1989 年版。

② 郝寿义：《区域经济学原理》，上海人民出版社、格致出版社，2007 年版。

供求、(运输）成本等方面的优越性。

区位优势是变迁的。区位优势的相对性，决定了区位优势不是一以贯之、一成不变的，而是随着经济活动主体诉求以及外部竞争环境的变化而变化，这是区位优势变迁的一个方面，可以称之为相对区位优势变迁。区位优势变迁的另一个方面表现在区位优势的内涵和外延是随着区域经济空间运动而不断演变。这种演变的动因在于区位自身要素禀赋的变迁及其对外联系通道的变化，可以称之为绝对区位优势的变迁或区位的变迁。从传导机制上看，绝对区位优势变迁存在自主性与诱发性的不同。前者主要是区位要素的重组和调整（包括自身素质提升和空间聚集形态的变化），后者则主要是外力作用或外部环境发生变化，如外部资源的流入，通道的改良或衰败等。然而，外因通过内因起作用，无论外部影响如何强大，都要通过区位自身的调整和变化才能最终实现区位的变迁——区位变迁的根本动力在于区位自身。这为我们培育区位优势提供了着力点。

二、区位优势变迁视角下的闽台经贸合作——历史总结

（一）禀赋区位优势凸显下闽台经贸的初期繁荣

地缘与人文优势是福建得天独厚的对台优势，在闽台经贸发展中也一直发挥着重要作用：由于地缘与人文优势，福建成为祖国大陆最先开展对台贸易的地区，也是台商最早登陆的地区；由于地缘与人文优势，福建作为对台工作的前沿，得以在祖国大陆对台经贸合作的多个领域享有“先试先行”的政策，诸如台商投资区、免税区、闽台农业合作试验区，以及允许厦门经济特区实施“自由港某些政策”、福州与厦门两港区为对台定点直航口岸，“小三通”等等，这些优惠政策对于推进闽台经贸交流发挥了重要作用；由于地缘与人文优势，闽台经贸得以在对台农业、林业、渔业合作、对台旅游合作等领域有所作为，成为两岸经贸交流中独具特色的重要组成部分。

特别是在两岸经贸交流初期，地缘与人文等禀赋优势赋予福建以独

特的亲和力，配合中央政府及地方政府的开放政策，使福建的对台区位优势凸显出来，闽台经贸因此获得蓬勃发展的契机。这一时期，闽台贸易和台商对闽投资在两岸贸易、投资总额中所占权重曾分别高达23.8%（1985年）①、32.1%（1992年）②。由于地理、气候等自然条件的相似性，台商对福建投资呈现以制造业为主体的同时，向农业、林业、渔业、餐饮服务、劳务、旅游合作等多领域扩展，形成多元化、宽领域合作的繁荣局面。

（二）相对区位优势变迁下闽台经贸的日渐“边缘化”

1. 台商投资取向变迁下闽台经贸的相对衰落

区位优势是相对于经济活动主体而言的，经济活动主体的区位偏好差异，决定了其所关注的区位优势的内涵差异；区位优势是相对于其他区位而言的，是在与其他区位比较和竞争中而检验、显现的。可以说，两岸经济合作是由贸易往来破题，以台商投资为主线展开的。从这个意义上来看，台商投资经营活动是两岸经贸合作的微观基础，台商投资的区位偏好主导着台商投资热点的地域转移；与此同时，那些能够满足台商投资区位偏好的地区，则成为台商投资的热点区域；而不能迎合台商投资取向的地区则遭受冷遇。福建在1990年代中期以后涌现的两次台商大陆投资热潮中，在长三角、珠三角地区的强势竞争下，相对区位优势下降，致使闽台经贸合作呈现衰退走势而日渐“边缘化”。

迄今，台商大陆投资先后形成三次热潮。第一次是1980年代末期至1990年代初期，以岛内劳动密集型厂商为西进主体。这一时期台商投资大陆主要目的在于利用当地廉价的劳动力、土地等资源进行劳动密集型产品的简单加工，原料与市场“两头在外”。在区位选择上偏好与港澳地缘紧密的地区。当时福建、广东作为改革开放的先行者以及与邻近港台的地缘关系，区位优势突出而率先承接了第一波台商投资，从而成就了闽台经贸的初期繁荣。

1990年代相继出现了以石化产业等资金密集型产业为主体、以电子

① 高伯文：《改革开放以来闽台经贸关系的发展及其影响》，《中国经济史研究》，2003年第4期。

② 蔡宏波：《福建引进台资与闽台经贸关系发展》，《港澳台视窗》，2006年第8期。

信息业等高技术产业为主体的第二波、第三波台商投资热潮。这两次热潮中，台商投资的目标取向、产业结构、企业结构方面都发生了巨大变化，投资区位选择偏好那些产业配套能力强、市场腹地广阔、高级人力资本雄厚的地区。于是，以上海浦东为中心，包括江苏、浙江部分地区在内的长江三角洲地区成为投资热点区位，凭借其综合竞争优势吸引台商投资重心由闽、粤两省迅速北上西移，特别是高科技企业在长三角地区大规模集结，使长江三角洲地区成为以半导体等高新科技产业为主体的台商投资基地，逐步确立了其在大陆台商投资地域分布格局中的核心地位。与此同时，珠江三角洲地区凭借毗邻港澳的区位优势，经济发展势头也不逊色，对台资依然保持较强的竞争力，所吸纳台资的技术层次不断提升，至新世纪前后已经成长为大陆电子零件业的重要加工出口基地。

而这段时期，福建的投资环境虽也有所改善，台商投资规模也出现大型化趋向，投资产业层次也有所提高，① 但终因基础设施落后、产业配套能力差、市场规模小等问题导致综合经济实力不强，对台资吸引力下降，造成福建空有地缘人文优势而无力大有作为的尴尬局面。此阶段，不但台商对闽投资占全部大陆投资的份额锐减，由 1991 年的 32.1%下降到 2001 年的 4.3%，10 年间下降 27.8 个百分点（详见图 1），而且由于后续成长有限，福建的台商投资在质量和结构上也较热点地区逊色。②

2. “三通”瓶颈制约下福建对台禀赋优势的削弱

区位优势也常被用以描述特定经济空间中由于与“特惠地点”的独特地理关系而能够为经济主体带来额外利益的经济属性，通常具体化为由此所反映的市场、供求、（运输）成本等方面的优越性。福建由于对台地缘优势，闽台经贸合作本应享有地利之便，然而由于台湾当局限制性两岸经贸政策的制约，两岸之间迟迟不能实现“三通”直航，致使闽台之间“最近”的距离反而成为最远的路。

一直以来，两岸贸易绝大部分需经香港、澳门中转（福建、广东等

① 单玉丽：《台商在大陆投资的区域分布及未来走势》，《台湾研究》，2003 年第 4 期。

② 余文鑫：《闽台投资格局的变迁、趋势与对策》，《福建社会主义学院学报》，2002 年第 4 期。

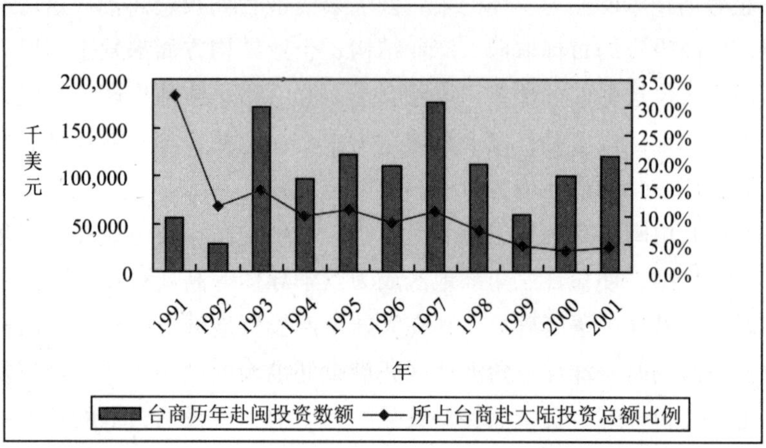

图1　1991－2001年间台商赴闽合同投资及其占台商赴大陆投资权重

资料来源：根据台湾投审会数据整理绘制。

沿海口岸有对台直接小额贸易，但所占比重甚微）。就两岸转运或过境货物来看，大多是台商在大陆投资设厂所需要的小型成套机械设备、企业生产所需的原材料和零部件、台商在大陆所购的农工原料、半成品以及日用消费品，其余为大陆转运至台湾的煤炭、砂石等货品。上述贸易结构显现两岸贸易具有明显的“投资拉动”特征，两岸贸易的便捷程度直接影响到台商投资的成本及收益，成为影响投资决策的重要因素。两岸不能直航不仅使台商多付出数倍的运费成本，而且耗费更多的时间，而其中受损失最大的莫过于闽台之间的贸易往来。

根据台湾学者的研究成果（见表1），两岸直航情况下，高雄、台中至厦门、基隆至福州的海运距离均不超过200海里，一艘轮船行驶一趟约10多小时，1个标准集装箱的运费只要300美元左右。但如绕经香港或其他第三地（过境贸易），航程则增至600至1000海里，时间增至3－4天以上，费用每集装箱增至700－900美元；若经第三地港口中转，花费时间更多，所需费用更高，每个集装箱增至1000美元的运费以及7－10天的运输时间。透过这一估算结果可知，两岸不能直航三通，赴闽投资台商所需付出的运输成本较之赴长三角、珠三角等地区投资所付运输成本相对更高，从而大大削弱了福建对台经贸的地缘优势，对台商赴闽投资造成一定负面影响，使福建在两岸经贸合作大板块中居于不利地位。

表1　两岸海运成本估算

<table>
<tr><th rowspan="4">航线</th><th colspan="7">间接通航</th><th colspan="4">直接通航</th></tr>
<tr><th rowspan="3">航程距离（海里）</th><th colspan="2" rowspan="2">所需时间（天）</th><th colspan="4">估计运费（美元）</th><th rowspan="3">航程距离（海里）</th><th rowspan="3">所需时间（天）</th><th colspan="2">运费（美元）</th></tr>
<tr><th colspan="2">20英尺集装箱</th><th colspan="2">40英尺集装箱</th><th rowspan="2">20英尺货柜</th><th rowspan="2">40英尺货柜</th></tr>
<tr><th>弯靠</th><th>中转</th><th>弯靠</th><th>中转</th><th>弯靠</th><th>中转</th></tr>
<tr><td>福州至基隆</td><td>943</td><td>3-4</td><td>7-10</td><td>840</td><td>1020</td><td>1580</td><td>1850</td><td>150</td><td>1</td><td>280</td><td>320</td></tr>
<tr><td>厦门至高雄</td><td>632</td><td>3-4</td><td>7-10</td><td>700</td><td>880</td><td>1310</td><td>1580</td><td>170</td><td>1</td><td>300</td><td>350</td></tr>
</table>

资料来源：台湾“交通部运输研究所”“运输工程组”：《未来两岸可能直航之港航问题研究》，1994年版，http://www.iot.gov.tw/ct.asp?xItem=221764&ctNode=1447.

虽然自1990年代中期以来，两岸逐步摸索出“试点直航”和“准直航”等模式，21世纪初期又出现福建沿海地区局部直接通航（“小三通”）的局面，但这些都不是真正意义的两岸双向直航。这些创新模式对于享有相关政策优势的福建而言，虽有一定的助益，但并不能从根本上改变“形近实远”的尴尬局面。“三通”不通，使得福建固有的对台地缘优势无法充分发挥而大打折扣。

（三）绝对区位优势不显著下闽台经贸的欲振乏力

承前所述，区位概念强调三方面内容：区位自身禀赋特征（包括要素禀赋、要素等级以及要素的聚集状态）、区位的外部联系（区位所受到的外部影响及其自身对其他区位的影响）、区位接受外部影响和实施其对外影响的通道。这三方面内容从区位自身的禀赋素质面向上概括了区位优势的内涵，可称之为“绝对区位优势”（与“相对区位优势”对应）。

一般而言，构成区位的禀赋要素包括自然条件、自然资源、人力资源、资本、技术、制度等。其中，自然条件、自然资源属于初级要素，人力资源和资本是高一级的要素，而技术、制度则是更高一级的要素。显然，随着经济发展的阶段性演进，不同要素对于区位价值的影响是不同的，现代经济凸显出要素等级和要素聚集的重要性，高等级要素的聚集程度以及聚集结构的合理性对于区位优势的贡献日显重要。因此我们在比较不同区位优势（竞争力）时，往往更关注人力资源、资本、技术、制度等要素质量，以及产业集群、城市集群等结构状态。

区位的外部联系和区位与外部联系的通道密切相关，只是前者着眼于历史发展的积累，后者关注外联通道本身的经济属性，包括其可能为区位带来的经济利益。一个优势区位，往往是一个四通八达的交通枢纽——陆路或水路转运点，这样才能保证区位有广阔的腹地依托和频繁高效的外部联系。

区位优势理论认为，区位优势是对区位诸要素经济价值的综合描述，单一要素难以成就区位优势，正如管理学的“木桶原理”所阐释的道理一样。福建虽然对台地缘、人文优势突出，然而由于其他经济要素质量不高，存在基础设施落后、腹地狭窄、产业基础薄弱、经济规模小等问题，造成综合区位优势不显著。综合来看，主要体现在以下几方面：

1. 交通不便，外联通道不畅，限制了腹地纵深

山高路险、交通不便一直是制约福建进一步吸引包括台资在内的外资，促进经济发展的一大制约因素。近年来，福建交通建设虽取得巨大成绩，但尚未从根本上摆脱交通滞后困境。以铁路为例，福建铁路处于全国铁路网的“末梢”，数量少，等级低，内不成网，外不畅通。全国铁路 5 次提速，但在福建还难以真正提起来。由于交通的滞后，福建经济的发展，往西未能把江西、湖南纳入纵深腹地；南北两翼与两个三角洲尚未做到全方位的对接。前者致使江西外运货物，虽然运距与厦门最近，却不得不舍近求远，取道上海和广东；后者使福建还无法和“两洲”实现区域经济在同一平台的对接、协作。

福建海岸线绵长，拥有众多良港，海上交通便利，因为两岸至今尚未“三通”，福建海上交通并不能真正发挥作用，此外，海上交通优势的充分发挥需要仰赖于陆地交通系统的完善，如果没有便利的陆地交通作为支撑，福建的各深水良港便没有充足的货源，福建便不能发挥海上交通便利的优势，而只能“望洋兴叹”。

2. 经济总量、产业结构、投资、科技教育水平滞后发展

福建由于经济发展的历史基础较为薄弱，改革开放以来虽然经济飞速发展，然而较之长三角、珠三角地区的部分省市，在经济总量、产业结构、投资、科技教育等诸要素方面均明显具有滞后发展特征。表2对2002年福建与上海、江苏、浙江、广东在上述各项指标方面的表现加以比较。2002年是福建自1998年以来国民经济运行有明显回升的年份，这一年福建经济扭转了自1998年以来增速逐年趋缓的状况，呈现平稳快速上升的趋势。然而，即使是经济景气较好的年份，福建与其他地区的落差也是相当明显的。特别是在投资、科技教育等要素方面。

经济总量、产业结构、投资、科技教育等是反映区位禀赋特征的重要元素，表2虽只是静态对比，但已足以说明福建的绝对区位优势不显著。

表2　2002年福建与相邻省市部分区位要素指标比较

			福建	上海	江苏	浙江	广东
常住人口数（万人）			3466	1625	7381	4647	7859
国内生产总值	总额（亿元）		4681.97	5408.76	10636.3	7670.0	11674.4
	人均（万元）		1.35	3.33	1.44	1.65	1.49
三产增加值比重			14.2:46.1:39.7	1.63:47.4:50.9	10.6:52.1:37.3	8.8:51.2:40.0	8.8:50.2:41.0
固定资产投资	总额（亿元）		1230.76	2158.41	3849.2	3458.0	3943.81
	人均（万元）		0.36	1.33	0.52	0.74	0.50
批发零售额	总额（亿元）		1663.31	2035.21	3215.8	2878.0	9047.31
	人均（万元）		0.48	1.25	0.43	0.62	1.15
教育	本专科在校生	总数（万人）	19.73	33.16	70.02	39.31	75.7
		每万人均数	56.92	204.06	94.87	84.59	96.33
	在校研究生（万人）		0.89	1.92	4.11	1.6	2.15
科技	科技活动人员（万人）		7.3		31.9	6.0	
	经费（亿元）	总额	50.0		247.27	150.0	289.2
		其中R&D	24.0	40.8	17.7	28.0	

资料来源：根据中华人民共和国统计局（http://www.stats.gov.cn/index.htm）各省统计公报整理。

注：其中上海在校研究生数为当年招收数字。

3. 中心城市规模小，城市间协作不够

与珠江三角洲经济区的深圳及广州、长江三角洲经济区的上海、环渤海经济区的北京、天津、大连等区域经济发展中心城市所起的作用相

比，福建现有的福州、厦门、泉州三个中心城市的经济总量明显偏小，辐射能力不足。而且中心城市之间、中心城市与周围城市之间缺少有效的产业互动和协同合作。首先，表现在中心城市重点发展产业或与台对接产业雷同、重复、同构现象严重。例如，电子信息、化工等产业均为福州、厦门、泉州重点发展的产业。由此产生的中心城市间激烈的无序竞争在所难免。其次，中心城市与周围城市没有形成相应的产业配套能力，中心城市的重点产业链难以延伸到周边的城市。

4. 产业集群不够发育，对台商吸引力不足

1990 年代中期以来，投资地集聚经济是否发育已成为台商投资大陆进行区位选择的最重要影响因素之一。① 福建工业基础落后，产业配套能力差，从而不利于产业集群的形成。虽然多年以来，政府着力培育电子信息、石油化工、机械装配方面的集聚经济，但是较之电子和 IT 产业在珠江三角洲和长江三角洲的集聚，存在很大落差，尚处于初级阶段，其扩散和辐射功能更是较弱，影响范围较小，有待进一步的提高。同时，省内各大城市定位尚不十分明显，拟大力支持发展的城市特色产业还不很确定，各大产业在省内城市“遍地开花”现象比较突出。

绝对区位优势取决于区位经济发展的历史积累、要素禀赋及其结构特征、区位的外联通道等诸方面综合影响，而这些是需要假以时日加以改善的。在 1990 年代中期以后，闽台经贸合作受制于福建的绝对区位优势不显著而欲振乏力。

三、绝对区位优势提升下闽台经贸的渐入佳境——现状分析

近年来，特别是福建落实海峡西岸经济区建设以来，闽台经贸开始呈现良好发展势头。首先从数量规模上看，闽台贸易和台商赴闽投资都有较大幅度的持续增长，自 2004 年以来，闽台转口贸易总额年均增长接近 20%，2007 年已高达 69 亿美元；台商赴闽投资年均增长率接近

---

① 陈恩等：《台商投资大陆的区位选择分析与实证研究》，《世界经济研究》，2006 年第 8 期。

12%。其次从质量结构上来看，闽台进出口贸易以机电产品为大宗，服装、服装、鞋类、塑料制品、家具等传统劳动密集型的商品出口增长缓慢甚至下降，表明闽台贸易结构加速优化；此期间，台商赴闽投资在个案规模和产业结构层次上也出现了显著提升，并且出现了较为明显的产业集聚和地域集群。2007 年，福建积极开展对台招商活动，落实闽台产业对接规划，促成台塑、台玻、友达光电、东元电机等一批台湾知名大企业来闽投资，特别是吸引台湾石化、钢铁、机械等重化工业项目和信息、生物制药、环保等新兴产业及生产性服务业、金融服务业等来闽投资，着力推动一批闽台产业合作重大项目落地。目前，福建四大台商投资区已成为大陆台资企业最为密集区域。厦门海沧的化工产业集群、翔安的光电产业集群，福州福清的电子产业集群，漳州的台资农业产业集群等以台资为骨干的产业集群都在迅速发展壮大，并凸显闽台地缘、文缘特色。在表 3 中，通过对 2001 年至 2007 年中台商对大陆投资较为集中的前五省市的投资额及比重的比较，我们可以清楚地看到 2002 年以来台商赴闽投资较 2001 年的低谷时期有了明显的好转提升。

表 3　台湾对大陆投资较为集中的前五位省市 单位：千美元，%

	大陆利用台资总额	江苏		上海		浙江		广东		福建	
		金额	比重	金额	比重	金额	比重	金额	比重	金额	比重
2001	2784147	1046346	37.58	376245	13.51	208485	7.49	787970	28.30	120122	4.31
2002	6723058	2223082	33.07	949230	14.12	511553	7.61	1635093	24.32	749942	11.15
2003	7698784	2601103	33.79	1104296	14.34	607721	7.89	2054475	26.69	491778	6.39
2004	6940663	2486757	35.83	1174993	16.93	689461	9.93	1404082	20.23	452831	6.52
2005	6006953	2349104	39.11	1017513	16.94	484800	8.07	1220183	20.31	398326	6.63
2006	7642335	2883297	37.73	1041794	13.63	590997	7.73	1415182	18.52	519939	6.80
2007 (1-6)	6237611	2361640	37.86	1172051	18.79	389756	6.25	1150011	18.44	259114	4.15

资料来源：台湾“经济部统计处”（http://210.69.121.6/gnweb/default.aspx）

近年来闽台经贸的渐入佳境，首先是得益于海西建设，福建的铁路、公路、空港、海港等交通基础设施建设快速发展，目前业已基本形成北承长三角、南接珠三角、西联内陆腹地、东出台湾海峡的海陆空立体交通网络。其次是福建近年来通过推动中小企业发展、产业园区建设以及主动推进闽台在信息产业、石化产业、机械产业领域的产业对接等途径着力培育产业集群。如厦门电子信息与石化产业集群、泉州市纺织鞋服业、食品工业及石化工业集群、福州在机电工业、电子信息产业、现代农业方面的产业集群已初具规模，从而大大改善了福建的产业配套能力。第三，福建充分利用对台政策优势，通过举办海交会、台交会、投洽会等重大涉台经贸盛会，举办不同主题的经贸论坛和专题研讨等，以及入台举办福建商品展为突破口，带动闽台贸易、投资、旅游、通汇等经贸合作项目的拓展。通过这些交流平台的建立大大拓宽了闽台交流渠道，改善了台商投资环境，使闽台经贸交流出现了诸如对台小额贸易、厦金旅游、“小三通”局部“直航”等亮点。

从区位优势理论视角出发，福建在上述诸方面的进步可以归结为两个方面：区位自身禀赋要素的质量提升、结构优化和对外联系通道的改善。从而通过“自主性变迁”机制达成其绝对区位优势的有效提升。

四、综合区位优势凸显下闽台经贸的未来发展

承前所述，“海西”建设初见成效，特别是高速公路、铁路、港口等基础设施建设蓬勃发展，使福建的腹地纵深得以扩展，另外在产业聚落方面也渐成气候，产业配套能力大为改善，使福建对台绝对区位优势显著提升，为闽台经济合作的深化发展奠定了良好基础。今后一段时期内，两岸经贸关系朝向正常化方向发展，三通直航等政策瓶颈得以突破，对于福建而言，无疑是在“地利”和“人和”基础上恰逢“天时”——自身禀赋要素优化、对外联系通道的建设以及外部环境（两岸经贸交流环境）的改善——“自主性区位变迁”与“诱发性区位变迁”机制的互动，将进一步促使福建的绝对区位优势提升，加之地缘优势、政策优势潜力的发掘——相对区位优势和绝对区位优势相辅相成，福建的综合区位优势将因而大为凸显，使福建有能力抓住两岸经贸开放的新契机，迎来飞跃发展的大好形势，成为新时期两岸经贸成长最受惠地区。

1. 台商赴闽投资增长空间广阔

今后四年，随着两岸交流大环境的改善和台湾当局限制性政策条例的解除，台商赴大陆投资将掀起新一波热潮。由于独特的地缘优势、政策优势以及“海西”效应等综合作用，以及福建作为台湾与大陆沿海及内陆地区的“中介地”而获得“过境发展”机会，包括承接珠三角、长三角等地外移台资。与“两三角”形成错位发展、协同发展的局面。福建将会在这波台商投资的新浪潮中表现亮丽，台商赴闽投资会有显著增长。目前台商赴闽投资在台商大陆投资总额中所占比重将显著提升，预估可由目前7.39%上升到10%－12%。

2. 闽台贸易增长空间巨大

闽台贸易主要由转口贸易、对台小额贸易及“福建对金、马、澎直接贸易”三部分组成。其中，间接贸易占绝对权重（98%以上）；对台小额贸易近年来增长迅速，但所占权重不足2%；“福建对金、马、澎直接贸易”品类及数量规模都非常有限，目前尚仅涉及砂石和民生日用品、农副产品。

闽台贸易的快速增长，有赖于福建独特的地缘优势和对台政策优势。近年来，福建坚持先行先试，率先零关税进口台湾水果，率先扩大台湾农产品准入种类和范围，率先设立台湾农产品、水产品集散中心，率先恢复对台渔工劳务合作，率先实施台湾居民在大陆申办个体工商户，率先入岛举办商品展等。同时积极促进闽台产业深度对接，承接台湾高新技术产业转移，扩大金融、物流等服务业领域合作。落实更加开放的对台小额贸易政策等，这些措施极大促进了闽台各种形式的贸易往来。毋庸置疑，今后四年中，随着两岸经贸正常化、机制化的推进，特别是“小三通”全面开放、“三通”直航逐步达成，闽台经济合作将进入新的发展阶段，闽台贸易将获得快速增长。

除台商赴闽投资拉动的闽台贸易成长外，小额贸易将更加活络，福建对金马澎直接贸易增长空间也很大。目前这一部分贸易量还很微小。“小三通”全面开放后这一形式会大大改观。如所预期的那样，金马作为两岸货物的中转口岸、双向旅游口岸而获得发展契机，其本身消费市场需求大增，同时作为闽台便捷直接的贸易通道，经由这一直航路线的闽台贸易量将会大大增加，特别是在全面“三通”实现以前，其发展空间更大，或将部分替代闽台转口贸易。

3. 闽台特色产业合作得以长足发作

得益于相似的自然条件、紧密的地缘关系和诸如“闽台农业合作试验区”、“闽台林业合作试验区”等政策优势，闽台农业、林业、水产业合作蓬勃开展，其产品差异化必将推动闽台农林渔产品贸易的快速增长，成为闽台贸易的特色板块。

4. 受益于闽台人员往来增长，闽台旅游合作发展空间广阔

未来随着“小三通”扩大——“小三通”全面开放——“小三通”成为第三个台海双向往来通道，经由“小三通”往来两岸的台湾居民与经由“小三通”赴台旅游和从事其他领域对台交流的大陆居民都将大幅增长。虽然届全面“直航”后，由于其他两岸“航线”的分流作用，这种增长势头会有所回落。但是这种回落是有限回落，“小三通”有其独特的便捷性，不只是成本低，还因为金门机场有通往台湾岛内各县、市的“地方航线”，这是“小三通”受台商欢迎的原因之一。

上述闽台之间人员往来的可预期增长不但为闽台旅游业合作提供广阔发展空间，而且将会进一步彰显福建作为联结台湾与大陆东南沿海经济发达地区、连接珠三角、长三角台商聚集区的“中介地”角色。因此福建能够真正成为沟通两岸的桥梁和纽带，享有地缘优势和“过境”发展的双重机会。

（原载于《台湾研究集刊》2008 年第 3 期）

参考文献

［1］蔡宏波：《福建引进台资与闽台经贸关系发展》，《港澳台视窗》，2006 年第 8 期。

［2］郭丽：《闽台经贸合作现状分析》，《发展研究》，2005 年第 5 期。

［3］杨吾扬：《区位论原理》，甘肃人民出版社，1989 年版。

［4］郝寿义：《区域经济学原理》，上海人民出版社、格致出版社，2007 年版。

［5］高伯文：《改革开放以来闽台经贸关系的发展及其影响》，《中国经济史研究》，2003 年第 4 期。

［6］单玉丽：《台商在大陆投资的区域分布及未来走势》，《台湾研究》，2003 年第 4 期。

［7］余文鑫：《闽台投资格局的变迁、趋势与对策》，《福建社会主义学院学报》，2002 年第 4 期。

［8］陈恩等：《台商投资大陆的区位选择分析与实证研究》，《世界经济研究》，2006 年第 8 期。

第三篇

“海西”建设中闽台产业对接研究

产业是区域经济增长的源泉，产业合作是区域经济合作的核心内容，通过产业链条的对接，区域之间的经济资源得以相互流通，实现高效配置。20多年来，由台商赴大陆投资启动的两岸产业合作获得了长足发展，不但合作领域得以拓展，而且层级不断提升。就制造业而言，经历了三个不同发展阶段，即1980年代末期至1990年代初期以纺织、服装、食品等劳动密集型产业合作为主体阶段；1990年代中期以石化产业合作等资金密集型产业为主体；1990年代末期以来以电子信息业等高技术产业合作为主体的阶段。新世纪以来，两岸农业合作日渐兴旺，金融、物流、旅游等服务业合作也拉开了序幕。

由于产业经济历史基础薄弱、要素禀赋资源不够发育，使得福建对台产业合作在初期的繁荣后呈现滞后发展的特征，既滞后于长三角、珠三角等地区，也滞后于自身基于对台地缘、文缘、亲缘等优势所应有的发展水平。闽台产业合作发展潜力很大，有待深化发掘——在“海西”建设中，如何推进闽台产业的对接，促进闽台产业资源高效配置，使“海西”建设在对台产业合作的深化进程中获得发展动力，是一个值得研究的重要课题。本篇所集论文主要从实证研究角度对闽台制造业、金融业、服务业、旅游业、农业等合作展开探讨，包括历史回顾、现状考察及趋势展望等内容。这些探讨始终贯穿了一条主线，即从台湾产业转移趋势出发，在充分认识福建自身产业发展环境及未来发展方向、发展潜力的基础上，提出闽台产业对接的可行性建议。体现了研究的实用性、可行性和前瞻性。

闽台制造业对接与合作研究

李　非

摘　要： 近年来，台湾制造业外移趋势明显，具有地缘优势的福建积极营造闽台制造业合作环境，使闽台制造业合作层级不断提升。本文就闽台制造业合作发展空间、发展现状、发展对策展开研究。

关键词： 闽台；制造业；对接；合作

制造业是一个国家或地区经济实力和竞争力的重要体现，是国家或地区工业化和维系经济增长的主要引擎。当前全球制造业加速向中国大陆地区转移，台湾地区的制造业发展较为成熟，同样呈现加速向大陆转移的趋势，这对海峡西岸经济区制造业的发展，既是机遇，又是挑战。如何利用闽台制造业合作的现有基础和优势条件，促进闽台制造业的相互对接，是海峡西岸经济区工业化进程稳步前进和经济持续健康发展的一个重要因素。

一、闽台制造业合作发展空间和现状

作为福建工业主体和经济发展主导产业的制造业实力的提升，是确保福建经济持续、稳定、健康发展的客观要求。台湾工业化进程以制造业发端，因而制造业基础厚重，但随着岛内经济环境的变化和转型的需求，其向大陆地区转移的趋势日益明显。把握台湾制造业转移的机会，配合海峡西岸经济区建设制造业基地的目标，将为闽台制造业对接拓展新的发展空间。

（一）闽台制造业合作发展空间

1. 台湾制造业根基雄厚，为闽台产业对接创造基础条件

对外贸易一直是台湾经济发展的命脉，在外贸出口产品中，99%以

上是以制造业为主的工业产品，因而制造业对于台湾经济发展的作用毋庸置疑。制造业长期是台湾经济的支柱产业，被称为“成长的引擎”。台湾工业化时期，制造业占台湾地区生产总值（GDP）的比重不断上升，从1951年的14.82%上升到1986年的39.69%；然而，1980年代中期以后，随着台湾经济环境的改变，该比例逐渐降低，1997年降至25.18%，2005年更低至21.13%。虽然台湾制造业在总体经济中的比重不断下降，但产值、规模仍持续扩大，对实质经济成长的贡献（如表1）也远超过其在GDP中的分量。产业对实质经济成长的贡献是该产业成长的指标，由此也可证明台湾制造业的发展基础颇为雄厚，且仍在成长之中。当然，这应该归功于以电子资讯产业为主的高科技制造业的成长。基于台湾制造业发展的基础优势和外移趋势，加强闽台制造业在各个领域的合作与对接，将有助于提升福建制造业的发展水平。

表1　台湾制造业发展的主要指标

项目	2003年	2004年	2005年
工厂家数（万家）	7.6	7.7	7.8
受雇员工人数（万人）	235	242	244
产值（亿美元）	2,833	3,404	3,694
出口值（亿美元）	1,432	1,727	1,876
占GDP比重（%）	22.48	21.95	21.13
对经济成长贡献率（%）	35.28	37.07	34.47

资料来源：整理自龚明鑫《2015台湾制造业发展愿景与规划》，“台湾经济永续发展会议”，2006年7月1日。

2. 台湾制造业因应经济转型转移大陆，为闽台产业对接提供有利时机

20世纪80年代，台湾制造业遭受“双夹”困境：一是岛内经营环境的变化，土地、劳动力价格不断攀升，新台币大幅升值，环保意识抬头，致使生产要素成本上升，国际竞争力下滑；二是外部经济环境的变化，国际贸易保护主义兴起，以及东南亚、大陆地区等后起发展中国家和地区奋起直追，形成强烈的竞争压力。于是，台湾岛内劳力密集型传统产业因成本上扬而丧失比较利益，乃大举外移至东南亚和大陆地区等成本低廉的地区。近年来，台湾制造业转移大陆的趋势愈发明显，台商对大陆投资的主体高度集中于制造业，呈现出与大陆以外地区明显的不同。自 1952 年 1 月累计至 2006 年 7 月，台湾制造业对外投资（大陆除外）金额占全部投资的比重仅为 38.3%，投资产业别也以服务业中的金融及其辅助业最高，占核准总金额的 29.3%；而台湾对大陆地区的投资自 1991 年 1 月累计至 2006 年 7 月，制造业所占比重高达 90.2%。除了传统制造业，不少新兴的高科技制造业，如光电、半导体等产业也开始向大陆转移。海峡西岸经济区应在台湾制造业大规模向大陆转移的浪潮中，把握有利时机，寻求更多的合作发展空间。

3. 福建打造海峡西岸制造业基地政策，为闽台产业对接提供有利条件

改革开放以来，福建制造业得到了较快的发展。2007 年规模以上工业增加值达 3396 亿元，比上年增长 21.5%。工业中 90% 以上是制造业，对 GDP 的贡献率近 50%，对福建经济发展起着极其重要的作用。目前，福建已经形成多个产业集群，以华映光电、厦华、厦新、友达、实达等为代表的电子信息产业集群，以厦工、东南汽车、金龙汽车等为代表的机械产业集群和泉州泉港、厦门海沧翔鹭石化等为代表的石油化工产业集群，是福建的三大主导产业集群，带动福建整体制造业的群聚和配套发展。依据目前制造业的发展基础，福建在“十一五”规划中计划打造海峡西岸制造业基地的目标，并为有效利用台湾制造业优势资源，加强两岸制造业对接制定了具体策略。2006 年 8 月，福建省政府发布了《福建省“十一五”闽台产业对接专项规划》和《关于实施福建省“十一五”闽台产业对接专项规划的若干意见》，提出包括制造业产业在内的十大重点对接行业领域，以及五个方面十七条的推进闽台产业对接措施，对闽台产业对接的目标任务、重点及政策与协调机制等，做出了制度性和创新性的安排。福建打造海峡西岸制造业基地的目标和各项措施，将为闽台产业对接发挥实质性作用。

（二）闽台制造业合作发展现状

改革开放初期，台商对大陆投资多集中在地理邻近的广东和福建两省，闽台制造业合作在 1980 年代就打下了扎实的基础。近年来，台商到福建的投资虽然不如江苏、广东等地畅旺，但是，基于闽台特有的地缘、产业等纽带的作用，两地制造业合作仍呈现出均衡增长、层次提升、增效扩产等一系列良性特征。

1. 闽台制造业合作态势均衡增长

近年来，闽台两地制造业投资合作呈增长态势。1991 至 2005 年间，台湾核准到福建的投资总额 38.83 亿美元，实际上，进入福建的台资通过第三地转投资或增资的数额远大于台湾核准的金额。截至 2005 年底，福建累计批准台资企业 8463 家，合同金额 149.28 亿美元，实际利用台资 109.81 亿美元。与在大陆总体投资集中于制造业的趋势相近，台商在福建的投资有近 90% 集中于制造业。据台湾“投审会”统计，核准赴闽投资制造业共计 34.84 亿美元，在大陆各省市中，仅次于江苏省（133.81 亿美元）、广东省（127.28 亿美元）和上海市（54.65 亿美元），居第 4 位。

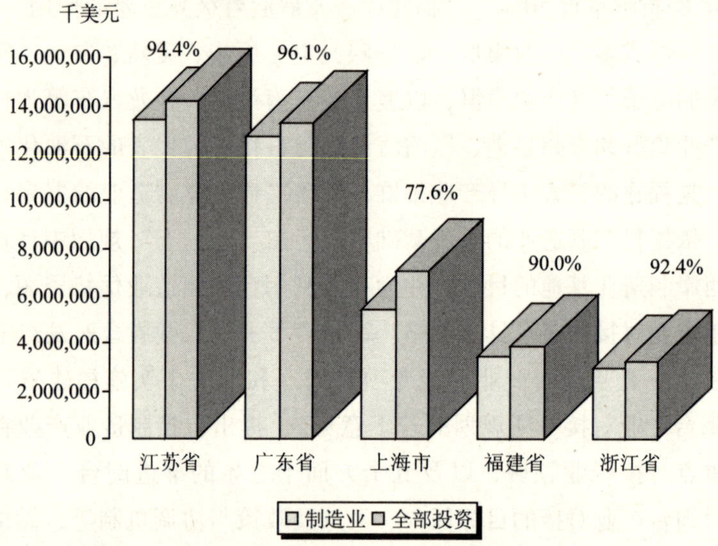

图 1　台湾投资制造业分地区比较（1991－2005）

资料来源：本研究依据台湾“经济部投审会”《2005 年核准华侨及外国人、对外投资、对中国大陆投资统计年报》计算绘制。

制造业长期以来一直是台湾的支柱产业，在 20 多年的工业化进程中，初步形成了民生工业、化学工业、金属机械工业和电子资讯工业四大行业为主导的制造业格局。随着后工业时代的来临，台湾制造业逐步由劳力密集型向资本技术密集型转型，制造业的主导产业也从早期的纺织、石化产业转向电子资讯产业。顺应台湾制造业的发展趋势，台商正逐步扩大对大陆电子资讯产业的投资。统计结果发现，江苏、广东、上海投资于制造业的台资，分别有49%、47%和48%集中于电子资讯工业①，其他三大行业的投资比例相对较小。比较而言，台商在福建投资制造业，各个领域就显得相对均衡，四大行业中，民生工业、化学工业、金属机械工业和电子资讯工业分别占28%、22%、27%和23%的比重，没有出现明显的倾斜。

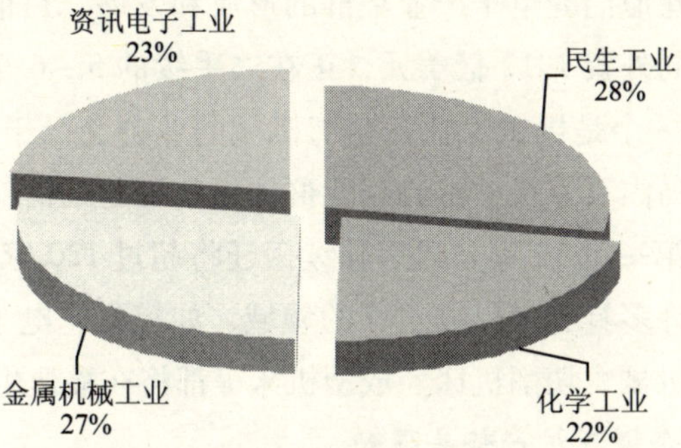

图2　台湾到福建投资制造业分行业统计

资料来源：本研究依据台湾“经济部投审会”《2005年核准华侨及外国人、对外投资、对中国大陆投资统计年报》计算绘制。

2. 闽台制造业合作层次逐渐提升

近年来福建制造业的发展渐呈规模，已经形成机械、化工和电子资讯产业三大主导产业。这三大产业都是台湾已发展至生命周期成熟期的产业，为维持产业比较利益和延续产品生命周期，外移的趋势逐渐扩大。以此为契机，台商在福建投资的制造业合作层次不断提升，正逐步形成闽台产业合作分工的新格局，在石化、机械和电子资讯方面的产业分工与合作已逐步由劳动力密集型产业向资本、技术密集型产业转变，从垂直分工向水平分工方向发展，并具较强的产业关联度和发展链。以冠捷电子、中华映管以及今年新引进的友达光电为代表的电子资讯业，以东南汽车为代表的汽车业，以厦门翔鹭、正新橡胶等为代表的石化

① 本研究依据台湾“经济部投审会”《2005年核准华侨及外国人、对外投资、对中国大陆投资统计年报》计算而得。

业，都在福建的三大主导产业中占有举足轻重的位置。而且，台商的投资也从过去的个体分散行动，发展到数家产业关联的台商群体联合行动，往往是上、中、下游相关配套或连锁的项目共同投资，或由一个龙头企业带动一批相关企业前来投资，形成“卫星”体系。仅就电子资讯产业而言，2006 年新引进的友达光电（厦门）有限公司，由行业世界第三、台湾第一大 TFT - CCD 厂商友达企业独资设立，项目总投资达 1.5 亿美元，该项目的落户将至少带进 30 家以上的配套厂商进驻厦门翔安，奠定了福建厦门光电子产业集群的形成和发展，目前其配套项目已落户 7 个，合同外资 1.12 亿美元，正在办手续的 5 - 6 个，在谈项目有 20 家左右。另一个是机械工业，台湾机械同业公会已于 2006 年 3 月商定，逐步落实岛内百家机械核心企业群体迁往福建福清“台湾机械工业园”的计划，第一批 12 家，以后陆续搬迁将超过 120 家，搬迁完成后，台湾机械工业许多具有世界级水平的领域，如模具、电子生产设备、塑料机械、木工机械、切削机床、成型机床等都将在福建生根发芽。

3. 在闽台企增资扩产势头强劲

在福建投资制造业的许多台资企业，尤其是大企业的起点高，产品升级换代快。由于其设备与技术较为先进，台资企业一般都具有一定的产品研发能力，加上其母公司的研发力量，新产品开发周期短，企业产品更新换代快，能较好地适应市场的变化，具有较强的竞争力。因此，相当一部分在闽台商投资企业能获得较好的回报，增资扩产势头强劲，显示其扎根福建的信心。明达塑胶、正新实业、玉晶光电等原有台资在闽投资的项目都加大了资金投入。台商通过扩大生产规模、新办企业以及带进配套项目等方式进行增资，逐步朝集团化、规模化经营方向发展。表 2 汇总了自 2004 年下半年以来，台湾“经济部投审会”审议批准通过的个案投资金额在 2000 万美元以上的企业投资福建案。

表 2　台湾对福建投资重要审批案（2004.6 - 2006.11）

批准时间	台湾对福建投资累计个案投资金额 2,000 万美元以上案件
2004.8.20	统一实业股份有限公司申请汇出 2,500 万美元，增资福建统一马口铁有限公司。
2004.8.21	国产实业建设股份有限公司申请汇出 4,250 万美元，在大陆地区投资设立国产实业（福建）水泥有限公司，从事经营水泥之产销业务。

续表

批准时间	台湾对福建投资累计个案投资金额2,000万美元以上案件
2005.4.29	中华映管股份有限公司申请以第三地区投资事业受配中国大陆华映光电股份有限公司的现金股利，合计3,000万美元，增资福建华映显示科技有限公司。
2005.6.2	中华映管股份有限公司申请以第三地区投资事业的自有资金，计美金1,800万元，在中国大陆投资华冠光电有限公司，从事经营液晶装置模块。
2006.3.23	友达光电股份有限公司申请汇出5,000万美元，投资友达光电（厦门）有限公司，从事经营液晶显示器模块制造、组装业务。
2006.6.29	国产实业建设股份有限公司申请以美金3,000万元增资，国产实业（福建）水泥有限公司。
2006.6.29	丰泰企业股份有限公司申请以2,673万5,000美元，增资福建大丰投资集团有限公司等11家公司。
2006.7.31	玉晶光电股份有限公司申请以1,000万美元，增资玉晶光电（厦门）有限公司。
2006.10.24	友达光电股份有限公司申请汇出1,200万美元，增资达运精密工业（厦门）有限公司，从事经营背光模块等电子零组件之产销业务。
2006.10.24	辅祥实业股份有限公司申请汇出600万美元，增资达运精密工业（厦门）有限公司案，从事经营背光模块等电子零组件之产销业务。

资料来源：本研究依据台湾“经济部投审会”各项核准投资案件统计。

二、促进闽台制造业对接的发展策略

海峡西岸经济区正处在工业化发展的中期阶段，充分借鉴各国或地区工业化成功经验和教训，发挥比较优势，改善投资环境，促进与台湾地区制造业产业对接，是建设海峡西岸制造业基地，实现经济持续健康发展的有效途径。

（一）福建制造业吸引台资与其他主要省市的比较优势

台商在大陆投资基本集中于长江三角洲和珠江三角洲的江苏、广东、浙江、上海等地，以及以福建为主体的海峡西岸经济区，此外，环渤海地区发展也很快。目前，台湾制造业在福建投资略高于浙江，而次于江苏、广东、浙江、上海。不妨对台商在这五省市制造业各细项产业的投资情况作一比较分析（如表3）。相对而言，台资投资福建的木竹制

表3　台湾投资福建制造业分行业省市比较　　单位：千美元

行业	上海市	江苏省	浙江省	广东省	福建省	福建排名
制造业	5, 464, 663	13, 381, 146	2, 979, 214	12, 728, 291	3, 483, 518	4
食品、饮料及烟草制造业	313, 268	237, 347	108, 775	335, 854	231, 251	4
纺织类制品制造业	312, 629	642, 042	332, 510	448, 030	260, 866	5
非金属矿物制品制造业	199, 346	758, 962	76, 767	387, 573	215, 394	3
木竹制品制造业	8, 793	16, 929	9, 318	49, 282	60, 674	1
家具及装设品制造业	15, 350	66, 894	70, 549	96, 631	25, 911	4
其他工业制品制造业	133, 796	208, 387	93, 006	519, 025	181, 576	3
民生工业	983, 182	1, 930, 561	690, 925	1, 836, 395	975, 672	4
皮革、毛皮及其制品制造业	26, 307	46, 158	22, 248	585, 485	138, 049	2
纸类制品、印刷及其辅助业	316, 138	341, 990	31, 510	193, 704	66, 720	4
化学材料及化学制品制造业	409, 559	932, 577	755, 891	611, 403	177, 401	5
石油及煤制品制造业	1, 000	9, 962	1, 050	868	814	5
橡胶制品制造业	27, 587	381, 055	4, 288	181, 681	157, 921	3
塑料制品制造业	276, 240	599, 744	52, 744	1, 114, 582	231, 143	4
化学工业	1, 056, 831	2, 311, 486	867, 731	2, 687, 723	772, 048	5
金属基本工业及金属制品制造业	345, 515	1, 269, 875	257, 162	1, 203, 496	359, 624	3
机械设备制造修配业	366, 310	863, 179	234, 405	611, 515	171, 918	5
运输工具制造修配业	94, 388	496, 044	78, 329	420, 666	416, 009	3
金属机械工业	806, 213	2, 629, 098	569, 896	2, 235, 677	947, 551	3
计算机、通信及视听电子产品制造业	1, 234, 134	1, 840, 456	198, 976	1, 962, 793	153, 274	5
电子零组件制造业	874, 763	2, 641, 881	389, 310	1, 771, 315	331, 199	5
电力机械器材及设备制造修配业	343, 597	1, 537, 852	205, 016	1, 774, 710	178, 560	5
精密、光学、医疗器材及钟表制造业	165, 943	489, 812	57, 360	459, 678	125, 214	4
资讯电子工业	2, 618, 437	6, 510, 001	850, 662	5, 968, 496	788, 247	5

资料来源：本研究依据台湾“经济部投审会”《2005 年核准华侨及外国人、对外投资、对中国大陆投资统计年报》计算绘制。

品制造业最多，这是资源密集型和劳力密集型结合的制造业；其次是皮革、毛皮及其制品制造业以及除机械设备制造外的金属机械制造业，也都是劳力密集型制造业，而作为资本和技术密集型的电子资讯产业和化工产业，福建比其他四地就明显缺乏吸引力了。可见，福建比其他四地有明显的劳动成本优势。福建省政府发展研究中心在《振兴福建制造业：背景、思路与对策》课题研究的结果也发现，福建人均年工资和福利12326.9元，是华东南各省市，包括江苏、广东、浙江、上海在内最低的。从目前发展情况来看，福建要引进台湾制造业，除了地缘、人文、港口略有优势外，比长江三角洲、珠江三角洲甚至是环渤海地区，有更多的劣势，如经济规模小、市场腹地小、技术人才不足、产业链配套能力不强、政治敏感等。

（二）福建承接台湾制造业的产业平台

从理论上看，在构筑某一产业平台与承接台商群体性投资之间存在某种关系。海峡西岸经济区要扩大对台制造业产业的引资，就必须针对台湾外移制造业的类别进行分析，注重某项关联性产业链的建立，增强福建对台资企业的吸引力。台商对大陆投资的产业已经由劳力密集型的民生、纺织等产业逐渐过渡到资本和技术密集型的化工和电子资讯产业。虽然福建如上所述，与其他地区相比，在化工和电子资讯产业吸引台资上有诸多劣势，但仍然可以在现有条件不足的基础上，集中资源，改善投资环境，引进台资龙头企业，带动产业配套发展。因此，构筑合适的产业平台，将有助于海峡西岸经济区产业层次向高资本技术化提升。

1. 承接台湾光电业，建设海西区光电产业基地

光电业是台湾新兴的高科技产业，在岛内市场尚未完全成熟时，企业出于大陆市场布局的考虑已启动对大陆的投资，在福建也初具规模，但是，完整的产业链尚未形成。未来这类产业外移的空间还十分大，福建可以借2006年友达光电大规模投资福建厦门的集聚效应，加大力度引进台湾光电业上下游配套产业的投资，促进福建光电子产业的集群发展。在承接台湾光电产业转移中，必须立足现有基础，解决产业发展的矛盾和问题。一是产业链配套不全，如液晶显示器行业，有关玻璃面

板、彩色滤光片、背光源、背光板、偏振片、液晶、驱动与控制模组等企业，必须就近配套，形成产业链；二是资金支持力度不够，液晶显示作为资本密集度高的产业，投资五代面板生产厂需120亿元人民币，六代厂需190亿元，七代厂需250亿－300亿元人民币，因而需要良好的融资环境和必要的资金支持；三是人才供给不足；四是公共服务平台不完善；五是认识、组织机制和工作方法不到位；六是基础设施供给配套不到位等有关问题。

2. 承接台湾软件业，建设福建软件产业基地

软件业是台湾电子资讯产业的重要一环，未来向大陆转移的趋势会进一步加强。以软件业为重点，而“以软带硬”，促进海峡西岸经济区产业结构调整和优化。选择软件业为产业平台的理由有：其一，出于信息安全和防止在国际分工中产业结构固定化等因素，以软件业为重点，促进电子信息产业的发展，比较容易得到国家的政策扶持；其二，大陆电子信息产业普遍存在“重硬轻软”的现象，软件业发展相对较弱，存在巨大的发展空间；其三，软件业发展中最重要的因素是人，福建的人居环境有利于吸引优秀人才到福建创业。为此，福建应加大引进台湾软件业的力度，加强知识产权保护，从资金、法律、管理等各方面给予软件业发展有力的支持，吸引更多的台湾电子信息软体厂商来福建投资。

3. 承接台湾石化上、中游产业，建设福建石化产业基地

以石化业作为福建大规模利用台资的产业平台，也有一定的合理性。首先，石化工业作为福建的三大支柱产业之一，已具备一定的发展基础和条件，形成一定规模的石化生产与后加工市场。福建是全国三大聚酯生产基地之一，拥有国内最大型的PVC加工生产厂家，形成高产值大规模的橡胶制品生产能力。从化工原料到化纤、从橡胶制品到塑料加工，均有一定的产业基础。同时，海西区还拥有发展石化工业的港区条件和广阔用地，完全具备接纳大型石化项目的条件。引进台资石化企业，符合海西区产业的发展方向。其次，石化工业本身是投资大、强调规模经济的行业，具有项目关联性强的特点。在引进台资龙头石化企业方面一旦取得突破，关联项目、配套项目必然跟进，由此可形成群体性投资的效应。其三，石化工业仍是台湾经济的支柱产业之一，随着产业外移趋势的加强，台湾石化业向具有巨大市场潜力和低投资成本的大陆

转移和发展不可避免。海西区在承接台湾石化产业外移上应积极有为，促进并形成台湾石化产业在海西区的群体性投资。

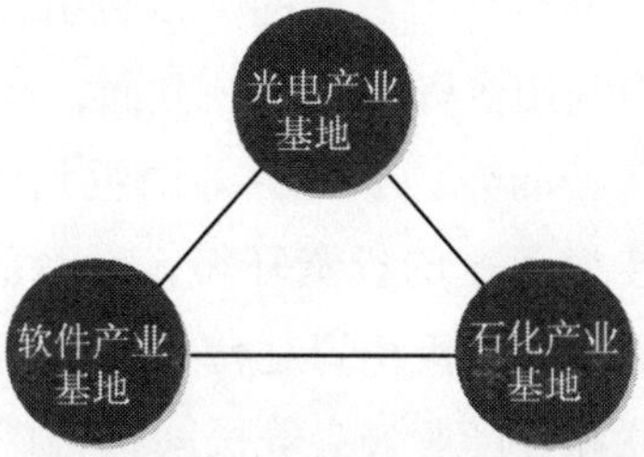

图 3　福建承接台湾制造业的产业平台

（三）促进台商在福建投资制造业的具体措施

台商在福建投资和经营的行业主要集中在制造业，在基础设施等“硬体”条件日益完善的基础上，福建应在投资软环境建设上多下工夫，尤其是在运行机制上营造加强利用台资、促进与台湾制造业产业对接的政策优势。

1. 创造有利于吸引台资的投资环境

海西区各地市应进一步深化审批制度改革，尽可能地减少政府部门的行政审批事项和政府对企业经营活动的干预和控制，提高政府管理和运作水平。大力度开展优质服务建设，尽快建立起与国际接轨的经济运行机制，进一步提高行政服务效率，为台资企业构造一个按国际惯例办事的软环境。

2. 加强产业人才资源的开发和利用

海峡西岸经济区与长三角、珠三角相比较，高等院校和科研机构相对较少，发展制造业特别是科技制造业的专门人才不足。因此，有必要加强人力资源的开发和引进，优化技工教育资源，建立和完善产业集群技工培训基地、职业技术学校，实现技术培训与职业教育的紧密结合；大力引进适用的科技人才，推广开放式、委托式研发，鼓励通过候鸟式、客座、项目使用制等多种形式吸引优秀人才，鼓励和支持科技人员以自有专利和专有技术入股，为产业集群发展提供组织保证和人才支持。

3. 通过“以台引台”扩大交流与合作

海西区各地市可以以台商投资企业协会为中心，加强与台商联络的力度，充分发挥“台商网络”所具有的“以台引台”的优势，让其主动参与、积极支持与配合利用台资工作。一方面，有计划、有步骤地邀请台湾工商界、科技界、新闻界、学术界等团组到海西区进行工商考察、参观和调研，大力宣传海西区的投资环境，让台商进一步了解海西区，认识海西区；另一方面，在积极组织赴台招商的同时，充分发挥台商与台湾工业总会、工商联和各产业公会等民间机构广泛联系的优势，选择一些有影响力的台商和行业组织作为对台招商的代理，以具体项目登台招商。

（原载于《福建金融》，2007 年第 4 期，数据资料有更新）

海峡西岸经济区吸引台湾服务业投资的前景及对策

王　华

摘　要：海峡西岸经济区要解决经济结构的调整升级问题，迫切需要加大服务行业、尤其是对台湾服务业的引资力度。台资生产性服务业对于制造业依赖性较高，对大陆投资的区域分布会同现有台资产业的分布格局高度相关；生活性服务业则更加注重受资地的市场潜力。台湾服务业投资大陆会促进受资地台资制造业企业提升竞争优势，并有助于地方产业升级、扩大对外开放及增进就业，但会加速台资企业独立生态系统的形成，加剧台资产业集聚对受资地所产生的不利影响。在吸引台湾服务业投资过程中必须从正反两方面加以综合考量，制定适宜的引资相关政策。

关键词：海峡西岸经济区；台湾服务业；对大陆投资

服务业日益成为整个国民经济的重要组成部分，对于经济增长乃至国民经济结构的调整与升级起到越来越显著的推动作用。在本世纪初全球产业结构大调整和服务贸易自由化发展的新时期，海峡西岸经济区要解决经济结构的调整升级问题，迫切需要抓住这一重要战略机遇，加大服务行业的引资力度，尤其是借助地缘优势，提升对台湾服务业的引资成效，从而促进现代服务业加快发展。

随着台湾后工业化时代的来临，台湾岛内的服务产业逐渐步入成熟期，并日益成为岛内经济的支柱和对外投资的主力军。近二十年间，祖国大陆在承接台资产业转移中成就突出，但受两岸关系及服务贸易政策的障碍影响，在吸收台资服务业方面尚无太大进展。海峡两岸加入 WTO 已逾 5 年，大陆服务业开放迫在眉睫，海峡西岸经济区在吸引台商服务业投资中应该大有可为。

一、海峡西岸经济区服务业发展及吸引外资现状

海峡西岸经济区的主体为福建省，为了统计分析的便利，本部分所采用的数据都为福建省数据。表1列出了上世纪八十年代以来福建省服务业的总体发展情况。由表中可知，服务业经历了不断发展壮大的过程，产业增加值由1980年的19.43亿元发展到2005年的2506.4亿元，以不变价计算增长了二十多倍，年均增长率达到14%；服务业占地区生产总值的比重也由1980年的22.32%增至目前近40%的水平。然而2000年来服务业的发展势头出现滑坡，与制造业增长率的连年提高（2003年以来年增长率超过15%）相反，服务业的年增长率基本在10%上下徘徊，服务业增加值占地区生产总值的比重以及对于地区经济增长的贡献率都由2000年的最高点开始下滑。服务业内部结构也有待改善。目前服务业当中以交通运输仓储和邮政业、批发零售贸易、餐饮业等传统行业仍然居于主要地位，比重超过50%，金融保险业比重略超过10%，专业技术服务行业等现代知识型服务业的比重非常低；显示福建省整体服务业的水平还亟待提高。

表1　福建省服务业发展现状　（亿元、%）

年份	服务业增加值	服务业比重	服务业增长率	服务业对GDP增长的贡献率
1980年	19.43	22.32	25.7	29.78
1990年	200.80	38.45	11.4	56.95
1995年	770.54	35.91	14.8	35.74
2000年	1568.34	40.01	10.2	43.5
2001年	1698.36	39.93	9.3	41.22
2002年	1857.29	39.67	9.5	36.03
2003年	2046.50	39.18	9.6	32.95
2004年	2315.52	38.25	10.8	34.78
2005年	2506.40	38.21		

资料来源：福建省统计年鉴。

在吸引外资过程中，由于服务行业的开放程度不高，外资大部分流

向了制造业。目前福建省累积外商直接投资中，服务业投资有5935项，占全部投资合同数的15.91%，投资合同金额223.83亿美元，占全部投资金额的25.76%；而自1991年以来，服务业吸引外商直接投资的额度（不论绝对额还是相对额）更是呈不断减少之势（如表2所示）。服务业引资的水平既落后于本省服务业的结构比重，更落后于服务业引资的全国总体水平。同时，外商服务业投资中超过六成投向了对于产业升级带动性较弱的房地产行业，其次有约两成投向交通运输仓储和邮政业、批发零售贸易和餐饮业等传统服务行业，金融保险和专业技术服务等现代服务行业还少有问津。

表2　福建服务业吸引外资情况

年份	服务业FDI合同数（项）	合同数占全部FDI合同数比重（%）	服务业FDI合同金额（亿美元）	合同金额占全部FDI合同金额比重（%）
1979－1985年	178	26.85	2.58	46.51
1986－1990年	167	5.52	4.44	16.49
1991－1995年	2626	17.98	121.97	36.25
1996－2000年	1407	15.64	52.02	20.80
2001－2005年	1557	15.54	42.82	17.14
1979－2005年合计	5935	15.91	223.83	25.76

资料来源：福建省统计年鉴。

总体来看，福建省还处于实现初步工业化的时期，服务业发展对于制造业的依附性较为明显，在增长和吸引外资方面都落后或滞后于制造业，对于经济发展的带动作用尚未显现。正因如此，随着海峡西岸经济区规划的提出，如何抓住全球服务业跨国投资和服务贸易自由化浪潮的战略机遇，充分利用地缘优势，增进对台湾服务业的引资成效，从而促进现代服务业加快发展，并带动国民经济运行质量的大幅提升，成为区域经济结构调整升级过程中迫切需要解决的问题。

二、台湾服务业投资大陆的区位分析

在投资区位的选择方面，服务业与制造业有着不同的特点与要求。本部分区分生产性服务业和生活性服务业，分析两类服务业在对外投资方面的特征，探讨其所重视的投资区位条件，对其投资趋向做一预判，从而明确海峡西岸经济区吸引台湾服务业投资的前景。

在生产性服务业方面，金融保险业、运输仓储业和专业技术服务业等已经成为支撑制造业发展的最为重要的外部力量，但作为制造业的上游产业，同时也形成了对制造业较高的依赖性，成为生产性服务业与制造业协同构成的“大产业链”上的一环。随着台湾岛内制造业大举外迁，生产性服务业势必也要面临跟进与否的抉择。不论是基于巩固已有客户群的考虑，还是为了拓展市场、提升在同行业中的竞争优势，跟进似乎都是不容迟疑的选择。现实也证明了这一点，金融保险业已经成为近年来台湾对外投资的第一大产业，增速迅猛，累计投资额占海外投资总额比重超过40%；而运输仓储业和专业技术服务业同样也意识到加快对外投资步伐的迫切性。同时外移的台资制造业也迫切需要岛内相关服务业提供帮助。台资制造业多中小企业，同时大规模的产业转移又容易产生“水土不服”，从而在融资、技术咨询、信息获取、物流及贸易各方面都面临诸多困难，在受资地一时（甚至是长时期内）难以寻找到满意的合作对象，导致资金流、信息流及物流短路。相反，海外台资制造业与岛内相关服务业在管理理念、制度理解、技术水平方面的匹配关系较好，不需要过长的磨合期，可以节约相关交易费用（寻找、评估和选择交易对象，谈判，具体交易，进一步评估），且风险较小，存在共同进退的可行性。

综合考虑，上述生产性服务业在确定投资区位时会注重以下条件：(1）台资企业（产业）的密集度。作为“一对多”性质的服务提供商，加之服务产品的可复制性，只有面对较多的客户群体，才能确保服务效率和赢利水平，因此在确定投资区位时首先选择台资企业较为密集的地区。(2）基础设施的完备程度。对于金融保险业主要是资本市场的发育，对于运输仓储业主要是运输通路（公路、铁路、水路、空路）及海关、港口码头的建设情况，对于专业技术咨询业则主要是信息基础设施（媒体、电话、网络等）的建设情况。(3）对外开放程度。对外开放程度较高的地区，不仅存在吸收外资服务业参与本地市场竞争、带动本地产业升级和服务企业竞争能力提升的动机，并且往往也形成了与外资服务业的良性互动机制，从而减少台资服务业市场进入的风险。(4）政策环境，这一点对于金融保险业尤其关键，在准入资格、进入形式以及业务范围等方面会有较多考量。

就台商对大陆投资而言，相关产业的分布仍然会同现有台资产业、尤其是资本和技术密集型产业的分布局势高度相关，对现有台资产业聚集的磁吸作用的感受较为明显：体现为向东部沿海地区聚集，并渐次向北部有所转移。如大陆最早的两家台资银行分别设立于宁波和上海，2002 年批准设立代表处的 7 家台资银行中有 4 家在上海或昆山，2 家在北京，1 家在深圳；台资证券公司和保险公司目前在大陆获准设立的代表处，基本也都集中在上海和北京两地（个别设立于深圳、广州、苏州、成都等地）。台资运输业的投资也以上海为重，至 2005 年比重高达 53.76%。中西部地区在吸引台资生产服务业投资方面的吸引力仍然不足。

在生活性服务业方面，随着台湾岛内经济增长与居民生活水平的提高，相关生活性服务业——如批发零售业、住宿餐饮业、房产中介、居民服务以及教育、医疗、旅游等产业——也快速发育，并进入产业成熟期阶段。由于岛内的消费市场有限，已无太大市场潜力可以挖掘，各相关产业需要向海外拓展，以寻找新的赢利空间；同时，由于生活性服务业务在生产与消费上的时间重叠与不可分割特性，导致大多数服务产品在跨区域贸易中的不可行，因此跨国（地区）投资经营不只可以有效降低交易成本，更成为唯一可采取的行业拓展方式。

与“追随客户型”的生产性服务业不同，生活性服务业与已经外移的制造产业的关联度不高，更加注重受资地的市场潜力，属于“追求市场型”，因此在确定投资区位时会注重受资地的以下条件：（1）经济发展水平，反映一个地区的经济活力与潜在市场容量。（2）居民生活水平，反映一地区居民现实的消费能力和消费水准。（3）居民素质，包括居民的心理素质（受教育程度）和身体素质（医疗条件）等，既反映当地居民对台资服务业的接纳能力，也在一定程度上预示特定服务行业的市场容量。（4）专有资源，如文化习俗、文物古迹、风景名胜、高校等。

根据上述区位条件，台资生活性服务业对大陆投资的布局，一般会选择如下几类地区：一是与台湾民俗文化相近的地区，如闽南地区，两者在地缘、血缘、文缘等方面的关系极为密切，有可能成为台资生活性服务业投资的首选地区；二是经济开放度较高的地区，这类地区不论是居民的消费水平和消费理念都较为超前，并且在吸引其他国家同行业投资方面已经取得较好成绩，形成了良性竞争环境和较好的包容氛围，投资风险较小；三是有特殊专有资源的地区，尤其是拥有优质的旅游资源而开发程度又较低的地区，属于旅游产业重点考虑的对象，在开辟旅游路线、开发旅游景点方面有望获取竞争乃至垄断优势。

总体而言，对外投资的台资服务产业基本上都属于“知识密集型”产业，对于劳动、资本、自然资源禀赋的要求不高，但生产性服务业对于已有台资对外投资布局的依赖性较高，生活性服务业投资布局的变数则较大。根据海峡西岸经济区的现有条件，依靠其海岸线较长、多深水良港的地理优势，加之厦门－金门、福州－马祖直航成就的不断扩大，在吸引台资运输仓储业和国际贸易业投资方面应该有所作为；同时闽台血缘相亲、文缘相通，在零售、餐饮、旅游、教育等领域的引资也会具有一定优势。但是对于金融保险业、管理咨询、专业服务等领域，海西区对台资的吸引力不足，制造业企业在这方面的需求可能更大程度上会通过跨境交易方式予以满足。

三、海西区吸引台湾服务业投资的应对策略

台湾岛内服务业对外投资无疑会对受资地造成一定的影响，正面影响包括：第一，对当地（台资）制造业企业的辅助作用。生产性服务业构成制造业的上游产业，双方在融资、研发、咨讯、管理、行销等各个方面形成细致分工，促进制造业企业不断提高生产经营效率、降低交易成本。第二，对当地服务业发展及产业升级的带动作用。缓解受资地在服务业发展过程中面临的资金短缺问题，带动同行业乃至整个服务业的发展，推动地方产业升级，使之产业结构不断得以调整和优化。第三，知识外溢效应。对外投资的台资服务业一般处于产品生命周期中的相对成熟阶段，企业在管理运营方面形成了非常规范高效的模式，难免在企业运营、管理机制、品牌营销等方面产生正向外部性，成为当地企业学

习、模仿的范本，推动当地企业经营的规范化和国际化。第四，在扩大受资地对外开放程度、增进地方就业、转变经济增长方式等方面的作用。

台资服务产业的介入，会加速地方台资产业集聚和台资企业独立生态系统的形成，同样也会产生诸多负面影响。首先会削弱台资企业与当地企业的联系（包括横向与当地同行业企业的联系和纵向与当地服务业企业的联系），减少制造业企业正向外部性的产生（包括技术外溢、知识外溢），并形成对当地服务产业的挤出效应（承接当地服务业本来可向台资企业提供的服务，进一步通过竞争抢夺当地市场份额）。其次是增强了台资企业群体与当地谈判的砝码，可以以集体撤资相威胁谋求更有利的政策优惠；而一旦真正为寻求更好的区位条件而集体搬迁，必然会对受资地造成严重的打击。再次还会削弱政府宏观调控的力度以及对市场秩序的控制力度。台资服务业企业与制造业企业通过企业联盟乃至企业购并，或者制造业企业转投资于服务产业，从而在融资、贸易等方面变外部交易为内部交易，绕开当地政府在相关方面的限制规定，导致政府的调控意图难以实现，也不利于市场秩序的维持和掌控。另外，在教育、医疗等领域的投资也可能造成与当地情势的不协调乃至冲突矛盾，容易产生社会性的冲击和影响。

海峡西岸经济区在吸引台湾服务业投资方面，必须从正反两方面加以综合考量，明确区域现实情况、区位条件、发展要求以及地方与台资企业的相互依赖程度，最终决定具体应承接的服务业类型，制定适宜的市场准入政策，并做好事中监测与预警工作、及时处理好涉台引资过程中的突发事件。

第一，不断改善投资环境，加大对台资知识型服务业的引资力度。知识型服务业是指用知识为其他产业、企业（组织）或个人提供服务的行业，具有长积累、高增值性产业特征，对一国国民经济发展和产业结构调整起到明显的带动作用，代表着未来整个服务业的发展方向。为了使引进的台湾服务业投资能有效带动海西区产业结构调整，应与制造业调整的目标相一致，着力引进高附加值、高带动性的知识型服务行业，主要包括金融保险、专业咨询、技术服务、中介服务、通信、教育和医疗等行业。为此必须不断改善地区区位条件和投资环境，并给予适当的政策倾斜。

第二，加强市场准入审核与运营监管。外资的基本特征是流动性和逐利性，台资也不例外，地方政府应对台资服务业进入本地区的影响和风险以及当地服务业的承受能力加以全面评估和衡量，加强对台资投向的引导和规范；应杜绝在引资方面的盲目跟风和相互攀比，加强对台资服务业企业在投资方式、资本结构、业务范围、市场需求等方面的审核；另一方面，简化审批程序、提高办公效率也是非常必要的。对于已实施投资的台资服务业企业，应加强日常性运营监管，及早化解可能的市场风险与负面社会影响。

第三，加快建立完善的市场经济法律体系，加强对知识产权的保护力度。与制造业不同，服务业（尤其是现代知识型服务业）的竞争优势主要在于现代化的服务手段和经营管理，在跨国投资中不存在技术屏蔽的可行性，母公司和子公司之间多数只能构成平行分工体系，因此服务业跨国公司向海外分支转移的技术更接近母公司的水平，相较制造业更容易产生知识外溢。从受资地方面考虑，吸引外资服务业投资可以享受知识外溢所形成的利益，但从外资服务企业方面考虑，又存在对知识资产的垄断需求，担心知识资产向外扩散。因此，通过加强对知识产权保护方面的立法与执法，是确保外资知识型服务业投资积极性的基础条件。当然在长期内，外资服务业的知识外溢是必然趋势，从而实现投资方与受资地的互利共赢。

第四，加强与粤港澳地区和沪宁杭地区的横向联系，提升在吸引台湾服务业投资方面的区际协作绩效。港澳地区一直是两岸经贸交流的重要中介，台资取道港澳进入祖国内地一直是较为便捷的方式，同时港澳与内地的经贸关系也为两岸经贸关系的发展起到示范作用。签署 CEPA 后，港澳地区在对内地的服务贸易准入方面拥有了先入优势，也为台资服务业开启了合作与中转之门，台资服务业可以经由港澳，采取合作联盟等方式投资大陆，避开台湾当局的政策限制。上海作为祖国大陆的金融中心城市，对于台资金融保险业有很强的吸引力，同时在航运、国际贸易方面也具有明显优势。打开沿海的南北通道，加强与两地的联系，海峡西岸经济区才可望不断巩固并扩大在吸引台湾服务业投资方面的成就。

参考文献

[1] 段小梅：《台湾服务业投资大陆的地域结构分析》，《海峡科技与产业》，2005 年第 6 期。

[2] 国务院台湾事务办公室：《两岸金融往来现状》，http：//www. gwytb. gov. cn/lajm/lajrwl0. asp.

[3] 李非：《台湾经济发展通论》，九州出版社，2004 年版。

[4] 王华：《近期台湾服务业投资大陆的趋势及影响》，《台湾研究》，2007 年第 4 期。

[5] 孙雅玲：《服务业对外直接投资（FDI）的特点及宁波的机遇》，《经济师》，2005 年第 11 期。

[6] 殷存毅、姜山：《台商在祖国大陆的投资现状及其发展趋势》，《亚太经济》，2003 年第 3 期。

[7] 卓俏青：《当前我国服务业引资形势及策略探讨》，《河南社会科学》，2005 年第 5 期。

海峡西岸经济区对台金融合作问题研究

邓利娟　李光耀*

摘　要：随着福建建设海峡西岸经济区战略全面而深入地推进，加强闽台金融合作的重要性日益突显，一方面，扎实扩大两岸交流与合作本身就是建设“海西”的主要任务之一；另一方面，加快金融业发展是“海西”构建竞争力强的产业支撑体系的十分重要的内容。福建若能及时抓住历史机遇，在中央的大力支持下，先行推动闽台金融合作的突破性发展，进而提升福建金融发展水平，这对于两岸经贸关系的深化发展、对于加快推进“海西”的整体建设无疑都具有重大意义。本文在分析闽台金融合作先行先试的必要性与可行性的基础上，阐述推动闽台金融合作突破性发展的总体思路，并相应提出具体的对策建议。

关键词：海峡西岸经济区；闽台金融合作；先行先试；对策建议

一、两岸金融合作区域突破发展的必要性与紧迫性

近20年来，在经济全球化与区域化潮流的带动下，海峡两岸以投资与贸易为主体的经贸关系发展迅速，举世瞩目。然而作为两岸投资贸易配套服务的两岸金融合作关系则在台湾当局严格的政策限制下呈现严重滞后态势。整体上改变这种格局是形势发展的迫切需要，但基于两岸关系现状又难于一蹴而就。因此，现阶段先行先试区域性、局部性的两岸金融合作，为整体两岸金融合作摸索出一条切实可行的道路，显得十分必要与紧迫。

---

* 李光耀：厦门大学台湾研究院区域经济学硕士研究生。

（一）两岸金融合作发展是顺应世界经济发展潮流的需要

进入20世纪，特别是二战之后，新科技革命愈演愈烈，人类社会生产力高速发展，生产过程中的分工与合作在世界范围内不断深化，国际贸易规模迅速扩大，国际直接投资急剧增长，跨国公司大量出现。经济全球化就是在这种世界市场逐渐统一，世界经济运行机制不断整合的大背景下出现的。关于经济全球化的定义，按照1996年联合国贸发会议的说法是：全球化是世界各国在经济上跨国界联系和相互依存日益加强的过程，运输、通讯和信息技术的迅速进步有力地促进了这一过程；而国际货币基金组织则为认为经济全球化就是跨国商品、服务贸易及国际资本流动规模和形式的增加，以及技术广泛迅速传播使世界各国经济的相互依赖性增强。不难看出，经济全球化主要的特征就是：各国及地区经济相互依赖、有机结合，共同构成完整的世界经济运行机制。事实上，在经过将近半个世纪的发展之后，全球化已经成为了21世纪初期世界经济发展最重要的特征。世界上大多数国家的经济已经紧密地联系在一起，任何一个国家或地区想要发展经济，都不能人为地割断自身经济与其他经济体之间的联系。

经济全球化，特别是国际直接投资和跨国公司的发展带来的日益频繁的国际间的资本流动，迫切要求为之服务的金融业突破原有经营地域范围，走向更为广阔的世界市场，金融业的全球化趋势不可避免。金融业的这一深刻变革，既是经济全球化的必然结果，也是经济全球化进一步发展不可或缺的推动力。

不过，经济金融全球化虽然是今后各国及地区金融业发展的必然趋势，但是从历史发展的规律来看，这必将是一个漫长而复杂的过程。作为金融全球化进程的一个重要组成部分，区域金融整合则正在越来越多的地区开展，如欧盟、北美等。区域金融整合在世界范围内广泛出现的主要原因，一是当前世界经济发展的不平衡性，这也是各种形式的区域合作出现的根本原因，这种不平衡既包括经济发展水平上的差距，也包括金融业发展水平上的差距；二是为了促进本国或本地区经济的发展，这是各国各地区推动区域金融整合的主要原因；三是为经济区域一体化服务，这是区域金融合作能得到较快发展的直接原因；四是出于维护本国本地区经济安全的考虑，这是许多国家和地区当前更偏好区域金融合作的重要原因。

随着大陆经济与台湾经济不断地与世界接轨，大陆和台湾也都将不可避免的融入经济全球化和区域经济一体化的浪潮之中，作为一个国家的两个地区，如何在全球性的竞争中赢得一席之地已成为两岸共同的课题。由于新的国际经济秩序尚未建立，经济霸权主义和贸易保护主义依旧存在，仅仅依靠大陆或台湾单方面的经济实力都远不足以与其他的区域性经济集团相抗衡。如果海峡两岸通力合作，顺应当前世界经济区域化、集团化的发展潮流，进行包括金融领域在内的更多方面、更深层次的经济合作，进而形成“中华经济圈”，就有较大可能在与其他经济体的竞争中占据主动地位。

（二）两岸金融合作是深化两岸经贸关系发展的迫切需要

自上世纪 80 年代末以来，两岸经贸往来迅速发展，从大陆海关总署公布的数据（表 1）来看，2006 年两岸贸易总额达到了 1078. 4 亿美元，比 1996 年两岸贸易总额增加将近 5 倍。同时，台湾对大陆贸易顺差额也迅速增加，2006 年高达 663. 7 亿美元，约为当年台湾总体对外贸易

表 1　两岸贸易额占各自对外贸易的比重

年度	两岸进出口			大陆对台湾出口			大陆自台湾进口		
	金额（亿美元）	占大陆进出口比重 %	占台湾进出口比重 %	金额（亿美元）	占大陆出口比重 %	占台湾进口比重 %	金额（亿美元）	占大陆进口比重 %	占台湾出口比重 %
2000	305. 3	6. 4	13. 8	50. 4	2	4. 4	254. 9	11. 3	17. 2
2001	323. 4	6. 4	10. 2	50	1. 9	5. 5	273. 4	11. 2	19. 1
2002	446. 7	7. 2	15. 1	65. 9	2	7	380. 8	12. 9	21. 8
2003	583. 6	6. 9	16. 6	90	2. 1	8. 6	493. 6	12	23. 5
2004	783. 2	6. 8	18. 7	135. 5	2. 3	10	647. 8	11. 5	26. 8
2005	912. 3	6. 4	20	165. 5	2. 2	11	746. 8	11. 3	28. 4
2006	1078. 4	6. 1	25. 3	207. 4	2. 1	10. 2	871. 1	11	38. 9

数据来源：商务部台港澳司。

顺差总额 270 亿美元的 2.5 倍。而从两岸经贸关系的紧密程度来看，2006 年大陆对台湾出口占大陆出口和台湾进口的比重分别为 2.1% 和 10.2%，大陆自台湾进口则占大陆进口和台湾出口的 11%、38.9%。这些数据充分说明，两岸经贸往来极其密切。目前，大陆已是台湾最大的贸易伙伴，是台湾第一大出口市场和贸易顺差最大来源地，大陆市场在台湾经济发展中拥有极为重要的地位。

再从台商对大陆投资的情况来看，截止 2006 年，台商对大陆投资共 71847 件，大陆实际利用台资总金额高达 439.1 亿美元。按实际使用外资统计，目前台资在大陆累计吸收境外投资中占 6.2%，排第五位。两岸之间如此大规模的投资资金往来，再加上这些台资企业每年的员工薪金支付、原材料购买，以及企业利润汇回岛内等因素，必然导致在两岸之间产生巨额的资金流动。如果再加上台商通过第三地投资大陆的项目，每年来往于两岸之间的资金数量更将远远超出两岸官方对外公布的数字。

表 2　历年台商投资祖国大陆统计表　（单位：亿美元）

年份	项目个数			实际利用台资		
	个数	同比%	占总额比重%	金额	同比%	占总额比重%
1996	3184	-34.3	13	34.8	9.9	8.3
1997	3014	-5.3	14.4	32.9	-5.4	7.3
1998	2970	-1.5	15	29.2	-11.4	6.4
1999	2499	-15.9	14.8	26	-10.8	6.4
2000	3108	24.4	13.9	23	-11.7	5.6
2001	4214	35.6	16.1	29.8	29.8	6.4
2002	4853	15.2	14.2	39.7	33.3	7.5
2003	4495	-7.4	10.9	33.8	-14.9	6.3
2004	4002	-11	9.5	31.2	-7.7	5.1
2005	3907	-2.4	8.8	21.6	-31	3.6
2006	3752	-4	9.1	21.4	-0.7	3.4
合计	71847			439.1		

数据来源：商务部台港澳司。

然而，与上述两岸经贸往来迅速发展呈鲜明对比的是，作为经贸活动配套服务的两岸金融业合作的发展却严重滞后。迄今为止，两岸金融机构互设远远落后、两岸货币兑换与结算困难、两岸直接通汇仅限于人民币和新台币以外的第三种可自由兑换货币等等。若进一步比较各国及地区对台贸易排名（表3）和台湾银行在各国及地区的分支机构数量(表4)，则可更直观看出，两岸金融合作不仅严重滞后于两岸贸易投资的发展，也大大落后于台湾同其他国家及地区的金融合作水平。大陆对台贸易从上个世纪90年代初的第24名，在不到20年的时间里一跃成为台湾最大的贸易伙伴，而直到2007年，台湾银行在大陆的分支机构数量仅仅8个，其中7个是没有业务经营权的代表处，分行则是零。相较于处在对台贸易前三名的另外两个国家日本和美国，各自分别拥有台湾银行分行6家、23家，台湾银行在美国的分支机构总数量更是高达70家，占了台湾所有在外银行机构的三分之一左右。在东南亚的菲律宾与越南，台湾银行的分支机构也分别达28家。

表3　各国及地区对台贸易排名（含复运资料）

名次	时间段			
	1989/ -1994/12	1995/01 -1999/12	2000/01 -2004/12	2005/01 -2007/07
1	美国	美国	美国	中国大陆
2	日本	日本	日本	日本
3	香港	香港	香港	美国
4	德国	德国	中国大陆	香港
5	新加坡	韩国	韩国	韩国
6	澳大利亚	新加坡	德国	新加坡
7	英国	马来西亚	新加坡	德国
8	韩国	荷兰	马来西亚	马来西亚
9	马来西亚	法国	荷兰	沙特阿拉伯
10	荷兰	英国	菲律宾	澳大利亚
	中国大陆（第24）	中国大陆（第11）		

数据来源：台湾“经济部”。

表4 台湾银行在境外设立分行及分支机构国家及地区别统计

（2007年6月底）

国家及地区	总计	分行	代表处	其他分支机构
所有国家及地区	226	79	35	112
大陆	8	—	7	1
日本	6	6	—	—
香港	26	13	4	9
泰国	6	—	3	3
菲律宾	28	2	2	24
越南	28	7	10	11
澳门	2	1	—	1
法国	1	1	—	—
英国	6	5	1	—
加拿大	8	1	—	7
美国	70	23	1	46

数据来源：台湾"行政院金融监督管理委员会"。

两岸金融业合作的严重滞后发展造成一系列明显的不良后果。其一，大量投资贸易往来所衍生出的对两地贸易结算、资金汇兑及投资融资等庞大的金融服务需求无法得到充分满足，从而大大影响投资贸易活动的效率。目前台商在大陆经营活动面临融资难的问题就十分突出。其二，两岸金融业由于无法正常交流与合作，平白失去了由两岸投资贸易频繁往来产生的巨大资金流动规模所创造的庞大利基，对于已经陷于经营困境的台湾金融业而言损失更显突出。例如，由于两岸通汇是采第三种货币（美元，港元等）通汇方式，长期以来外资银行凭借其在两岸三地的机构分布优势以及丰富的通汇经验，一直在两岸通汇业务中占据主导地位，两岸本土银行难以超越。其三，在两岸金融无法正常合作情况下，为了节省成本，大量资金通过"地下钱庄"在两岸之间进行通汇，影响两岸金融监管部门的有效监管。同时由于两岸间没有解决货币清算问题，而通过第三地银行结算需要付出较高的时间成本，不少台湾企业便常以汇款方式代替信用证结算，而这种由商业信用代替银行信用的做法无疑增大了风险。此外，两岸金融合作滞后还直接影响到两岸民众的正常往来。自1987年台湾方面开放民众赴大陆探亲以来，两岸人员来往数量持续上升，截止2006年，在两岸间往返的民众总数已经接近4300万人次。但由于两岸货币兑换的不便，两岸来往人员大多不得不以美元现金的形式携带所需资金，承受两次汇兑的损失。如果是经黑市交易获得所需人民币和新台币，又影响两岸金融市场秩序并干扰正常的金融监管。

显而易见，为了两岸经贸关系进一步的深化发展，为了有利两岸同胞的正常交往，十分迫切需要两岸金融关系尽早正常化。

（三）两岸金融合作整体突破困难，可在较小区域内先行先试

尽管加快两岸金融合作极其必要与紧迫，两岸的有识之士也早有两岸金融业必须合作的共识，但是就两岸关系的现状而言，短期内要实现两岸金融合作的整体突破发展是十分困难的。众所周知，两岸金融交流合作长期滞后发展的根本原因是台湾当局的严格政策限制。尽管迫于选举、经济困境以及国际竞争等种种压力，台湾当局有可能调整放宽对两岸经贸往来的某些限制。但从本质上来看，民进党当局在政治上不承认一个中国原则、加快推进“台独”分裂步骤，在经济上就必然要尽量限制两岸经贸关系，尤其是影响重大的两岸金融关系的发展，以确保台湾经济与大陆保持所谓“安全距离”，避免形成经济上过于对依赖大陆。除了政治因素外，在技术层面，长期以来两岸金融法规及金融监管等方面存在不小的差异，这些问题也难以在短时间内全面性解决。要突破这种僵局，可以先选择一个综合条件较好的地区进行两岸金融合作的试点工作，待时机成熟之后，再将试验的经验在两岸全面推广。这样做的好处主要有以下三点。

首先是操作易。万事开头难，在两岸特殊局势背景下要提高金融合作的成功率，关键是尽快迈出第一步。台湾当局的限制政策是当前两岸金融合作最大的阻力，如果两岸金融合作先在一个合适的较小的区域内进行，就可以通过两岸较低级别的官方机构甚至民间组织之间的沟通解决合作相关问题，便于避开敏感议题，进入实质性内容的磋商。同时，在有限的区域内进行两岸金融合作，所产生的影响相对较小，台湾当局相对容易接受，这有利于突破现行两岸政策的障碍。事实上，台湾当局

在两岸金融政策方面也有“局部先行”的思路与实践。如，面对岛内要求开放人民币兑换业务的强大压力下，2006年5月，台湾当局先行开放金门及马祖金融机构办理人民币现钞买卖业务。对大陆而言，出台或修改地方性的政策法规比出台或调整全国性政策法规要容易得多，同时大陆的金融机构只需对位于试点区域内的机构业务上进行必要的调整即可，操作起来也较简便。

其次是风险低。两岸金融合作本身是一个对新事物不断探索的过程，难免会出现一些错误的风险，而金融风险又有着易扩散和破坏力大的特殊性，这是两岸对金融合作都持较谨慎态度的重要原因之一。如果先在一个较小的区域进行两岸金融合作相关开放政策的试验，不仅操作起来收放自如，而且可以更及时的解决在合作过程中可能出现的某些意想不到的问题，从而把风险控制在一个较低的水平上。如果试验成功既可以带动区域金融业的发展，又可以为整体两岸金融合作提供经验；倘若试验不成功，也不会产生重大后果和引起金融动荡，还可以从中吸取教训，再探索新的合作方式。

第三是成本小。先在一个较小区域内进行两岸金融合作相关方面的试验，可以在试验过程中不断总结经验教训，逐渐形成一套较成熟的两岸金融合作机制，提供中央参考，并可在此基础上制订适用整体两岸金融合作的法律法规。当开放整体两岸金融合作时机成熟时，不仅大陆各地开展对台金融合作有法可依，而且可以借鉴已有的实践经验，从而节约大量的时间成本和摩擦成本。

（四）闽台金融合作先行先试有利于“海西”战略的顺利实施

如上所述，现阶段两岸金融合作需要在适当的区域内先行先试，而同时，位于海峡西岸的福建目前正迫切需要加强与台湾金融业合作。为了更好地发挥福建在两岸关系中的特殊作用及加快福建国民经济的发展，福建自2004年起开始实施海峡西岸经济区建设的战略。中共十六届五中全会和国家“十一五”规划均表明支持海峡西岸经济发展，2007年10月中共十七大报告中，胡锦涛总书记再次明确指出：“支持海峡西岸和其他台商投资相对集中地区经济发展。”这都充分表明“海西”战略顺利实施的高度重要性与全局性。在此大环境之下，先行推动闽台金融合作的突破性发展，进而提升福建金融发展水平，对于深化发展两岸经贸关系、加快推进“海西”的整体建设都具有重大意义。

1. 强化福建在两岸经济整合中独特的桥梁作用

由于台湾当局顽固坚持“台独”分裂立场，两岸政治关系持续紧张对峙，通过加强两岸经贸关系促成祖国和平统一目标的达成具有越来越重要的战略意义。福建作为大陆对台经贸发展的前沿基地在新形势下所肩负的历史责任也更加重大。通过推动闽台金融合作先行先试，尽快改变闽台金融关系长期滞后发展的局面，将会从根本上改变福建的投资软环境，促进闽台经贸关系全面而深入的发展。

福建对台招商引资曾位居全国前列，但随着大陆改革开放的不断深入，原有优惠政策逐渐普及化，福建在吸引台资方面的地位逐渐下降。根据台湾方面的统计资料显示，1996 年台商对福建的投资占其在大陆全部投资的 9% 以上，随后持续下降，2000 年降至 3.82% 的最低水平，2006 年回升到 6.8%（图 1）。而同期台商在上海、江苏一带的投资额占其在大陆投资额的一半以上（55.28%）。影响台商投资的因素固然很多，但当前台资企业在大陆发展面临的突出问题就是融资困难。进入大陆特别是福建的台资企业大部分是中小企业，这些企业在投资大陆后就

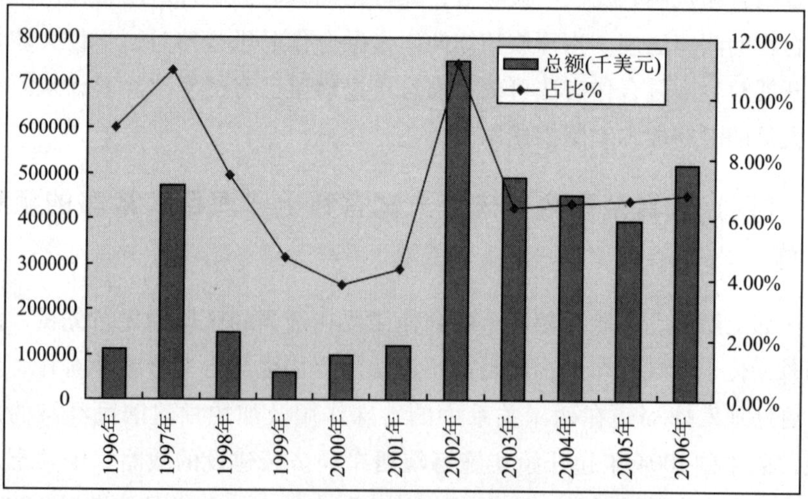

图 1　历年台湾核准对福建投资情况

资料来源：台湾“经济部投审会”。

失去了台湾金融体系的支持，由于大陆银行对台商在台湾的资产无法进行现场核对，不少台资中小企业在大陆缺乏土地、厂房、设备等足够的抵押物，加之对大陆金融业的运行政策、制度不够熟悉，造成了台资中小企业贷款难的问题。又由于两岸目前不能全面直接通汇，结算业务必须通过第三种可自由兑换货币，给台资企业和台胞造成了两次兑换损失，增加了结算成本。福建省要想在日益严峻的对台招商引资中提高竞争力，率先在两岸金融合作上先行一步，为本地台商提供更好的融资及其他各种金融服务，将是极其重要的战略举措。

2. 促进福建金融业发展，带动“海西”整体建设

金融业是现代经济的核心，福建要加快建设海峡西岸经济区，就必须有大量的金融资源投入，建立起有聚积能量和辐射能量的金融体系。台湾金融市场化和对外开放时间比大陆早，金融业的发展在金融理念、管理、运作和金融监管等方面相对较为先进，在金融创新与管理、人才培养和金融机构内部控制等方面也有较丰富的经验，如果闽台金融业携手合作，实现资源优势互补，将有助于福建发展金融市场，加快金融创新，完善金融服务，增强金融实力和核心竞争力。

总而言之，在当前形势下，积极推动闽台金融合作先行先试，无论是从两岸关系发展大局，还是从建设“海西”战略需要的角度来看，都十分必要与紧迫。

二、闽台金融合作先行先试的可行性

福建在两岸经济交流合作中享有“近邻”这一无可替代的地缘优势，因此，多年来中央对福建赋予了一系列特殊对台政策，如台商投资区，海峡两岸农业合作实验区，“金马旅游”，“试点直航”口岸，“小三通”，两岸春节包机等等，凡此种种促成了闽台经贸合作的发展拥有“先行先试”的显著特征，福建在两岸经济整合中的桥梁作用日显突出。而对于长期滞后发展的两岸金融交流合作，福建也同样拥有“先行先试”的基础与条件。

（一）福建拥有对台金融合作先行先试的良好基础

1. 闽台关系密切，金融合作需求强烈

20多年来，闽台经贸往来频繁，已形成十分密切的经贸关系，人员往来也十分频繁，这为闽台金融交流与合作提供了现实需求和深厚基础。从福建省台办公布的数字来看，[①] 截止2006年底，闽台贸易总额458.09亿美元，其中对台出口60.92亿美元，自台进口397.17亿美元。目前台湾是福建第四大（仅次于美国、日本、欧盟）贸易伙伴，第一大进口市场和第七大出口市场。闽台贸易除了间接转口贸易这一主渠道外，具有特色的闽台沿海直接贸易也颇有成效。其中，对台小额贸易作为一种特殊贸易呈良好发展态势，2007年上半年闽台小额贸易总额达到2744万美元，同比增长35.8%。对金马“小三通”的直接贸易自2002年开展以来也取得较好成效。2002年至2006年，各航线货运共3901个航次，运送货物449.4万吨，总价值1484.71万美元。2007年前三个季度，各航线货运共466个航次，运送货物45.88万吨，总价值632.3万美元。

台商投资方面，截至2006年底，福建省累计批准台资项目8930个，合同台资178.12亿美元，实际到资117.13亿美元（不含第三地转投资）。按实际利用外资统计，至2006年底，台商在福建的累计投资占福建累计吸引境外投资总额的18.6%，仅次于港资而位居第二。农业领域是台商对福建投资的重点，截止2006年底，福建省累计批准农业台资项目1919个，合同台资23.9亿美元，实际到资13.6亿美元，农业实际利用台资位居各省（区、市）首位，占全国五大实验区利用台资总量的70%以上。

在两岸交通往来方面，自1997年4月，厦门港、福州港与高雄港之间“试点直航”正式营运，自2001年1月起厦门与金门、马尾与马祖开通了海上直航，自2004年底福建居民赴金门旅游开通。随着闽台经贸往来的日益密切，闽台两地人员往来也迅速增加。据福建省台办统计，2006年福建省共接待台胞73.96万人次，增长25.5%，占来闽境外

① 有关闽台往来数据来自福建省台办网站2007年公布的资料。

旅游者的32.2%。福建沿海与金马澎直接往来方面，2001－2006年，各航线客运共16954个航次，运送旅客1901324人次。2007年前三个季度，各航线客运共6439个航次，运送旅客598056人次。此外，福建居民赴金马旅游人数也持续增加，截至2006年底，共有1287个团组，25139人次，其中省外居民赴金马地区旅游人数超过1400人次。

闽台经贸往来的密切与人员往来的频繁使得福建拥有两岸货币“跨境”流通集中的优势。早在海峡两岸恢复交往的初期，新台币就在福建沿海一些地方局部使用与流通，当时甚至成为渔业等边贸行业领域的“准通货”。而在闽台经贸关系日益密切后，特别是在台湾当局被迫开放“小三通”后，在台湾金门、马祖和福建部分沿海地区的边境贸易和旅游业中，人民币和新台币的流通使用更是盛行，现阶段流入大陆境内的新台币相当一部分是集中在以厦门为中心的闽南三角地区，这为闽台金融合作先行一步提供了现实的需求和基础。

2. 福建经济金融的迅速发展为闽台金融合作提供良好基础

自改革开放以来，福建经济加快发展，金融业水平不断提高，这为福建对台金融合作先行先试提供了良好基础。2006年福建省实现生产总值7501.63亿元人民币，较上年增长13.4%，比1996年则增长了2倍多。纵观福建省10年来经济的发展，基本保持了两位数的增长，总体上要好于全国平均水平，显示了福建省经济发展的强劲势头，也表明闽台金融合作拥有巨大的市场。

与福建国民经济持续保持良好发展态势相适应，近年来福建金融业也持续稳步健康发展。据中国人民银行福州中心支行的统计，2006年末全省共有银行业机构5221家，证券机构52家，保险机构37家（表5）。2006年银行业从业人数为82705人，总资产达到12143.6亿元人民币，比上年增加1765亿元，全年共实现利润129.5亿元，比去年增长57.4%；全省银行业金融机构本外币存、贷款余额分别增长20.98%、25.29%；全省主要银行金融机构不良贷款余额和不良贷款率分别减少29.19亿元和下降1.64个百分点，资产质量继续位居全国前列。至2006年末，福建已有11家外资银行机构获准经营人民币业务，外资金融机构人民币存贷款年末余额分别增长39.6%和1.4倍。在证券业与保险业方面，2006年福建省内证券营业部股票交易总额5703.5亿元，增长1.8

倍；全省股票交易额占全国沪、深两市成交总额的6.3%。2006年全省实现保费收入增长17%，比上年提高6.9个百分点。

表5　2006年末福建省金融业机构概况

银行业		证券业		保险业	
机构类别	机构个数	机构类别	机构个数	机构类别	机构个数
国有商业银行	2230	法人证券公司	3	财产险经营主体	0
政策性银行	39	省外证券公司在闽机构	47	寿险经营主体	0
股份制商业银行	240	法人期货公司	2	财产险公司分支机构	24
城市商业银行	81			寿险公司分支机构	13
城市信用社	0				
农村信用社	1766				
信托公司	2				
邮政储蓄	845				
外资银行	18				
合计	5221		52		37

资料来源：人民银行福州中心支行、中国证券监督管理委员会福建监管局、中国保险监督管理委员会福建监管局。

3. 闽台金融业合作已经积累丰富的经验

凭借着上述较好的基础以及特有的对台金融政策优势，多年来闽台金融合作已呈先行发展的趋势，积累了丰富的经验。其一，货币兑换业务持续推进。在福建金融机构开展新台币兑入业务多年后，2003年6月中央有关部门又批准福州、泉州、漳州、莆田、厦门的中国银行试点开办新台币兑出业务，推进两岸金融交流合作。2005年，福建省公布实施《福建省对台湾地区旅游外汇管理暂行办法》，并经中国人民银行批准，同意福建省旅行社在与台湾地区旅行社之间开展业务往来中，可以自行兑换货币与进行人民币结算等业务。其二，福建银行对台业务发展迅速。兴业银行厦门分行在两岸通汇尚未启动前，就已经可以为台湾企业进口产品的进口商直接将信用证开至台北，并保证出口商可以在24小时内拿到信用证原件，两岸通汇后兴业银行的对台金融业务量更是迅速增长；工行厦门市分行承做了大陆方面对台湾直接通汇业务的“第一单”，并已经和台湾地区22家银行建立代理关系，基本上覆盖了台湾全岛；建行厦门分行推出的“两岸汇款实时通”业务则可以在2小时之内完成海峡两岸之间汇款，从而真正实现双向、实时到账，并且可直接汇达台湾30家本地银行，为对台资金结算提供较便捷的金融服务。其三，闽台金融界积极推动互设金融机构。2003年国家有关部门已批准福建兴业银行到台湾设立代表处的申请，台湾多家金融机构也有意来闽开设分支机构或与福建的同行合资设立金融机构。其四，积极推动台资企业在大陆上市筹资。在厦门灿坤成功发行B股后，近年福建推动若干大型台资企业在A股市场上市的工作也有了可喜的进展。

（二）福建省政府已为闽台金融合作先行提供有力的政策保障

闽台金融交流合作工作多年一直受到中央的关注和重视，而福建省政府更是高度重视对台金融合作，特别是实施“海西”战略以来，已经出台一系列促进对台金融合作工作的政策措施，这为闽台金融合作下一步的先行先试提供了有力的政策保障。

2006年8月《福建省“十一五”闽台产业对接专项规划》正式发布，福建省将推动金融业等十大重点行业与台湾产业对接。在该规划中，省政府鼓励并支持符合条件的台湾地区银行在闽设立代表处；鼓励台湾银行、企业、财团参股福建商业银行、财务公司；对在闽设立的台资银行、台资银行分行合资银行及财务分公司等金融机构，其企业所得税实行优惠政策；鼓励台商参与国企改制；支持台湾金融企业在我省设立法人机构和分支机构；支持台湾金融企业和大企业财团参股我省金融企业，直接或间接设立合资银行、保险公司、证券公司；鼓励以台资为主在我省设立服务中小台资企业的担保机构，拓宽台湾金融资本入闽的渠道。

2007年5月福建省政府在《关于促进海峡西岸金融业又好又快发展的若干意见》中又特别强调要加强与台湾金融业的交流与合作，明确指出要争取中央更多的政策支持，允许福建先行先试，鼓励各类台资金融机构到福建设立机构，投资参股我省地方金融机构或创办产业投资基金；推动闽台银行业加强合作，先行建立两岸银行间双边结算和清算关系，扩大台币在福建兑换的业务范围和区域；争取我省金融机构在台设立机构，实现两岸金融业双向直接交流。此外，还要通过闽台金融业协会等渠道，定期研讨、会商两岸金融交往与合作事务，扩大两岸金融信息的共享与交流。支持闽台金融业通过举办金融培训、论坛、研讨会等形式，建立长期合作关系和信息共享机制。

（三）两岸金融合作“破冰”的大环境已逐渐形成

闽台金融合作先行先试是否可行，相当程度还取决于台湾方面，特别是台湾当局的相关政策。如前所述，长期以来由于台湾当局严格的政策限制，两岸金融交流合作一直处于严重滞后发展的状态，但是新世纪以来，特别是两岸先后加入“WTO”以来，随着两岸经贸关系的加速发展，台湾当局继续严格限制两岸金融交流合作的做法所承受的压力越来越大。2002 年两岸金融合作长期以来“间接”局面终于被打破，两岸在互设金融机构与直接通汇方面迈出了重要一步。尽管此后两岸金融合作方面没有进一步实质性进展，但我们相信两岸金融合作“破冰”的大环境已逐渐形成，大势不可逆转。

现阶段影响两岸关系，进而影响两岸金融合作走向的最大因素莫过于 2008 年的台湾地区领导人选举。影响选举结果因素很多，但不论是国民党还是民进党上台执政，两岸交流合作发展的历史潮流都无法改变。如果国民党候选人上台，由于其在推动两岸合作的方面态度较为积极，而且近年国共双方已达成不少共识，两岸关系改善将会快些，闽台金融合作的大环境也将更好些。2007 年 10 月 24 日，国民党候选人马英九在发表其金融政策理念时就指出，“封锁政策”是台湾金融业面临的很大问题，银行理应跟着客户的脚步往海外走，但因台湾的银行未能“登陆”，使得台湾的中小企在大陆单打独斗。马英九还指出，金融业的开放势必为双向开放。① 如果民进党候选人上台，因“台独”政治立场将决定当政者难以从根本上改变其限制性的两岸经贸政策，但迫于种种压力，也将逐渐调整开放两岸经贸政策，2002 年对两岸金融政策的调整就是一例。

① 邱慧雯：《马发表金融政策：若当选朝向金融自由化》，台湾《今日晚报》，2007 年 10 月 24 日。

而在另一方面，目前台湾岛内金融业生存空间狭小，也迫切需要拓展大陆市场。截止 2007 年 8 月，台湾共有包括本地一般银行 41 家，外商分行 32 家，信用合作社 27 家，农会信用部 258 家，渔会信用部 25 家，“台湾邮政公司” 1 家等在内的金融机构总机构 300 余家，拥有各总机构下辖的分机构 7000 余家。相较于台湾的人口与地域，台湾金融机构的分布密度是相当高的。由于银行家数过多，规模太小，再加上银行同质化程度高，从而造成岛内银行恶性竞争状况，结果是银行获利空间大幅缩小，风险明显增加。从图 2 可看出，在过去的 10 年里，除 2004 年前后，台湾金融机构的报酬率基本上是呈下降趋势的：资产报酬率从 1996 年的 0.75% 下滑到 2007 年 8 月的 –0.08%，净值报酬率也从 1996 年的 13.54% 下降到 2007 年 8 月的 –1.39%。因此，积极向外拓展市场空间，延伸金融体系的服务范围是台湾金融业发展迫切的内在需要，拓展拥有广大台商客户的大陆市场是台湾金融业必然的选择。

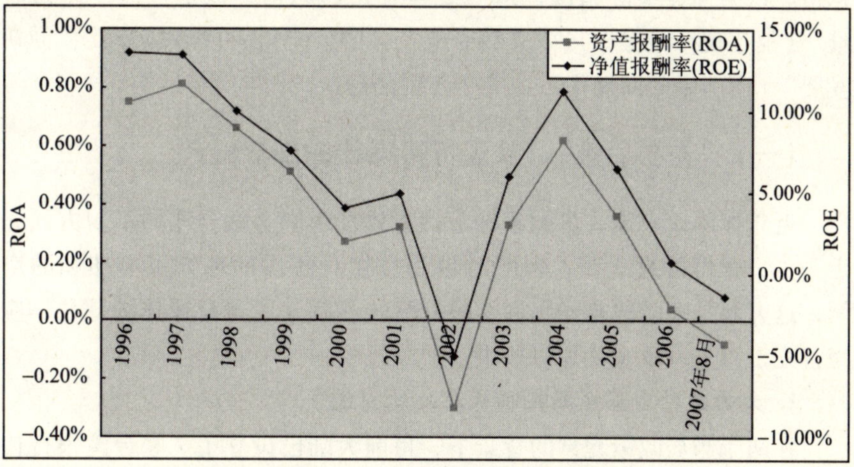

图 2　台湾金融机构资产报酬率与净值报酬率

资料来源：台湾“行政院金融监督管理委员会”。

事实上，近年来在两岸各界，特别是金融界的努力下，有利两岸金融合作的环境正加快形成。特别值得关注的是，2006 年 11 月 9 日，台湾“立法院内政及民族委员会”初审通过了“台湾地区与大陆地区人民关系条例第三十六条条文修正草案”，修正案解除了台湾银行业赴大陆投资的限制。该修正案的提案人是国民党“立委”李纪珠，但参与提案者则有“立委”蔡其昌、黄伟哲、郭正亮。这说明尽快开放两岸金融政策已成为岛内越来越多人的共识。

三、先行推动闽台金融合作突破性发展的总体思路

突破两岸金融合作滞后发展的现状固然十分紧迫，但毕竟其所面对的障碍大、难度高，一方面，在两岸关系的现状下，要全面开放两岸金融方面，特别是货币方面的政策难度较大，这不仅在台湾方面，在大陆方面亦如此；另一方面，金融业作为现代经济的核心行业，不仅涉及面广，敏感性高，而且操作技术的难度也高于其他行业。闽台金融合作要想获得先行先试成功并发挥预期的“示范”作用，除了必须得到中央政策的大力支持及福建自身全力推动外，还应具有比较周全、清晰的总体思路。依据福建实际情况，这个总体思路的原则应该是包括“先易后难”（福建现行可操作）、“先我后他”（大陆单方面可操作）、及“创新发展”（需两岸共同操作）这三个不同的层次。

（一）“先易后难”，从现行可操作的部分做起

近年在两岸政策许可的条件下，福建在两岸金融合作的不少方面先走一步，取得可喜成绩，但同时也存在相对落后的地方及可加强的空间，这方面是现阶段推动闽台金融交流合作福建可自行操作的部分，应当首先予以充分重视并加以改进。

1. 大力推动台湾金融机构代表处的引进

在两岸当局政策允许的背景下，目前大陆已设立了7家台湾银行代表处：彰化银行（昆山），世华银行（上海），土地银行（上海），第一银行（上海），华南银行（深圳），合作金库银行（北京），“中国信托商业银行”（北京）。从这些代表处的地域分布来看，没有一家设在福建。这与福建在两岸关系中所处的地位是十分不相称的。福建推动闽台金融合作应从此入手，结合政府与广大在闽台商的力量，主动设法尽快突破，为进一步加强两岸金融机构的合作奠定基础。

2. 进一步做好对台资企业的融资工作

这是当前台商在大陆发展面临的突出瓶颈，也是福建可自行操作的

工作。近年来，在中央的支持下及福建相关部门的努力下，福建对台资企业融资问题有所改进，国家开发银行发放15亿元人民币贷款扶持福建的台资企业发展，中国农业银行给了厦门台资企业300亿元的商业授信贷款。但作为两岸金融合作中的重要工作之一，福建还应当进一步推进此项工作的落实与强化，除了商业性金融服务外，应特别重视对台资企业的政策性金融支持，并突出福建区域特色。一是对有特色闽台农业合作加强融资服务；二是加强对大量的中小型台资企业提供金融支持；三是对大量的外向型台资企业提供卖方信贷支持。

3. 积极促进两岸金融信息交换

金融业不仅是资本密集型行业，同时也是信息密集型产业，其业务运作离不开大量信息的搜集与交换。当前大陆金融业信息交换体系已经初具规模，各种信用档案不断完善，但是由于取得台湾方面的相关信息渠道并不通畅，许多业务的受理需要银行承担很大的风险，因此银行往往不得不放弃许多种类的业务，这给企业融资，特别是规模相对较小的台资企业带来了很大不便，也不利于银行资金的有效利用。目前，在两岸金融机构无法直接合作办理业务的情况下，首先实现信息共享或提高信息获得的效率非常必要，现在硬件设施条件基本具备，主要应努力建立一条常规化的两岸金融信息交流渠道。

（二）“先我后他”，在大陆政策可操作的部分寻求突破

在两岸金融交流合作中，有些方面是可由大陆单方面政策先行推动的，如人民币与新台币的兑换工作。事实上，如前所述，在中央政策的支持下，近年福建在两岸货币兑换业务方面已经先行发展。但目前在新台币兑换方面的相关配套措施仍显滞后缺位，主要表现在：（1）新台币定位不明。与对港元、澳门元视同外汇的定位和管理不同，目前大陆对新台币定位仍不明确，只将其视为一种表外记账外汇，不等同外汇管理，不公开挂牌兑换、不做宣传。但实际上，两岸金融往来是“一国之内的特殊金融往来”，中央银行对台湾银行业与香港、澳门等银行业是同等对待的。因此，可以试点参照港元、澳门元来适当定位新台币，将其视同外汇进行管理，公开宣传及挂牌兑换。（2）新台币兑换网点少，业务功能单一。目前福建仅有中行开办新台币兑换业务，其他银行和各

外币兑换点尚未开办该项业务；银行的新台币业务仅限于现钞的兑入和部分兑出业务，新台币筹措和运用渠道极为匮乏。（3）新台币定价不合理。目前中行厦门市分行执行的新台币兑换价为其总行统一制定内部价，无法结合本地新台币的实际供需进行任何价格调整，定价机制缺乏弹性且易偏离行情。上述新台币兑换滞后局面造成两方面的问题：一是新台币不公开挂牌、不做宣传导致许多台胞持有新台币“兑换无门”，加之目前银行不合理的新台币定价，不利于满足两岸合理的货币兑换需求，并予外汇黑市可乘之机。二是不利于银行新台币业务的拓展。如目前中行厦门市分行的新台币消化渠道主要为定期将兑入的新台币押送至境外卖出，经营成本高，而且在人民币日趋升值的背景下，容易因无法及时轧平新台币现钞头寸而蒙受汇兑损失。凡此种种，是大陆方面相关政策可以改进的地方，同时也是福建在两岸货币兑换方面可以进一步试行突破发展的空间。

（三）“创新发展”，突破当前两岸金融合作急需解决的问题

就当前两岸经贸关系发展对两岸金融合作的需求来看，除了上述台资企业融资问题及新台币兑换问题等外，以下若干问题是较为突出而急需解决的，它们需由两岸双方共同操作推动，也是未来闽台金融合作先行先试、创新发展的重点所在。

其一，建立两岸货币清算机制。现阶段两岸经贸往来规模十分庞大，但因两岸银行至今没有建立人民币与新台币直接买卖与结算机制，两岸通汇往来仍需透过人民币、美元与新台币三方差价计算，造成两岸同胞特别是广大台商巨大的兑换损失，而两岸银行有关人民币现钞或新台币的抛补与结算，也都要透过境外银行这个“第三者”，不但增加成本，也影响效率。在此背景下，目前两岸已有尽快解决人民币与新台币货币清算协议的默契，但在解决的方式上却有分歧。台湾当局出于政治上的目的，坚持两岸间货币的“清算”应属于“官方与官方之间的公权力事务”，致使两岸签署人民币与新台币的清算协定迟迟难有实质起步。实际上，鉴于两岸关系的现状，走“民间路线”是比较务实的选择。通过授权两地具有清算能力的大型行库签订清算协定，即可避开政治障碍而达到目的。

其二，两岸互设金融机构，特别是台湾金融机构赴大陆设立机构。大陆在加入WTO后，认真履行入世承诺，逐步开放外资银行经营人民币业务的地域范围和客户对象范围，外资金融机构纷纷加快进入大陆市场的步伐。根据银监会的统计，到2006年底，已有22个国家和地区的74家外资银行在大陆25个城市设立了200家分行和14家法人机构；有41个国家和地区的186家外资银行在大陆24个城市设立了242家代表处。此外，还有20多家外资金融机构参资入股了大陆全国性或地方性商业银行。就在外资银行大量分享大陆经济快速发展成果的同时，台湾金融业在大陆市场的发展仍仅限于办事处业务，无法设立营业据点，及早布局大陆。这不仅使台湾金融业失去了参与大陆金融市场开放的契机，损失巨大的商业利益，也使大陆的台资企业迟迟无法获得有效的融资支持。另一方面，大陆早在2003年就批准了上海浦东发展银行、招商银行、兴业银行以及总部在香港的工银亚洲银行（ICBC）等4家银行赴台设立办事处，但因台湾当局的政策限制，至今未能成行。

其三，建立两岸金融监管机制。各国或地区银行跨国跨地区提供金融服务，自然就衍生出跨国跨地区的银行监管问题。同样，当台湾银行在大陆的代表处进一步申请设立为分行时，有关两岸金融监管问题就会出现。目前国际上对跨国跨地区的银行监管一般是以巴塞尔委员会的《有效银行监管的核心原则》为标准。两岸金融监管比照国际惯例，需要两岸金融监管当局相互交流与合作才能达到有效监管互设的金融机构的目的。但在目前两岸政治关系陷于僵局的情况下，仍迟迟无法要做到这一点，从而造成两岸金融机构设立问题无法顺利推展。如果两岸基于建立两岸金融监管机制的现实需要，就应淡化政治色彩，采取官方允许、民间谈判的方式，来协商达成两岸金融监管机制。

四、闽台金融合作先行先试的具体对策建议

基于以上的总体思路，下面进一步提出实行闽台金融合作先行先试的若干具体对策建议。

（一）积极做好台资企业的金融支持

当前台资企业融资难的主要原因是他们在大陆的信用积累和担保物少，而大陆银行又无法调查其在台湾的担保物和信用，因此，如何提高台资企业的信用担保能力是突破台资企业融资难的关键，相关部门首先应由此入手做好台资企业的金融支持。

其一，将台资企业纳入大陆中小企业信用担保体系。1999 年 6 月原国家经贸委发布了《关于建立中小企业信用担保体系试点的指导意见》，这以后全国各地陆续组建了 300 多家为中小企业服务的信用担保机构，所筹集资金已超过 100 亿元。这些机构主要由地方经贸委会同财政部门、银行等共同组建，担保资金主要是地方政府预算拨款。若能将当地台资企业纳入这一信用担保体系，就可为台资中小企业提供一种有效的融资渠道，缓解其资金短缺的矛盾。

其二，国家开发银行与地方政府融资平台联合建立担保公司，为台商提供信用担保。作为政府开发性金融机构，国家开发银行除了采取向台资企业直接贷款方式外，为了加快向台资企业贷款的落实进度，惠及更多台商，还应进一步与地方政府融资平台联合成立相应的担保公司，支持地方政府的融资平台对台资企业进行统一贷款、统一管理。

其三，推动建立两岸民间性的台商信用担保公司。台商协会是台商的会员组织，了解当地台资企业情况，是银行较可信赖的机构。由台商投资集中地区的台商协会牵头、联合两岸的银行组成台商信用担保公司应是个比较理想的模式。台湾的银行可以对台资企业在台母公司的担保物和信用进行征信工作，而大陆的银行则可完成当地大陆台资企业的征信工作。现阶段厦门市台商协会正在进行这一海峡两岸金融合作新形式的有益尝试，其成效与影响十分值得关注。

当然，从长期来看，通过第三方担保的方式解决台资企业融资难并不能从根本上解决问题，台资企业融资能力的提高最终还是取决于企业自身的信用状况的改善。政府相关部门还应重视对台资企业的指导与监督，使其在经营过程中符合大陆相关法规的要求，提高经营管理水平，不断积累良好的信用记录，逐步实现由外部担保融资到本企业独立融资的转变。

福建在解决台资企业融资难的问题时，应特别加强闽台农业合作的融资服务工作，除了加强对闽台农业合作中的种植业、养殖业和种植养殖加工一体化的农业小企业提供信贷服务外，应对两岸农业合作的新载体——“台湾农民创业园”提供有力的金融支持，一方面，为园区的基础设施提供贷款支持，另一方面为入园的台湾农民企业提供融资服务。为此建议，经由中央及省相关部门批准支持，由福建省境内的国家政策性银行，如国家开发银行、农业发展银行及进出口银行等设置“两岸农业合作专项贷款”，专门用于支持闽台农业合作的相关项目。同时责成各地农业部门协助监督管理专项贷款的使用，以保障专项贷款的使用效率，并降低银行的风险。

（二）试行建立较完善的新台币兑换与流通机制

在目前两岸关系现实状况下，福建需要在中央相关部门支持下，试行采取更加开放务实灵活的措施以有效解决新台币在大陆兑换与流通中存在的问题。

1. 适当定位新台币，公开办理新台币兑换

允许福建参照港元、澳门元来适当定位新台币，将其视同外汇进行管理；允许新台币兑换业务公开挂牌或者设置兑换简易告示牌，并加大对新台币兑换业务的宣传力度。

2. 完善人民币对新台币定价机制，使其更具市场弹性

允许福建的银行在报备当地外汇局的前提下，将目前由中国银行总行对新台币统一定价改为由开办新台币兑换业务的银行根据自身新台币头寸情况，参照国际行情，以国家公布的美元交易基准汇价为依据，自行套算人民币对新台币的买卖价，一日多价，使新台币兑价波动随行就市，更贴近市场供求实际，增强银行新台币兑换业务的吸引力和竞争力。

3. 降低新台币兑换业务经营成本，增强银行经营新台币业务积极性

允许福建借助“小三通”政策，将大陆银行收兑的新台币直接押送至金门，与台湾的银行直接兑付美元或人民币，以降低两岸银行经由香港等第三地进行人民币和新台币现钞头寸平补的经营成本；建议允许福建的银行根据新台币计价结算范围的扩大相应增加新台币兑出功能，扩

大新台币消化渠道，降低银行持有新台币现钞头寸的风险和成本，增加银行经营新台币业务的积极性。

（三）试行建立两岸货币清算机制

为了避开目前两岸间的政治障碍，摸索出两岸货币清算的有效渠道，建议中央支持福建采取以下措施：

1. 授予权威的民间金融组织一定的谈判权，力争避开两岸政治障碍

根据近年两岸其他行业成功合作的经验，两岸间可遵循“行业性、民间性”谈判原则，由中央授权权威的民间金融组织如金融同业公会作为谈判组织，与台湾方面授权的民间金融组织进行谈判磋商，主要为签订两岸货币清算协议、认可人民币和新台币为计价结算货币，指导两岸银行构建两岸货币清算平台，签订两岸金融监管合作备忘录，等等。双方协商的结果经各自金融监管当局认可后推动落实。

2. 允许福建选择符合条件的试点银行，构建闽台两地银行间人民币和新台币资金清算平台

可分两个步骤来推动。其一是“间接清算”机制，即通过第三地如香港、澳门的银行建立两岸的人民币和新台币清算渠道。鉴于台湾当局短期内开放两岸银行互开结算账户的难度较大，大陆银行和台湾银行可在第三地同一家清算银行分别开立新台币清算账户和人民币清算账户，同时该清算银行分别在大陆和台湾的代理行开立人民币和新台币账户，便可实现银行间资金清算。其二是“直接清算”机制。当条件成熟时，两岸商业银行间直接互设人民币、新台币账户，或在福建成立“两岸货币清算中心”，进行人民币和新台币直接清算。

（四）采取灵活方式，引进台资银行及其他金融机构

福建要在引进台湾银行及其他金融机构方面实现突破并进而发挥“先行先试”的作用，一方面需要自身加大努力，采取有效措施积极争取台湾金融机构代表处落地福建；另一方面则需中央支持，基于实施“海西”战略的需要，将福建作为两岸金融机构合作的实验地，适当放宽各类台湾金融机构在福建设立法人机构或分支机构的条件，降低台资金融机构在福建的准入门槛。如，适当放宽台资银行在福建设立分支机

构的条件。根据现行的《中华人民共和国外资银行管理条例》，外国银行具备在大陆设立代表处两年以上、提出申请前1年年末总资产不少于200亿美元等条件才能申请将代表处升格为分行。但据2007年6月底台资银行资产排名，在41家台湾银行中一半左右总资产在100万美元以下，扣除已在大陆设立代表处的7家银行，只剩余7家银行能满足上述设定的资产条件，大多数中小台资银行进驻大陆无望（表6）。因此，建

表6 台湾银行资产状况

（单位：亿美元）

排名	银行名称	总资产	排名	银行名称	总资产
1	台湾银行	831	22	安泰商业银行	96
2	合作金库银行#	730	23	中华开发工业银行	87
3	台湾土地银行#	572	24	台中商业银行	82
4	华南商业银行#	540	25	华侨商业银行	81
5	兆丰国际商业银行	535	26	阳信商业银行	78
6	第一商业银行#	523	27	中央信托局	78
7	中国信托商业银行#	474	28	日盛国际商业银行	76
8	彰化商业银行#	415	29	万泰商业银行	63
9	国泰世华商业银行#	387	30	板信商业银行	57
10	台北富邦银行	344	31	京城商业银行	55
11	台湾中小企业银行	338	32	高雄银行	46
12	永丰商业银行	308	33	宝华商业银行	42
13	台新国际商业银行	260	34	庆丰商业银行	36
14	玉山商业银行	248	35	中华商业银行	36
15	新竹国际商业银行	169	36	台湾工业银行	33
16	上海商业储蓄银行	160	37	华泰商业银行	32
17	联邦商业银行	115	38	三信商业银行	32
18	台湾新光商业银行	113	39	中国输出入银行	23
19	大众商业银行	109	40	台东区中小企业银行	10
20	复华商业银行	109	41	花莲区中小企业银行	4
21	远东国际商业银行	108			

资料来源：台湾“行政院金融监督管理委员会”。

注：1. 按2007年6月份最后一个交易日新台币对美元汇率换算。2. “#”为已经在大陆设立代表处的台湾银行。

议中央将在福建设立分支机构的台资银行资产条件降低，可参考签订CEPA协议后的港澳做法，把银行业准入的总资产要求降至60亿美元，这样就能使大约75%的台湾银行有机会进入大陆市场发展，提高台湾银行对闽台金融合作的兴趣。

（七）总结试点经验，推动两岸金融合作法规的制定

在推动闽台金融交流与合作的过程中，福建政府应适时出台相关的地方性法规，在规范合作过程的同时给各方提供法律保障。而当闽台金融合作先行先试发展到一定阶段时，及时总结相关经验与教训，持续调整完善已有的法规，并提供中央相关部门参考，积极推动出台一部规范与管理整个两岸金融交流与合作的法规。

（本文为2007年度福建省社科规划项目（2007B122）课题报告）

参考文献

［1］欧阳卫民：《两岸金融研究》，厦门大学出版社，2003年1月。

［2］“海峡两岸金融合作试验区”课题组：《厦门建立“海峡两岸金融合作试验区”的对策研究》，2006年11月。

［3］中行厦门支行课题组：《开辟厦门为“两岸人民币和新台币计价结算试验区”的对策探讨》，2005年9月。

［4］邓利娟：《两岸入世后金融交流与合作问题的探讨》，《台湾研究集刊》，2002年第3期。

［5］从实际工作部门获取的调研资料。

“海峡旅游区”的构建及其对台湾旅游业的影响

邓利娟 黄智略*

摘 要：加强区域旅游合作进而构建区域旅游合作区是当今世界旅游业发展的潮流。福建提出的闽台两地共同建设“海峡旅游区”的条件与时机已经逐渐成熟。从区域合作效应来看，加快推动“海峡旅游区”的建设，对海峡东岸的台湾一样具有积极而重要的影响。一是打造海峡旅游品牌，提升台湾旅游业的竞争力；二是拓展客源市场，平衡台湾出入境游客数量；三是实现区域内无障碍旅游，降低旅游成本。

关键词：“海峡旅游区”；闽台合作；旅游业

近年来，随着海峡两岸关系形势的发展变化，两岸旅游合作发展呈现加快发展的势头。位于海峡西岸的福建更是不遗余力地加紧推进对台旅游的交流与合作，并提出了“海峡旅游区”的概念。在此背景下，两岸专家学者对有关议题进行了不少十分有意义的研究分析，① 总体而言，相关研究较多从宏观层次讨论加强两岸旅游合作对两岸经济以及两岸关系的影响，讨论“海峡旅游区”议题的研究又大多从大陆，特别是福建的角度偏重论述“海峡旅游区”构建的现状及对策。而从区域合作理论与实践的视角深入探讨两岸旅游合作对两岸旅游业、特别是台湾旅游业具体影响的研究则较少见。在现实层面，近年国家与福建省已将“海峡旅游区”纳入旅游业发展“十一五”规划之中，但“海峡旅游区”实

* 黄智略：厦门大学台湾研究院区域经济学硕士研究生。

① 参见黄福才：《开放大陆居民赴台旅游与两岸旅游合作探析》（2006）；苏成田：《大陆市场与台湾观光产业发展关系之探讨》（2006）；潭瑾瑜：《台湾观光产业的现况与未来发展》（2005）；马勇等：《海峡旅游合作区的构建与发展模式及对策研究》（2006）；唐俊雅：《建立多元化的闽台区域旅游协作体系》（2002）；李丹：《加强闽台旅游合作打造海峡旅游品牌》（2006）等。

际上能否顺利构建，显然还将取决于海峡东岸的台湾的认同及配合推动。因此，本文拟集中从区域旅游合作的视角探讨“海峡旅游区”的构建，进而针对台湾旅游业发展的现状分析构建“海峡旅游区”对其可能产生的影响。

一、区域合作是旅游业发展的趋势

旅游业在产业构成上，除了由接待餐饮业、旅行社、旅游交通、旅游资源业和旅游管理组织等若干相互关联、又相互独立的直接旅游产业部门组成外，同时还与许多其他的产业发展密切相关，如为直接旅游产业部门提供原材料、物料、设备等产业部门，这些部门在不断的经济运转中间接地从旅游收入中获得收益。因此，旅游业是一个涵盖面宽、关联度高、发展潜力大的综合性产业，当今世界各国及地区无不积极致力于这一朝阳产业的发展，以带动整体经济社会的发展。而从旅游业自身发展趋势来看，面对经济全球化及旅游市场竞争不断加剧的趋势，通过加强区域旅游合作来提高区域产业竞争力已成为一种必然选择。

（一）区域旅游合作的理论依据

所谓区域旅游合作大约可以这样界定：依据自然地域、历史联系和一定的经济社会条件，在一定的区域范围内，旅游经济主体打破行政体制和区划的限制，依据相关协议或章程来整合和优化旅游系统各个要素的配置，从而提高该区域范围内旅游产品的整体质量与竞争力，以便获取最大综合效益的旅游经济行为。① 关于区域旅游合作的理论依据，近年学界有不少探讨，总体而言，运用区域经济学的比较优势理论和产业集聚理论可以较好地阐明区域旅游合作的内在机制。

根据比较优势理论，某地区在旅游资源等方面占有的优势，导致其旅游产品相对其他地区而言更具特色，成本更低，因而在旅游市场更具竞争力。区域旅游合作遵循旅游者消费心理与行为规律，以“大旅游”

---

① 参阅莫帮洪等：《浅析区域旅游合作》，《商场现代化》，2005 年 12 月；郑慧星等：《区域旅游规划、开发与管理》，高等教育出版社，2004 年 9 月。

和“区域整合”为理念，建立跨地区旅游产业链，形成相关产品配套协作网络，避免雷同开发，同构竞争，从而产生旅游空间竞争上的“正的近邻效应”，形成良性互动的双赢格局。而根据产业集聚理论，区域旅游合作各方通过旅游区的规模、影响、客源市场等要素的集聚与整合，缓解激烈的内部对抗性竞争，创造更强的外部竞争优势，形成一种正和博弈。同类旅游地之间以各自价值链中的强势部分相结合，产生规模经济和集群效应；异质旅游地之间突出比较优势，从而形成区域完整的产品链和产品体系，实现旅游要素一体化经营和旅游价值链的重构。①

基于上述区域旅游合作的内涵及内在机制，理论上通过区域旅游合作，对区域旅游业的发展至少将产生以下三种经济效应。

其一，品牌效应。在一定的区域内通过对具有区域特色的旅游景点、景区的整合与优化，塑造并共同宣传整体的旅游品牌形象，就能够大大提高区域旅游产品知名度，提升区域内旅游业的综合竞争力及对区域外的市场影响力。

其二，客源市场效应。区域内部主要表现在区域旅游合作使得单一旅游目的地的客源量在区域范围内的流通变得更加便利，使得客源互送更加频繁；而区域外部表现为由于合作区域共同推出整体的旅游品牌参与市场竞争，增强了竞争力，有利于吸引更多的区域外的客源。

其三，成本效应。通过区域的旅游整合，建立无障碍旅游合作区，各个景区建立起更加便利的交通方式，共用基础设施，同时消除了政策、市场、信息、服务等方面的障碍，使区域内的流动变得顺畅，旅游成本因而大大降低。

（二）区域旅游合作的实践发展

事实上，构建区域旅游合作区，共同推出区域旅游品牌已是当今世界旅游业发展的潮流。国际上有许多知名的旅游合作区域，如“阿尔卑斯山区”、“莱茵河沿线古城堡区”等等。而中国在上个世纪 90 年代初就已出现区域旅游合作的趋势，进入 21 世纪以来，区域旅游合作更是

① 王晞：《竞争与整合：中国区域旅游发展与合作态势分析》，《桂林旅游高等专科学校学报》，2005 年第 1 期。

加速发展。据不完全统计，2000 年以来中国积极参与、推进或筹划之中的跨越国境、国内跨省区等规模较大的区域旅游合作计划或文件至少有 52 项。① 其中，发展比较成熟、影响力较大的有“长三角游”、“粤港澳游”、“大香格里拉”、“环渤海游”及“长江三峡”等区域旅游品牌。

2003 年 7 月在杭州举行了首届“长三角旅游城市‘15 + 1’高峰论坛”，会上发表了《杭州宣言》，提出联手建立“长三角无障碍旅游区”。2004 年区域内共接待海外旅游者 1171.25 万人次，占全国的 10.74%；旅游创汇 57.482 亿美元，占全国的 22.35%；接待国内旅游者 28814.49 万人次，占全国 26.19%，区域内旅游业发展达到历史最高水平，② 取得了区域旅游合作的明显成效。而“粤港澳游”在品牌效应不断的增强背景下，不仅把发展目标锁定于国内市场，而且致力于品牌的国际化。三地联合推广“一江珠水，三颗明珠”的整体旅游形象，共同制定和实施旅游市场计划，参加大型国际旅游展销会，促使世界各地认同粤港澳大珠江三角洲作为一个旅游区域的地位，目前已有 20 个国家及地区的 130 多个旅行社在销售“珠三角”旅游线路，达到三地同时吸引区内外与境内外游客的目的。③

二、“海峡旅游区”概念的提出及推动

在世界各国及地区区域旅游合作发展蔚为潮流的大背景下，依据自然地域、历史联系和经济合作基础，位于海峡两岸的福建与台湾成为两个主体合作伙伴，共建区域旅游合作区，在理论上似乎应是顺理成章的，但事实上，由于两岸关系的特殊性，使得海峡旅游合作远较一般区域旅游合作难度为大。近年来促使构建海峡旅游区时机逐渐成熟的因素是，一方面，自 2004 年起福建开始实施海峡西岸经济区建设战略，而中共十六届五中全会和国家“十一五”规划也表明支持海峡西岸经济发

① 王晞：《竞争与整合：中国区域旅游发展与合作态势分析》，《桂林旅游高等专科学校学报》，2005 年第 1 期。

② 苏勇军：《长三角区域旅游一体化与宁波旅游业跨越式发展研究》，《宁波大学学报（人文科学版）》，2006 年 9 月。

③ 郭淳凡等：《粤港澳区域旅游合作的作用机制与对策分析》，《江苏商论》，2005 年第 5 期。

展，这为海峡旅游区的构建提供了难得的契机；另一方面，2005 年随着连战、宋楚瑜访问大陆，两岸关系出现新的发展变化，大陆正式宣布开放大陆居民赴台湾旅游，两岸旅游合作加快发展的大气候形成。

（一）“海峡旅游区”概念的提出及其范围界定

与“海峡经济区”概念的提出相同，① “海峡旅游区”的概念也有多种不同的界定，② 综合考虑各种因素，我们认为马勇教授的相关界定较符合实际，③ 即，广义的海峡旅游区指台湾海峡及海峡东岸的台湾，海峡西岸的大陆地区；狭义的海峡旅游区则是指台湾海峡，东岸台湾及以北起浙江温州、福建为主体、南至广东汕头的西岸地区。而狭义的海峡旅游区又可分为核心圈与拓展圈两个空间层次。核心圈指台湾海峡、海峡东岸的台湾和海峡西岸的福建全省；拓展圈的地域范围扩展到浙江南部温州地区、广东东部汕头地区，使海峡旅游与北部的长三角和南部的珠三角两翼相连接。由图 1 的示意可见，圆圈范围里即为拓展圈，中间深色部分为核心圈。

而在政策规划层面，国家旅游局在《中国旅游业发展“十一五”规划纲要》中，把“海峡两岸旅游区”列为全国 12 个重点旅游区之首，并明确提出要从海峡西岸入手，联合东岸，打造“海峡旅游”品牌。福建省相应在 2006 年 10 月发布《福建省“十一五”旅游产业发展专项规划》，其中更进一步提出，要全方位、多层面搭建海峡旅游发展平台，努力构建海峡两岸旅游区，把海峡两岸旅游区建成世界级的旅游目的地。④ 由此可见，从国家及福建省的政策规划来看，“海峡旅游区”界定的范围是福建地区与台湾地区再加上台湾海峡，即示意图中的核心圈部分。

---

① 石正方、邓利娟：《海峡经济区的空间演进：结构、特征与问题》，《厦门大学学报（哲社版）》，2005 年第 5 期。

② 较有代表性的，如 2005 年 9 月在厦门召开的“海峡旅游博览会”，提出闽、台、港、澳两岸四地共同打造“海峡旅游”品牌，并签署《海峡旅游区域协作备忘录》。

③ 马勇等：《海峡旅游合作区的构建与发展模式及对策研究》，《经济地理》，2006 年第 1 期。

④ 《福建省“十一五”旅游产业发展专项规划》，“福建旅游之窗” http：//www. fjta. com /FJTIS/FJTA/index. shtml.

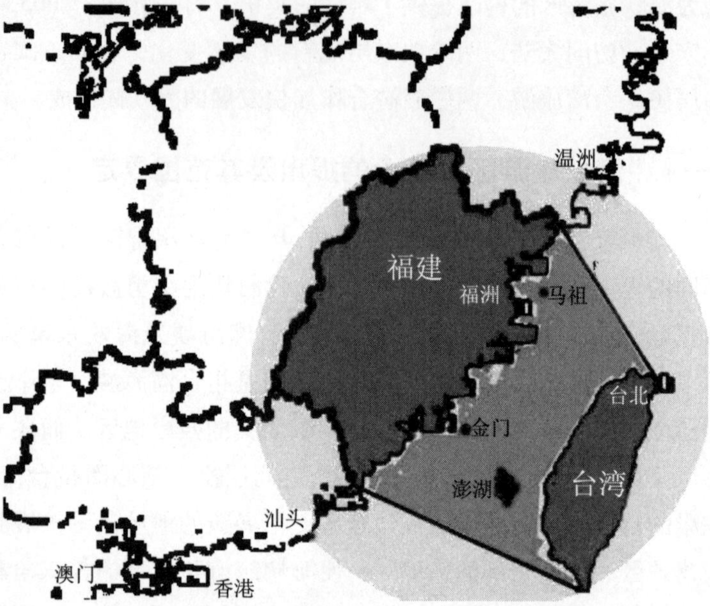

图1　海峡旅游区区域范围示意图

基于上述学理的分析及实践可行度的考虑，本文研究将“海峡旅游区”概念的范围界定为以台湾海峡为纽带的闽台地区。

（二）“海峡旅游区”规划的主要内涵

根据上述关于区域旅游合作的界定，推动闽台区域旅游合作，构建“海峡旅游区”的核心内容是双方要打破行政体制和区划的限制，共同整合和优化旅游系统各个要素的配置。因此对于“海峡旅游区”的发展规划理应由闽台双方来进行。但是受制于两岸关系现实条件，目前要全面做到这一点尚较困难。不过，福建方面的相关规划体现了努力突破两岸关系的限制、推动闽台旅游要素的流动与重组的思路，因此从中可以大致窥视闽台区域旅游合作的主要内容及发展方向。

《福建省“十一五”旅游产业发展专项规划》中提出，[①] 构建“海峡旅游区”，要“遵循‘平等互利、循序渐进、对应需求’的原则，实现闽台旅游互动，与台湾在资源开发、市场互动、产业投资、企业管

① 《福建省“十一五”旅游产业发展专项规划》，“福建旅游之窗”http：//www.fjta.com/FJTIS/FJTA/index.shtml.

理、信息交流等方面进行广泛合作，提升区域整体的竞争力水平，共同努力使福建成为大陆居民赴台旅游的主要通道，把海峡两岸旅游区建成世界级的旅游目的地”，同时，闽台两地“共塑海峡旅游形象，共同打造海峡旅游品牌，形成海峡两岸旅游市场的一体化，……将海峡两岸旅游区建成全国旅游合作示范区。”为了达到这一目标，必须从以下几方面努力：

其一，提供政策保障。旅游、台办、公安等部门密切配合，积极争取国家有关部门的政策扶持，创造条件，建立两岸旅游交通通道，建设环海峡无障碍旅游区。积极推动海峡两岸旅游行业管理部门、行业协会之间的沟通、交流与协商，简化手续，减少限制，推动两岸直接“三通”。

其二，创建长效旅游合作机制。以两岸旅游行业协会为龙头，组建旅游协调委员会，达成旅游合作意向，制订旅游合作规范，研究探讨旅游合作的方向和方式，在沟通协商、信息交流、产品互动、营销共推、应急处置等方面形成长期有效的旅游合作机制。

其三，构建海峡旅游产品体系。根据海峡两岸旅游资源的不同特点，进行旅游资源的同质组合、异质互补，营造“强强联合、优势互补”的局面。同时通过旅游节庆、旅游线路，与台湾在客源市场、项目投资、企业管理等方面形成互动，全面构建海峡亲情游、商贸游、修学游、宗教游、都会游等海峡旅游产品体系。

（三）“海峡旅游区”的实际推动

事实上，基于闽台两地往来的历史基础和现实发展，“海峡旅游区”已不仅仅是一种未来的构想或蓝图了，在闽台双方共同努力下，“海峡旅游区”的雏形已经呈现并在加快发展之中。

1. 区域内游客往来日益频繁，并率先实现两岸旅游双向往来

闽台之间不仅地理区位邻近，而且拥有同宗共祖的血缘关系与同音共俗的传统文化这一天然纽带，因而自 1987 年台湾当局开放台胞到大陆探亲以来，台胞游客就成为福建入境的最重要客源之一。由表 1 内数据可见，2000 - 2005 年，福建接待台胞人数由 47.8 万人次增加到 58.9 万人次，占福建入境总人数比例大致稳定在 30% 左右。2006 年，台胞

来闽人数更呈明显增加趋势，全年福建接待台胞人数74.0万人次（较上年增长25.5%），占来闽境外旅游者的32.2%。

表1　福建接待入境台胞人数　（单位：万人次;%）

年　份	台胞赴闽人数	福建接待入境人数	赴闽台胞占福建入境总人数比例
2000	47．8	161．3	29．63
2001	49．4	163．5	30．21
2002	57．2	184．8	30．95
2003	47．5	149．7	31．73
2004	49．2	172．9	28．46
2005	58．9	197．4	29．84
2006	74．0	229．7	32．22

资料来源：2000－2004年数据来源于《中国旅游年鉴》2005年；2005－2006年数据来源于福建省旅游局《2006年我省旅游经济情况分析》2007年2月，“福建旅游之窗”http：//www. fjta. com/FJTIS/FJTA/index. shtml.

特别值得关注的是，2001年1月厦门与金门、马尾与马祖开通了海上直航航线，2006年6月又开通泉州与金门直航航线，从而建立起三条闽台区域内旅游交通快速通道。2001－2005年，福建对金马“小三通”直接航运往来9423航次，往来总人数超过百万人次，仅往来厦金航线的总人数就达115.92万人次。期间，2004年12月及2005年6月，福建居民赴金门、马祖旅游相继启动，率先实现真正意义上的两岸双向旅游。至2006年年底，福建居民赴金马地区旅游1287个团组，25139人次。① 小型的“海峡旅游圈”已经在闽台区域内形成。

2. 积极搭建闽台旅游发展平台，拓展双方合作的空间

为了不断拓展闽台旅游合作关系，双方积极搭建稳定的发展平台，其中规模大、影响强的有，一年一度的海峡旅游博览会与各种大型文化旅游节等。

2005年福建省政府和国家旅游局在厦门联合举办首届海峡旅游博览

① 福建省旅游局：《2006年我省旅游经济情况分析》，2007年2月，“福建旅游之窗”http：//www. fjta. com/FJTIS/FJTA/index. shtml.

会，台湾各大旅行同业公会及港澳旅游局积极响应并共同协办，突出并提升了“海峡旅游”的品牌与知名度。2006 年第二届海峡旅游博览会不仅通过论坛增进两岸人员对构建海峡旅游区的共识，而且取得明显的旅游招商成效。目前，2007 年第三届海峡旅游博览会正在积极筹办之中。

由于闽台特殊的文化历史背景，各种特色鲜明的文化旅游节便成为发展闽台旅游的独特平台，如妈祖文化旅游节、关帝文化旅游节等。近年来福建已经举行八届的妈祖文化旅游节，台湾每年都有超过 10 万的妈祖信众前往莆田湄州朝拜祖庙，此一盛举有力地带动了福建特别是莆田地区旅游事业的兴旺。

3. *初步建立闽台旅游互动合作机制*

作为闽台旅游健康持续发展的制度性保障，建立双方互动合作机制十分重要。在两岸关系现实条件下，签订民间性的地方合作协议应是较好的选择。早在 2001 年，“两马”与“两门”就先后签订了《福州马尾－马祖关于加强民间交流与合作的协议》及《关于加强厦门与金门民间交流交往合作协议》，为金、马地区与福建经贸关系的健康发展奠定了较好基础。在 2005 年首届海峡旅游博览会上，签署了武夷山与阿里山、大金湖与日月潭“两山两水”的旅游合作意向书，首次实现了海峡两岸旅游景区的对接，使闽台旅游合作在企业层面上取得实质性进展。2007 年 3 月泉州旅游协会与澎湖县旅游发展协会签署了《建立旅游市场合作和交流关系协议》，以推进泉澎两地加强旅游文化合作，构建泉澎旅游共同市场。此外，自 2006 年以来，为配合落实国家旅游业“十一五”规划，福建省积极推进《海峡两岸旅游合作规划》的编制，以进一步完善闽台旅游合作机制，推动闽台旅游合作深入开展。

三、构建“海峡旅游区”对台湾旅游业的影响分析

关于整体两岸旅游合作将产生的影响，两岸专家学者具有较高的共识，基本上均认为加强两岸旅游合作，特别是加快开放大陆居民赴台旅游有利于两岸经济发展，尤其是对台湾经济社会发展有利。但需要进一

步深入了解的是，就区域合作效应来看，构建“海峡旅游区”究竟对台湾旅游产业本身会产生什么影响。

（一）打造海峡旅游品牌，提升台湾旅游业的竞争力

台湾自2000年10月宣布将观光产业列为重要的策略性产业，并在2002年5月启动“观光客倍增计划”，开始致力发展观光产业，希望在2008年时达到来台旅客500万人次的目标。但实际发展情况并不顺利。根据台湾“交通部观光局”的统计，① 2005年与2006年来台旅客人数为337.81万人次及352.0万人次，年增长率分别为14.50%及4.2%。2008年要达500万人次的目标显非易事。而从旅游业对总体经济的重要性来看，台湾的旅游业也远未发挥应有的作用。2005年，台湾第三产业部门在产业结构中所占比重超过73%，而旅游业作为第三产业的重要产业，其2005年收入总金额为109.57亿美元，仅占GDP的3.17%。② 造成台湾旅游业滞后发展的原因固然不少，但其中台湾旅游资源品牌竞争力不够强，缺乏吸引大量海外游客来台的诱因，显然是关键性原因之一。与其他三个“四小龙”国家及地区相比，台湾每年在吸引海外游客方面不仅远远落后于香港，也落后于韩国与新加坡。参见表2。

表2　台湾与韩国吸引海外游客人数比较　（单位：万人次）

年份	2000	2001	2002	2003	2004	2005
韩国	532.2	514.2	534.7	475.3	581	602
台湾	262.4	283.1	297.8	224.8	295.0	337.8

资料来源：台湾“交通部”《交通统计月报》；中国商务部：http://www.mofcom.gov.cn/aarticle/i/jyjl/j/200609/20060903158683.html.

很显然，增强品牌效应，以提升旅游业的竞争力是台湾旅游加快发展的关键所在。前文分析指出，通过整合与优化区域内旅游资源，塑造并共同宣传整体的旅游形象，将产生品牌效应，从而大大提高区域旅游产品知名度，提升区域内旅游业的综合竞争力及对区域外的市场影响

① 台湾“交通部全球资讯网”www.motc.gov.tw/hypage.cgi?HYPAGE=yearbook.asp.

② 台湾“交通部观光局”“2003至2005年观光外汇收入支出统计表”，《2005年观光年报》第26页。

力。粤港澳三地便是通过这种方式来提高国内外旅游者的认知效率的。台湾与相邻的福建加强旅游合作，构建“海峡旅游区”，共同打造“海峡旅游”品牌，不仅十分必要而且可能性大。在福建方面，目前较知名的旅游品牌有武夷山、鼓浪屿、妈祖文化、惠女风情、泰宁世界地质公园、福建土楼等，而在台湾方面则有台北 101 大楼、阿里山、日月潭、太鲁阁及宗教系列、原住民系列、客家系列等较知名的旅游品牌。闽台两地可以对双方的旅游资源进行整合与创新，通过“同质组合、异质互补”的方式，共同推出“和谐、统一”的整体主题形象及一系列品牌支撑形象，以形成独具魅力的整体性的“海峡旅游”品牌。例如，在突出“海峡旅游”主题形象下，在自然资源方面，整合出“两山两水两岛”（武夷山与阿里山；大金湖与日月潭；平潭岛与澎湖岛）品牌；在宗教文化方面，整合出“闽台妈祖文化节”及“闽台客家文化节”品牌等。在此基础上，闽台两地通过联合营销，共同推广海峡旅游产品，整体塑造海峡旅游品牌形象，提高海峡旅游产品在海内外的知名度，从而达到强化台湾旅游资源吸引力的目的。

事实上，闽台两地的旅游业者已经在进行共同打造品牌的实践了。近年来厦门与金门多次联手推广“金厦旅游圈、两门魅力游”，将厦金两地的旅游资源和线路“捆绑”在一起行销，就是期望以“两门”的旅游资源互补，市场互惠，形成独到的旅游目的地，吸引各地游客。

（二）拓展客源市场，平衡台湾出入境游客数量

台湾旅游业的发展，除了整体上相对落后外，还突出存在出、入境游严重不对称的结构性问题，使台湾旅游业长期处于逆差状态。2005 年来台旅客 338 万人次，而出境人数则达 821 万人次，逆差人数达 483 万人次。2006 年来台旅客 352 万人次，出境人数为 867 万人次，逆差人数更升至 515 万人次。倘若由表 3 和图 2、图 3 进一步分析则可发现，台湾出境游的主要目的地之一是大陆地区，从 1999 年开始一直占到四成左右，2002 年与 2005 年更达到了五成；而台湾出入境人数的逆差主要也是来自大陆，平均比重在七成左右。之所以会如此，主要是因为长期以来台湾当局对包括大陆游客在内的大陆人士赴台有种种限制。现阶段大陆居民赴台旅游事项正在两岸之间协商推动之中，在此大背景之下，

如果闽台两地能够顺利推进“海峡旅游区”的构建，区域旅游合作的客源市场效应将在相当程度上平衡台湾出入境人数的不对称性。

表3　台湾出入境人数的统计及台胞赴大陆人数分析 单位：万人次

年　份	1999	2000	2001	2002	2003	2004	2005
台胞赴大陆人次（A）	258.5	310.9	344.2	366	233	368.5	411
台湾出境人次（B）	655.9	732.9	715.3	732	592.3	778	820.8
台湾出入境人次之逆差额（C）	414.7	470.5	432.1	434.2	367.5	483	483
两岸人员往来人次之逆差额（D）	246.5	297.5	330.8	350.5	219.2	355.1	392.3

资料来源：中国旅游网 http：//www. cnta. com/wyzl/more. asp？newsid = 004001；台湾“交通部全球资讯网” www. motc. gov. tw/hypage. cgi？HYPAGE = yearbook. asp.

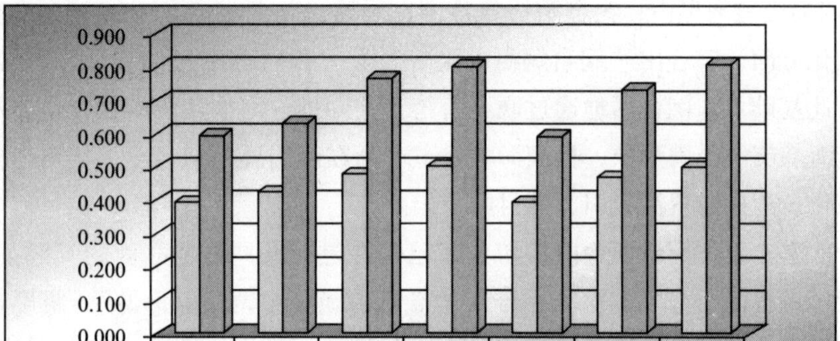

	1999	2000	2001	2002	2003	2004	2005
A/B	0.394	0.424	0.481	0.500	0.393	0.474	0.501
D/C	0.594	0.632	0.765	0.807	0.597	0.735	0.812

图2　台湾出入境人数的统计及台胞赴大陆人数分析

资料来源：中国旅游网 http：//www. cnta. com/wyzl/more. asp？newsid = 004001；台湾“交通部全球资讯网” www. motc. gov. tw/hypage. cgi？HYPAGE = yearbook. asp.

1. 区域内的客源互送

如前所述，由于特殊的地理区位与历史背景，闽台间拥有同根同源、民俗相近的明显优势，正如1987年台湾开放台胞到大陆探亲后，福建成为台胞游客入境首选地之一一样，在即将开放大陆居民赴台旅游之际，与大陆其他省份相比，福建居民赴台旅游探亲的意愿要强烈得多。因此，组建“海峡旅游区”的客源市场效应将首先体现在，能够大大吸引旅游区域内的福建居民的赴台旅游探亲，增加双方区域内的客源互送。同时，福建作为祖国大陆的沿海地区，经过20多年的改革开放，人民生活水平明显提高，已有较强的旅游消费能力。2006 年福建人均 GDP 达到人民币 18476 元，在全国排第 9 位。另一方面，构建“海峡旅游区”，实现两个区域内的旅游资源的整合，通过对旅游增长轴线的建设，将使得区域内的客源互送渠道更加便捷化，进而大大增加居民出行的积极性，使客源市场容量进一步扩大。

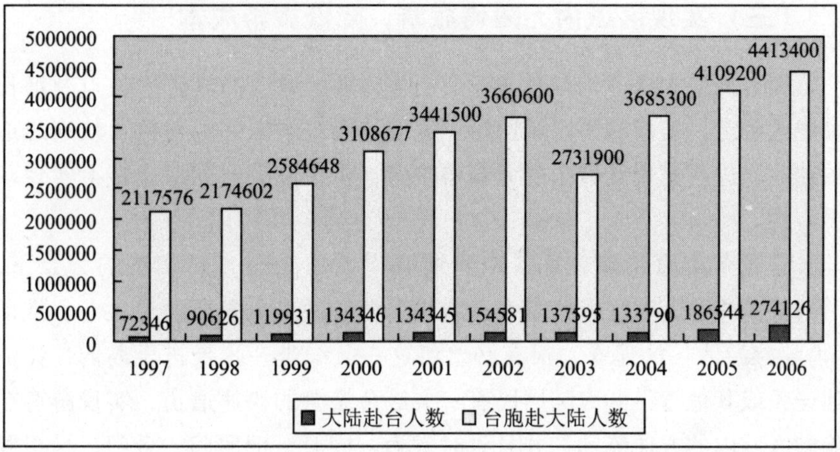

图 3　海峡两岸人员往来人数比较（单位：人次）

资料来源：国家统计局 http：//www. stats. gov. cn/tjsj/ndsj/2006/indexch. htm；中国旅游网 http：//www. cnta. com/wyzl/more. asp？ newsid = 004001；台湾“交通部全球资讯网” www. motc. gov. tw/hypage. cgi？ HYPAGE = yearbook. asp.

2. 吸引更多的区域外客源，特别是大陆其他省份的游客

改善台湾旅游业所面临的出入境游不对称困境的另一个有效途径就是通过区域旅游合作吸引更多的区域外客源。其一，闽台两地构建“海峡旅游区”，共推“海峡旅游”品牌，将使闽台两岸的旅游资源更具竞争力，强化对区域外游客的吸引力。其二，通过推动区域内的无障碍旅游，使其他省份的大陆游客体验更低成本的旅游，提高跨区旅游的积极性。特别是由于闽台邻近的特殊地理区位，福建历史性地成为大陆与台湾区域经济整合的桥梁和纽带。在构建“海峡旅游区”的过程中，福建将可成为海峡两岸人员交往的中转枢纽和集散中心。2006 年福建接待境内游客 6778. 6 万人次，如果将其他省份的大陆居民赴闽的旅游线路延长到台湾岛内，就可大大增加台湾地区吸引客源的渠道。大陆游客可以选择自己所喜欢的“海峡旅游”线路，或者走“厦门 – 金门 – 澎湖 – 高

雄”线路，或者走“武夷山－福州－马祖－台北”等线路进入台湾，花更少的钱体验更多的乐趣。此外，福建作为大陆的旅游大省，还有很大的境外客源市场容量，2005 年接待境外旅游者 197.4 万人次，而 2006 年则增加至 229.6 万人次，大幅增长了 16.4%。加强闽台旅游整合将大大扩大潜在的客源市场。

（三）实现区域内无障碍旅游，降低旅游成本

闽台两地构建“海峡旅游区”，通过对区域内的旅游增长点及增长轴线的确定，构建旅游区域网络，完成景点与景区间的对接及快速通道的建立，进而实现区域内的无障碍旅游，将在旅游时间及金钱上实现双重节约。

首先在交通运输方面，在当前两岸无法全面直航实现的背景下，“两门”、“两马”航线已成为台胞往返海峡两岸最重要通道之一。推动“海峡旅游区”的建立，很有必要将这一航线进一步推进至岛内，让福建居民或其他省份的大陆居民有一条赴台旅游的快速通道，实现游客在旅游区域内的方便流动，并且省时省力。同时，把厦门、金门、马祖等地建设成为两岸游客往来的中转站，也将大大促进这些旅游节点的经济发展。

其次，构建无障碍旅游区，要实现旅游车辆的跨境无障碍通行，取消对两岸旅游车辆的政策上限制并给予对方更多的优惠政策，如取消过路费、过桥费等导致旅游成本增加的政策，这样两岸的旅行社在报价上相对于其他旅游区域的报价也就更有竞争力，有利于吸引更多的客源。同时，旅游景点景区之间实现信息共享，共同协商推出“一票通”、“联网售票”等机制，有利于减少游客不必要的等待时间及享受更多的折扣优惠。

最后，在旅游宣传方面，闽台实现联合推广，可以避免重复性宣传，节约宣传费用。双方可以成立旅游促销推广专项资金，以共有的区域旅游品牌参加各地举办的旅游博览会、推广会等。

四、结　语

作为两岸关系发展过程中的新生事物，“海峡旅游区”正以强大的

生命力孕育成形之中。它的发展壮大将十分有利于突破当前台湾旅游业发展的瓶颈、提升台湾旅游业的竞争力。展望“海峡旅游区”发展的前景，除了客观上面临着相邻区域旅游区的竞争压力以及区内旅游资源同质性高的困扰外，更大的障碍是来自台湾当局主观上对两岸经贸往来及人员往来的种种政策限制。但是青山遮不住，毕竟东流去。顺应历史潮流的“海峡旅游区”将会在曲折的道路上不断向前迈进。

（原载于《台湾研究集刊》2007年第2期，为2006年度福建省社科规划项目（2006B041）：“闽台旅游对接与合作问题研究”成果之一）

参考文献

［1］参阅莫帮洪等：《浅析区域旅游合作》，《商场现代化》，2005年12月；郑慧星等：《区域旅游规划、开发与管理》，高等教育出版社，2004年9月。

［2］王晞：《竞争与整合：中国区域旅游发展与合作态势分析》，《桂林旅游高等专科学校学报》，2005年第1期。

［3］苏勇军：《长三角区域旅游一体化与宁波旅游业跨越式发展研究》，《宁波大学学报（人文科学版）》，2006年9月。

［4］郭淳凡等：《粤港澳区域旅游合作的作用机制与对策分析》，《江苏商论》，2005年第5期。

［5］石正方、邓利娟：《海峡经济区的空间演进：结构、特征与问题》，《厦门大学学报（哲社版）》，2005年第5期。

［6］马勇等：《海峡旅游合作区的构建与发展模式及对策研究》，《经济地理》，2006年第1期。

［7］台湾“交通部观光局”“2003至2005年观光外汇收入支出统计表”，台湾《2005年观光年报》，第26页。

闽台旅游业的发展与合作研究

李 非

摘 要：旅游业作为一种把物质产品与非物质产品有机地组合起来的综合性经济事业，是21世纪的“朝阳产业”，也是海峡西岸经济区社会经济发展中具有优势和潜力的支柱产业。在两岸关系发展的新形势下，闽台两地旅游资源以其相同或各自的特色，不仅在拉动经济发展、促进社会繁荣方面发挥重要的作用，而且在两岸交流与沟通上也具有积极的推动作用，并在相互交流与合作的发展格局下，走向互补互利的双赢之路。本文在探讨闽台旅游资源的特色和优势、闽台旅游产业发展及合作现状的基础上，对进一步深化闽台旅游合作进行对策研究。

关键词：闽台；旅游业；发展；合作

一、闽台旅游资源的特色和优势

旅游资源是指具有招揽游客能力并能满足游客在心理上或生理上（视、听、触、味觉等）休憩娱乐要求的自然和人文景观的要素及特质，是旅游业发展的基础。从整体条件看，闽台两地既有招揽游客的活化资源，即旅游的劳务资源，又有供游客游览、观光以及度假的物化资源，即旅游的客体资源；既具有相同的旅游资源特色，又有各自的旅游资源优势。

（一）闽台旅游资源的相同特色

1. 旅游区位条件相近

旅游区位是指闽台旅游地与其他旅游地之间的空间关系。两地以台湾海峡为纽带，处于大陆、港澳、东南亚、东北亚等四大旅游区的中间位置，在交通上属于东亚旅游线路的要冲，是亚太地区重要的观光据点。闽台两地北朝日、韩等旅游活动频繁地区，西向内陆广阔的旅游腹地，南临菲、印等热带观光胜地，西南更有港澳和新马泰等旅游热点地区，因而适处东亚新兴旅游发展地区的中间地带，可分享到周围附近地区旅游市场之利。福建与台湾隔海相望，两地之间的咫尺海峡，为双方进行旅游交流活动提供便捷的海上通道。厦门角屿至小金门的最近距离仅1000多米，平潭岛与新竹的距离只有60多海里，厦门距嘉义120海里，距高雄165海里，福州距基隆也仅149海里，是大陆距台湾最近的省份。可见，地缘相近的旅游区位条件使闽台旅游的可达性大大提高。

2. 人文旅游资源相通

闽台具有独特的渊源关系，不仅血缘相亲，语缘相通，而且文缘相承，俗缘相同。福建移民在为台湾开发做出巨大贡献的同时，还将中华文化传播在这块土地上，留下诸多人文旅游资源。台湾许多人文古迹，尤其是民间神庙，大多源于福建，如妈祖女神、保生大帝、开漳圣王、清水祖师、临水娘娘等都在福建有庙宇供奉；其他诸如观音、关帝、土地公等虽不原产于福建，但却是从福建二传到台湾，并按福建的习俗祭祀。台湾民间庙宇与福建祖庙的联系十分密切，尤其是妈祖作为闽台人民的海上保护神，在台湾的宫庙多达1000多座，信众1000万之多。台湾流行的南音、高甲戏、梨园戏、莆仙戏、布袋戏、木偶戏、东鼓戏、芗剧、闽剧等莫不来自福建。台湾的许多地名与大陆相同，这都是大陆同胞移民台湾后，把开拓的地方冠以祖籍地名，借以怀念故乡山川草木和保留家乡的风俗习惯。其他诸如服饰、饮食、婚庆、丧葬等习俗也都与福建有许多相同或相似之处。

3. 自然旅游资源相似

闽台两地同属中亚热带向南亚热带过渡带季风性气候，北回归线贯穿中部，气候宜人，自然生态条件十分相近。台湾是一个美丽的海岛，福建是一个多山的沿海省份，在地形上的变化奇观使两地的海岸风光和山岳奇景一应俱全，断崖、峡谷、丘陵、盆地、平野、海滩等各种自然景观比比皆是，旅游资源极为丰富。两地“山海一体”的旅游特色，就旅游利用价值而言，既宜避暑、避寒，又宜登山、攀岩，山川草木均适于观光游乐；加之大海环抱，海上既可登舟、滑水，又宜游泳、垂钓，因而吸引了广大的海内外旅游者。

（二）闽台旅游资源的各自优势

1. 台湾旅游资源的优势

台湾旅游资源的优势主要体现在四大特质上，即气候风土反差巨大，地形地貌变化明显，人文景物蔚为壮观以及生物资源包罗万象。

从气候角度看，在台湾岛内旅游短时间内可获取气候不同的环境。从鹅銮鼻到富贵角，南北长达 394 公里，从新港到新社，东西宽度约 144 公里，面积虽不大，但其地形垂直方向变化大，标高差达 4000 米，可谓是台湾旅游资源的一大特色。由于海拔相差大，气候变化十分明显：南部滨海游览点为热带性气候的旅游环境，沿海岸向北则逐步转为亚热带气候；由西部平原向东越进几十公里，在山岳地带则属温带气候，再往高处便可进入寒带环境。由于低纬度和高山地形的关系，岛上同时具有热带风光、亚热带景色、温带森林、寒地雪飘四种气候风土迥然不同的大自然景观。温差变化如此之大的旅游环境，为其他观光地区所罕见。

从地形角度看，台岛纵向由平地而高山的地形变化十分明显，这一现象主要是由地壳活动频繁而使地形隆起所致。台湾地形运动主要来自两种相冲突的力量：一是地壳内部的构造营力，造就了岛内的火山、温泉、断崖、峡谷等地形；另一是地壳外部的侵蚀营力，造就了岛内的河流、海滩、沙洲以及海浪等景象。岛内地质资源十分丰富，北部因海岸下沉而形成奇岩怪石、岬角陡崖；南部海岸因激流冲蚀而出现千奇百怪的珊瑚礁石；东部因地壳隆起而形成高山峡谷、断层裂罅；中部因处山地更是高山峻岭、层峦叠峰；西部因地势坡度平缓而出现沙滩绵长、海岸笔直。

从社会角度看，台湾人文景物蔚为壮观。城市内的现代化建筑，铁路、公路沿线聚散的市镇街景，道路两旁的原野风光和阡陌良田，红砖绿瓦的闽南式村落，加上熙熙攘攘的人群以及处处可闻的笙歌，如人间万象点缀其间。各种民间宗教活动、地方风俗、民族舞蹈、服饰变化皆具特色，有浓郁的台湾本地风情。位于台北市郊外双溪的故宫博物院收藏的文物国宝，堪称台湾最大的文化旅游资源。在史迹方面，有安平古堡、赤嵌楼、延平郡王祠、孔庙、关帝庙、妈祖庙、国父纪念馆、龙山寺以及五百完人冢等，这些都反映了中国的历史传统和台湾的开发过程，表现出强烈的中华民族特性，具有重要的旅游价值。

从生物角度考察，台湾岛内动植物种类繁多，千奇百怪。由于山地高温多雨，林木生长繁茂，林野广达180多万公顷，约占总面积的一半。在植物方面，岛上产有热带、亚热带、温带、寒带的各类珍异品种，除亚热带的樟树林外，还有寒带的针叶林，如冷杉、岩梅等，温带上部的常绿针叶林，如铁杉、雪杉等，温带下部的常绿阔叶林，如红桧扁柏峦大杉，以及热带的小槟榔、海枣等；在水果方面，香蕉、菠萝、西瓜、木瓜、桔子、莲雾等极为丰富；在动物方面，不仅有一些珍贵的野生动物，如梅花鹿、云豹、山猫、长鬃山羊、台湾猿以及黄喉貂等，还有许多珍奇的鸟类，如灰面鹫、大冠鹫、蓝雉、赤翡翠、五色鸟、八色鸟、黄鹫、黄山雀等，而最有特色的又当属蝴蝶，种类之繁，产量之多，举世闻名；在水产方面，已知鱼类有300多种，不仅有黄花鱼、墨鱼、带鱼、鳗、鲳、金线、鲨鱼、九母、白果子鲷等底栖鱼类，在东部深海还有许多浮游鱼类，如鲔、旗鱼、鲭、鲣等，而台湾产的西施贝、螺肉等更是稀有海味。此外，台湾也是珊瑚的主要产地，其质良状奇，作为旅游用品具有较高的经济价值。台湾南部盛产观赏用的热带鱼，体积小巧，色彩鲜艳，可辟建“海底乐园”，旅游观光价值极高。

2. 福建旅游资源的优势

福建省旅游资源丰富，类型齐全，特色明显，具有得天独厚的优势。自然旅游资源表现为绿山蓝海一体、生态环境质优；文化旅游资源表现为宗教中西兼容、民俗奇特多样；社会旅游资源则是侨乡港口特区、闽台同祖同根。因此，福建旅游资源的优势可以概括为“山海一体、闽台同根、民俗奇异、宗教多元”，具有特色鲜明的“海峡旅游”的主题形象。全省拥有武夷山世界文化与自然遗产、泰宁大金湖世界地质公园、13个国家重点风景名胜区、9个国家级自然保护区、19个国家森林公园、4个国家地质公园、4个国家历史文化名城、45个全国重点文物保护单位，还有7个中国优秀旅游城市、2个国家旅游度假区、22个4A级旅游区、5家全国工农业旅游示范点称号，泉州海上丝绸之路文化和客家民居土楼等正在申报世界文化遗产，南音则在申报人类口述和非物质遗产代表作。

在旅游产品上，福建不仅有传统的五大旅游品牌，即迷人的武夷仙境、浪漫的鼓浪琴岛、神奇的客家土楼、动人的惠女风情及海丝文化、神圣的妈祖朝觐，而且还推出新的五大旅游品牌对外宣传促销，即古老的昙石山文化遗址、神秘的宁德白水洋奇观、光辉的上杭古田会址红色之旅、奇特的水上丹霞（泰宁大金湖世界地质公园）、壮美的滨海火山（漳州国家火山地质公园），形成了一批真正有吸引力和竞争力的旅游目的地。厦门发挥“海洋牌”的优势，通过景区的扩充与完善，以整个城市为品牌，建设海湾型旅游度假城市；武夷山发挥“世遗牌”、“生态牌”的优势，积极创建国家5A级旅游区；湄洲岛作为妈祖祖庙的所在地，是国家旅游度假区，正努力扩大市场客源；惠安女声名远扬，依托崇武古城和滨海沙滩，挖掘文化内涵，提高文化品位，增加活动内容；“海上丝绸之路”借申报世界文化遗产之势，整合旅游资源，整体向外促销；客家土楼随着交通条件的改善，逐步完善整体环境，增加参与性强的项目，并与邻近的不同景观串连成线，实现优势互补。

在旅游区划上，福建初步形成“两带、三圈、五区”的发展格局，重点更加突出、形象更加鲜明。“两带”为东部滨海蓝色生态旅游带和西部山区绿色生态旅游带；“三圈”为以福州（含莆田、宁德等）为中心的闽中旅游经济圈、以厦门（含泉州、漳州、龙岩等）为中心的闽西南旅游经济圈、以武夷山（含三明、龙岩等）为中心的闽西北旅游经济圈；“五区”为闽南（厦门、漳州、泉州）商贸滨海旅游区、闽北（南平、三明）生态文化旅游区、闽中（福州、莆田）商务休闲文化旅游区、闽东（宁德）山海畲乡民俗旅游区、闽西（龙岩及三明的客家县）客家文化红色旅游区。

二、闽台旅游业发展的现状和趋势

旅游业作为一种向旅游者提供劳务服务的经济事业，素有“无烟工业”或“无形贸易”之称。它既可以从提供的服务、设备及各种商品中直接获取外汇，又可扩大内部消费，提供就业机会，增加赋税收入，刺激经济增长，还有利于土地的合理利用以及提高人文、自然资源的附加价值。台湾旅游业起步较早，现已进入转型期；福建旅游业起步稍晚，但发展后劲十足。

（一）台湾旅游业的发展现状和趋势

台湾旅游业从早期吸引国际游客起步，到民众岛内旅游的兴起，再转向民众海外旅游，经历了三次较大的转变。这些变化既是台湾社会经济发展、人民生活水平提高的结果，又对社会活动产生积极的推动作用。

台湾自20世纪50年代中期起开始重视发展国际旅游业。1956年在“交通部”下设“观光局”，制定“发展观光事业计划”，不断改善接待海外游客的硬件和软件环境，从而使国际游客人数逐年提高，1978年突破100万人次大关，1989年又超过200万人次，2005年再越过300万人次的门槛（338万人次），至2007年达到375万人次，比1951年的1.5万人次增加了250倍，平均每年递增10.4%。入境游客以外国人居多，占80%以上，其中主要是日本游客，占三分之一；其次为港澳地区旅客和美国旅客。日、美及港澳地区旅客合计占全部旅客的60%。入境旅客赴台主要目的是旅游和商务。

从20世纪60年代中期起，随着台湾社会经济的快速发展和人民生活水平的普遍提高，岛内旅游业开始逐步兴起。由于经济收入明显增加，加上交通更加便捷，越来越多的台湾民众在紧张工作之余，纷纷到大自然或游乐场中放松心情，民众岛内旅游活动蓬勃发展，至80年代初达到高潮，一度达到4000多万人次，平均每人每年在岛内旅游2.2次。其后，随着台湾开放民众出外旅游，越来越多的台湾游客纷纷转向岛外，从而使岛内游客增长趋缓，至90年代回落到2000多万人次，平均每人每年在岛内旅游1次左右。岛内游客大多是中短程旅游，大致在1-2天内，偏向静态游览活动，且集中在大都市附近的风景区，以台北为中心的北部旅游区游客最多，人次密度最大；以高雄为中心的南部旅游区次之；以台中、嘉义为中心的中部旅游区和以花莲为中心的东部旅游区居后。就旅游景点而言，故宫博物院、台北市立动物园、高雄澄清湖、石门水库等最旺，游客人数每年都在百万人次以上。

随着台湾社会经济的不断发展，岛内旅游业越来越不能满足民众旅游的需求，游客跨越的空间从岛内向岛外延伸，出境旅游日益增长。从

1979年起，台湾正式开放民众境外游，立即形成高潮，当年即达31万人次，1985年升至85万人次，翻了一番多；1988年在大陆游的带动下，猛增至160万人次，又翻了近一番；1991年达337万人次，再翻了一番；至2006年为867万人次，其中前往日本游的旅客超过100多万人次，约占七分之一；经港、澳等地前往大陆的旅客约为441万人次，超过一半。岛内经营大陆游线路的台湾旅行业者日益增多，大批旅游服务企业开始在大陆设点布局，大举进入大陆旅游市场，成为台湾旅游业的发展趋势。目前，台湾约2000多家旅行社中，专业经营大陆旅游线路的就有230多家，其余大部分旅行社或多或少也经营有大陆旅游业务。大陆已成为台湾民众最主要的出岛旅游目的地，是台湾旅游服务业者将业务重心转向大陆市场的根本原因。大陆是世界上最安全的地方之一，旅游服务品质也随着市场的竞争逐渐提升。此外，大陆与台湾没有语言和文化障碍，也吸引了台湾民众到大陆旅游。

（二）福建旅游业的发展现状与趋势

福建旅游业自改革开放以来持续快速发展，1979－2007年，接待境外旅游者累计达2800万人次，入境旅游人次年均增长率达到两位数；旅游创汇累计达150多亿美元，外汇收入年均增长20%以上，成为福建非贸易外汇收入的重要来源。2007年福建省入境旅游市场稳步增长，共接待入境旅游者268.75万人次，同比增长17%，旅游外汇收入21.69亿美元，比增47.5%。其中，外国人客源市场首破100万人次，香港游客达79.96万人次，澳门游客为7.83万人次，港澳游客占全省入境旅游者比重达到32.7%。

对台旅游是福建的特色和优势。福建省围绕“海峡旅游”主题，深化闽台旅游合作，成功举办了三届海峡旅游博览会，为祖国大陆和台港澳地区旅游专家学者和旅游业者加强交流，促进合作，共谋发展，搭建了很好的平台和空间。2007年福建接待台胞达到80.16万人次，比增8.4%，占全省入境旅游者比重29.8%。2007年9月，“澎湖游”开通，福建与台湾的旅游交往进一步沟通，促进了海峡两岸旅游市场的繁荣。2007年，福建赴“金马澎”旅游的游客超过3万人次，其中“澎湖游”组团43个，游客1063人次。

目前，福建旅游业根据建设海峡西岸经济区的战略部署，落实旅游产业政策，继续实施项目带动，打造旅游品牌，加大市场开拓力度，推动旅游业持续发展，取得了显著成绩。2007年福建省旅游总收入首次突破1000亿元，超过全省生产总值的10%。全省紧扣“中国和谐城乡游”主题，加快大众市场旅游产品开发，积极推进乡村旅游发展，旅游客源市场得到拓展，国内旅游持续发展，旅游人数和旅游收入双双跃上新台阶，全省接待国内旅游人数8041.12万人次，国内收入达838.17亿元。① 厦门、泉州、福州、武夷山等地接待旅游者人数和旅游收入在国内同类城市中位居前列；全省接待境外旅游者和旅游创汇名列全国前茅。在国内率先启动优秀旅游县评选活动，推进县域旅游经济发展，连城和泰宁先后获得优秀旅游县称号。

福建旅游业的发展趋势是，继续调整优化旅游产业结构，增强产业意识，加大政策导向，重点培育、完善和提升一批旅游项目，提高旅游产品竞争力和旅游产业在国民经济中的比重，到2010年，培育形成旅游产业集群，使旅游产业成为新兴的支柱产业，成为海峡西岸经济区的支撑产业，为建成旅游设施完善、旅游产业结构合理、旅游服务质量和管理水平较高的旅游强省奠定坚实的基础；到2015年，基本建成中国旅游强省，建成海峡西岸旅游繁荣带；到2020年，全面建成中国旅游强省，成为亚太地区著名的旅游目的地。

三、闽台旅游业的交流与合作

两岸旅游业的交流主要表现为台湾游客到大陆旅游观光。自1987年11月两岸打破长达38年之久的隔绝状态以来，两岸旅游业交流快速发展，台湾同胞来大陆人数逐年增长，1988年即有44万人次，1992年首破100万人次大关，1997年又破200万大关，2000年再破300万大关，2005年超过400万人次，2007年达460多万人次。目前，累计超过650万人、4700万人次的台胞来大陆探亲、旅游、经商和从事其他各种

① 福建省旅游信息中心：《2007年福建省旅游经济情况分析》，中国旅游网 http://www.cnta.gov.cn/2008-02-05.

交流活动，台湾客源成为大陆接待入境旅游的重要市场。

（一）闽台旅游业交流的发展进程

福建是台湾游客进出大陆的重要通道，从1987年台湾开放民众赴大陆的单向旅游开始，到2004年开放福建居民赴金门、马祖、澎湖地区的双向旅游，闽台旅游交流与合作经历了三个发展阶段。

1. 起步阶段（1987－1993年）

从1987年11月2日台湾当局正式开放民众到大陆探亲起，福建就成为台胞赴大陆观光旅游的重要目的地，1988年台湾游客即达15万人次，占台胞赴大陆总人次的三分之一；至1993年增至35万人次，翻了一番多，7年累计达173万人次。

2. 发展阶段（1994－2000年）

从1994年起，厦门、福州等市获准授权直接为抵厦的台胞审批签发一次有效的来往大陆通行证（落地办证），1997年8月1日又获准对《台胞证》办理加注手续（落地签注），这些举措有利于推动闽台旅游业的交流。这一期间，台胞到福建旅游呈现出蓬勃发展势头，从1994年的27万人次增至2000年的48万人次，增长了78%，台湾游客成为福建入境旅游市场的主要客源，占福建接待入境总人数的三分之一左右。

3. 兴盛阶段（2001－2007年）

2001年1月2日，厦门－金门首航成功，尔后福州－马祖实现海上客运试点直航，“两门、两马”海上航线成为台胞进出大陆的重要通道。从2001年1月至2007年12月，从厦门－金门、福州－马祖、泉州－金门等海上直航入境的台胞超过260万人次，显示福建独特的对台旅游优势。从2004年5月起，福建可以为金、马、澎地区居住及在福建丢失证件或证件过期的台湾居民签发五年期《台胞证》；从2005年5月起，福建可为金、马、澎地区的台湾居民签发1年多次有效来往大陆证件。随着2004年底福建居民赴金门、马祖旅游的正式开通，闽台双向旅游交流开始了新的发展历程。2007年9月28日，福建居民赴澎湖地区旅游成行，为两岸旅游交流增添了新的亮点。从1987－2007年，福建累计接待台胞游客达800多万人次，占台胞赴大陆总人次的17%，位居大陆各省市前列。

（二）闽台旅游业的互补与合作

闽台旅游业的发展程度不同，所具有的内部条件和面临的外部环境也不一样，不可避免地存在既竞争又互补的情形，因而有必要对闽台旅游业的发展条件进行 SWOT 分析。

1. 台湾旅游业的 SWOT 分析

台湾旅游业的 SWOT 四要素为：

（1）优势：旅游业起步稍早，旅游资源和产品开发程度高；居民收入水平较高，对旅游消费和旅游产品比较能接受；旅游业者具有积极的创业精神，旅游经营理念较新，市场行销经验丰富；人力资源开发较早，旅游经营管理人才充足。

（2）劣势：岛内市场规模偏小，需要吸引岛外游客来扩大内需；旅游资源和产品虽丰富，但民众已不满足仅在岛内消费，热衷出岛旅游，并从海外转向大陆；旅游景点开发过度，生态环境受到一定影响。

（3）机会：大陆旅游资源丰富，开放台湾民众大陆游后，扩大了台湾旅游业的外部市场；进一步开放大陆民众的台湾游，将有利于扩大台湾旅游业的内部市场；富有中华文化特色和台湾本地特色的旅游资源和产品能够吸引大陆游客；两岸经济交流所积累的经验，可转化为双方旅游业合作的策略要素；对大陆旅游产品和市场的信息、消费等运作较为熟悉。

（4）威胁：入世后随着旅游业的不断开放，西方旅游产品和管理以强大的经营优势纷纷进入两岸，台湾旅游企业面临竞争压力；大陆旅游业发展潜力巨大，两岸旅游业发展差距不断缩小，台湾旅游产品和管理的竞争力遭到削弱；台湾当局出于政治考虑，一再延缓开放大陆民众赴台旅游，并对旅游业投资严加限制；岛内政治乱象和财经政策不力严重影响经济发展，民众生活水平提高有限，民间消费不振。

2. 福建旅游业的 SWOT 分析

福建旅游业的 SWOT 四要素为：

（1）优势：重视旅游产业发展，创造适宜旅游业经营的政策环境；大陆人民生活水平不断提高，旅游人群增多，市场需求扩大；旅游资源相对丰富，旅游产品富有特色，吸引旅游业者投资开发旅游产品；生产和服务要素成本相对低廉，旅游企业经营成本较低。

（2）劣势：旅游业起步稍晚，与台湾比较尚有一定差距；旅游产品层次较低，对外宣传力度不够，国际竞争力不强；旅游经营管理和服务有待加强，旅游高级人才相对不足；资本市场不发达，旅游产业融资困难。

（3）机会：入世后大陆旅游业市场的逐步开放，为旅游业发展创造有利商机；庞大的内需市场可争取外资进入，并带来先进的经营理念和旅游管理人才；以“海峡旅游”为特色的主题，既可吸引台湾游客，又能吸引内地游客；开放金、马、澎、台游，有利于进一步扩大闽台旅游交流。

（4）威胁：旅游企业缺乏长远的发展战略和整体规划，旅游经营理念落后，有些旅游产品定位不明，相关的扶持政策和配套措施不到位；入世后逐步放宽外国旅游企业准入的限制，外资纷纷抢占大陆市场，旅游市场竞争加剧，旅游业面临严峻挑战；区域发展不平衡，沿海与内陆经济生活水平相差较大，对旅游产品的需求不同。

综合以上分析，可以将闽台旅游业的SWOT四要素归纳成如表1所示的SWOT分析矩阵。

表1　两岸旅游业的SWOT分析矩阵

要素	台湾	福建
优势（strengths）	管理人才充足 经营理念较新 行销经验丰富 旅游资源丰富 市场资金雄厚	发展环境良好 市场规模庞大 生活水平提高 经营成本较低 发展后劲强大
劣势（weaknesses）	内部市场有限 产品缺乏新意 景点开发过度 环境保护不够	管理人才不足 经营效率较低 市场运作较差 产品缺乏创意
机会（opportunities）	人文背景相同 合作经验丰富 熟悉大陆市场 企业运作熟练	旅游人群扩展 对台旅游魅力 市场潜力巨大 外资进入增多

续表

要素	台湾	福建
威胁 (threats)	市场竞争加剧 大陆政策限制 民间消费不振 经济窘境加剧	对外宣传不够 经营理念落后 市场竞争加剧 旅游服务欠佳

资料来源：根据相关理论和资料归纳整理。

3. 闽台旅游业的互补合作

产业互补是指区域之间资源相互补偿与优化配置的关系。闽台之间由于在资源、劳力、技术、资金、市场、生产、管理和经营理念等方面的差异，存在明显的互补关系。这种互补性是以资源要素的丰缺为基础，构成了闽台旅游业交流与合作的前提。根据对闽台旅游业 SWOT 四要素分析，闽台旅游业在要素上具备的优势程度以及产生的需求程度是不同的，相对应的是互补程度不同，随之进行的分工合作也不尽相同。

表2　闽台旅游业的优势互补

要素	福建		台湾		互补性		
	需求	优势	需求	优势	高	中	低
人才培养	-			+		√	
管理人才	-			+		√	
资金供给	- -			+ +	√		
劳力供给		+ +	- -		√		
旅游资源		+ +		+ +			√
内需市场		+	-			√	
经营理念	-			+		√	
市场信息	-			+ +	√		
市场行销	-			+		√	
环境保护	-		-				√
产业集群	-			+		√	
经营成本		+ +	- -		√		
经营效率	-			+		√	
硬件服务	-			+		√	
软件服务	- -			+ +	√		

注：“+”表示优势，“++”表示极优势；“-”表示需求，“--”表示极需求。

从表2可以看出，闽台旅游业在劳力供给、内需市场、经营成本等方面，福建表现为“极优势”或“优势”，台湾表现为“极需求”或“需求”，双方互补性较高；在资金供给、人才培养、管理人才、市场信息、市场行销、经营理念、产业集群、经营效率、硬件服务、软件服务等方面，台湾表现为“极优势”或“优势”，福建表现为“极需求”或“需求”，说明这些要素也具有较强的互补性；在旅游资源、环境保护等方面，大陆和台湾同时呈现出“极优势”或“需求”，说明在这些要素上相互间进行互补的可能性或程度相对较低。在15项要素中，属于“高”互补性的有5项，占三分之一；属于“中”互补性的有8项，占一半以上；而属于“低”互补性的仅2项，占13%。这些指标说明闽台旅游业存在较强的比较利益关系，并可转化为巨大的互利效果。闽台旅游业如果能够进一步加强交流与合作，将获得各自的最大利益：福建可以扩大资金来源，引进旅游管理人才，吸收新的旅游经营及行销方式和理念，提高旅游经营效率；台湾可以拓展市场空间，降低旅游业经营成本，提高市场竞争力。

四、促进闽台旅游业交流的思路与对策

在世界旅游业日益兴盛和两岸关系不断发展的新形势下，闽台旅游业只要秉承开放、互利、双赢的理念，整合优势旅游资源，携手一起共同发展，一定能走出一条资源共享和利益最大化的合作之路。

（一）确立闽台旅游资源的开发原则

旅游资源的意义，就其开发利用特征而言，包含了“四性”：可再生性，只要合理规划，适度开发，妥善保护，可多次利用；关联性，与农、林、水、工、交、商等行业关系密切，可配合经济建设一同开发利用；广泛性，其范围除包括自然资源外，还包含人文资源等方面；功能性，既具有有形的效益功能，又具有无形的效益功能。在促进土地高度经济利用方面，旅游资源的开发具有广阔的适应性，让人们得以享受安定的经济生活和丰富的文化生活，使土地对人口的支持力发挥最大的合理且综合利用的效果。闽台旅游资源的开发，不仅仅是对旅游资源进行

适当的“加工”，更重要的还在于对旅游资源的自然形态进行妥善的保存。因此，其开发原则可归纳以下几点：

1. 开发与保育并重

所谓开发，就是对新的旅游环境进行开拓与发掘。但是，这并不意味着抛弃一切，而蕴含着在“传统”中求发展。以“传统”为背景，新的旅游资源的开发将更具深度，而“传统”的维持，则有赖于对旅游资源进行保育。所谓保育，并非意味着对“传统”进行原封不动的冻结，而必须是开发性的保育，即对旅游资源进行保护与培养，让游客能充分体会到经开发过的旅游资源更蕴涵着传统的内在价值。可见，真正的旅游资源开发，并非随意将自然环境变更而插入若干现代化设施即可，而是要求以最小限度的人工，达到自然景物与人文景物互相之间最大限度的调和与灵活运用。对一些杰出的大自然景致、特殊的风光以及高度科学价值的地区，由于通常经不起高度利用，其基本经营目标是将区内的各种自然资源维持于天然状态，而不加任何人工修饰，让游客充分领略大自然的原貌，如武夷山、太姥山、白水洋等。

2. 强调闽台地域特色

旅游资源的开发应特别强调地域特色，使游客能看到日常所少见的事物，以满足其寻求新奇的欲望。如闽台民间信仰、闽南传统文化、南音、木偶戏、芗剧、高甲戏等，充分体现了闽台的地域特性。旅游资源的开发，根据其地理位置及资源内容的不同，在开发过程中应各显其特异风采，以提高其利用价值。对于闽台历史文化遗址，主要经营目标是保存文化资源，视其需要予以修葺、恢复，以免损坏、废落。在以不破坏文化遗产和历史文物的前提下，尽量供人参观浏览，并解释其重要性。此类旅游资源包括客家土楼、妈祖庙及其他民间寺庙等。历史古迹随着时间流逝，许多年代久远的遗址所余有限，需另辟途径发展博物馆，这是开发闽台人文旅游资源的重要方面，如闽台缘博物馆、海上丝绸之路博物馆等。

3. 满足大众化需求

随着人民生活环境的城市化，人们对旅游观光的需求日益增长，通过休闲娱乐调剂日常生活。由于经济不断成长，人民生活水平日益提高，民众休闲时间也不断增多，加之交通日渐发达，旅游活动已不再为富裕阶层所独享，而日益普及于一般大众。因此，大众旅游需求大增，是一种世界性倾向，闽台旅游资源的开发应逐步向以“充实民众生活”为原则的方向发展，使境外旅游与境内旅游相辅相成。为了提高旅游观光效果，在开发闽台旅游资源时，应尽量避免旅游点的直线配置，不致重复旅游路线。最好的办法是将旅游资源做网状的开发配置，即将主要旅游点配置成一连续的观光带，并将主要的旅游线路与主要的交通线路相衔接，使出发点至观光地的来回路程为游客游览的网状路线，而非单线折回。

（二）确定闽台旅游业交流的战略思路

1. 制定闽台旅游业合作规划

目前，福建已完成编制滨海旅游发展规划、旅游业“十一五”发展规划和海峡旅游合作区域规划，突出以“海峡旅游”为主题的旅游产品，并规划在霞浦、连江、平潭、石狮、崇武、围头、漳浦、东山等地抓紧建设和完善海滨旅游度假设施，形成主要面向台湾游客的海滨休闲度假旅游带。在《厦门市旅游发展总体规划》中，重点突出对台区位优势在旅游业发展中的重要作用，把建设“台海之窗”主题作为厦门吸引海内外游客的重点旅游产品，强调厦门旅游业与台湾旅游业的互补关系，着重向海内外推出厦金旅游产品，并逐步组合包装厦台旅游产品。在既有基础上，福建还应进一步加强对台旅游交流与合作的对策研究，委托大陆或台湾专业机构和专家进行闽台旅游交流与合作的细化课题研究，定期对台湾旅游市场进行调查，细分客源市场，以便推出适销对路的对台旅游产品，制定相关的“两门”、“两马”、闽台旅游合作专项规划，明确闽台旅游交流的战略目标、合作重点、发展阶段、战略措施等。

2. 建立闽台旅游业合作机制

随着闽台旅游业交流的增多，需要双方协商解决的问题也越来越多，因而有必要建立闽台旅游业合作机制。首先，闽台旅游业的有关民间协会组织可先行建立联系机制，共同探讨旅游产业的合作发展事宜，并由闽台相关部门以及高校和研究机构等专家学者、企业界人士组成“两岸旅游业交流协会”或“闽台旅游业界联谊会”等民间组织，建立稳定的民间联系渠道，加强旅游合作中热点问题的技术性、事务性商谈，既发挥闽台交流与沟通的桥梁作用，又规避目前存在的体制弊病和政治障碍；其次，双方定期或不定期举办以“旅游业合作”为主题的两岸高层论坛、专家研讨会、博览会等，通过咨询培训、中介服务、会展论坛等活动，为双方业界开拓市场服务，提高闽台旅游业的相互影响力和辐射力；其三，组织福建旅游行业与金门、马祖、澎湖、台湾旅游行业的交流，邀请台湾旅游业同行来闽及到周边省市考察旅游资源，参加大型旅游节庆活动，进行旅游项目投资洽谈；四是组织旅行社、旅游饭店、旅游区点的管理人员和市场促销人员赴台学习考察，互相交流旅游资源开发建设和行业管理的经验。

3. 推动对台旅游人才交流

旅游人才的交流与培养，对于推动闽台旅游业的合作发展尤为重要。旅游管理和经营人才是推动旅游业发展的重要动力。一大批高层次、高素质人才的聚集、汇合和交流，是闽台旅游业合作发展的客观要求。不仅要积极推动闽台旅游业人才交流，大力引进海内外旅游业优秀人才，吸引台湾从事旅游业的优秀人才，特别是那些既有深厚传统文化底蕴同时又具有宽阔国际视野的旅游人才到海峡西岸经济区创业，而且营造更加宽松的政策环境，培养出具有中华传统文化特色和福建、台湾地域文化特色的旅游产品策划和经营人才。

（三）制定闽台旅游业交流的具体对策

1. 加大对台旅游宣传力度

对台旅游促销措施包括：由闽、台、港、澳四地联合办《海峡旅游》刊物，福建旅游信息网站推出“海峡信息”专栏，扩大对台旅游宣传；定期举办各类与台湾关系密切的旅游活动，邀请台湾旅行商会来闽考察；将妈祖文化旅游节提升为国家级旅游节庆活动，争取由省政府和国家旅游局牵头组织举办，进一步提高妈祖文化的知名度，打造妈祖文化品牌，增强对台胞的吸引力；采取重点突破的方式，每年组织大型促销团赴台，深度开发台湾旅游市场，并借助经贸、文化等部门赴台湾考察，结合宣传福建旅游的特色；办好“海峡旅游博览会”，通过项目招商、旅游商品交易、举办论坛和两岸旅行商签订合作协议等活动，促进闽台两地旅游交流与合作。

2. 加强对台旅游工作协调

为加强福建对台旅游研究、信息收集、资源整合等工作，建立起快速反应的对台旅游工作机制，建议福建省政府及福、厦、泉三市和湄洲岛成立对台旅游工作领导小组，由省、市领导任领导小组组长，领导小组办公室设在省、市旅游局；在省、市旅游局增设对台旅游工作处（科），承办省市对台旅游工作领导小组办公室的具体工作，强化协调解决对台旅游工作中的重大问题，协调办理对台旅游工作的具体事宜。

3. 扶持对台旅游优势项目

为了更好地提高福建旅游品牌的知名度和影响力，提高旅游业在经济发展中的贡献度，应盘点福建旅游业既有的优势基础，确定重点品牌和合作项目，采取有效的政策措施予以扶持，形成发展合力。当前，应力求对台旅游双向对接，促进先行效应扩大。福建居民赴金门、马祖、澎湖旅游已经放开，今后要努力把福建居民金马澎游办成大陆居民赴台旅游的先行、示范、黄金线路和便捷通道，大力推进闽台旅游线路连接，实现资源共享。福建21家组团社均可经营“金、马、澎游”业务，在经营对台旅游业务过程中，与金马乃至台湾地区建立良好的合作关系，了解并掌握有关办证程序和渠道，一旦正式开放大陆居民赴台湾旅游，福建组团社应更加快捷、简便地为参游客人办理赴台证件，这样才能在未来旅游市场竞争中占据明显的时间优势和有利的位置。

（原载于《两岸关系》，2006年第4期，数据资料有补充更新）

当前福建在对台农业交流中的角色审视

赵玉榕*

摘　要： 当前福建在全国对台农业合作中的优势地位有弱化的趋向，但闽台交流已经打下了坚实的基础，福建省建设“对外开放、协调发展、全面繁荣的海峡西岸经济区”的战略构想的新定位，凸显了福建的区位特点和对台优势，《反分裂国家法》的高票通过，以及最近两岸关系呈现出一些新的动向，为福建发展与台湾农业交流提供了新的契机。福建凭借着对台的特殊优势，在未来两岸农业交流中仍将扮演重要的角色。

关键词： 福建；对台农业交流；角色

福建是台湾农业资金最集中的地方。随着近年来台商农业投资向祖国大陆的西部和北部扩展，黑龙江、海南、陕西、山东等地以各具特色的投资环境成为福建省利用台湾农业资金的主要竞争对手，这一变化使福建在全国对台农业合作中的优势地位有弱化的趋向。2004 年初福建省政府提出了建设“对外开放、协调发展、全面繁荣的海峡西岸经济区”的战略构想。这一新定位，凸显了福建区位特点和对台优势，最近，《反分裂国家法》的高票通过，两岸关系也呈现出一些新的动向，这都为福建发展与台湾农业交流提供了新的契机。福建凭借着对台的特殊优势，在未来两岸农业交流中仍将扮演重要的角色。

---

* 赵玉榕：厦门大学台湾研究院副教授、硕士生导师、国家“985 工程”台湾研究创新基地成员。研究方向：两岸经贸、台湾农业经济。

一、福建在对台农业交流中的重要角色分析

（一）在地理和人缘上的优势地位决定了福建在两岸农业交流中不可替代的位置

福建是台商来大陆投资办厂的最早省份，是唯一同时拥有国家批准的台商投资区、海峡两岸农业合作实验区、海峡两岸直航试点口岸的省份。福建的地理位置与台湾相近，农业地理和气候条件与台湾相似，语言与台湾大体相通，这一地理和人缘上的优势使福建与台湾交流与合作具有得天独厚的条件，这一优势是福建与台湾开展农业合作的首要前提条件之一，是二十余年来闽台农业交流与合作取得显著成效的重要因素，同时也是未来拓展双方农业更深层次交流的必要保障。虽然近年来台商农业投资呈现向西向北拓展的趋势，黑龙江、海南、山东、山西等内陆省份以各具特色的投资环境成为福建省利用台湾农业资金的主要竞争对手，使福建的对台区位优势趋于弱化，但从目前来看，福建在吸引台湾资金方面依然占有绝对的优势。我国加入 WTO，为福建农业的发展带来了新的机遇，福建的茶叶、食用菌、蔬菜、花卉、名优水果和畜产品具有比较优势，有一定的发展潜力，各县市吸引台资的软硬环境也在不断完善，从福建的总体环境来看，仍然是台湾农业投资的首选地区。

（二）坚实的基础和现实的互补关系是闽台农业交流得以进一步拓展的前提条件

福建与台湾农业交流历时二十余年，闽台农业合作已经成为福建省吸引台资的一大特色，截至目前，全省累计引进农业台资项目 1600 多个，合同利用台资 19 亿美元，实际到资 11.5 亿美元，在全国各省中名列前茅；从台湾引进优良品种 2500 多个，有 150 多个良种得到规模化推广和应用；引进生产和适用技术 800 多项，先进生产设备 5000 多套。合作项目从初期的引进农业良种逐步朝引进农业高新技术、农副产品深加工、农业服务、土地成片开发和整体配套方向发展；投资区域由沿海向

山区延伸，不仅福州、漳州等沿海地市成为台商投资农业的热点地区，而且南平、宁德、龙岩等山区地市农业利用台资也方兴未艾。台湾良种和资金技术与当地的资源、劳动力相结合，带动了福建农产品品种的改良和品质的提高，形成了一批优良农产品的生产基地，推动了农业产业化的发展，并且加速了福建农业与国际市场的接轨。利用台湾的资金建立起来的农产品加工企业，形成了初具规模的现代农业产业示范样板；福州、漳州作为首批海峡两岸农业合作实验区，经过数年运行，对促进当地农业的转型升级，提高农民的技术水平，增加农民的就业门路，增加农民的收入起到了积极的作用。目前这两个实验区累计引进农业台资项目已达 1194 个，合同利用台资 17 亿美元；引进台湾农业良种 1500 多个，先进技术 600 多项，设备 3500 多套。实验区的示范、辐射作用正在逐渐显现，成为后起的其他农业合作实验区的榜样。

福建吸引台商农业政策开始较早，各项相关的基本设施较为完善，台商在福建创业大都收到良好的经济效益，台资农业企业中，有 90% 为独资企业，平均投资规模在百万元以上，投资期限在 30 年以上的企业比重达到 90%，说明在福建的台资企业已经进入了稳定发展阶段。福建和台湾各处于产业升级、产业替代的不同阶段，两地在经济水平、产业结构、技术水平和市场营销等方面都存在一定的差距。福建与台湾有着极为相似的农业条件和资源环境，农村劳动力资源丰富，工资水平低，大多数农产品价格低于国际市场价格，又有内陆省份的广阔腹地，农业的拓展空间大，闽台农业合作有利于双方实现区位优势互补，有利于两岸农业生产结构的调整和农产品竞争力的提升。虽然因为政治上的分歧，两岸关系无法得到根本改善，增加了 WTO 背景下两岸正常经贸往来的不确定因素，但双方极为密切的互补关系纽带将两岸农业紧密地联系在一起，这是两地发展进一步合作的基础。

（三）得天独厚的近台优势有利于闽台农产品贸易

台湾承诺在入世后将大幅度降低农产品进口关税，农产品的非关税保护也将逐步取消。福建与台湾在饮食、消费习惯上具有相当的一致性，加上距离近，运输费用低廉，不仅两地通过农产品贸易互通有无具有明显的地域优势，福建的水产品、水果、蔬菜、食用菌等产品具有价格上的优势，花生、竹笋、蜜饯、中草药等土特产品同时还具有非价格优势，其中有不少是台湾市场需求的产品，这些具有一定竞争力的产品，是未来福建出口农产品的主打产品，将带动福建农产品向台湾市场的出口。而随着闽台间农业合作的拓展，台湾良种、与农业相关的生产设备以及优质农产品也将加大对包括福建在内的大陆沿海城市市场的占领。从更长远来看，福建尤其是沿海经济发达城市长期稳定的经济增长和消费需求，将促进台湾优质农产品的进口。近两年台湾有不少团队通过贸易商谈会、市场交流研讨会、蔬果展销会以及参观当地食品超市等形式，了解大陆食品产销和消费情况，其中福建也是主要了解对象之一。2002 年 9 月由台湾省农会等 10 个公会所属 44 家业者参加了在上海举办的“2002 年上海国际食品展”，参展商品有新鲜蔬菜、稻米、茶叶、饮料、特级加工农产品、生物科技保健产品、渔产品和冷冻食品。参展规模仅次于美国和德国居第三位，现场成交金额约 88 万美元，后续交易机会估计将达 181 万美元。由此可见台湾对开辟大陆农产品和食品市场的前景十分看好。在参展期间并与包括福建之内的五个省市进行贸易访问活动，并且形成了初步的合作意向。此外，目前台湾对金马地区大陆农工产品入岛项目的限制有所放宽，增加了民生用品通过正常商业渠道进入台湾岛内的机会。福建居民赴金马旅游的开放，为福建发展与台湾经贸往来开辟了一条新的通路。从发展的眼光看，一旦台湾的大陆经贸政策有所松动，福建由于地理位置的得天独厚，在贸易上的优势地位将更加明显。

（四）正确的政策导向为福建加强对台农业交流提供了必要的保障

福建与台湾的农业合作起步早，发展很快，在相当程度上得益于福建省委、省政府历来对闽台交往的高度重视。长期以来，发展对台农业合作一直是福建开展闽台经贸活动和推进农业现代化建设的工作重点。进入新世纪以来，福建着眼于世贸组织规则和我国对外开放的新格局，加快实施“开放立省”的战略，将闽台农业合作纳入对外开放的大格局中，致力于建设四大对台基地，祖国大陆对台通商基地、台商在祖国大陆投资基地、海峡两岸旅游合作基地和海峡两岸农业合作基地，并制定了闽台农业合作发展规划，以入世为契机，逐步实现农业生产要素、农业资源和农产品的优势互补，共同开拓国际农产品市场，争取将海峡两岸农业合作实验区建成台湾鲜活农产品及加工品生产基地。当前福建提出“建设海峡西岸经济区”的战略构想，为深化闽台农业的进一步合作提供了新的契机，福州和漳州海峡两岸农业合作实验区已建立起“台湾农民创业园”，为台湾农民来福建投资创业提供更为广阔的平台。所有这一切都为闽台农业交流的进一步深化提供了必要的政策保障。

当前台湾农产品贸易逆差39.7亿美元，比入世前增加4.1%。稻米进口增23倍，水果增11%，肉类增24%，鱼类增37%；岛内农产品价格呈现不同程度的下跌态势，稻米价格跌至十多年来的新低，水果价格平均下跌三成，毛猪价格也跌至成本以下。目前台湾当局对台商来大陆投资还有限制，允许进入台湾市场的大陆农产品也仅占台湾农产品总进口项目的60%，但在岛内不利于农业发展的经营环境形成的推力和大陆相对优越的投资环境形成的拉力两股力量的综合作用下，台湾农产业进一步外移是大势所趋，随着市场的开放，台湾有可能成为大陆的一个新的农产品出口市场，消费水平较高的福建沿海城市也有可能成为台湾高品质农产品外销的新兴市场。

（五）当前两岸关系新形势为福建发展与台湾农业交流提供了新的契机

当前台湾农业发展面临巨大的竞争压力，农产品销售出现困难，为此祖国大陆表达了极大的善意，表示愿意与台湾相关人士进行沟通，为台湾农产品进入大陆创造有利条件，为台湾农民到大陆创业提供空间。18种台湾农产品将采取零关税的方式进口，尽可能为台湾农产品进入大陆提供通关便利。为推动两岸的农业合作创造了新的契机。大陆向台湾开放农产品市场，对于增加台湾农民收入，促进台湾经济发展，增进两岸间的了解和互信，改善两岸关系都起到了积极的作用，得到台湾农业界极大的反响和拥护，也为福建发挥地域优势拓展与台湾农业的交流提供了新的契机。

二、推动闽台农业合作的新思路

当前是福建拓展与台湾农业合作的极好时机，抓住新的发展机遇期，在全国经济发展大格局中找准自己的战略定位，是福建下一步将闽台农业交流推上一个新的水平的基础。福建要认清面临的压力和挑战，从产业配套、基础设施建设、投资方向引导、优惠政策制定以及改善行政效率等方面，统筹规划和拓展闽台农业交流，尤其重要的是及时检讨和切实解决两岸交流过程中出现的诸如盲目、重复引种、消化创新能力不足、科技交流落后于产业合作以及台资企业与原料产地农民之间存在利益分配方面等问题，发挥台资在振兴福建农业经济中的作用，稳固福建在对台农业交流中的优势地位。

（一）加强与台湾产业的合作

福建与台湾在产业方面的合作已经有了许多成功的经验，尤其是种植业、水产业和食品加工业的合作成效卓越。根据闽台两地农业的产业特点，继续选择相关产业进行有计划的产业合作，是闽台农业交流的重要方向之一。闽台农业产业合作途径和方式将是多方面的，多形式的。园艺设施、精致农业、水产养殖业、畜牧养殖业和农产品加工业方面的合作，今后应该加大力度。此外，按照产业优势互补原则，以粮、菜、果、花、畜禽、水产种养业生产加工合作为重点，引进台湾优良品种和高新实用技术，建立一批以高新技术为主的农业合作示范区和出口生产加工基地。鉴于两岸之间竞争加剧的客观现实，明确地进行产业分工，避免盲目发展而带来的恶性竞争，真正实现优势互补、互惠互利、利益共享。

进行有偿技术合作。技术引进可以实行有偿服务合作，以福建重点优势产业为主，引进台湾科技人员或台资企业，推广实用技术，按技术承包、企业合作共同研究开发等方式，在果、茶、畜禽、水产等种养业上建立合作示范点，为全面产业合作提供样板。

（二）构建闽台农产品贸易对接平台

近年来，福建和台湾的农产品贸易往来稳健增长，去年闽台农产品贸易额达4658万美元，比2003年增长20.5%；今年一季度的贸易额为1045.2万美元，比去年同期增长12.48%。福建省对台小额贸易也一直呈现稳步增长的良好态势，据统计，2004年福建省对台小额贸易总规模达到1800万美元，比2003年增长接近一倍。考虑到水果的时鲜性和福建现与金门、马祖地区直接往来的便利，台湾水果从福建进入的条件是得天独厚的。要争取以免税、专案绿色通关方式进入北京、上海市场销售的台湾水果能经福建口岸进入。充分发挥大嶝市场的作用，用好大嶝对台小额商品交易市场的优惠政策，将台湾水果作为一项特色商品来经营。

通过农产品贸易互通有无具有明显的可操作性。福建与台湾在饮食、消费习惯上具有相当的一致性，加上距离近，运输费用低廉，两地地域优势，福建的水产品、水果、蔬菜、食用菌等产品具有价格上的优势，花生、竹笋、蜜饯、中草药等土特产品同时还具有非价格优势，其中有不少是台湾市场需求的产品，可以满足台湾市场的需要。台湾的良种、与农业相关的生产设备以及优质农产品也将加大对包括福建在内的大陆沿海城市市场的占领。福建尤其是沿海经济发达城市经济增长长期稳定，且具备有不同层次的消费群体，是台湾高品质水果和蔬菜的一个潜在的大市场。目前，台湾已在福建的福州、厦门、泉州等城市举办过食品展览和水果促销活动，新鲜蔬果、稻米、茶叶、饮料以及蜜饯等很受欢迎。随着更多台湾农产品的“登陆”，福建有可能成为台湾优质农产品外销的新兴市场之一。福建在地理位置上靠近金门和台湾，具有的丰富的鲜活农产品资源，有条件成为台湾鲜活农产品的供应基地。闽台在农产品贸易上的互通有无，既有助于解决台湾农产品的销路问题，同时也能起到推动大陆农产品品种与品质的提升的作用。随着推动台湾农产品在大陆销售的具体措施的逐步出台，应该着重探讨解决两岸农产品贸易中存在问题的办法，探索和总结台湾农产品进入大陆市场的可行模式，切实构建起闽台农产品贸易对接平台，促进两岸农产品贸易的顺利、持续、健康发展。

（三）扩大海峡两岸农业合作实验区范围

加快海峡两岸农业合作实验区建设是保持闽台农业合作的良好势头的一项重要举措。福建省计划争取国家有关部委将福州、漳州海峡两岸农业合作实验区扩大到全省范围，这将有助于海峡两岸农业区域性合作和整体性合作的发展，同时也可以强化建设吸纳台湾农业外移基地、鲜活农产品的供应基地、农产品及其加工品的出口基地功能，让台湾农业有更大的选择和发展空间。“台湾农民创业园”的建设，是闽台农业交流的又一大特色，标志着闽台农业合作步入了一个新阶段，是构建海峡西岸经济区的重要组成部分。台湾农民创业园的推出，对进一步培育闽台农业合作龙头企业，加大闽台农业合作中的科技含量，增强闽台农业合作的产业基础，都将起到积极的作用。创业园的名优果蔬引进推广、花卉和中草药培育生产、立体观光休闲农业、水产养殖、畜牧养殖、农产品精深加工和两岸农业经贸合作等 7 个功能区，以及农产品质量检测、种苗繁育、信息交流、病虫防治及农产品交易等 5 个中心的建设，对台湾农业资金有很大的吸引力。

（四）建设台湾农产品进口大陆的主要口岸和转运中心

目前台湾将布袋港规划成为台农产品输入内陆的专用港,；农产品将采取货运专案直航方式，经金门、厦门中转至周边福州、泉州地区，并辐射至杭州、上海等地。布袋港地处台南，邻近包括云林、嘉义在内的嘉南平原，是距大陆最近的港口，可以实现台湾农产品特别是热带水果以最快速度进入内地市场。因此，将布袋港推动成为农产品运输专用港，有利保证台湾农产品在内地销售的品质，也可降低运输成本。福建距离台湾近，又具有良好的港口资源，具备有建成台湾农产品进口大陆的主要口岸和转运中心的有利条件，已被大陆“台湾农产品输入工作小组”列为指定的开放口岸之一。最近台湾有关方面正在就与厦门港合作转运台湾农产品进行磋商，厦门要把握住对接台湾农产品的转运的机会，做好相关设施的建设以及各方面的准备工作。

（五）为台湾农产品进口建立“绿色通道”快速通关机制

水果、蔬菜等属保鲜易腐类农产品，需要在最短的时间内销售、加工或处理，应该为台湾进口农产品设立专门的快速通关通道，同时加快验放速度，尤其对用冷藏箱运输进口的台湾鲜果以及存活时间较短的特殊农产品如蝴蝶兰等货物快速办理通关手续，在口岸通关不等候不滞留。业务现场设立专门窗口办理接单审核、税费征收等通关手续；海运进口台湾农产品可提前报关，并可在船舶驶离台湾港口后入境前，提前申报，使进口台湾农产品货物做到“零滞港”，降低企业贸易成本；实行“就近报关、口岸验放”通关模式，内地、山区企业进口台湾农产品，可选择内陆海关就近报关、由口岸海关进行验放的通关模式；实施快速转关运输模式，对山区企业进口的台湾农产品实行转关运输“一次申报、一次查验、一次放行”模式，实现快速转关运输，保证农产品的新鲜度；实行网上支付税款；确保全天候通关。

（六）协助台湾农产品打开大陆市场

虽然台湾高端农产品在大陆有一定的市场，但由于其价格较高，消费群体有限，且让更多民众接受也需要一定的时间，大陆方面应该主动与台湾相关部门协商，尽可能创造条件，让台湾的农产品具有充分展示的空间，以及建立起一套完整的农特产品行销制度。

当前，在WTO的大背景下，两岸经济分工与合作越来越密切，闽台两地农业可以找到更多的共同点和结合点，全方位开展合作，实现互补、互惠、互利，创造两地双赢，空间很大。大陆为进一步加强两岸经贸交流，为台湾人民办实事，在未提任何交换条件的情况下，单方面放开市场给台湾农民，协助台湾农产品销售大陆，解决台湾农产品滞销问题。获得了台湾农民的积极响应和广泛赞誉。但目前两岸的农业经贸往来还存在人为的障碍，台湾当局刻意淡化两岸农业交流议题，声称必须介入公权力进行两岸协商才能保障台湾果农权益，但同时又以“时机不对”为由拒绝委派任何民间团体与大陆方面谈判。采取了变相阻挠大陆协助台湾水果出口的政策措施，岛内果商原计划举办的北京“台湾精品水果品尝会”，上海芒果展，上海食品展等计划都被迫临时撤销。此种连农产品交易都“泛政治化”，的举动实在是很可悲，是违背台湾民意的。两岸农业合作是两岸农业发展的需要，凡是造福两岸人民的作为，凡是符合潮流，能双赢的合作一定能够排除重重障碍，得到更大的发展。人们有理由相信，闽台农业交流的前景将更加广阔。

（原载于《海峡经济区发展论坛》论文集，2005 年 5 月，福州）

深化闽台农业合作，推进福建新农村建设

赵玉榕

摘　要：加快海峡西岸经济区建设，是我省新时期面临的重大战略任务，也为推动两岸经贸合作创造了新的契机。深化闽台农业合作，加快闽台产业对接，推进新农村建设是福建省海峡西岸经济区建设的重要策略和有效途径。福建作为一个重要的两岸农业合作试验区，有着丰富的农业合作经验，我们应该继续发挥福建的优势，提高闽台农业合作的层次，推动福建农业的发展。本调研报告通过对南平、三明、龙岩、宁德四个山区市的44个新农村建设样板村进行调查，对福建山区现有农业对台合作情况、特点以及存在问题进行客观的评价，分析进一步发展对台农业合作的条件，并提出进一步深化对台农业合作的途径与政策建议。

关键词：福建山区；对台农业合作；新农村建设

一、福建农业经济发展水平及其特点

（一）总体发展水平

“十五”时期，三明、龙岩、南平、宁德四设区市围绕加快融入海峡西岸经济区建设大局，实施项目带动战略、发展县域经济、做大做强中心城市、培育产业集群、壮大民营经济、优化经济发展环境等重点工作，着重发展特色经济，提升产业素质，“十五”期间各区市的生产总量都有明显增长，三明地区年均增长9.5%，龙岩11.3%，南平10.5%，宁德12%。福建作为一个经济相对发达的省份，经济社会发展总体上是和谐稳定的，但仍然存在区域间的不平衡。改革开放以来，沿

海一带凭借区位、政策等优势，经济发展较为迅速，而山区一带则相对滞后，客观上造成两个界线分明的区域带的显著差距。按经济总量计，沿海发达的福州、厦门、泉州、漳州、莆田五个地级市的生产总值占到全省生产总值的78.1%，南平等四设区市仅占21.9%。福建沿海和山区发展的不平衡，很大程度上反映的是城乡发展不平衡的问题。山区县市均为传统的农业区，农业生产总值在当地生产总值中占有较大的比重，2005年南平、宁德、三明和龙岩的农业生产总值分别在当地生产总值中占有42.4%、41.7%、38.4%和34.7%的比重，合计占全省农业产值的41.4%；四设区市的农业人口占全市人口的比重都在70%以上，其中南平占70%、三明占76%、宁德和龙岩分别占85%和85.5%，但农业产值却只占全省总产值的8.8%（详见表1）；2005年全省农民人均纯收入4450.36元，而三明市农民人均纯收入为4209元，龙岩市4125元，南平市4070元，宁德市仅为3808元，全部低于全省平均水平。因此从总体来看，四设区市的经济发展水平在全省是比较落后的，建设社会主义新农村任务比较艰巨。

表1　福建九辖区市2005年生产总值　（单位：亿元、%）

	生产总值			农林渔牧业生产总值		
	总　值	比上年增长	比重	总　值	比上年增长	比重
福州	1482.06		22.6	290.34		20.9
泉州	1626.30		24.8	173.34		12.5
厦门	1029.55		15.7	35.33		2.5
漳州	626.36		9.5	268.36		19.3
莆田	359.93		5.2	142.7		10.2
三明	392.08	10.5	6.0	150.44	5.8	10.8
宁德	342.27	11.0	5.5	83.25	4.2	6.0
龙岩	385.22	11.3	5.9	133.49	5.6	9.6
南平	349.86	10.2	5.3	148.42	6.6	10.7
全省	6560.07	11.3	100.0	1390.27	4.6	100.0

资料来源：福建省统计局、各区市“2005年国民经济和社会发展统计公报”。

（二）农业经济发展特点

1. 农业生产总值增长

三明、南平、龙岩、宁德是福建的农业集中区，物种丰富，气候适宜，劳动力充足，具有发展科技、劳动密集型生态农业和利用丰富的山地资源发展特色农业的优势。近几年各地围绕农业增效、农民增收，采取切实可行的措施，农业综合生产能力有明显提高，2005 年四设区市的农业产值比上一年度都有不同程度的增长，除宁德市外，其余三设区市的农业生产增长率都高于福建全省平均 4.6% 的增长幅度，三明和龙岩市增长率分别为 5.8% 和 5.6%，南平市达到 6.6%。

2. 产业结构日趋优化

随着优势产业的发展，三明、南平、龙岩、宁德的农业生产结构逐渐由传统的、单一的生产模式向农林牧副渔业全面发展的结构格局转变，呈现以种植业和畜牧业为主、林业和渔业为辅，或以种植业和渔业为主，林业和牧业为辅的总体特征。2005 年统计资料显示，龙岩市农林牧渔业产值占总产值（按 2005 年价格水平计算，下同）的比例分别为 41.64%，10.39%，40.65% 和 5.69%；其中种植业和畜牧业比例合占 82.3%，成为龙岩市农业经济的主体；南平市推广蔬菜、食用菌、烤烟、莲子、药材等经济作物生产，全市粮经结构由 3 年前的 65∶35 调整为现在的 34.5∶65.5，同时开发山林资源，发展畜牧水产，使林业和牧业在农业产值中占有 43.8% 的比重，成为农村经济中最活跃的产业和农民增收的重要渠道；宁德市的渔业和种植业在农业结构中分别占有 42.5% 和 41.8% 的比重，比 2000 年分别上升了 1.2 和 5.7 个百分点。

3. 以优势资源为主导的农产品产业化经营格局已初步形成

四设区市地处山区或临海，山多地广，自然资源丰富，竹木、食用菌、畜牧、水产等主导产业支撑作用突出，基本形成了以矿产资源、林竹资源、水产品资源、农产品资源为主的骨干加工行业，带动了富有地方特色的农产品产业链的形成，如：以三明金叶复烤有限公司为龙头的烟叶生产加工链；以大亚木业和永林集团为龙头的木材开发及深加工链；以沙县青竹集团为龙头的竹制品加工链；以沙县侨丹实业有限公司和宁化客源酒业有限公司为龙头的粮食转化加工链；以建宁文鑫贸易有限公司、鑫达莲业有限公司、莲蓉绿色食品有限公司为龙头的莲业系列加工链；以三真菌业有限公司为龙头的食用菌产业链；以尤溪麻鸡种鸡场、永安融燕禽业饲养有限公司、宁化农星农牧有限公司为龙头的禽业生产加工链；以建宁莲蓉绿色食品有限公司、永安水果专业合作社、沙县水果专业合作社、三明市现代农业发展有限公司为龙头的水果产业链等。以优势资源为主导的农产品产业化经营格局已初步形成。

4. 农民收入和消费水平不断提高，收入结构发生变化

调查结果显示，各设区市农民的收入稳步增长，收入结构以及农民对获取收入的观念也发生了变化。2005 年南平、三明、龙岩和宁德农民纯收入虽然低于全省平均 4450.36 元的水平，但各地的农民纯收入都有显著的增加，三明市农民的人均纯收入比 2001 年增长 37.1%，龙岩市 1978 年到 2005 年期间农民纯收入平均年增长率达到 13.21%，南平市和宁德市近 4 年农民人均纯收入分别递增 8.9% 和 8.3%；依靠耕种粮食或经济作物谋得生活资源的农民已经为数不多，农民进城务工或进入乡镇的加工型企业获取的工资性收入在农民收入构成中占有越来越大的比重；随着农民收入的增加，农村居民家庭恩格尔系数（即家庭食品消费支出占家庭生活消费支出的比重）下降，而用于文教娱乐、医疗保健等消费支出增大，农民消费观念的改变是农民生活质量提升的标志。

二、与台湾农业合作现状及其特点

相对于沿海县市，山区四区市的对台农业合作起步晚、数量少，但有地区差异，龙岩市和三明市紧邻漳州和厦门，多年来不断接受海峡两岸实验区的辐射，加上地理条件优越，对台农业合作机会较多，取得一定成效，而南平和宁德较少，总体情况相对落后（详见表 2）。

（一）合作现状

1. 投资

三明市：截至 2005 年底，三明市累计批办台资农业企业 106 家，合同利用台资 495 万美元，实际到资 321 万美元，分别占批办台资企业总数的 48.4%、40.7% 和 60.6%。从整体来看，凡是种植业以及带有加工

性项目的台资企业基本上生存下来，并获有经济效益，其中水果加工和林业方面尤为突出。台商独资福建兴辉食品有限公司自2003年创办以来，先后开发了猕猴桃汁、黄桃汁、猕猴桃果脯、营养莲片、黄花梨果醋等10余个品种，年生产饮料能力达万吨，其中“山雪”牌中华猕猴桃汁获国家绿色食品标志；对台林业合作是三明的一大特色，先锋木业、振兴竹木制品、泰丰木业、上颖木业等一批台资企业已经相继在三明落户，2005年6月，经国家林业局批准，三明市成为全国唯一的“海峡两岸（三明）现代林业合作实验区”，在实验区内，林产品加工、生物制药及中成药开发、木食品加工、生物多样性保护及苗木花卉繁育、森林生态休闲观光和林业科技开发等6个功能区正式启动，三明与台湾两地林业的合作进入制度化的阶段。

表2　山区各地市农业利用台资情况（单位：项；百万美元）

	三明市	龙岩市	宁德市	南平市	合　计
累计批办台资农业项目	106	93	43	150	392
合同利用台资	49.5	37.6	20.4	35.0	142.5
实际利用台资	32.1	30.0	12.3	20.0	94.4

资料来源：调研地市台办、农业局提供资料汇总。

龙岩市：龙岩市紧临漳州、厦门，多年来不断接受漳州海峡两岸农业合作实验区的辐射，对台农业合作取得一定成效。至2005年底，全市已批办台资农业企业93家，总投资5183.64万美元，合同利用台资3763.17万美元，实际利用台资约3000万美元。台资企业涉及种植、养殖、食品加工以及竹木制品等领域。“永福台湾农民创业园”凭借得天独厚的自然资源条件和良好的投资环境，吸引了大批的台商到当地投资开发台湾高山茶和果蔬、花卉项目，成为台商投资的聚集地，示范和带动作用显著。目前永福镇共有台商投资企业21家，其中台资高山茶场16家，果树种植企业2家，花卉企业2家，石板材厂1家，总投资5000多万元；另已有20家台商签订投资意向，其中茶叶10家，面积1万亩，日本甜柿等水果3家，花卉、蔬菜加工7家，是海峡两岸农业合作最大的茶叶基地和台湾短低温果树种植基地。

南平市：南平市将建设成为海西区“绿色腹地”作为农业发展的战略目标，在对台农业合作方面，积极遵循“优势互补，互惠互利，共同发展”和“同等优先，适当放宽”的原则，实行用地优惠等政策，推出优先提供信息咨询、优先审批、优先提供信贷扶持、优先提供办理出入境手续、优先办理农产品出口退税等五大优先服务，努力营造良好的投资环境。据统计，截至2005年底全市共引进台资农业项目150家，合同利用台资3500万美元，实际利用台资2000万美元，主要集中在种植业、农产品加工和木竹制品开发领域，目前正式运转的农业及农产品加工项目有36家。先后涌现出邵武“嘉德”、建瓯“得茗”、延平“豆宝”等一批新兴台资农字号企业，其中邵武嘉德农业开发有限公司的现代农业综合开发园区被列为2003年邵武市十八个重点建设项目之一，2001年以来总投资2000余万元人民币，目前占地2050亩，种植桃等果树近100亩，苗种试验示范区近100亩，引进各种优质落叶果树品种近200个，台湾蜜雪梨、阿里山脆桃、日本甜柿等14个引进品种试种成功，年产量在20万公斤以上，产品进入上海、深圳、郑州等超市，部分转口香港。最近，台湾兴讯国际企业股份有限公司计划在夏道镇山后村投资“山后兴隆农业科技旅游观光”项目，规划总投资5000万美元，此项目集农业科研、推广、产品深加工、旅游度假于一体，囊括休闲度假区、儿童科普教育基地、台湾农业优良品种培育试验基地、无患子栽培示范基地、无患子系列产品加工厂等多个子项目。目前该项目已正式签约，首期投资625万美元，拟建立品种培育试验基地，进行无患子、香药草等高附加值的发泡植物培育和推广，二期拟建以无患子系列产品深加工为主的洗涤产品加工销售中心。此外，南平规划在武夷山市兴田镇和建阳市将口镇、崇雒乡一带建立海峡两岸农业合作武夷新区，由名优果蔬引进推广区、花卉和中草药培育生产区、立体观光休闲农业区、水产养殖区、农产品保鲜区以及精深加工区和两岸农业经贸合作区等七个功能区组成。南平与台湾的农业合作在进一步拓展中。

宁德市：宁德与台湾隔海相望，两地经济文化交流源远流长，台商在宁德的投资规模也逐步扩大，据统计，早在1987年，宁德市就成立了集农作物品种引进、试验、筛选、示范、推广、服务为一体的霞浦农业引进试验场，被福建省政府列入对台农业引进示范区和全省29个对台农业综合开发区之一。90年代后，宁德市对台农业交流与合作走向多样化，交流与合作领域逐步拓展。截至2005年，全市共引进台资农业企业43家，其中种植业19家、养殖业5家、农副产品加工业19家，合同利用台资2042万美元，实际利用台资1230万美元，台资企业年产值1.2亿元人民币，出口创汇720万美元。古田县亚细亚食用菌有限公司，投资额由办厂初期的不足100万美元，增加到目前的近200万美元，年加工“麒麟牌”香菇800吨，产品畅销日本、台湾；位于福鼎市店下镇的宁德市海峡两岸农业合作示范园区自2000年创办以来共签订台商、外商农业投资意向书30余份，投资额2500万美元。台资农业企业在宁德发展，促进了宁德市农业生产经营水平的提高和外向型农业的发展。

2. 引进台湾农业新品种和新技术

引进台湾农业新品种和新技术，是山区对台交流的重要组成部分。

三明市：累计引进台湾蜜雪梨2次套袋、茶叶加工、赤芝墙式栽培灵芝等新技术28项，推广面积1.74万亩；引进台湾毛豆、台农1号小白菜、台农蜜桃、蜜雪梨、新红宝西瓜、四季春、黄花菜等106个新品种，其中部分优良品种遍布清流、建宁、永安、大田、明溪等县市，推广面积达8.57万亩。台商建立的清流蜜雪梨基地，被省农业厅列为省级试验区，蜜雪梨作为早熟优质梨已向全省推广；台资企业清流桦信茶果开发有限公司和大田大方广茶叶有限公司采取“公司+基地+农户”的模式，种植四季春、金萱、软枝乌龙等台湾优良茶叶品种，并引进符合国际标准的台湾制茶设备和制茶工艺，使清流县和大田县茶叶种植规模迅速扩大，茶叶加工质量显著提高；台商独资的建宁应德农产品有限公司引进台湾黄花菜新品种和黄花菜育种、栽培技术，并在2005年自育种亩成功，目前种植面积已经扩大到2000亩以上。

龙岩市：通过农友种苗（中国）公司等5家种子种苗公司和其他渠道，引进水稻、甘薯、花生、水果、蔬菜、食用菌、花卉等各类农业新品种600多个，推广面积30万亩；引进台湾产期调节栽培技术、设施栽培技术、水稻育秧配套技术等先进栽培技术17项，推广面积25万亩；引进台湾先进设备400多台（套），包括保鲜、包装、贮运、工厂化栽培、腌渍加工等技术和设备。在漳平台湾农民创业园内主要有兰花、软枝乌龙、台茶12号、台茶13号等品种和台式采、制茶加工设备。

宁德市：从台湾引进的包括经济作物、食用菌和水产等优良品种累计有552个，占全市农业良种引进的75.21%以上，其中推广面积超过万亩，有28个品种在生产上表现良好并已取得明显的经济效益，其中九县（市、区）引进的水果、蔬菜、瓜类新品种，福安、霞浦等沿海4县的鱼、虾新品种效益尤为显著。例如，寿宁县的台湾肉姜和庆农65号花菜生产基地，实施统一规划，种植肉姜、花菜面积达1.5万亩，年产值近3500万元；福安市永盛产业公司2000年引进、培育台湾大青枣苗木10万多株，除供应本市外，大部分调往湖南、江西等省和邻近县市。

南平市：截止2005底，引进台湾优质瓜、果、蔬菜、花卉等新品种150多个，引进并推广台湾实用科技10多项，主要有台湾西瓜、豌豆、空心菜、大青枣、胖姜、密雪梨、青花梨、葡萄柚、甜瓜、芦荟、扁加四季豆、甜豌豆、毛豆、矮秆四季豆、阿里山脆桃等，主要分布在建瓯、邵武、顺昌等县（市）。建瓯市在小松、东游、小桥三个乡（镇）建立万亩现代农业园区，先后建起闽台果树引种示范中心、闽台瓜菜示范园、闽台花卉中心，引进境外良种100多个，其中台湾果蔬品种占30%。建瓯市迪口镇引进台湾胖姜种植100亩，平均每亩产量2500－3000公斤，个别农户每亩产量高达4000公斤、产值12000元，纯收入近万元。2001年，台湾苗栗县吴振龙投资邵武市大埠岗，创办嘉德综合农业科技有限公司，投资1000万元，建立现代生态农业园区，种植台湾密雪梨、阿里山脆桃、日本甜柿等果树品种14个，现园区已发展到2000亩，已投产果树面积有500亩，年产量20万公斤。

3. *人员交流互访*

随着海峡两岸经贸合作的不断发展，三明、宁德、龙岩和南平与台湾农业界开展了参观、考察、授课、举办研讨会等多种形式的互访和交流，就共同关心的议题进行交流和研讨。例如：三明市先后组织农业科技人员180多批1300多人次，赴台开展农林考察，并与当地的农林科研院所、农会及其他农业社团进行交流。龙岩市自1998年以来，先后有93批412人次，赴台学习、参访，与台湾8个科研院所、10多个市、县、乡农会及其他有关农业社团进行了交流。接待来自台湾来访和考察的农林界人士和专家学者累计达600多批，5000余人次。

（二）特点

通过对搜集到的材料进行分析，我们认为，山区四设区市的对台农业合作具有以下特点：

1. 起步晚、数量少、规模小

受历史、地理等诸多方面因素的影响，台商在山区投资起步比较晚，投资规模小。台商在山区投资始于80年代中期，至2005年底，四区市累计批办台资企业392家，合同利用台资1.43亿美元，实际利用台资0.94亿美元。如果按实际利用台资算，平均规模仅23万美元。与全国台资农业企业平均规模80万美元和福建全省农业台资平均投资规模122.5万美元相比，要明显偏小，如果与漳州市224万美元的平均投资规模相比差距则更大。可见，台商在福建山区四区市的投资还相当薄弱。众多小规模的台资农业企业投资虽然见效快，也能在一定范围内促进部分农产品深加工和带动周围农民致富，但却难以推动当地农业生产方式的根本转变。

2. 投资以农林产业为主，种植业项目生存较好

综合四设区市的情况来看，目前台商投资的领域，涉及农林、化工、建材、机械、电子、纺织等10多个行业，产品达150余种，其中对农林产业的投资为最大宗。例如，截至2005年底，三明市累计批办台资农业企业家数、合同利用台资额和实际到资额分别占台资企业总数的48.4%、40.7%和60.6%；南平市延平区13家台资企业中有12家是投资农林业的。而且从整体来看，凡是种植业以及带有加工性项目的台资企业基本上生存下来，并获有经济效益。

3. 对农村经济发展带动作用明显

首先，促进了当地资源的深度开发和有效利用。通过引进台资木竹加工企业和山地果园、竹园、草场、茶园的成片开发，山区丰富的资源得到了合理深度利用，促进了资源优势向商品优势的转化。其次，带动了农村产业结构的优化。农业的合作交流不仅给台湾投资者以丰厚的经济回报，在台资项目的示范、辐射、带动下，山区农业种植结构、品种结构和区域布局逐步优化。第三，促进了农业科技的进步。引进农业品种和先进栽培技术，缩短了山区技术研究的周期；农产品精深加工，对延长农业产业链，提高农产品附加值和市场竞争力，具有直接的促进作用。

4. 建立了一批具有特色和带动效应的园区和集散中心

目前海峡两岸农业合作试验区已经扩大到全省，福建在全国对台农

业交流中的地位越加增强，分别在宁德、三明和龙岩成立的霞浦台湾水产品集散中心、海峡两岸现代林业合作实验区和永福台湾农民创业园，是福建对台农业合作的创新模式试验点，充分显示出四区市的特殊区位优势、资源优势。目前霞浦台湾水产品集散中心正在加紧建设之中，海峡两岸（三明）现代林业合作实验区、永福台湾农民创业园已经开始运作，并已见初步成效。这些园区和集散中心的建立和发展，有助于最大限度地发挥当地的资源和区位优势，带动本地区的经济发展，促进两岸经贸关系，尤其是两岸农业领域交流与合作的深入。

三、对台农业合作存在的问题

山区的对台农业合作从总体来看有一定的进展，但与沿海地区相比差距很大，存在的问题主要表现在以下几个方面。

（一）地理条件限制大，对台农业合作的基础薄弱

良好的交通和完善的水电基础设施是台商投资兴办企业的必要条件，四设区市分别地处福建北、东、西地区，经济欠发达，山地丘陵面积占陆地总面积的比重大，村落的分布比较分散，公路交通、水利、用电等基础设施相对落后，管理、服务以及生活质量等软环境也存在不足，客观的地理条件和相对落后的经济水平无法形成对台资的吸力。调查中我们发现，因为基础条件差而影响台商投资意愿的情况在各地都有发生。

（二）吸引和利用台资进展缓慢

一是台资“成活率”低。多年来引进的台资数量不少，但由于企业资金周转困难或经营管理不善等原因，许多企业停产和倒闭，正常运转的不多。例如龙岩目前在经营的台资企业仅占已批办企业数的42%，南平倒闭和停产的企业比例高达80%；二是难以形成规模。四设区市农业基本上是传统农业的延续，茶叶、食用菌、水产养殖等占据了绝大部分，由于产业化程度、科技含量低，附加值低，很难利用已有的台资企业形成产业群，因而也无法达成规模经济效应。同时，尽管从台湾引进

的台湾品种适应性好、抗逆性强、高产、优质，但种植风险相对较大，多数农民不愿轻易改变经营习惯，影响了推广的进度。

（三）存在影响台商投资意愿的问题

近年中央政府及各地政府都出台了对台胞投资的管理及保护的相关规定和办法，在金融服务、税收、土地、出入境等方面提供优惠和方便，但仍存在一些问题。例如融资问题。种养型企业投资周期长，收益慢，要维持企业的正常运转和扩大再生产需要充足的资金，近年来，大陆一直致力于解决台资企业融资难的问题，台资企业可以利用大陆资本市场进行直接融资，然而，国家贷款“僧多粥少”，股市融资也受到股份制改造、市前三年必须连续盈利等大陆上市规定的限制，加上台湾农业企业大多规模偏小，难以提供担保和抵押，台资企业在大陆的融资问题仍然突出。

（四）尚未建立起有效的对台农业合作导向机制和对接机制

目前，在山区投资的台湾农业企业几乎都是台商自己带来的，由本地推介成功的项目寥寥无几。主要原因在于：对台商投资的动向、台湾资本流动的特点以及台湾产业的战略动向等方面的信息的了解和掌握比较欠缺，对台招商引资信息库的收集、整理比较滞后，在本地特色、优势农业的宣传和推介方面力度不够大，这些问题的存在直接影响了农业交流与合作层次的提高。

（五）引进新品种存在较严重的随意性和盲目性

绝大多数引进的品种没有经过先试验再示范然后推广三步骤，盲目引进和随意推广的现象普遍存在，导致引进品种不适应当地气候、土壤、水质等自然条件，成活率低，引种效果差的情况常有发生。另外，新品种推广率不到10%，说明引种工作存在着消化创新能力不足问题。

（六）宣传力度不够

许多有潜力的项目与优惠政策并未被大部分正在寻找投资机会的台商所知。以高山茶种植为例，龙岩市境内适宜大范围种植优质台湾高山茶的地方远不止永福一镇。武平与台湾气候与地理条件相似，种茶条件及基础设施甚至比台湾茶商集中的永福镇更好。但由于台商较早在到永福投资，经过一段时间后形成了磁吸效应，而台商对武平的情况了解还不多，目前还没有大批台商愿意尝试到武平投资。

（七）农民科技应用能力低下

农民文化程度较低的现状决定了其掌握知识和新技术的意愿和能力的局限性，农民科技文化素质的欠缺是推广新品种和新技术的主要障碍，也是实现农业科技化、产业化的瓶颈。此外，随着许多农民出外务工，农村劳动力结构发生转变，现已萌芽的“招工难”现象可能愈演愈烈，这也将成为山区对台招商引资的一大隐忧。

（八）配套设施不足

在相对落后的山区，农业企业的生存发展所需要的一系列配套设施与服务手段，如冷冻保鲜、仓储运输、交通、用电、科技及法律法规保障等条件还较缺乏和不足，导致台企成本加大，影响了台商的投资意愿。

四、进一步推动山区对台湾农业合作的途径和建议

（一）合作方向

“十一五”时期是全面建设海峡西岸经济区的关键时期，根据社会主义新农村和海峡西岸经济区建设的总体部署，各地都提出了在今后五年农业发展的目标和任务：发展现代农业，繁荣农村经济，提高粮食综合生产能力，培植优势产业和特色农产品，加快农业科技创新，提高农业科技含量，加强农业设施建设，转变农业增长方式，提高农业综合生产能力。拓展对台农业合作，也是“十一五”推进社会主义新农村建设的重要内容。当前入世对台湾农业的影响已经逐渐显现出来，农产品贸易失衡的状况有所加剧，虽然当前非经济因素依然是影响两岸农业正常

发展的主要因素，但两岸入世以后都面临着如何调整生产结构来提高竞争力的问题，这是两岸农业进一步合作的契机。山区四区市是海峡西岸经济区绿色腹地、全省对台农业合作的一个重要组成部分，有较为突出的区位优势和资源优势，有与台湾相近的客家文化、闽南文化兼具的人文优势，有良好的生态环境和气候条件，劳动力资源丰富，外向型农业有一定的基础，具有与台湾开展进一步互利合作的广阔空间。理论上山区地市的对台农业合作的重点领域应该包括生产领域、农产品加工领域、科技领域、市场营销领域以及休闲观光领域，从农业生态资源比较优势和特色农业发展需求的实际出发，我们认为，山区四地市的对台农业合作，适宜以绿色食品、生态旅游以及渔业作为双方合作的主导方向。

1. 绿色食品产业，是双方合作的主导方向

随着经济发展和社会进步，人们对食品安全日益关注，国内外对无污染、无公害、高质量、高附加值的食品需求量越来越大，绿色食品产业的发展前景十分看好。山区适宜开发为绿色食品的物产十分丰富，有粮油系列的优质米、大豆、山茶油等；干鲜果系列的柑桔、梨、葡萄、锥栗、银杏等；以武夷岩茶、小种红茶等为主的茶叶系列；以山野菜为主的蔬菜系列；香菇、蘑菇、竹荪、灵芝、红菇等菌类；泽泻、淮山、杜仲、白莲等中药材系列等，仅南平市就有24个产品获国家绿色食品标志使用权。绿色食品产业是山区农业发展的优势，也是台湾农业寻求合作的重要取向。粮油、茶叶、食用菌、中药材、畜禽产品、水产品、笋制品、饮料产品等绿色食品和保健品产业的开发具有巨大的潜力。

2. 合作发展生态旅游农业

台湾的观光休闲农业经过二十多年的发展，已进入成熟期，经营者达1500家以上，包括观光农园、体验农园、民宿、休闲农场等几种类型，已成为台湾旅游资源的重要组成部分和农业经营的特色产业，也是台湾农业转型的一大亮点。四区市具有丰富的物产和旅游资源，具有发展休闲农业、生态旅游的条件和潜力，应借助台湾休闲农业发展的经验，对接台湾观光休闲农业，加强休闲农业、生态旅游等方面的对台招商引资规划，建立迎合消费新需求的新型农业体系，促进农业与旅游、休闲、娱乐、科普的有机结合，让休闲农业成为山区农业的一大优势特

色产业。

3. 利用台湾农业生物技术优势，加强与台湾生物科技的交流合作，建设科技型新农村

生物技术产业具有技术密集、资本密集、高附加值及低能源、低污染的特性，因而被公认为是新世纪最具发展潜力的明星产业。台湾当局自90年代后期起，积极推动和扶持农业生物科技发展，并于1997年通过“农业生物技术国家型科技计划”，投入农业生物科技的研发成本逐年增加，经过十多年的发展，已经在农业生物科技、医药生物科技等方面都取得卓越的成果。农业生物科技的合作也应成为山区对台合作的重要内容，重点放在热带、亚热带农业的生物技术研发及其应用上，将植物种苗、种畜禽、水产养殖中的疫病防治、动物用疫苗、保健和药用植物开发以及植物保护中的生物农药列为产业重点合作领域。

4. 发挥资源优势，加强林业合作

山区森林资源，尤其是竹、林资源极为丰富，两岸的林业合作领域广阔。在物种交流方面，福建山区和台湾具有森林资源丰富、植物种类繁多、生物多样性保护较完整的共同特点，且气候、土壤等自然条件相同或相似，有利于不同物种的互相引进，在林木种源改良、花卉苗木培育、生物资源利用，实现生物种质资源的优势互补等方面大有作为。在木竹加工方面，福建木竹加工业历来存在“规模小、布局散、档次低”等问题，林产品精、深加工尤其显得薄弱，台湾的林木加工技术先进，产业化水平较高，尤其是家具生产、木材综合利用、木竹加工机械制造等在世界上处于领先地位，家具出口产值居世界第三位，林木花卉、果蔬、茶叶等种质资源的研究和中草药等生物开发利用经验丰富，技术成熟，香精香料和食品加工业也比较发达，产品竞争力强；在市场开拓方面，台湾林业开拓市场能力较强，有健全的营销网络，借鉴台湾发展林业经济的经验和模式，借助其市场营销网络，有助于福建林业创建自己的品牌，开拓国内和国际市场。总之，加强对台湾林业产业的承接，新建一批科技含量高、技术设备先进、深精加工能力强，产品附加值大的企业，对推动山区林业产业升级、加快林业现代化建设，促进林业生态体系与林业产业体系协调发展，加快新农村建设是一大机遇。海峡两岸（三明）现代林业合作实验区是海峡两岸林业合作的先行区域，在承接产业转移、开展科技交流和对接国际市场等方面将起到重要的示范作用。

5. 以高产优质高效为立足点，加大引进台湾农业优良品种和先进技术力度

高产优质高效农业的关键是良种和先进技术，引进台湾的优良品种和农业高新技术，是加快发展高产优质高效农业的一条有效途径。山区应根据当地自然条件，结合实际需求，有计划地引进适合本地气候和土壤条件的台湾花卉、高山茶、蔬菜、水果等优新品种，开发有潜力的新产业，实现传统农业结构的改变。目前，山区县市现已有一些水果和蔬菜生产基地，渔货量也不少，但加工保鲜和包装技术落后，产品附加价值低，难以跨入大中城市市场门槛，要有意识地引进台湾农产品加工、保鲜冷藏先进技术，如高山茶种植、加工技术；水果病虫害生物防治、保鲜运输技术；蔬菜低温脱水加工和下脚料综合利用技术开发等，提高农产品的附加值和竞争力。

6. 引进台湾先进管理经验，探索建立农业大生产、大流通的组织体制、市场体系和运行机制

台湾有一套健全的农业推广组织体制、市场体系和营销机制以及社会化服务体系，农户生产、技术推广与市场三者实现了有机统一，有健全的专业市场和批发市场，以及各种专业性质系列化的服务组织，在农村中形成了“分户经营，统一服务，专业生产，区域发展”的经营格局，运用紧密或松散的契约关系，把栽培、采收、加工、保鲜、储运和营销等各个环节衔接起来，真正实现分户生产与规模经营、统一营销的有机结合。现阶段海峡两岸农业生产基本单位的主体都是农户，这为引进和借鉴台湾农业生产经营体制和运行机制提供了基础。借鉴台湾的经验和做法，在建立农业组织体制、市场体系和运行机制方面进行一些尝试，提高农民的组织化程度和对市场的适应能力，有助于在更高层次上完善家庭联产承包制，把农村改革引向深入。

7. 利用建设台湾水产品集散中心的契机，提高水产品生产质量和效益

台湾渔业产业发达，技术居于世界领先水平，但目前台湾出口到大陆的水产品仅占其出口到大陆的农产品的2.6%，占台湾水产品出口比例的0.6%，有着巨大的市场潜力。地处宁德市东南部的霞浦县是全国水产大县，渔业潜力巨大，并且在开展对台水产品交流与合作方面有得天独厚的优势，霞浦台湾水产品集散中心总投资100亿元人民币，总用地760多公顷，今后十年分两期建成后，年水产交易量达85万吨，体现水产品精深加工、市场交易、物流配送、综合配套服务、生物工程、生活配套及其他工业等七大职能，有利于台湾水产品在大陆销售规模的扩大，也有利于最大限度地发挥霞浦乃至宁德的渔业优势和对台合作优势，促进本地区的经济和两岸经贸的发展。

（二）政策建议

1. 落实政策优惠，加大资金投入保障力度

目前各地都出台了多项保障台商（农）投资农业项目的有关优惠政策，还应该加大财政支持力度，扶持重点合作项目，积极培育和扶持农业合作龙头企业，促进台湾的农业先进技术、优良品种、管理模式和营销方式的消化、吸收和创新。

2. 完善服务职能，加强宣传力度

利用多种渠道和各种形式进行政策优势、资源优势、项目优势等方面的宣传和推介，包括：在农业信息网站开设相关栏目，宣传典型台商、典型台企、典型创业园区和示范区建设经验；有选择性地组织台商台企参加规格高、规模大的各类博览会、推介会、展销会和新闻发布会；有条件的地市还可以组织赴台湾参访、招商，开阔视野，增强与台湾农业企业和民间团体的沟通和联系。

3. 加强农业救助，发展农业保险

自然灾害是农业面临的一大威胁，农民作为弱势群体，抗风险的能力较弱。因此，加强农业救助，发展农业保险势在必行。台湾现有多部“农业天然灾害救助办法”，设立有不少于100亿元新台币的灾害救助基金，对农业自然灾害损失提供多项政策性救济，台湾的经验值得借鉴，可作为我们制定政策的参考。发展农业保险所需要的财政支持可能超出市级财政的能力，中央及省级财政都应拨出专款，并成立专门的保险机构，采取相应的措施，引导和鼓励农民参保。这将是一个长期的过程，可以从低水准做起，防止农民因灾致贫、因灾返贫，这也是建设社会主

义新农村的一个重要方面。

4. 给予政策上的倾斜

鉴于山区经济相对落后，交通条件差的现实，除了各地政府因地制宜制定灵活的优惠措施外，山区在征地用地、税收以及基础建设投资等方面还应该由政府下达专门的有倾向性的特殊优惠政策，加大对山区吸引台资的扶持力度。

6. 科学引种，保证安全

当前，引进台湾原产地良种没有建立正常渠道，因此在大面积推广之前，应依托农业科研机构或农户，在不同土壤、不同气候条件下“隔离”试种，取得防疫、防灾技术参数后再进行推广，避免引种的盲目性，提高引进品种的成活率。

7. 创新思维，改进招商方法，积极开展引资引智工作

借助各地的人文优势，探索各种形式，加大对台民间交流力度，如加强与旅台乡亲和同乡会的联系，以探亲、讲学等形式积极开展引资引智工作。

两岸入世以后都面临着如何调整生产结构来提高竞争力的问题，这是两岸农业进一步合作的契机，福建在全国对台农业合作中目前还扮演着重要的角色，我们期待山区县市的对台农业合作交流能够在现有的基础上进一步发展，推动福建新农村建设的发展，促进农村经济的繁荣。

（本文为2006年福建省社科课题《深化闽台农业合作，推进福建新农村建设》（山区组）调研报告摘要）

第四篇

“海西”建设中发挥厦门独特作用研究

城市增长极作用对于区域经济发展是至关重要的。“中心城市支撑”是“海西”建设赖以推进的基础动力，主要是充分发挥福州、厦门、泉州三大中心城市的集聚与辐射作用，带动整个海西区域经济。其中，厦门地位和作用更为独特。

厦门的独特之处在于中央赋予的双重历史使命，其一是在祖国大陆改革开放发展进程中发挥“窗口”、“试验田”和“排头兵”作用；其二是发挥厦门对台独特优势，加强对台工作，促进两岸关系发展，推动祖国统一大业进程。20多年来，厦门特区在自身区位与港口优势基础上，充分运用中央赋予的“特殊政策、灵活措施”，先行先试，不仅形成了包括经济特区、台商投资区、保税区、出口加工区和高新技术开发区在内的全方位、多层次的对外开放格局，成为祖国大陆最重要的国际招商口岸和对台贸易口岸，成为国际资本和台商投资的重要聚集地；而且借助一年一度的全国性经贸盛会“中国国际投资贸易洽谈会”（投洽会）和“海峡两岸机械电子商品交易会”（台交会），利用台商投资企业协会和厦门多年来形成的厦台联系渠道，广泛邀请台湾工商界人士来特区参加经贸交流盛会，为内地吸引台资和两岸合作交流搭建桥梁和平台，从而在两岸经贸联系、交流与合作方面发挥了独特作用。

显然，无论从发挥中心城市作用角度，还是从发挥对台优势角度，厦门对于推进“海西”建设都具有重要意义。然而，受两岸政治关系僵局在政策层面的制约和影响，以及特区城市改革开放先行先试的政策优势逐步淡化和丧失、厦门本身经济体量不足、经济网络不畅与经济腹地狭小等因素影响，厦门未来发展面临挑战。如何应对挑战，在推进厦门特区经济转型发展进程中，充分发挥其对于“海西”建设的独特作用，是亟待研究的课题。

本篇研究聚焦上述问题，内容涵盖两个方面：如何在“海西”建设中发挥厦门作为中心城市的独特作用；如何在“海西”建设中凸显厦门的对台优势。包括“厦金”自由贸易区合作、厦泉漳城市联盟等理论视角的探讨，也包括厦门特区及厦门港对台优势与作用、厦门对台农业合作、厦门投资环境等实证研究。

厦门经济特区的对台优势和作用

——回顾与思考

唐永红

摘　要：厦门经济特区自建立以来一定程度上发挥了其独特对台优势和作用。厦门特区对台优势和作用的发挥，与祖国大陆及厦门特区开放型经济的持续快速发展有着高度的正向相关性，是和中央在改革开放与对台工作方面对厦门特区的定位以及相应赋予的“特殊政策与灵活措施”紧密相关的。当前，进一步发挥厦门特区对台优势和作用，既面临诸多制约因素，又面临难得的战略机遇，有赖于特区开放型经济的进一步发展，特别是特区发展模式的创新与转型。基于现实的需要、条件和可能，当前中央应着眼于建立一个“两岸合作试验示范区”，赋予厦门特区新的发展定位与相应的特殊政策及试验权，应在扩大厦门特区发展的功能空间的同时，促进厦门特区向自由经贸区转型进而跨关境发展。

关键词：厦门经济特区；对台作用；对台优势

发挥厦门对台独特优势，加强对台工作，促进两岸关系发展，推动祖国统一大业进程，是中央赋予厦门经济特区的特殊历史使命。实践表明，这也正是厦门特区的一个不同于其他经济特区的特色所在。自建立以来，厦门特区在祖国大陆改革开放发展进程中发挥“窗口”、“试验田”和“排头兵”作用的同时，在促进对台工作与两岸关系发展中也发挥了其独特优势和作用，至今已走过了25个春夏秋冬。25年来，无论是祖国大陆的改革、开放、发展进程，还是两岸政治经济关系、国际政治经济格局和形势都发生了深刻的变化。显然，回顾与总结过去25年来厦门特区在对台工作与两岸关系中的作用与成效、经验与局限，探讨新形势下如何进一步发挥厦门特区对台优势和作用，无疑具有重大的现实意义。

一、厦门特区发挥对台优势和作用的主要成效回顾

众所周知，厦门特区在促进对台工作与两岸关系中具有如下独特优势。一是使得厦门成为祖国大陆与台湾往来的主要中转站的毗邻的地缘与相连的区位优势。二是为厦门拓展对台直航、扩大两岸经贸交流合作奠定了良好自然基础的海空运输能力与港口优势。三是可以促进台湾同胞对祖国大陆的认同感的源远流长的亲缘、血缘、文缘关系与人文优势。四是有利于做好对台工作、扩大两岸经贸交流合作的中央赋予的“特殊政策、灵活措施”与特区优势。

自建立以来，厦门特区在贯彻中央对台工作方针政策，发挥上述独特对台优势，拓展两岸交流与合作，促进对台工作与两岸关系中起到了一系列独特作用。

其一，厦高“试点直航”实现了两岸船只直接往来的新突破，厦金“小三通”开辟了两岸人员、货物往来新通道，并为两岸全面直接“三通”的开展累积了经验和互信。1949 年以来，两岸长期没有直接的人员、货物、贸易、投资、交通工具往来。实现两岸直接“三通”既是两岸人民的需要，也是推进祖国和平统一大业的重要步骤。在两岸交流交往、国际经贸交流与航运发展需要的客观压力下，1997 年台湾当局不得不有限开放其高雄港口，准许厦高“试点直航”。尽管台湾当局把“试点直航”限制于货物转口，但厦高“试点直航”结束了两岸长期没有商船直接往来的历史，从而向两岸最终实现直航迈出了极具象征意义的第一步。此后，经过多年悉心的经营和细致的工作，两岸“三通”于2001年率先在厦、金两地取得突破和进展，实现了厦、金两地人员、货物、贸易的直接往来，终于在相互隔绝的两岸之间开辟了一个直接的通道。厦金“小三通”在台湾岛内引起一系列连锁反应，对台湾民众的统独意识产生了较大影响，直接加深了台湾民众对祖国大陆的认同感，迫使台湾当局不得不逐步调整其大陆政策。六年来，厦金“小三通”实现了三个突破：一是突破了台湾当局不允许本岛船只和非金门居民直接往来大陆的限制；二是突破了台湾当局对厦金直接往来通人不通货的限制；三

是突破了台湾对“一个中国”原则的绝对排斥，目前这一原则在金门得到了广泛的认同。显然，厦高“试点直航”与厦金“小三通”实践为将来两岸全面直接“三通”的开展积累了经验，建立了互信。

其二，厦门特区在全方位多层次的对外开放格局的形成中，成为祖国大陆最重要的国际招商口岸和对台贸易口岸，成为国际资本和台商投资的一个重要聚集地，为两岸经济交流与合作的拓展提供了桥梁和平台。自建立以来，厦门特区在自身天然的区位与港口优势基础上，充分运用中央赋予的“特殊政策、灵活措施”，先行先试，不仅形成了包括经济特区、台商投资区、保税区、出口加工区和高新技术开发区在内的全方位、多层次的对外开放格局，成为祖国大陆最重要的国际招商口岸和对台贸易口岸，成为国际资本和台商投资的重要聚集地；而且把一年一度的全国性经贸盛会“中国国际投资贸易洽谈会”（投洽会）和“海峡两岸机械电子商品交易会”（台交会）作为重点项目来抓，利用台商投资企业协会和厦门多年来形成的厦台联系渠道，广泛邀请台湾工商界人士来特区参加经贸交流盛会，为内地吸引台资和两岸合作交流搭建桥梁和平台，从而在两岸经贸联系、交流与合作方面发挥了独特作用。许多台商正是通过厦门特区了解了祖国大陆，并借助投洽会、台交会平台找到了在大陆的商机。

其三，厦门特区处于对台交流前沿，有效地配合了两岸重大事务商谈，妥善解决了大量敏感的涉台问题，对促进两岸交流和两岸关系稳健发展发挥了积极作用，作为对台工作与两岸交流合作试验区、处理涉台事务前沿基地的作用日益凸显。自建立以来，处于对台交流前沿的厦门特区，基于两岸关系和平与发展的趋势，大胆地闯，大胆地试，不仅开启和促进了两岸“三通”的进程，为两岸经济交流与合作的拓展提供了桥梁和平台，而且敢于作为对台工作与两岸交流合作试验区，在港口、码头、船务、海事、海关、边检、边防、公安、旅游等部门的软硬环境建设与两岸协调合作方面，都敢于积极探索、先行先试，并积累了丰富的经验。此外，面对涉台事务随着两岸经贸、文化交流和人员往来的增多呈现迅猛增加和越来越复杂的态势，处于对台交流前沿的厦门特区，充分利用自身独特优势，遵照中央授权和要求以及两岸有关协定，还有效地配合了两岸重大事务商谈，妥善解决了大量敏感的涉台问题，对缓和两岸关系、促进两岸交流稳健发展发挥了积极作用。

其四，厦门特区对台文化交流活动为做好台湾人民工作、反制“文化台独”做出了积极贡献。厦门与台湾有着源远流长的亲缘、血缘和文缘关系，共享闽南文化的历史渊源。自建立以来，厦门特区充分利用在亲缘、血缘和文化渊源上的独特优势，围绕闽南文化对台开展了多方位的文化交流活动，增进了两岸文化同根同源的认同感，拉近了两岸人民的感情，对做好台湾人民工作、反制“文化台独”起到了独特的积极作用。

二、厦门特区发挥对台优势和作用的基本经验总结

如果说厦门特区 25 年来在贯彻中央对台工作方针政策、促进对台工作与两岸关系方面，一定程度上发挥了独特优势，起到了独特作用，那么，回顾这一历程，笔者发现，除了厦门特区敢闯敢试、敢为天下先的勇气和精神这一主观方面的因素之外，以下两个方面对于厦门特区独特优势和作用的发挥，乃是至关重要的因素。亦可谓之基本经验。

其一，祖国大陆及厦门特区开放型经济在稳定的社会政治局势下持续快速发展，是决定厦门特区对台优势和作用得以发挥的根本性因素。正是祖国大陆及厦门特区开放型经济在稳定的社会政治局势下持续快速发展，为台湾资本的盈利与经济的发展提供的不容忽视的诱人机会，使两岸“三通”不仅日益必要而且迫切，从而迫使台湾当局不得不不断调整其大陆政策，为 1997 年开设“试点直航”和 2001 年启动“小三通”提供了契机；并使得厦门特区可以发挥其独特优势，成为祖国大陆最重要的国际招商口岸和对台贸易口岸，成为国际资本和台商投资的重要聚集地，从而为两岸交流与合作的拓展提供了桥梁和平台。正是祖国大陆与厦门特区开放型经济的持续快速发展所提供的不断增加的两岸同胞交流机会，使得厦门特区发挥其独特优势开展对台文化交流活动、做好台湾人民工作、反制“文化台独”成为可能，并卓有成效。也正是祖国大陆及厦门特区开放型经济的持续快速发展所带来的两岸各项交流与合作的不断增加及其健康发展的需要，使得处于对台交流前沿的厦门特区作

为对台工作与两岸交流合作试验区、处理涉台事务前沿基地的作用日益凸显。

其二，中央在改革开放与对台工作方面对厦门特区的定位以及相应赋予的“特殊政策与灵活措施”，是决定厦门特区对台优势和作用得以发挥的关键性因素。如上所述，祖国大陆及厦门特区开放型经济的持续快速发展，是决定厦门特区对台优势和作用得以发挥的根本性因素。而众所周知，自成立以来，厦门特区开放型经济的形成与发展的动力主要就源于体制改革与对外开放。因此，毫无疑问，中央在改革开放与对台工作方面对厦门特区的定位以及相应赋予的“特殊政策与灵活措施”，是决定厦门特区对台优势和作用得以发挥的一个关键性因素。事实上，自成立以来，中央赋予了厦门特区改革试验权、省级经济管理权、地方立法权和对外资（台资）的特殊优惠政策，并使厦门形成了包括经济特区、台商投资区、保税区、出口加工区和高新技术开发区在内的全方位多层次的对外开放格局。这些“特殊政策与灵活措施”促使厦门特区始终处于祖国大陆改革开放的前沿，在获得持续快速的经济发展的同时，发挥其对台优势，成为祖国大陆最重要的对台贸易口岸、台商投资的重要聚集地、对台工作与两岸交流合作试验区、处理涉台事务前沿基地。此外，正是中央赋予厦门港对台直航试点口岸的权力，使厦门特区得以发挥港口、区位优势，开辟两岸人员、货物往来新通道，并为两岸直航累积经验和互信。

总之，厦门特区对台优势和作用的发挥，与祖国大陆及厦门特区开放型经济的持续快速发展有着高度的正向相关性，是和中央在改革开放与对台工作方面对厦门特区的定位以及相应赋予的“特殊政策与灵活措施”紧密相关的。

三、当前厦门特区发挥对台优势和作用的制约因素

虽然厦门特区 25 年来在促进对台工作与两岸关系方面，一定程度上发挥了独特优势，起到了独特作用，但其优势和潜力尚未得到充分发挥，与中央的期望尚有很大差距。事实上，基于上述基本经验判断，当

前，在主观及客观方面都存在许多影响和制约厦门特区对台优势和作用进一步发挥的因素。

其一，两岸政治关系僵局在政策层面的制约和影响。由于台湾当局不承认“一中原则”，两岸政治关系僵局依然存在。台湾当局基于其“渐进式台独”的目的，一方面坚持把两岸航线当作“国家间航线”，企图以“三通换两国”；另一方面始终坚持有限开放的限制性大陆经贸政策取向，故意拖延两岸直接“三通”，阻碍两岸交流合作。即便是厦高“试点直航”及厦金“小三通”这种有限的两岸局部地方间的交流交往，也依然面临台湾当局严厉的政策限制，远未穷其潜力。当然，祖国大陆对台交流交往政策也有待进一步开放，例如目前只开放了福建籍居民赴金马旅游。两岸政治经济关系的非正常状态，一方面催生了厦高“试点直航”及厦金“小三通”这种有限的两岸局部地方间的交流交往方式，从而凸显了厦门特区对台地位与先行先试作用，另一方面也严重扭曲了两岸资源与要素的流动与配置，抑制了福建及厦门特区的对台优势，削弱了福建及厦门特区在两岸经贸交流合作中的应有地位。例如，由于没有直接“三通”，台商大陆投资在区位选择方面就不得不优先考虑那些临近国际贸易、金融、物流中心的地带。这就是为什么临近香港的珠三角成为台商投资的先行地和密集区，后来，随着上海浦东新区的开放与开发，许多台商投资又选择了长三角的一个重要原因。

其二，改革开放先行先试的政策优势逐步淡化和丧失。当前，随着祖国大陆渐进式改革开放发展战略的深化实施，市场经济体制在全国范围已经初步确立，全国全方位对外开放格局也已初步形成，全国经济运行格局与区域经济发展格局也在发生变化。以加入世界贸易组织（WTO）为标志，祖国大陆改革开放发展进入了新的历史阶段。原先赋予经济特区的部分特殊优惠政策因不符合市场经济要求和WTO规则等原因已无存在的理由，部分特殊优惠政策则因在全国范围内推广而事实上不再有其特殊优惠性。这必然在一定程度上相对削弱经济特区较之于国内其他地区的改革开放先行的优势。与此同时，中央又没有赋予厦门特区新的发展定位与特殊政策。换言之，厦门特区的发展在新形势下正面临着政策优势丧失和淡化的挑战。这种挑战显然会影响到厦门特区对台优势和作用的进一步发挥，给厦门特区尚未完成的部分历史使命的完成带来新的挑战。

其三，从中央到地方对厦门特区对台优势与作用的认识不足，从观念到行动都未能与时俱进。尽管发挥厦门对台独特优势，加强对台工作，促进两岸关系发展，推动祖国统一大业进程，乃是中央赋予厦门特区的特殊历史使命，但是事实表明，对台工作“说起来重要，做起来不重要”的现象无论是中央层面还是地方层面显然都在一定程度与范围中存在。许多干部群众特别是领导干部对厦门特区对台优势和作用没有足够的认识和重视。中央没有与时俱进地及时赋予厦门特区新的发展定位以及相应的特殊政策与试验权；地方基于政绩与稳妥的考虑不敢开拓创新，较大程度上阻碍了特区发展与对台思路的拓展，不仅未能向中央提出开创性的建议，还导致中央赋予的一些特殊政策没有得到充分利用。事实上，近年来厦门特区在改革开放的许多方面都走在了其他省市的后面。例如，20 世纪 80 年代中期邓小平同志关于迈向自由港的建议与国务院关于厦门特区实施方案的相关批复至今仍然停留在一些有识之士寂寞的呼吁中；“区港联动”也只是在别的地区已经先行试验后才获得批准与启动；目前已经在上海、天津、成渝试验的“新特区”战略与政策还只是 2007 年度厦门市社科规划的研究课题。

其四，经济网络不畅与经济腹地狭小的弊端日益显现。厦门特区连接福建省其他地区、内地各省市的交通、流通、通讯网络与能力虽然一直在改善中，经济总量与市场空间也随着特区经济的发展而不断在扩张中，但相对于作为经济增长极与辐射源的客观需要而言，经济网络不畅与经济腹地狭小的弊端日益显现。特区经济总量偏小，对外经济网络不畅，加之行政区域的分割，致使特区经济的腹地与服务区域狭小、市场空间与规模不大，集散能力不强，使得产业集聚能力不足、产业链条延伸受限，削弱了对外资及台资的吸引力，不仅严重制约了厦门特区作为经济增长极与辐射源的作用，而且也影响到厦门特区在祖国大陆对外与对台经贸交流合作中的地位和作用。

四、进一步发挥厦门特区对台优势和作用的必要性与机遇

当前，进一步发挥厦门特区对台优势和作用，一方面面临着如上所述的诸多制约因素，另一方面，不仅依然有其必要性，而且还面临新的战略机遇。

从厦门特区的历史使命与任务看。厦门特区因台而设，是邓小平同志“和平统一、一国两制”伟大构想的战略布局。为祖国统一大业做出历史性贡献，是中央赋予厦门特区的神圣使命。国务院1985年85号文件在《关于厦门经济特区实施方案的批复》中就明确指出：“厦门特区扩大到全岛，逐步实行自由港某些政策，是为了发展我国东南地区的经济，加强对台工作，实现祖国统一大业作出的重要战略部署”。江泽民同志曾多次强调：“厦门经济特区是海峡两岸开展经济文化交流的一个重要窗口”，“厦门特区要促进两岸三通与和平统一，这是厦门光荣的历史任务”，“厦门优势、特色应该体现在对台湾的经济合作和贸易上来，这个作用别的特区不能代替，这个作用随着历史前进会越来越显示出来”。特别是党的十六大在确立全面建设小康社会目标的同时，宣示了完成祖国统一大业的决心，提出了今后一个时期对台工作的指导思想和总体要求，提出了“寄希望于台湾人民”和“以经济促政治”的对台工作方针，为厦门特区进一步发挥对台优势和作用提供了机遇，指明了方向。胡锦涛总书记2006年初视察厦门时特别强调指出：“厦门是我国最早建立的四个经济特区之一，完全有条件在对外开放中取得更大成绩、发挥更大作用”；并要求厦门特区“推进两岸经济技术合作取得新进展；促进两岸直接通航出现新局面；把寄希望于台湾人民的方针落到实处；推动两岸共同弘扬中华文化的优秀传统。”这些都充分表明，充分发挥厦门特区对台优势和作用是党中央的一贯部署和要求，体现了中央对厦门特区的殷切期望。此外，福建省委、省政府提出的“海峡西岸经济区”发展战略也一直把厦门作为经济发展和对台工作的一个龙头，寄予了厚望。

从两岸政治经济关系发展形势看。尽管面临着2008年台湾地区领

导人选举，蓝绿两大阵营谁将胜出尚难预料，近期内两岸政治僵局能否打破不能乐观，全面直接双向“三通”尚难实现，但2005年连、宋大陆行宣起的新一轮两岸交流热潮表明：两岸关系的基本格局和发展趋势不会改变，台湾同胞求和平、安定与发展的意愿日益增强，两岸经贸交流合作与人员往来扩大的趋势不会逆转，两岸和平与发展已成为两岸关系发展的趋势和主题。特别地，随着参与全球化进程的深化以及两岸经济交流合作的发展，当前两岸经济体都有着实现制度性合作与一体化的内在动力与外在压力，但却深受两岸政治关系僵局的严重束缚，迫切需要寻求突破，需要探索能为两岸同时接受的、既符合WTO规范又能超越两岸政治关系约束的两岸经济交流与合作形式，特别是能同时促进两岸“三通”、制度性合作与一体化发展的新形式与新途径。显然，这一方面继续需要厦门特区进一步发挥独特优势，做好台湾人民的工作，促进全面直接双向“三通”和两岸交流与合作，另一方面也为具有“试点直航”与“小三通”条件的厦门特区进一步发挥对台优势和作用提供了更大的空间和机遇。明确地说，厦门特区当前还应该而且可以在建立两岸“区域对区域”合作机制中发挥重大作用。

再从国际国内经济发展形势看。随着经济全球化与区域一体化趋势的不断发展、祖国大陆改革开放进程的不断深化和经济起飞后的持续快速发展，21世纪的世界经济重心与国际经济格局正在发生明显的变化。围绕祖国大陆这一新的经济增长点的国际产业分工体系的调整与国际经贸活动的开展，既加快了祖国大陆经济的全球化步伐，又为之提供了史无前例的发展机会。这显然一方面对作为对外开放前沿的厦门特区加快对外开放与全球化步伐提出了迫切要求，另一方面也为特区进一步发展及其对台优势和作用的进一步发挥提供了战略契机。

五、进一步发挥厦门特区对台优势和作用的思路及其意义与可行性

综上所述，祖国统一大业任重而道远，厦门特区的历史使命尚未完成；当前进一步发挥厦门特区对台优势与作用既面临诸多制约因素，又面临难得的战略机遇。我们必须积极应对当前的各种挑战，抓住有利时

机，采取切实有效措施，充分发挥厦门特区的对台优势，开发其促进对台工作与两岸关系的潜力，推动祖国统一大业进程。

1. **思路与构想**

基于上述对厦门特区发挥对台优势和作用的基本经验、制约因素、形势与机遇的认识与判断，笔者认为，随着经济全球化与区域一体化趋势的发展、大陆改革开放发展进程的深化，在两岸政治经济关系当前发展态势下，厦门特区对台优势和作用的进一步充分发挥，仍然有赖于厦门特区开放型经济的进一步发展，特别是有赖于特区发展模式的创新与转型。当前，应立足厦门特区自身的各种独特优势与条件，特别是其港口、区位和对台优势与条件，与时俱进地创新特区发展模式，将厦门特区的发展与经济全球化的深化发展、区域经济的协调发展、两岸关系特别是两岸经贸关系的再发展、祖国大陆对台工作的深入开展有机结合起来，找到两岸关系特别是两岸经贸关系再发展的突破口，以及对台工作尤其是对台经贸工作的着力点，以便在更好地发挥经贸自由化的试验田与先行区作用、区域经济的增长极与辐射源作用的同时，更好地发挥在两岸交流、合作与整合中的优势和作用，进一步为促进对台工作、两岸关系与国家统一大业作贡献。

循着上述认识与思路，笔者认为，当前中央应当着眼于建立一个“两岸合作试验示范区”，赋予厦门特区新的发展定位与相应的特殊政策及试验权，通过政治、经济、文化和人员交流等全方位的对台政策的先行先试，打造祖国大陆与台湾实现和平稳定、共同发展并取得双赢的连接点，成为不同政治、经济、社会制度相互适应的过渡区，成为两岸和平统一的前沿平台，促进两岸的进一步交流、合作与发展，加速两岸政治、经济、社会一体化，为实现两岸制度性交流、合作、一体化乃至统一先行一步，探索经验，奠定基础，从而贯彻落实胡锦涛总书记的“以闽连台”战略决策。

广义而言，“两岸合作试验示范区”可以包括两岸社会政治、经济、文化等内容广泛的领域，但基于当前两岸现实的条件与可能性（两岸当局在当前缺乏起码的政治互信基础，难以就“两岸一中”问题达成共识，政治层面的两岸合作尚难启动），笔者认为，当前宜把重心放在经济层面，也就是说当前可以从构建“两岸经贸合作试验示范区”着手，循序渐进地进行。两岸在渐进的交流与合作中获益的增进与功能性一体化程度的提高，将会有助于两岸政治互信与共识的建立与累积，为两岸全面性的制度性合作构筑必要的经济、社会和政治基础与动力。事实上，理论与实践表明，区域制度性合作与一体化本身就是一个在政府控制下的循序渐进的外溢过程，具有一定的路径依赖性。

具体说来，鉴于如前所述当前厦门经济特区的发展及其作用的发挥面临着改革开放先行先试政策优势逐步淡化、经济网络不畅与经济腹地狭小等诸多因素的严重制约，一方面，应把厦门经济特区地域空间范围至少扩大到全市行政区域，最好进一步扩大到整个福建省行政区域范围，以扩大特区发展的功能空间，并把现有的经济特区政策、台商投资区政策、海峡两岸（福建）农业合作试验区政策统一实施，促进特区做大做强，以便更好地发挥在区域经济发展中的增长极与辐射源作用，以及在对外和对台交流合作中的优势、潜力和作用。

另一方面，应让原来范围的厦门特区向集约化多功能综合型的世界自由经贸区转型，进而跨关境发展，在“试点直航”与“小三通”现实基础上与高雄、金门等地区共建厦－高、厦－金等次区域跨关境自由经贸区，以顺应当前世界特殊经济区发展趋势，进一步提升特区内经济活动自由化与便利化程度，更好地发挥经贸自由化的试验田与先行区作用，并深入开发两岸现有的“试点直航”和“小三通”的潜力，更好地发挥对台优势和作用，促进两岸直接“三通”、制度性合作与一体化进程。

首先，厦门经济特区应在现有的发展基础上转型为一个遵循 WTO 无歧视原则的、境内关外的，集国际投资、国际贸易、国际金融、研发制造、仓储展示、物流分拨、过境转运、国际旅游等多项功能于一身的综合型自由经贸区，以便把厦门建设成为我国东南沿海的一个国际化区域性中心城市，促进“海峡西岸经济区”的区内分工与联系，形成对台吸引的合力。与此同时，通过做台湾人民工作促使台湾当局把与厦门特区具有“小三通”的金门地区规划建设成为一个自由经贸区，并促使台湾当局同意在其与厦门特区具有“试点直航”的高雄自由贸易港区、具有“小三通”的金门自由经贸区率先遵循 WTO 无歧视原则，在这些特区内率先给予作为 WTO 成员的大陆方面应有的待遇。如此，两岸各自的经济特区可在WTO无歧视原则基础上实现对接，实质性地推动两岸直接、双向“三通”进程。

进而，在“试点直航”和“小三通”现实基础上，积极促成与金门、高雄结成开放性的多功能综合型厦-金、厦-高跨关境自由贸易区，整合并充分发挥厦门、金门、高雄等地的海港、空港优势以及其他经济发展资源与条件，使之成为海峡两岸的国际贸易中心、物流分拨中心和以高科技产品为主导的加工制造中心，成为海峡两岸与国际物流链的重要环节，并在两岸相邻的这些次区域之间率先实质性地启动两岸制度性经济合作与一体化进程。在此基础上，进一步建立开放性的厦-金、厦-高跨关境自由经济区，实现生产要素的自由流动与优化配置，成为国际化的区域性资金流、物流和信息流的汇集区，最终发展成为国际化区域经济中心。

2. 意义与作用

显然，上述先行在两岸次区域层面建立可对接的单边自由经贸区进而迈向开放性厦-金、厦-高跨关境自由经贸区的思路与构想，有着重大的现实意义和作用。

其一，上述思路与构想可以作为两岸经贸关系再发展的突破口与切入点，以及制度性合作与一体化的一个先行区与试验区。两岸共同在这些局部区域中率先以WTO非歧视原则消除经贸活动壁垒，实行商品与要素的自由流动，并率先以自由经贸区对接方式实现这些小范围的、低协调水平的两岸制度性经济合作与一体化，既可顺应两岸功能性经济一体化深化发展趋势与要求，在一定程度上舒缓国际区域经济一体化带来的竞争与边缘化压力，又有助于两岸政治互信与共识的建立与累积，为两岸全面性的“三通”、制度性合作与一体化探索经验，并构筑必要的经济、社会和政治基础与动力。

其二，上述思路与构想有助于构建起两岸参与经济全球化进程的一个新平台，在贸易自由化、金融全球化、投资全球化、生产要素流动全球化等方面进一步率先发展，从而可以顺应全球化深化发展趋势与要求，在更高层次上和更大范围内参与全球化进程，进一步发挥经贸自由化与便利化试验田与先行区作用；也可作为两岸经济体对WTO承诺的对外开放义务（包括加入WTO时承诺的和今后参与WTO多边谈判承诺的义务）的率先试验区，从而可在多边开放过程中优先促进两岸经贸交流与合作的进一步发展，更好地实现与保障两岸经济利益。

其三，上述思路与构想可以促进厦、金、高等地经济、社会一体化，形成两岸交流合作的一个重要连接点与接口，有利于两岸的各种交流与合作，而且可能发展成为两岸经济、社会、政治全面整合的一个先行试验区，为两岸将来更大范围、更高层次的制度性合作与一体化乃至统一探索经验和奠定基础，从而更好地发挥厦、金、高等地在两岸交流、合作与整合中的优势和作用。

其四，上述思路与构想不仅可以整合厦、金、高等地的港口区位优势以及其他经济发展资源与条件，而且有助于整合两岸四地彼此的经济互补性优势特别是港口区位优势与运输能力，还可以吸引国际经济资源与要素的流入。从而，不仅可以克服厦、金、高等地自身经济发展面临的各种瓶颈的约束，并促使厦、金、高等地成为两岸人员往来、货物中转、经贸交流的重要枢纽，而且可以促进“海峡西岸经济区”内部、大陆各经济区之间乃至“海峡经济区”与“中华经济区”内部的分工、合作与协调发展，在更大范围、更高层次上发挥区域经济的增长极与辐射源作用。

3. 可行性与可能性

上述先行在两岸次区域层面建立可对接的单边自由经贸区进而迈向开放性厦－金、厦－高跨关境自由经贸区的思路与构想，不仅现实意义突出，而且显然具有良好的经济区位条件和国际国内经济发展形势条件，并符合 WTO 关于特殊经济区的有关规范与要求。事实上，包括笔者在内的许多学者曾对 WTO 与世界特殊经济区的关系、当前世界特殊经济区发展趋势、WTO 下中国特殊经济区再发展、建立开放性厦－金、厦－高跨关境自由经贸区的经济与法律可行性等问题做过深入分析与探讨。这里仅从两岸政治经济关系发展态势层面考察其现实可能性与可行性。

众所周知，当前制约两岸全面直接双向“三通”与制度性经济合作的关键性因素是两岸政治关系的僵持，无法进行较高层次的协商合作。局部地区的可对接的单边自由经贸区和次区域性的跨关境自由经贸区在经济运作机制上主要是市场调节性的，一般只需要参与方的地方政府间的低水平低层次的松散性、随机性协调。因而，为顺应两岸功能性经济一体化深化发展趋势与要求，并在一定程度上舒缓两岸全面直接双向“三通”的压力以及国际区域经济一体化发展带来的竞争与边缘化压力，预计台湾当局将以局部渐进方式推进两岸直接双向“三通”以及制度性经济合作，将有可能在其自由贸易港区和离岛地区中率先遵循 WTO 非歧视原则，消除两岸经贸活动壁垒，实行两岸商品与要素的自由流动，从而使得两岸有可能在相邻局部地区间以自由经贸区对接方式率先实现直接双向“三通”以及制度性经济合作与一体化。

事实上，台湾目前正在推动以自由贸易港区为代表的经贸特区计划，这为两岸单边自由经贸区的对接和厦－金、厦－高等次区域跨关境自由经贸区的形成提供了可能。而且，高雄自由贸易港区经过一段时间筹备后已于2005 年初正式营运，目前急需拓展发展空间，台湾当局有可能在对大陆开放方面让其先行一步；而金门作为一个离岛，对台湾的政治重要性及其影响有限，加之金门本身有着良好的港口和基础实施，在金门地区的强烈要求下，台湾当局也有可能将其作为向世界特别是大陆开放的一个前沿与窗口。事实上，2005 年 6 月 12 日台湾“立法院院长”王金平就提出将金门打造成“一网三区”的“新金门”构想：“两岸客货航线网”、“两岸台商信息交流区”、“金门和平观光特区”、“金厦共荣经济特区”。① 金门县长李炷峰也曾多次倡议建立“金厦生活圈”、“金厦一国两制试验区”。

从大陆方面看，鉴于两岸政治关系的僵持使得两岸无法进行较高层次的协商合作，贾庆林在首届国共两岸经贸论坛开幕式上谈及建立两岸经济合作机制时就指出，“应本着‘双向互惠、共同繁荣，先易后难、逐步推进’的原则进行。当前，可以考虑在互相尊重和保障对方经济利益的前提下，以区域对区域、民间对民间、行业对行业、企业对企业的方式，灵活处理有关事宜，不断深入探索，不断积累经验。”② 事实上，进一步发展厦门特区，进一步发挥其在改革开放与现代化建设中的带动

① 火山：《王金平倡议金门建“一网三区”打造稳健两岸关系》，http：//jczs. sina. com. cn/2005－06－13/1504296633. html，2005－06－13。

② 贾庆林：《进一步推动两岸经贸合作》，http：//www. chinataiwan. org/web/webportal/W5267095/Uyyping/A237093. html，2006－04－14。

与示范作用，特别是进一步发挥其对台独特优势和作用，促进两岸的交流、合作、整合与发展，是既定的发展方略。在当前形势下，建立可对接的单边自由经贸区或共建厦－金、厦－高跨关境自由经贸区，可以进一步发挥厦门特区的独特对台优势与试验探索作用，可以在实现厦门特区自身再发展的同时实现两岸经贸关系的再发展。因此，有可能获得各级政府的大力支持。

再从两岸经济交流方式看，现阶段厦门与高雄有“试点直航”，与金门有“小三通”，这为厦门与金门、高雄等地的交流与交往提供了通道。虽然目前这一通道尚不够及时、便捷、顺畅，并由于台湾方面仅限于开放金马民众、大陆台商及其货物的直接往来而无法完全满足两岸交流交往的需要，但客观上为建立可对接的单边自由经贸区或共建厦－金、厦－高跨关境自由经贸区提供了的初步的直航条件。而且，在客观形势的压力下，未来台湾当局有可能进一步放松对“试点直航”与“小三通”等相关政策的限制，使厦、金、高等地成为两岸货物运输与人员往来的中转地之一，从而有助于上述两岸次区域经济合作的发展。

综上可见，从两岸政治经济关系发展态势层面看，上述思路与构想具有一定现实可能性与可行性。

结　语

厦门经济特区自建立以来一定程度上发挥了其独特对台优势和作用。厦门特区对台优势和作用的发挥，与祖国大陆及厦门特区开放型经济的持续快速发展有着高度的正向相关性，是和中央在改革开放与对台工作方面对厦门特区的定位以及相应赋予的“特殊政策与灵活措施”紧密相关的。当前，进一步发挥厦门特区对台优势和作用，既面临诸多制约因素，又面临难得的战略机遇，有赖于特区开放型经济的进一步发展，特别是特区发展模式的创新与转型。基于现实的需要、条件和可能，当前中央应着眼于建立一个“两岸合作试验示范区”，赋予厦门特区新的发展定位与相应的特殊政策及试验权，应在扩大厦门特区发展的功能空间的同时，促进厦门特区向自由经贸区转型进而跨关境发展，以做大做强特区，整合厦、金、高等地的区位优势与条件，成为两岸参与经济全球化进程的一个新平台、两岸交流与合作的一个重要连接点、两岸制度性合作与一体化乃至全面整合的一个切入点和先行试验区，从而不仅有助于厦门特区在进一步的发展中更好地发挥经贸自由化的试验田与先行区作用，区域经济的增长极与辐射源作用，以及在两岸交流、合作与整合中的优势和作用，而且有助于两岸政治互信与共识的建立与累积，为两岸全面性的“三通”、制度性合作与一体化发展构筑必要的经济、社会和政治基础与动力。

（原载于《台湾研究集刊》2007 年第 3 期）

参考文献

[1] 邓力平、唐永红:《经济全球化、WTO 与中国特殊经济区再发展》，厦门大学出版社，2003 年版。

[2] 唐永红:《WTO 框架下海峡两岸经济交往及合作方式探讨》，《国际经贸探索》，2005 年第 1 期。

[3] 唐永红、邓利娟:《当前两岸经济合作机制创新的空间与路径》，《台湾研究》，2005 年第 6 期。

[4] 唐永红:《经济全球化、WTO 与世界特殊经济区发展研究》，载于张汉林主编:《WTO 与中国经济》（第二卷），中国环境科学出版社，2005 年版，第 360 - 366 页。

[5] 唐永红:《经济全球化、WTO 与中国经济特区再发展》，载于卢继传主编:《中国管理科学研究文献》，中国环境科学出版社，2006 年版，第 152 - 158 页。

厦门港口在对台经贸中的独特作用探析

赵玉榕

摘 要：厦门港口是特区建设和经济发展的重要基础，在促进厦台经贸关系的发展和两岸实现“三通”的进程中发挥了重要作用。未来厦门港在对台经贸关系中仍具有独特的作用。

关键词：厦门港口；对台经贸；独特作用

厦门港口在促进厦台经贸关系的发展和两岸实现“三通”的进程中发挥了重要作用。两岸加入世界贸易组织给厦台经贸合作的发展带来了机遇，入世后对台区位优势仍然是厦门港口发展的核心优势，厦门港在对台经贸关系中具有独特的作用。港口的发展对于提高厦台经贸合作的层次，适应两岸经贸关系不断发展的需求，提升厦门在全国对台经贸关系中的地位以及促进厦门湾地区经济社会的健康发展都具有十分重要的意义。

一、厦门港口在厦门经济社会发展中的地位和作用

厦门港是我国东南沿海重要的港口之一，对外通商历史悠久，早在1684年就正式设口岸发展对外贸易。解放后因海防的原因港口长期未能得到发展。改革开放以来，闽南金三角地区经济的快速发展有力地推动了厦门港口的发展，上个世纪90年代以来，在经济高速发展和两岸经贸合作关系不断加强的环境下，厦门港口进入了高速发展时期，在厦门地区经济发展和对台交往中发挥着重要的作用。

1. 厦门港是特区建设和经济发展的重要基础

从历史的发展来看，厦门港由一个封闭型的港口转化为外向型开放海港，港航业从停滞走向发展，凭借的是特区的优势，但厦门城市和经济的发展同样受到港口兴衰的直接影响。改革开放为厦门港的发展提供了新的机遇，厦门港成了经济特区建设发展的重要基础。港口具有强大的集散功能和服务功能，港口的发展不仅有利于提升域内产品的竞争力，还具有带动相关产业迅速发展的作用。世界上依托航运之利发展外向型经济的成功范例有许多，我国长江三角洲、珠江三角洲和环渤海湾区等沿海经济的发展，同样得益于港口和航运的快速发展。首先厦门港的发展直接带动了厦门运输业的发展，厦门港自改革开放以来货物吞吐量以每年平均13%的速度快速增长，与港口直接相关的水路运输完成的货运量占地区全社会总货运量的50%以上，港口在地区综合运输体系中具有龙头地位。第二，厦门港成为厦门特区经济的重要经济增长点。在厦门地区经济的发展中，港口充分利用自身特有的对内对外的通道功能，一方面满足地区经济发展对能源、原材料和成品的运输，另一方面由于港口的发展，贸易、钢铁、石油、化工、金融、保险房地产、旅游等相关产业也随之形成并发展起来，促进地区经济由以农业、轻工业为主向以机械、电子、化工为支柱产业的现代工业转变，借助港口优势发展起来的转口贸易极大地促进了厦门外贸事业的发展，中共厦门市委确定了“以港立市”发展战略，充分体现了厦门港在厦门经济特区建设中的地位。

2. 厦门港是福建省推进工业化进程、发展开放型经济的重要依托

厦门是中国五大特区之一，全省对外开放的窗口，作为海峡西岸经济区的重要城市，自改革开放以来，全市GDP年均递增18.3%。2003年，GDP达到760亿元，占全省的14.5%。厦门对于海峡西岸经济区经济的发展具有举足轻重的作用。厦门作为港口次中心城市，其港口的发展对全省的经济社会发展具有十分重大的意义。其一，厦门港具有良好的自然条件和特殊地理位置的优势，与福建的三都澳、福州、湄洲、泉州、漳州和东山等港口相比，厦门港在港口规模、管理水平、城市经济条件、政策环境条件以及陆路疏运条件等方面都略胜一筹；其二，厦门港口的发展不仅直接促进厦门经济的发展，同时也直接影响着闽西、闽北的对外开放和经济发展；其三，带动内陆腹地交通运输业的发展；其四，处于区域经济发展中心的厦门港是区域经济参与经济全球化的基础；其五，依托港口发展的临港工业是福建省加快第二产业发展，推进工业化进程的重要内容。因此在福建省实施的“加快闽东南开放与开发，内地山区迅速崛起，山海协作联动发展，建成海峡西岸繁荣地带，积极参与全国分工，加速与国际经济接轨”的区域发展战略中，厦门被定为福建经济发展的龙头，福建经济的发展，重点在闽东南，闽东南发展的重点在厦门，厦门港口作为厦门外向型经济的重要组成部分，其作用和地位将更加重要

3. 厦门港是我国发展综合运输的主枢纽，全国集装箱运输的干线港

厦门港地处长江三角洲和珠江三角洲两大全国性主枢纽港群之间，汇集了海、陆、空多种运输大通道，是华东和华南两大港群之间的航运次中心，同时又是南北海运的必经之路，是我国东南沿海的主要出海口，是国家发展综合运输的主枢纽。随着厦门港口吞吐量规模的发展，厦门港已经步入了国家大型一类港口的行列。在国内集装箱吞吐量达到100万标箱的港口中名列第七，是我国国际集装箱运输的重要港口之一。厦门港口已经形成了一定规模的集装箱干、支航线，并具备建设大型深水集装箱码头的自然条件，有条件发展成为我国沿海集装箱运输的干线港。

4. 在促进海峡两岸关系的发展中发挥重要作用

由于地缘、亲缘的关系，在历史上就是祖国大陆与台湾对渡的主要港口。改革开放以来，随着厦门特区的创立和发展，两岸关系的不断密切，厦门港在海峡两岸关系发展中的地位日益凸显。由于厦台距离近，语言相通，习俗相似，加上厦门的开放程度高，同时享有较多的优惠政策，使厦门成为台商来大陆投资的主要选择地区之一。目前厦门是台商投资区数量最多的地区，也是台商直接投资最集中的地区之一，累计引进台资项目 2178 个，投资总额 42 亿美元，实际利用台资 26.97 亿美元。来往于两岸的大量的机电产品、纺织原料、塑料橡胶、化学化工产品及其制品、原料木浆、纸及其制品等，经由厦门港直接或间接的地进出。1997 年海峡两岸试点直航开通，厦门被确定为首批与台湾定点直航试点的口岸之一，为厦门港的发展增添了新的途径，厦门港承担的厦台经贸

合作的运输任务日益增加。目前试点直航发展态势良好，在推动两岸关系发展的同时也促进了港口的发展。

二、对台优势是厦门港口发展的核心优势

我国已加入世界贸易组织，入世后港航业和其他行业一样，也将面临一个新的发展环境，机遇和挑战并存，今后5至10年是厦门市基本实现现代化的关键时期，厦门港口在对台经贸交往中具有独特的作用，在新的历史时期具备进一步发展的条件和潜力，借助厦门的区位优势和对台直航口岸的政策优势，厦门港在东南部沿海地区交通运输中的地位和作用将进一步得到加强。

港口的本质特征是作为流通中心和产业中心，因此港口发展的决定因素是港口的经济价值，即经济发展对航运的要求，而不仅仅是由港口建设的条件所决定。港口的经济价值又主要体现在区位条件、资源禀赋、港口所在城市经济水平以及政策因素这四个方面。厦门港作为闽东南沿海的一个中型港口，内陆腹地小，并无明显竞争优势。入世后，厦门港口的发展的有利条件体现在对台区位优势、良好的产业基础，政府的大力支持以及厦门港口现有的经济实力上，从未来的发展看，我们应该扬己之长避己之短，在两岸经贸活动不断加强的推动下，充分发挥厦门口岸对台的区位优势，通过拓展对台经贸合作，带动厦门港口和社会经济的发展，在实现两岸直接“三通”过程上发挥重要作用。厦门港发挥对台的区位优势的条件主要有以下几个方面。

1. 厦门港在地理位置上具有得天独厚的条件

厦门湾地处我国东南沿海、台湾海峡的西岸，自然条件十分优越，水域狭长、港阔水深，深水岸线集中，外航道水深达12米至25米，内航道大部分水深均在10米以上，可通行10万吨级船舶，是发展大型深水码头的理想港湾。厦门港的独特区位优势在于毗邻台湾的特殊位置。厦门港距高雄港仅165海里，距台中港仅135海里，距基隆港222海里，均在一日航程之内。历史上就是大陆与台湾经贸合作最密切的地区，也一直是大陆对台最主要的贸易口岸。改革开放以来，厦门是台商投资大陆最早涉足的地区，目前也是台商投资最密集的地区之一。

2. 港口发展已具有一定的规模和水平

厦门经济特区建设20年来，厦门港取得了长足的发展，港口的外向度进一步提升。在总长64.5公里的海岸线上，现已建成的生产性泊位76个，其中万吨级泊位17个。目前外贸货物吞吐量1781.83万吨，占货物总吞吐量的比重为65.16%；新增集装箱班轮航线26条，月航班量达420班；内贸集装箱运输也实现了跨越式发展，已跻身全球40强行列。厦门港接待船舶的能力也明显提高，目前已经成为祖国大陆继上海、深圳、宁波之后第4个可以接待第6代集装箱船舶的港口，全港国际集装箱班轮航线达到33条，班轮密度达260个航班/月，与世界上40多个国家和地区的60多个港口建立了定期或非定期运输往来。在全国性的港口评比中，厦门港在“综合服务、集运输条作业效率、科技管理水平”方面名列优秀集装箱港口前5名。2003年头七个月，在全国主要港口中，厦门港是货物吞吐量同比增长超过30%的五个港口之一，排名第三，同期，集装箱吞吐量增长幅度也超过30%。说明厦门港的总体实力已经达到了较高的水平。

3. 两岸试点直航实践为厦门港口与台湾的进一步往来打下坚实基础

自1997年4月厦门港与福州港开展两岸试点直航以来，厦门港两岸试点直航进展迅猛，连年增长，至2003年底试点直航集装箱吞吐量累计已超过200万标箱，2004年头1－7月厦门港的两岸试点集装箱运输量超过20万标箱，达207916标箱，其中进口101859标箱，出口106057标箱。目前厦金试点直航进出口业务量稳步攀升。两岸试点直航已成为厦门港口经济的新增长点。从长远来看，厦门港具有发展成为大陆对台物资运输枢纽的可能。

4. 省、市政府的大力支持为厦门港口发展提供政策保证

厦门是我国最早实行对外开放政策的经济特区之一，又是唯一经中央批准实施自由港某些政策的城市，已经形成了全方位的对外开放格局，不仅开辟了台商投资区、保税区、火炬高技术产业开发区等多层次、多功能开发区域，并被开辟为首批海峡两岸客货运直航试点口岸，形成了突出的对外开放政策优势。厦门特区港口的发展是福建省和厦门市经济发展的关键一环。福建实施的“开放立省”战略，其中重要任务之一就是要集中全省的力量，打破行政区划限制，统筹考虑厦门湾港口

布局，把厦门建设成为信息港、海港、空港、能源港“四港合一”的东南大港口。在厦门出台的《厦门建设海湾型区域中心城市实施纲要》中，提出了“提升本岛，拓展海湾，对接周边，扩充腹地”的十六字发展方针，将厦门发展成为科技开发中心，航运物流中心，商贸交易中心，金融保险中心和旅游会展中心。目前厦门正加快构筑海峡西岸经济区重要城市，枢纽口岸的辐射作用、对台工作的基地作用将得到更充分的发挥，说明厦门港口在未来厦门社会经济发展中的地位将更加重要。

5. 厦门城市产业发展战略将促进港口行业的发展

一个国家和地区的经济结构中的三次产业比重的高低实际反映着该国家和地区社会经济发展的阶段和水平。发达国家的经济结构中的三次产业排序表现为三、二、一，且第三产业比重一般在60%至80%。从2002年厦门市的经济结构看，三次产业的比例为3.4∶55.8∶40.8，排序为“二、三、一”。依世界发达国家的经历，在人均GDP达到3000美元时，经济结构中的三次产业排序应该为“三、二、一”，且第三产业的比重应该在50%以上。厦门的人均GDP2002年时已达5660美元，预计至2005年将达到10000美元，三次产业的比例将达到4∶47.5∶48.5，因此，要使厦门的经济结构趋于合理，逐渐缩小与发达国家的差距，大力发展第三产业是厦门经济结构调整的主要方向。经过二十年的发展，厦门已经具备了良好的产业发展的基础和优越的外部条件。进入21世纪，厦门产业发展的战略任务是：以高新技术产业为先导，先进技术型支柱工业为基础，加速拓展第二产业，大力发展第三产业，优化提高第一产业，发展第三产业是产业发展的重中之重。港口服务业在第三产业中占有极其重要的位置，产业发展结构的调整有利于港口事业的发展。

6. 经济腹地外向型经济和加工工业的兴旺，是厦门港口增长的强大推动力

从资源禀赋看，厦门由于自身面积小，资源有限，但有漳州和泉州作为直接腹地，又有资源丰富、地域广大的闽西、闽北、赣南、赣东、湘南地区作为后方腹地，弥补了这一方面的不足。更为重要的是，改革开放以来。福建省尤其是厦漳泉金三角地区充分利用国家给予经济特区和沿海开放城市的各项优惠政策，依托毗邻台湾、拥有众多同籍同宗及侨商的地理和人文的优势，成为继珠江三角洲和长江三角洲之后中国沿海经济大开发的热点。吸引了大量的台、侨、外资，兴办了一大批各具特色的台商投资区、保税区、经济开发区、加工出口区和两岸农业合作实验区，外向型经济蓬勃发展。2001 年该五市人均 GDP 达到了 14353 元，是福建省人均 GDP 的 1.27 倍；工业总产值 3088 亿元，外贸进出口值 150 亿美元，实际利用外资 24.7 亿美元，分别占福建全省的 48.8%、65.5%和 65%。产业结构逐步合理，二、三产业比重不断提高，五市的产业结构 2001 年为 13.4∶48.7∶37.9，厦、漳、泉三市的产业结构比为 10.4∶50.6∶39。

外向型经济和出口加工工业迅速发展是厦门港的直接腹地五市（厦、漳、泉、龙岩、三明）的共同特征。厦门经过 20 年的建设，外向型经济不断发展壮大，未来厦门将重点发展电子、石化和运输机械业，其中海沧台商投资区将集中发展资金和技术密集型的临港工业，以石化为支柱产业。泉州以轻型加工工业为主，漳州作为两岸经贸交流的重要区域和全省率先基本实现农业现代化的地区，已经形成了具有特色的食品加工、机械、电子、农业和生态旅游五大产业基地，未来将重点发展电子、机械和高科技产业。龙岩市、三明市依托本地资源，重点发展农林、采矿、冶金、水泥、陶瓷、机械加工等。腹地外向型经济的高速度发展，需要煤炭、石油等能源运输作保障；交通基础设施的建设、房地产业的兴旺，需要大量的钢材、木材以及其他建材；三资企业和临港加工工业的发展，带来机械设备、原材料制品和制成品等外贸进出口货物的增长；势必带动港口货物吞吐量的持续增长。闽南金三角地区电子、通讯、机械和精细化工等技术密集型产业已具有一定的发展规模，今后在继续保持现有优势的同时还将重点发展信息、生物医药、高科技农业等高新技术产业，这些产业产品的运输主要采用集装箱运输方式，会刺激港口集装箱吞吐量快速增长。腹地外向型经济的发展将带动厦门港口吞吐量的增长。据有关专家分析，至 2010 年厦门港的集装箱吞吐量将达到 410 万标箱，其中外贸集装箱吞吐量达 390 万标箱；国际航线和海峡航线的旅客总吞吐量将达到 80 万人次。

7. 两岸经贸合作的深化有利于厦门港口对台优势的发挥

当前，大陆经济持续发展，全球市场地位不断提升，两岸经贸往来迅速发展，而台湾经济低迷，失业严重，厂商出走，党争、政争不断，经济条件持续恶化，“三通”已不再仅仅是一个简单的经济与人员往来的问题，它对台湾未来经济社会的发展与两岸关系的发展有着深刻的意义与影响。面对入世后的新形势，阻碍两岸经贸交往的诸多限制将面临巨大的压力，其中最主要的是来自岛内的压力。目前中国大陆已超越美国成为台湾最大的出口地区，台湾是全球对大陆市场依存度最高的地区。台湾企业在大陆赚取的巨额利润，以及与大陆超过180亿美元的贸易顺差成为支撑台湾经济的重要动力。高雄港的转口货柜主要来自东南亚，近年来东南亚各国也相继投资国际商港，致使高雄港的货源不足，直接影响了境外航运中心效益的扩大，2002年高雄港在世界集装箱港的排名已降至第五。上海港在2002年取代高雄港排名第四，2003年头7个月，上海港的集装箱吞吐量已达619万标箱，估计全年有望突破1000万标箱，东北亚枢纽港之争已经到了白热化的程度。很显然，只有两岸直接“三通”，高雄港才能分享大陆地区快速成长的货柜运输，增加货柜运输转运时装卸与储放的机会，维持高雄港的竞争优势，提高高雄港在亚太地区的地位。据台湾业内人士估计，两岸直接“三通”后，高雄港的转口集装箱将增加100万标箱，两岸能否直航是高雄港提升竞争力的关键。可见，实现两岸直接“三通”是台湾经济发展的需要，“三通”意味着两岸经贸关系更加密切，从而增强台湾民众对祖国大陆的认同，这显然不符合台湾当局的分裂路线和维持台湾独立的本意。因此，陈水扁执政以来，极力避免正面面对“三通”问题，并屡屡抛出“台独”言论，从目前来看，两岸直航不仅不会一步到位，在渐进开放的过程中也会充满变数，然而，实践证明间接通航给两岸经贸带来巨大的损失，加入世界贸易组织，海峡两岸之间的贸易和投资会得到进一步的发展，直接有效的运输服务对两岸各自的经济发展都显得越来越重要，这就为两岸间的贸易和航运发展提供了新的空间，两岸贸易的发展必将进一步扩大对航运需求的规模，两岸港行业合作的需求也将随之增加。这些因素对台湾是压力，对厦门港口的发展是机遇。面对这些压力，台湾当局会在一定的范围内逐步改变过去的做法，厦门港将发挥地理优势和直航试点港口的优势，在两岸经贸合作中发挥更大的作用。

近日，国务院正式批复包括厦门象屿在内的7个保税区与其邻近港区开展联动试点，这一新的政策优势对厦门来说意义重大，一方面试点实施后，厦门象屿保税区与东渡港区将通过资源整合与功能联动，使厦门港成为具有“境内关外”性质的保税港区，这将有利于增强厦门港在东南沿海港口中的竞争力，有利于进一步促进厦门跻身于国际中转枢纽港和东南亚国际航运中心，为迈向国际型的自由贸易港区奠定基础。同时，也将使厦门港在对台经贸关系中的独特优势更加明显。目前，台湾正在为将高雄港设立为自由贸易港做准备，厦门向自由贸易港区转型，将对高雄港形成竞争态势，从而进一步确立厦门港在海峡两岸航运中的地位和作用。

（原载于《亚太经济》2004 年第 6 期）

厦门经济特区转型发展与迈向厦-金自由经济区研究

唐永红

提　要：厦门经济特区向综合型的世界自由经济区转型并迈向厦-金自由经济区，是顺应经济全球化与一体化深化发展的趋势与要求，不仅有助于厦门发展成为一个国际化区域性中心城市，更好地发挥经贸自由化的试验田与先行区、经济的增长极与辐射源作用，而且可以突破两岸政治僵局的约束，整合厦、金两地的区位优势与条件，成为两岸参与经济全球化进程的一个新平台、两岸制度性经济一体化的一个切入点、祖国大陆对台工作的一个着力点、海峡两岸的一个重要连接点乃至全面整合与渐进统一的一个先行试验区，充分发挥厦门特区与金门地区在两岸交流、合作与整合中的优势和作用，促进两岸政治经济关系再发展。

关键词：厦-金自由经济区；厦门经济特区；转型发展

一、厦门经济特区转型发展与厦-金自由经济区设想的提出

众所周知，中国大陆当初设立厦门经济特区的主要目的有二：一是利用其作为沿海地区和远离政治文化中心的区位条件，为中国改革开放和现代化建设探路、示范；二是发挥其与台湾有着密切的地缘、血缘和文化渊源联系等的特殊优势，促进海峡两岸的交流与融合，推进祖国统一大业进程。而以加入 WTO 为标志，中国改革开放与现代化建设的深化发展，一方面使厦门特区原来的部分历史使命随着相应特殊政策的全国推广普及而告完成，另一方面又给厦门特区尚未完成的部分历史使命的完成带来新的机遇和挑战。就机遇而言，中国加入 WTO 带来的相对稳定的国际经贸环境和带给中国经贸伙伴对中国市场的信心无疑有助于

厦门特区外向型经济的进一步发展。就挑战而言，一是WTO要求包括厦门特区的中国经济特区进一步规范运作，二是全国改革开放与区域经济发展格局要求厦门特区调整其部分功能定位和发展模式与机制。新形势下的厦门特区应如何把握机遇、应对挑战，在求得自身发展的同时继续完成其特殊使命呢？①

另一方面，顺应经济全球化与一体化深化发展的趋势与要求，海峡两岸经济体在新世纪伊始相继加入WTO。这意味着两岸经济体都将在同一多边贸易体制的约束下，进一步按照世界市场经济运行规则运作，特别是在对外开放、参与经济全球化方面，必须遵循WTO无歧视原则，从过去的单边的、主动的、选择性的方式向着WTO下多边的、有规则的、全方位方式转变。从而，两岸经济体及其经贸关系的发展面临新的机遇和挑战，两岸经济交往与合作方式面临着变革的要求，需要在当前两岸关系发展态势与WTO框架下探索经济交往与合作的新形式（见参考文献［2］、［3］、［4］）。而在这一变革与探索的过程中，特别是在海峡两岸关系当前情势下，厦门特区能否又该如何进一步发挥对台优势和作用，突破两岸政治僵局的约束，促进两岸经贸关系再发展特别是两岸全面直接三通与经济一体化进程，并开创对台工作新局面呢？

显然，这是摆在我们面前的一项重大战略课题。笔者认为，要回答上述问题，必须首先在世界经济发展的大视野中全面、辩证、历史、动态地理解经济全球化、非均衡发展、WTO和特殊经济区这四者之间的内在关系；进而在把握当今世界经济和世界特殊经济区发展趋势的基础上，依据当前海峡两岸关系情势和大陆区域经济发展格局的演变，继续从促进区域经济发展和两岸政治经济关系再发展以及国家统一大业进程的高度，并从世界经济发展与中国改革开放发展结合的角度来定位WTO下厦门特区的再发展问题。循着这一思路，笔者曾提出当前厦门特区向集约化多功能综合型的世界自由经济区转型，进而跨关境发展，在“小三通”现实基础上与金门地区共建厦－金自由经济区的设想。本文旨在阐明这一设想的思路与目标、意义与必要性。

---

① 邓力平、唐永红：《经济全球化、WTO与中国特殊经济区再发展》，厦门大学出版社，2003年版。

二、厦门经济特区转型发展与迈向厦-金自由经济区的必要性与思路

笔者在《经济全球化、WTO 与中国特殊经济区再发展》一书中曾就经济全球化、非均衡发展、WTO 和特殊经济区这四者之间的内在关系、世界特殊经济区的发展趋势以及 WTO 下中国特殊经济区存在与发展的必要性与可能性、依据与准绳、机遇与挑战、基础与优势、思路与定位、战略与对策、规范与转型、竞争与协调等问题做过系统深入的研究。研究表明：

世界特殊经济区是各主权国家或地区（统称经济体）在经济发展与经济全球化进程中对非均衡发展理论的一种主动运用，是在世界经济发展现实中顺应和参与经济全球化进程的一种介入方式与现实选择，是经济全球化非均衡发展进程中的一个阶段性产物与现实实现形式，其发展的历程是一个逐步参与经济全球化的过程。从一经济体参与经济全球化的途径和方式角度来看，设立特殊经济区或者是加入 WTO，只不过是经济体自身根据其内外经济环境状况所做的不同选择而已。由于各经济体乃是经济全球化的宏观主体，追求自身利益最大化是其参与经济全球化的主要目标，包括 WTO 在内的任何多边国际经贸体系就必须考虑各经济体采取的既有利于自身发展又符合全球化要求的各种政策和措施，包括设立特殊经济区。这既是 WTO 体系的基石，也是 WTO 下特殊经济区能够存在和发展的客观依据。WTO 的生命力，不仅在于它顺应并加快了经济全球化发展的进程，更在于它能够从经济非均衡发展的现实条件出发去寻求各成员方都能够接受的经济全球化步伐，即在其整个法律框架体系中能以一种现实主义精神安排游戏规则，既维护经济全球化与贸易自由化的发展，又充分考虑各成员方的现实利益，保证各成员方都能够从参与经济全球化中获益。这种现实主义精神的核心就是“原则中有例外，例外中有原则”。根据这一现实主义精神，作为经济全球化在全球多边层面上的一个阶段性产物与组织实现形式，WTO 有条件容许作为经济全球化在单边层面上的一个阶段性产物与实现形式的特殊经济区的存在和发展。

随着经济全球化深化发展，特殊经济区在各经济体和世界经济中的地位和作用受到日益广泛的关注，建立和发展特殊经济区已成为当今国际性的潮流，特殊经济区经历了一个从局部地区向全球扩展、由缓慢发展到蓬勃兴起的发展历程，并将在相当长的历史时期继续存在和发展。但与此同时，激烈的竞争与博弈使特殊经济区的发展面临各种挑战，特殊经济区正经历着一个由单一模式向综合模式、由单边的一国内部型向双边或多边的跨国型、由初级形态向高级形态转化的发展历程，集约化、多功能、综合型的自由经济区正在成为特殊经济区的主要发展形态。任一特殊经济区要想在经济全球化进程中得到新的发展，特别是在WTO多边贸易体系制约下发展，就应遵照现代世界市场经济发展的内在要求，适时转变发展策略，争创竞争新优势，以适应国际国内经济环境对特殊经济区发展的制约与要求。

就中国加入WTO后特殊经济区的存在与发展问题而言，总体上必须坚持历史、全面、辩证的观点，有三个基本认识需要明确和把握：一是入世后特殊经济区是否还需要特取决于主权国家自己的意志和在全盘考虑基础上对“特”字的判定；二是入世时WTO的要求与中国的承诺为其划定了运作的法律准绳与空间；三是入世后中国经济发展的内在要求则赋予了中国特殊经济区以新的内涵，并决定了其再发展的目标、方向与对策，而世界特殊经济区的通常做法与发展趋势可为其发展提供借鉴。在中国加入WTO和经济全球化深化发展的新形势下，中国特殊经济区仍有其继续存在与发展的必要性与可能性、基础与优势，但需要在世界经济与世界特殊经济区发展趋势的大背景中，从世界经济发展与中国改革开放发展结合的角度去重新定位，特别是需要向符合WTO要求与国际惯例的世界特殊经济区转型，进一步规范发展，需要借鉴世界特殊经济区发展趋势，进一步提升特区内经济活动自由化与便利化程度，有条件的特区还应向集约化多功能综合型甚至跨关境的世界自由经济区方向发展，向国际化的区域经济中心迈进，以便发挥其产业集群、规模经济与一站式服务等优势和作用，增强特区的运行效率与效益以及抗风险能力，加快所在区域经济的开放与发展速度；以便进一步顺应经济全球化深化发展的趋势与要求，进一步参与经济全球化的进程，更好地为全国参与不断深化的经济全球化进程和以WTO为代表的多边经贸体制探索经验；以便建设经济、社会与环境协调发展的中国现代化建设的先行示范区和国际化程度较高的符合国际惯例的世界性的特殊经济区域，更好地发挥辐射与带动作用，扩大辐射与带动的范围。

显然，上述在一般意义上关于经济全球化、非均衡发展、WTO和特殊经济区这四者之间的内在关系、世界特殊经济区的发展趋势以及WTO下中国特殊经济区存在与发展的共性问题的研究结论，有助于我们理解与把握并同样适用于当前厦门特区的转型发展问题。对此，不予赘述。这里要着重具体分析的是厦门特区转型发展的诸特殊方面，进一步阐明厦门特区向集约化多功能综合型的世界自由经济区转型并迈向厦-金自由经济区的必要性与思路等问题。

笔者认为，鉴于厦门特区的独特优势、独特作用和独特使命，WTO下厦门特区的再发展问题，不仅依然要在世界经济与世界特殊经济区发展趋势的大背景中，从世界经济发展与中国改革开放发展结合的角度去构思，而且还应依据当前海峡两岸关系情势和大陆区域经济发展格局的演变，继续从促进区域经济发展和两岸关政治经济关系再发展以及国家统一大业的高度来考虑。具体而言，随着中国大陆与台湾地区在新世界伊始相继加入WTO，随着经济全球化的深化发展与大陆区域经济发展格局的演变，在海峡两岸关系当前情势下，厦门特区再发展及其独特作用的充分发挥有赖于特区发展模式的转型，即需要立足厦门特区自身的各种独特优势，特别是其港口、区位和对台优势，与时俱进地创新特区发展模式，将厦门特区的发展与经济全球化的深化发展、中国东南地区经济乃至中华经济区（CEA）的协调发展、两岸关系特别是两岸经贸关系的再发展、祖国大陆对台工作的深入开展有机结合起来，找到经济全球化深化发展的新起点、区域经济协调发展的切入点、两岸关系特别是两岸经贸关系再发展的突破口以及对台工作尤其是对台经贸工作的着力点，以便更好地发挥厦门特区作为改革开放的试验田与先行区作用，进一步参与世界经济全球化与区域经济一体化进程；更好地发挥厦门特区作为我国东南地区经济的增长极与辐射源作用，进一步为我国地区经济协调发展和现代化建设作贡献；更好地发挥厦门特区独特的对台优势与作用，进一步为促进两岸关系特别是两岸经贸关系再发展以及国家统一大业作贡献。

三、厦门经济特区转型发展与迈向厦-金自由经济区的目标与涵义

循着上述认识与思路，笔者认为，当前厦门特区应该也有条件向集约化多功能综合型的世界自由经济区转型，进而跨关境发展，在厦门特区与金门地区的现有条件与“小三通”现实基础上与金门地区共建厦-金自由经济区，形成海峡两岸进一步参与经济全球化进程的一个新的起点与平台、两岸制度性经济一体化的一个突破口与切入点、祖国大陆对台工作的一个着力点与抓手，形成海峡两岸的一个重要连接点与接口乃至两岸全面整合与渐进统一的一个先行试验区，最终发展成为一个国际化的区域经济中心。

具体而言，首先，厦门特区应在现有的发展基础上转型为一个遵循WTO无歧视原则的、境内关外的，集国际投资、研发制造、国际贸易、物流分拨、仓储展示、过境转运、国际金融、休闲旅游等多项功能于一身的综合型自由经济区，以便把厦门建设成为我国东南沿海的一个国际化区域性中心城市，促进闽南厦漳泉三角区、海峡西岸经济区的区内分工与联系，形成对台吸引的合力，并与台湾当局当前正在规划落实中的自由贸易港区对接，实质性地推动两岸全面直接“三通”的进程。

进而，在“小三通”现实基础上，积极促成与金门地区结成开放性的多功能综合型跨关境自由贸易港区，整合并充分发挥厦门、金门两地的海港、空港优势以及其他经济发展资源与条件，使之成为中国东南沿海的国际贸易中心、物流分拨中心和以高科技产品为主导的加工制造中心，成为海峡两岸以及华东、华南地区国际物流链的重要环节，并具备区域的辐射功能，实质性地推动海峡两岸经济一体化进程。

在此基础上，建立开放性的厦-金自由经济区，实现生产要素的自由流动与优化配置，形成真正的综合型世界自由经济区，最终发展成为国际化区域经济中心。

在产业结构调整与升级方面，随着功能优化与整合，厦-金自由经济区要突出三大“功能产业”，即以高新技术产品研发生产为主导的加工制造业、以国际贸易、免税仓储及货物运输为重点的现代物流业和以

信息交流服务为导向的现代会展业，使厦－金自由经济区发展成为国际化的区域性资金流、物流和信息流的汇集区。

四、厦门经济特区转型发展与迈向厦－金自由经济区的功能与意义

厦门经济特区转型发展并迈向厦－金自由经济区，是顺应经济全球化与一体化深化发展的趋势与要求，不仅有助于厦门发展成为一个国际化区域性中心城市，更好地发挥经贸自由化的试验田与先行区、经济的增长极与辐射源作用，而且可以突破两岸政治僵局的约束，整合厦、金两地的区位优势与条件，成为两岸参与经济全球化进程的一个新平台、两岸制度性经济一体化的一个切入点、祖国大陆对台工作的一个着力点、海峡两岸的一个重要连接点乃至全面整合与渐进统一的一个先行试验区，充分发挥厦门特区与金门地区在两岸交流、合作与整合中的优势和作用，促进两岸政治经济关系再发展。

其一，可以顺应经济全球化深化发展趋势与要求，整合并充分发挥海峡两岸各自的区位优势与条件，形成进一步参与经济全球化进程的一个新起点与新平台，更好地发挥经贸自由化试验田作用。

经济全球化追逐利益最大化的内在动机和制胜国际市场竞争的外在压力要求不断变革经济活动的方式，降低经济活动的直接成本与间接成本，不断提升国际市场竞争能力；要求不断提升经济活动的自由化与便利化程度，撤除经济活动的各种壁垒和约束，不断扩张经济活动的市场与领域。厦门、金门地处我国东南沿海地区、东南亚国家和台湾省与祖国大陆联系的中心位置、东北亚和东南亚国际主航线的海上交通要冲，距香港、高雄和台中等大港均在一日航程之内，是华东和华南两大港群之间的航运次中心，同时又是南北航运的必经之地，是面向海外、利于大船集疏和向南、北、中三面辐射的理想口岸。在厦门特区与金门地区的现有条件与“小三通”现实基础上，建立一个如前所述的遵循 WTO 无歧视原则的、境内关外的集约化多功能综合型跨关境自由贸易港区，可以整合并充分发挥厦门、金门两地的海港、空港优势，形成进一步参与经济全球化进程的一个新起点与新平台，从而可以成为中国东南沿海

的国际贸易中心、物流分拨中心和以高科技产品为主导的加工制造中心，成为海峡两岸以及华东、华南地区国际物流链的重要环节。进而，迈向开放性的厦－金共同市场，实现生产要素的自由流动与优化配置，形成真正的综合型世界自由经济区，最终发展成为国际化区域经济中心，进一步在贸易自由化、金融全球化、投资全球化、生产要素流动全球化等方面率先发展，从而顺应经济全球化深化发展趋势与要求，在更高层次上和更大范围内参与经济全球化进程。另外，厦－金自由经济区还可以作为海峡两岸经济体对 WTO 承诺的对外开放义务（包括加入 WTO 时承诺的和今后参与 WTO 多边谈判承诺的）的率先试验区。

其二，可以顺应经济一体化深化发展趋势与要求，突破两岸政治僵局的约束，成为实现 WTO 下两岸经贸关系再发展和制度性一体化的一个突破口与切入点，发挥两岸经贸制度性一体化先行区作用。

随着经济一体化在全球与区域两个层面深化发展，两岸经贸关系的发展面临新的机遇和挑战，WTO 下两岸经济体之间的交往与合作方式面临着变革与创新的要求。首先，众所周知，自大陆改革开放主动参与经济全球化以来，大陆对台湾实行的特殊优惠政策对于两岸经贸关系的发展特别是台湾在与大陆的经济合作中的显著成就的取得具有不可小视的作用，但是，随着大陆与台湾地区先后加入 WTO 这一全球经济一体化组织，两岸经贸关系的再发展和台湾对大陆的经贸活动在分享大陆市场的进一步开放的好处中正面临一些挑战：一是 WTO 下大陆的市场开放和关税减让对所有成员方适用以及 WTO 无歧视原则等有关规定要求拉平台湾与其他成员方在中国大陆所享有的待遇差别，从而使台湾面临更大的竞争压力；二是 WTO 下大陆市场环境的稳定性与透明性的增强，加之大陆将着眼于扩大外资来源及其规模与技术含量的外资政策调整，使台湾当前一些中小型的、劳动力与资源导向型的投资受到欧美和日本的资金、技术密集型大型企业或财团的大规模的、市场导向型对华投资的强大竞争；三是随着大陆改革开放的进一步深化发展，WTO 下大陆正在调整或取消特殊经济区的某些不符合 WTO 规定和市场经济发展要求的特殊优惠政策，在一定程度上也影响到了两岸经贸往来。其次，作为参与经济全球化的一个现实途径与方式，当前，全球性的区域经济一体化运动正蓬勃发展，并对海峡两岸经济体获取全球化利益产生了负面影响：在经贸活动与利益方面具有或多或少的排他性和转移效应的区域经济一体化组织的广泛建立和发展，无疑将使国际经济竞争主体多元化的同时加剧国际经济竞争，从而使单一经济体在国际经济竞争及全球多边经贸谈判中面临更大的挑战和压力。因此，两岸经济体应意识到强化业已形成的功能性利益共同体的必要性和紧迫性。变革两岸经济交往与合作方式，实现两岸全面直接“三通”和制度性经济一体化，不仅将为两岸的贸易与投资者提供十分便利的条件，大幅度降低其运输成本和运输时间，提高市场竞争力，赢得更多商机，获得更丰厚利润，更为重要的是，将为两岸比较优势的结合与实现、分工与协作的进一步形成与发展以及两岸功能性经济一体化深化发展铺平道路，从而有助于国际市场竞争力的提升，并防止被当前蓬勃发展的区域经济一体化浪潮边缘化，增强参与经济全球化和 WTO 等全球多边经贸体制的实力，特别是有助于台湾经济的转型，促进其“亚太营运中心”与“经贸特区”的形成与发展。然而，虽然 WTO 下的两岸经济体都有着走向全面直接“三通”与制度性经济一体化的内在动力与外在压力，但是，众所周知，在两岸当前的政治状态条件下，两岸全面直接“三通”与全面制度性经济一体化举步维艰，预计近期也将难以实现。显然，当前迫切需要寻求突破口与切入点，迫切需要探索能够突破两岸政治因素对经贸关系的约束从而促进两岸经贸关系再发展特别是两岸全面直接“三通”与经济一体化进程的新形式与新途径。次区域性的跨关境自由经济区在经济运作机制上主要是市场调节性的，一般只需要参与方的地方政府间的低水平低层次的松散性、随机性协调，即在小区域范围内的贸易、投资、运输、通信、旅游、资源开发等一系列松散型的随机性的经济合作行为。因而，笔者认为，当前两岸可以在次区域一级的接壤地区之间求同存异，突破两岸政治僵局对经济关系的约束，先行一步，在“小三通”现实基础上，共建厦-金自由经济区，实现这一小范围的、低协调水平的经济一体化形式，作为实现经贸关系再发展和制度性一体化的突破口与切入点，为将来更大范围更高层次的制度性经济一体化探索经验和奠定基础。这既有其一定的现实可能性和可操作性，也符合从局部到整体、由量变到质变的发展规律，有利于以渐进方式推进全面直接“三通”和更高层次的一体化及自由化。

其三，可以促进海峡两岸的交流与融合，形成祖国大陆对台工作的一个着力点与抓手、海峡两岸的一个重要连接点乃至全面整合与渐进统一的一个先行试验区，更好地发挥厦门特区与金门地区在两岸交流、合作与整合中的优势和作用。

厦门特区不同于其他经济特区的一个特殊历史使命就是要发挥厦门特区独特的对台优势和作用，促进海峡两岸的交流与融合以及国家统一大业的进程。而众所周知，厦门特区对台独特优势主要体现在其与台湾地区毗邻的地缘优势、与台湾民众相通的人文优势、与台湾经济共荣的区位优势和作为特区在对台政策措施方面的先行先试优势。改革开放以来，厦门特区发挥这些独特优势，在促进海峡两岸经贸、文化及其他各项交流与融合，推进祖国统一大业的对台工作中起到了独特作用。例如，实现了厦门与高雄、福州与高雄的试点直航，厦门与金门、马尾与马祖的沿海局部直航；在厦台经贸往来不断发展的同时以台商投资区、“9·8”中国投资贸易洽谈会与“4·12”台湾商品交易会等形式为两岸经济合作提供了桥梁和平台；发挥与台湾民众相通的人文优势，围绕闽南文化开展了多方位文化交流，增进了两岸同胞间的相互了解与情感认同，为做好台湾人民工作、反制“文化台独”做出了积极贡献；此外，厦门特区还发挥独特优势，有效地配合了两岸重大事务的商谈与处理，作为处理涉台事务前沿基地的作用日益凸显。显然，新形势下厦门特区如能进一步向综合型自由经济区转型发展，特别是如能与金门地区建立厦－金自由经济区，促进厦金两地经济、社会一体化，厦门特区的上述独特优势与作用必将得以进一步发挥，而厦－金自由经济区就不仅将是海峡两岸的一个重要连接点与接口、祖国大陆对台工作的一个着力点与抓手，有利于海峡两岸的各种交流与合作，有利于做好台湾人民工作，而且可能发展成为两岸全面整合与渐进统一的先行试验区。

其四，可以促进厦门发展成为我国东南沿海的一个国际化区域性中心城市，并与金门一起最终发展成为国际化区域经济中心，从而促进海峡西岸经济区内部、祖国大陆各经济区之间乃至中华经济区内部的分工、合作与协调发展，更好地发挥其经济增长极与辐射源的作用。

随着中国进入新一轮经济增长周期，长江三角洲和珠江三角洲先行，环渤海经济区崛起，西部大开发，东北老工业基地振兴，全国以区域经济为特色的经济竞争格局正在形成。面对这种发展态势，福建应该从更高的站位、更宽的视野，去审视自己的发展空间、发展路径和发展政策。建设对外开放、协调发展、全面繁荣的海峡西岸经济区目标的提出，正是更高站位和更宽视野的科学抉择。这一目标定位准确地反映了福建的区位特点和对台优势，符合科学发展观。建设海峡西岸经济区具有重要的战略意义，它不仅有利于促进区域经济合作，有利于推动福建更好地融入全国发展的大格局，而且有利于更好地发挥福建在两岸关系发展与祖国统一大业进程中的独特作用。问题是如何促进海峡西岸经济区的形成与发展，进而如何协调其与长三角、珠三角、港澳台等地区的发展关系，成为当前迫切需要研究的两个课题。笔者认为，就前者而言，对策可能有多种，但发挥厦门特区和闽台经济合作的作用以促进海峡西岸经济区内部地区经济合理分工与协调发展，无疑是至关重要的方面。显然，厦门特区应该也有条件成为海峡西岸经济区的区域中心与龙头。而就后者来说，协调定位好厦门特区与作为长三角区域中心与龙头的上海、作为珠三角区域中心与龙头的深圳特区、作为世界自由港的港澳地区以及正在建立亚太营运中心的台湾地区在发展上的承接与合作关系是关键之一。而厦门特区向综合型自由经济区转型发展并与金门共建厦－金自由经济区，可以起到一箭双雕的作用，因为如此可以促进厦门发展成为我国东南沿海的一个国际化区域性中心城市，并与金门一起最终发展成为国际化区域经济中心，成为中国东南沿海的国际贸易中心、物流分拨中心和以高科技产品为主导的加工制造中心，成为海峡两岸以及华东、华南地区国际物流链的重要环节，从而不仅可以促进海峡西岸经济区内部而且可以促进祖国大陆各经济区之间的分工与协调发展，还有利于加强中华经济区内部的承接与合作，整合两岸四地彼此的经济互补性优势特别是港口区位优势与海运能力，从而在更大范围更高层次上发挥经济增长极与辐射源的作用。

最后，对台湾地区而言，建立厦－金自由经济区，意味着设立金门经贸特区，显然可以充分发挥金门的区位条件优势，不仅将直接有利于金门当地的经济发展，而且如前所述也会间接有助于整个台湾地区包括高雄等地的自由贸易港区的招商引资、国际贸易、航运物流等的发展，有助于台湾地区正在营造中的亚太营运中心的形成和进一步参与经济全球化与一体化进程。

（原载于《亚太经济》2005 年第 3 期）

参考文献

[1] 邓力平、唐永红：《经济全球化、WTO 与中国特殊经济区再发展》，厦门大学出版社，2003 年版。

[2] 唐永红：《经济全球化、WTO 与两岸直接“三通”——从经济与法律角度的分析》，《特区经济》，2003 年第 9 期。

[3] 唐永红：《经济全球化、WTO 与两岸四地经济一体化》，《台湾研究集刊》，2004 年第 1 期。

[4] 唐永红：《WTO 框架下海峡两岸经济交往及合作方式探讨》，《国际经贸探索》，2005 年第 1 期。

在厦台企对厦门投资环境评价的调查分析

王　华　石正方

摘　要：投资环境是影响外商直接投资区位选择决策的关键要素。针对厦门市台资企业的调查访谈结果表明：台资企业对厦门市的经济环境、公共服务环境与基础设施条件基本认可，对于投资“软环境”中的产业经营环境的评价则较低。为了切实改善厦门市的区位投资环境，应遵循先软后硬的改善路径，当前应着力于政府行政观念、作风和效率的提升，人力资源的开发储备，产业集聚与产业供应链的培育，以及城市国际化程度的提高。

关键词：投资环境；台资企业；调查访谈

一、问题的提出与文献回顾

投资环境是影响外商直接投资区位选择决策的关键要素，也是一国或地区在培育区域竞争力和招商引资过程中着力建设和改善的目标。厦门市作为中国大陆唯一与台湾毗邻的经济特区，在促进两岸经贸交流中发挥了重要作用。然而在经历了20世纪90年代台商投资的两波热潮之后，包括厦门市在内的整个福建省的台商投资规模，在近十年来已远远落后于珠三角和长三角地区，成为夹在两大地区之间的相对低洼地带。为了能进一步发挥厦门市的对台独特优势，不断提升在两岸产业分工合作体系中的地位和作用，对其投资环境的现状和所存在的问题做深入系统的了解和把握，已成为极其迫切而重要的任务。

投资环境是投资发生地拥有的、影响和决定投资活动预期效益的政治、经济、基础设施、社会、法制等多方面要素的有机整体。国际资本流动浪潮的兴起导致了对于外国投资环境的关注，早在20世纪60年代，美国学者就已提出了评价一国投资环境的冷热比较分析法①、多因素等级评分法②等。而Dunning（1977）在国际生产折中理论中关于区位优势的论述，则为分析投资环境提供了基础理论框架。③ Dunning认为区位因素可能通过不同的形式影响企业所有权优势的发挥，从而决定了企业区位投资组合的结构和内容，因此对于跨国公司维持和提升其全球竞争力有至关重要的影响。

基于宏观层面的投资环境研究大体可分为两个方面：一是对于影响国际直接投资流向与规模的投资环境各要素（区位要素）的相对重要性进行甄别判断，包括借助数量分析模型对各国或一国内各子区域间外商直接投资规模的差异成因的研究；④ 二是对于一定地域范围内各子区域的投资环境进行综合评价与排序，通过对各子区域在投资环境上各要素的比较，寻找投资环境的优劣势所在。⑤ 这两方面的研究都要以建立客观评价指标体系作为先决条件，但由于目前对投资环境的概念并无准确界定，因而评价指标体系的完备性通常无法保证；同时宏观层面的研究也难于揭示跨国投资特征（如投资动机、投资行业、投资规模、企业经济类型与经营导向）对于区位选择的影响和对投资环境要求的差异。

与上述研究相比，基于对外资企业问卷调查的投资环境研究则显得更为直观明确。通过设计问卷对外资企业进行调查，获取外商对于投资地影响企业经营和获利状况的各类投资环境要素的主观评价。⑥ 虽然被调查者的主观判断会带来一定的不确定性，但问卷调查可以得到更为具体和丰富的第一手信息，因而相较宏观层面的研究会更为深入而系统；同时也可以避免客观综合评价方法因研究区域内无合宜的标杆样本点，导致比较结果所揭示信息的有效性不足等问题。

---

① Litvak, Isiah A. and Banting, Peter M. “A Conceptual Framework for International Business Arrangement.” in King R. L. eds. Marketing and the New Science of Planning. American Marketing Association, 1968, 460 - 497.

② Stobaugh, Robert B. “How to analyse foreign investment climate.” Harvard Business Review, 1969, 47 (5): 102.

③ Dunning, J. H. Trade, Location of Economic Activity, and the MNE: A Search for an Eclectic Approach. London: Macmillan, 1977.

④ 参见文后参考文献［4］。

⑤ 参见文后参考文献［5］。

⑥ 参见文后参考文献［6］。

本文即利用对厦门市台资企业进行调查访谈的资料，探查台商对于厦门市投资环境各类要素的实际认可满意程度，把握厦门在吸引台资过程中的区位优势，从而为明确本市在发展定位中的制约因素、及时制定有效的应对措施并改善投资环境提供有益借鉴。论文共分为四个部分：第二部分对采用的调查方案与数据处理方法进行说明；第三部分为调查数据的分析部分，揭示台资企业对厦门投资环境的评价状况、明确存在的问题；第四部分基于分析结果探讨针对投资环境的改善路径，并提出有关政策建议。

二、调查设计与数据处理

鉴于研究力量所限，本研究没有采用调查研究中惯用的问卷调查方法，而是有选择性地针对在厦投资的 14 家台资企业进行了深度访谈，访谈时间为 2007 年 7－8 月。与问卷调查方法相比，深度访谈虽然取得的样本量较小，无法进行严格的统计检验与分析比较，但针对单个样本点所获得的信息更为丰富，对于全局状况的把握同样可提供有价值的资料信息；同时访谈分析的结论也可作为进一步研究的参考基准。

接受访谈的企业分布于厦门的海沧、杏林、集美三大台商投资区，以及湖里和同安两区，覆盖了厦门的大部分地区，且都属于厦门台商较为密集的区域；企业经营领域包括食品、纺织、木器、石化、橡塑胶、机械、电子、医疗和精密器械等行业，涵盖了劳动密集、资本密集和技术密集三大类型的轻重工业；企业的投资规模从 100 万美元以下到 1000 万美元以上不等，雇用员工人数亦从数十人到上千人不等。因此可以认为，受访企业的观点对于在厦台资企业具有一定的代表性。同时，受访企业在厦门投资经营时间都较长，仅两家在五年以下，但也超过三年，因此对于厦门环境的评价已较为深入、成熟和稳定。受访台资企业目前仍以在厦门代工生产、外销国际市场为主要经营模式和目标，但一部分企业已经开始将销售目标转向广阔的大陆市场，经营的本地化趋势有所加强。

为了提高深度访谈的结构化程度，便于对最后结果的归纳分析，参照“台湾区电机电子工业同业公会”历年对台商在大陆地区的投资环境与风险进行调查评估的问卷内容，[①] 访谈事先设计了对厦门投资环境的评价指标体系（具体核心内容见下节的调查结果分析）；请受访企业的负责人士针对其中的各个投资环境评价指标提供自己的观点，根据受访者认可程度（满意水平）的高低界定为“较好”、“一般”、“较差”三个等级，分别赋值3、2、1。将各指标所得到的平均评价值进行比较，即可得到对厦门投资环境优劣势的大致反映。

三、在厦台资企业对厦门市投资环境的评价分析

访谈中对于投资环境划分为自然环境、社会环境、经济环境、行政环境、公共服务环境、基础设施条件、产业经营环境等七大类要素，在每类要素中又提供了具体评价指标。如果将评价均值划分为1－1.5、1.5－2、2－2.5、2.5－3四个区间，可将评价结果界定为低、较低、中等和较高，从而可对不同投资环境要素及其当中的不同细分指标，进行更为细致的分析和讨论。

1. 自然环境

在自然环境类别当中，受访台资企业对厦门的气候条件和地理位置评价较高，认为较为适合企业发展的条件；而对厦门水资源及矿产资源丰富程度、土地价格合理程度则评价较低。评价结果如图1所示。

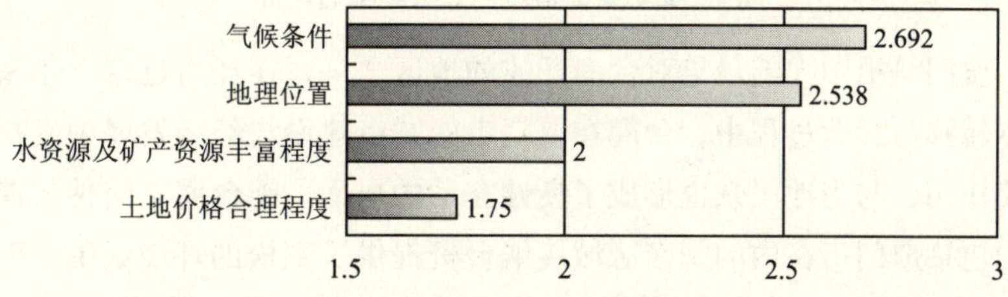

图1　受访企业对厦门自然环境的评价

台商在投资大陆的区位选择过程中，厦门所展现的地缘相近、血缘相亲、文缘相承的特点无疑具有特殊的吸引力。地理位置邻近，可以有

① 台湾区电机电子工业同业公会，主持人吕鸿德：《自主创新兴商机——2006年中国大陆地区投资环境与风险调查》，商周编辑顾问股份有限公司，2006年。

效拉近台商的心理距离，有利于厦门与台湾之间开展深入的人员、文化与经济交流；同时厦门作为大陆商贸物流的中转城市和窗口桥梁的功能也备受台商青睐，在两岸开放“三通”过程中可以争取到先行先试的机会，厦金直航以及厦门港与高雄港之间的试点直航，都突显厦门在吸引台资方面的独特优势。而由于处于同一纬度，厦门与台湾同为亚热带海洋气候条件，台商在厦门投资不仅生活容易适应，适宜在台湾发展的产业同样也易于移植到厦门发展。但另一方面，由于厦门地域范围较小，无广阔的经济腹地，水、矿产等自然资源缺乏，土地供给有限因而价格偏高，难免成为厦门吸引外资乃至经济发展的瓶颈。

2. 社会环境

在社会环境类别当中，受访台资企业对厦门的社会治安状况评价较高；对民风淳朴及政府开明程度、民众对台商在本市投资设厂态度、民众生活素质及文化水准评价中等；对民众的国际观评价较低。评价结果如图 2 所示。

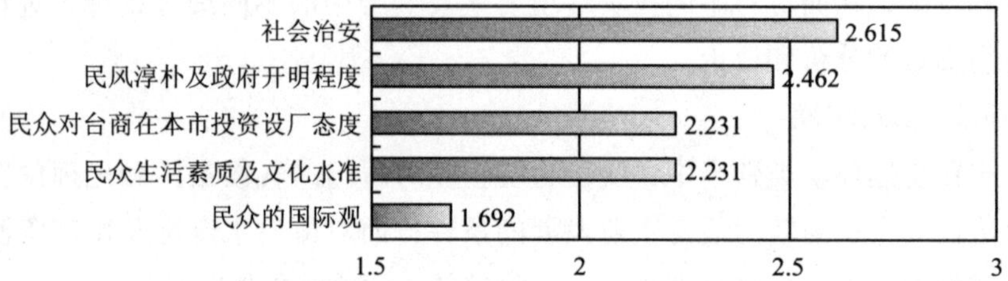

图 2　受访企业对厦门社会环境的评价

厦门是祖国大陆最早对台商开放的地区之一，在经历近二十年来的资本转移与经营过程中，台商在厦门市的城市建设与经济发展中发挥了重要作用，与当地民众也形成了良性互动的局面。闽台同文同种的渊源也为包括厦门市在内的闽南区域接纳台资提供了宽松的环境氛围。而随着生活和文化水准的不断提高，民众对于工业生产活动可能带来的城市形象转变、资源消耗和环境污染等问题的关注程度也有所上升，因此对于不同行业台资企业表现出了有选择性的接受态度。受限于发展的地域宏观环境，厦门市以岛为核心的发展格局也致使民众易于产生闭塞心态，缺乏国际化的考察和思维视野，这在一定程度上会影响其生活方式和消费行为模式的转变速度，从而影响新兴产业的进入。

3. 经济环境

在经济环境类别当中，受访台资企业对政府财政税收稳定程度、经济建设程度、民众生活条件及人均收入状况评价较高；对资金汇兑便利程度、利润汇出便利程度、金融措施完善程度、政府改善投资环境的积极程度、资金融通便利程度、金融机构国际化程度等项评价中等。评价结果如图 3 所示。

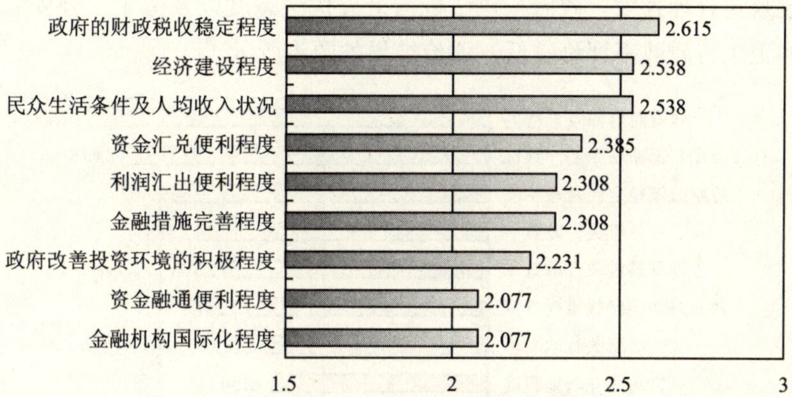

图 3 受访企业对厦门经济环境的评价

随着经济的发展，近年来厦门市财政收入呈现出快速增长的态势，整个“十五”期间，财政总收入的平均增长速度达到 18%。2006 年实现财政总收入 275. 17 亿元，财政总收入占 GDP 的比重达 23. 7%。高速增长的财政收入反映了厦门经济运行的质量和效益，与之相比，台资企业则长期享受税收优惠政策，切实感受到稳定税赋对培养竞争优势的价值所在。同时，厦门的经济建设程度也为台商所认可。近 25 年地区生产总值、工业总产值年均增长速度分别达到 18. 0% 和 24. 1%，台商投资区、火炬高技术产业开发区、象屿保税区、厦门港的建设以及每年举办的中国投资贸易洽谈会都引人注目。在经济保持快速增长的同时，厦门居民收入和生活水平也同步增长，城镇居民人均可支配收入和农民人均纯收入也从 1981 年的 482 元和 264 元增长到 2006 年的 18513 元和 6868 元；居民生活水平的改善也必然意味着地区市场潜力的提升和市场容量的扩大。①

4. 行政环境

在行政环境类别当中，受访台资企业对于政府对台商友好程度、行政命令与国家法令的一致性评价较高；对于政府政策稳定性和透明度、工商税务机关及海关行政效率、政府对知识产权重视程度、官员操守清廉程度、解决纠纷渠道的完善程度和政策优惠条件评价中等；而对环保法规规定合理程度、政府与执法机构秉公执法态度以及劳工、公安、消防和卫生行政效率评价较低。评价结果如图4所示。

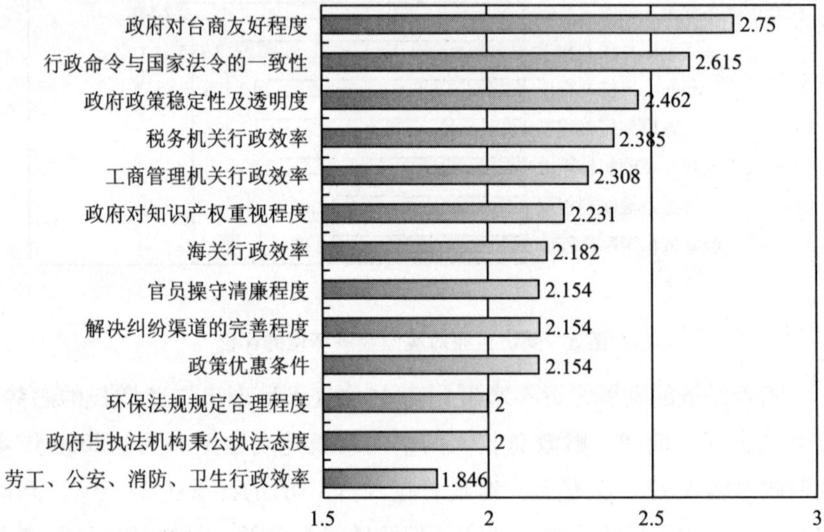

图4 受访企业对厦门行政环境的评价

厦门是祖国大陆14个沿海经济特区中唯一与台湾邻近、以对台工作前沿作为角色定位的城市，在国务院批准设立的台商投资区中四者有其三，政府在引资过程中充分重视对台商开展工作，在对台资企业的招商、咨询、法律服务、技术支持、经营手续办理、劳工招聘等方面都给予大力协助。政府部门的主动和周到服务，对于台商在厦门的入驻和扎根起到了重要作用。而作为经济特区的政策优势，包括地方政策法令的合理性、稳定性和透明性，也为台商所重视。然而具体到台资企业投资

① 数据资料来源：《厦门经济特区年鉴2007》；“厦门经济特区建设二十五年的实践与思考”，http：//www. fj. xinhuanet. com/zb/2006 －12/13/content _ 8773709. htm.

经营过程中接触的工商、税务、海关、司法、公安等各行政部门，台商的感受体会却有所不同。受访企业普遍对本市中基层行政人员的工作热忱、效率和态度颇有微词，对有关部门办事的严谨性、合理性和公正性提出了质疑，表达了改进的诉求。

5. 公共服务环境

在公共服务环境类别当中，受访台资企业对厦门的衣食住行便利程度评价较高；对厦门休闲娱乐设施提供条件、城市建设的国际化程度、教育机构提供条件和医疗卫生条件评价中等。评价结果如图5所示。

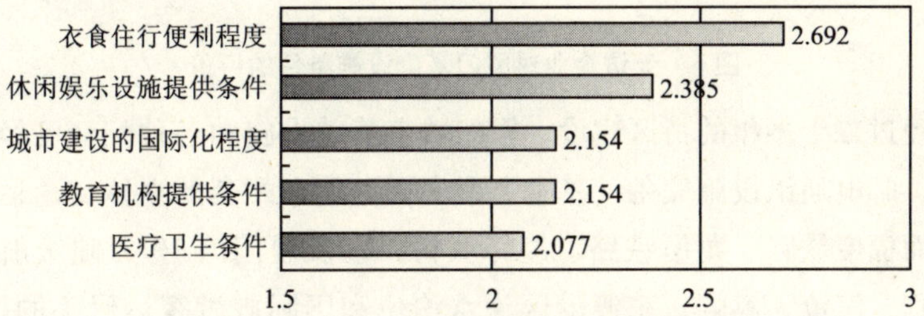

图5 受访企业对厦门公共服务环境的评价

从20世纪90年代初台湾开放对祖国大陆投资起，以厦门为中心的闽东南沿海地区就是台商投资的集中区域之一，其中最重要的一个原因即为该地区与台湾同宗同祖，文化习俗和生活习惯都非常相近。同时，厦门多年来以休闲旅游作为城市的功能定位、致力于不断改善居住环境，更是获得了“全国十佳人居城市”（2001年）、“国际花园城市”(2002年)、“中国人居环境奖”（2003年）、“联合国人居奖”（2004年)、“全国文明城市”（2005年）等一系列荣誉，在各种宜居城市评比中也往往名列前茅。台商在厦门感受到生活各个方面的便利性，自然在情理之中。与基础生活条件提供的相对完善性相比，厦门城市建设的思路和视野则相对狭窄、国际化程度仍然较低，教育、医疗卫生等公共服务条件仍有很大的改进余地和必要性。

6. 基础设施条件

在基础设施条件类别当中，受访台资企业对厦门的邮电通讯设施完善程度和交通设施便利程度评价较高；对仓储物流处理能力、电脑资讯、网络建设完善程度、未来总体发展及建设规划完善程度和水电、能源及燃料供应完备程度评价中等；对污水、垃圾处理设备完善程度评价则较低。评价结果如图 6 所示。

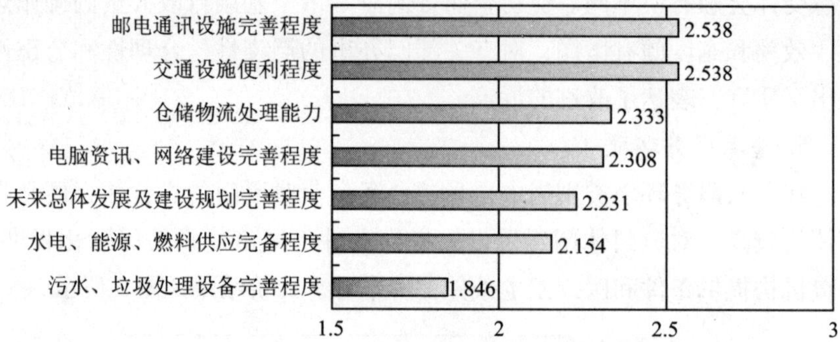

图 6　受访企业对厦门基础设施条件的评价

经过二十多年的特区建设，厦门城市基础设施和各种配套已经比较完善，邮电通讯设施完备，基本上形成了海陆空配套的立体交通运输体系；而福厦铁路、龙厦铁路、厦漳大桥，以及厦门湾 10 万吨级航道二期工程，海沧、嵩屿、东渡港区深水泊位和国际旅游客运码头的建设，将进一步完善港区配套和集疏运体系等配套硬件设施，使厦门成为海峡西岸经济区的交通枢纽和货物集散地。厦金直航则更为台商提供了往来大陆的便利渠道。而在水电能源供应、污水垃圾处理等方面的设施条件还有待进一步改善。

7. 产业经营环境

在产业经营环境类别当中，受访台资企业对厦门的外资企业劳资关系的和谐程度、市场未来发展潜力、整体成本与相关设施成本合理程度、同业间公平正当竞争的环境条件等项评价中等；对技术与研发水平、员工工作态度及价值观、原材料或半成品取得的容易程度、上下游产业供应链完整程度、专业人才补充容易程度评价较低；而对基层劳动力供应充裕程度的评价最低。评价结果如图 7 所示。

与其他投资环境要素相比，在产业经营环境方面厦门市可谓乏善可陈。除了总体的市场潜力与同业竞争环境尚可外，产业集聚规模不足，尚未形成完整的产业供应链，在招商引资过程中缺少对产业关联度的充分考量，技术研发水平也较低，导致台资企业在寻求生产原材料供应与资讯服务方面缺乏必要的支持。受行政区隔的影响，闽东南地区的厦、漳、泉三市一直未能形成产业互补发展的格局，这也加重了厦门市产业集聚关联生态的脆弱性。而各层次人力资源供应的短缺，则成为厦门市近年来产业经营面临的严峻问题；技术人才短缺导致创新能力不足，由于难以招收到足够的劳工，很多台资企业也已出现开工不足的现象。

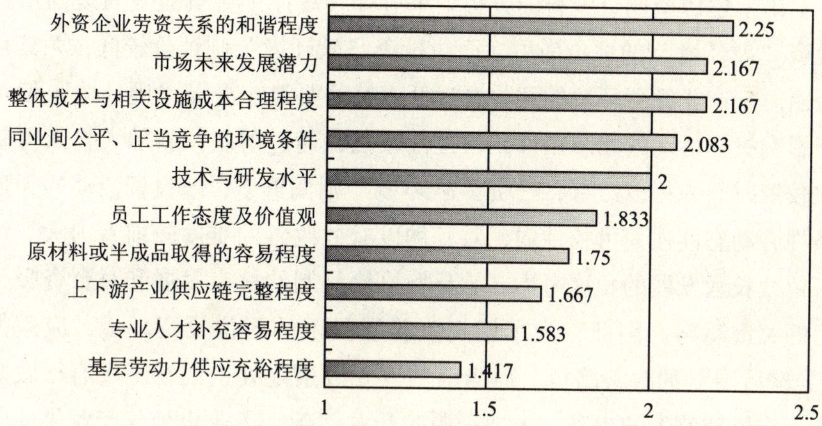

图 7 受访企业对厦门产业经营环境的评价

8. 投资环境各要素的综合比较

将七类投资环境要素下的各评价指标作等权平均，可以对各要素的台商认可程度进行直观排序比较，结果由高到低依次为经济环境、公共服务环境、基础设施条件、行政环境、社会环境、自然环境和产业经营环境，如图 8 所示。

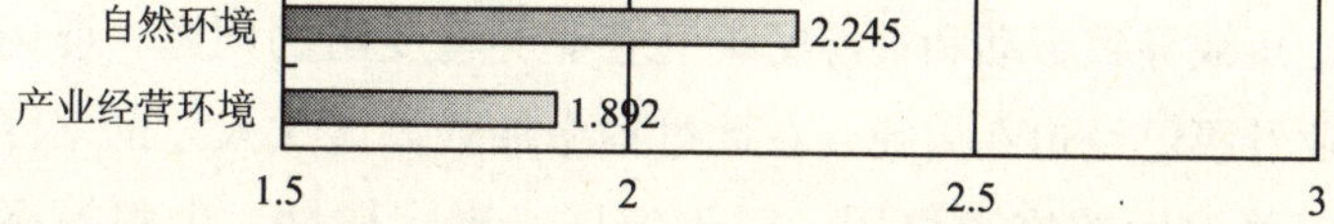

图 8 受访企业对厦门投资环境各要素的综合评价

四、结论与建议

由上述访谈调查资料的分析结果可知，总体上台资企业对厦门市的投资“硬环境”的评价尚可，而对投资“软环境”则评价较低，尤其是台商对于产业经营环境的评价要远低于其他要素。投资“硬环境”偏重于影响投资活动的物质条件，可控性较强，通过财政倾斜加大投入可望在较短时间内得以改善；投资“软环境”则偏重于影响投资活动的无形条件，动态性强而可控性弱，对其加以有效改善的难度较前者为大。从可持续长远发展的角度考虑，软环境恰恰是制约城市发展和对台资吸引力的关键障碍。因此，为了切实改善厦门市的区位投资环境，应遵循“先软后硬”的改善路径。而当前的首要改进之处，则在于政府行政观念、作风和效率的提升，人力资源的开发储备，产业集聚与产业供应链的培育，以及城市国际化程度的提高。

其一，改革政府管理体制，提高行政效率。访谈结果表明，尽管政府非常重视对台工作、重视为台商提供有效服务，然而由传统行政体制沿袭而来的官僚作风仍未能完全消除，行政机关工作者作为公共服务人员应该为市民提供高质量服务的工作意识未能树立。政府部门在具体对外接待工作中如果态度恶劣、效率低下、法令不循、处事不公，势必影响到政府对台工作宏观政策目标的实现效果，影响台商对厦门的观感和投资意愿。政府部门不断端正行政作风、改进工作程序、提高行政公正合理性，深化审批制度改革，大力度开展优质服务建设，已经成为厦门市改善投资软环境的重点内容。

其二，创新人力资源的开发与储备机制。为了有效缓解发展空间有限、劳工短缺导致劳动和资源密集型企业经营受阻的问题，厦门地区全面的产业升级已经迫在眉睫，在此过程中加强高层次人才的培养和吸纳可望发挥关键性的推动作用。对于发展光电、软件、生物等高科技产业，承接台湾相关产业的转移，本地科技资讯、研发和力量必须要有相应提高，由此才能推动台资企业在国际产业价值链中地位的提升与研发经营的本地化，并促进台资企业的知识外溢以及与当地企业的分工合作。为此就需要重新对地方人才工作的目标加以定位，推进人力资源配置、保障与激励机制的全面革新。

其三，厦门在城市产业发展及两岸产业分工合作中应有明确而适宜的定位，即不能发展过分依靠自然资源禀赋的产业，而是突出环保、低能耗、高资源利用率的产业发展特征。近年来厦门土地价格的攀升是台商反映较大的一个问题。由于地域狭小，尤其是厦门岛内的土地开发和利用程度较高，进一步开发的余地已经不大，甚至达到了寸土寸金的地步。高昂的土地价格与台资企业区位选择的土地成本准则相背，很多在厦台企已经开始西进到土地价格远低于厦门的闽西地区投资设厂，重新挖掘比较优势已成厦门吸引和留驻台资的当务之急。进一步，通过拓展培植民营中小企业的生存空间，推进与周边地区的产业分工与合作，对于台商投资所看重的产业集聚的形成和产业供应链的完备都有重要作用。

其四，拓展城市建设思路，全面改善教育、医疗卫生等公共服务条件。厦门在其第十一个“五年规划纲要”中已明确提出不断优化教育资源配置、增强教育资源辐射能力和教育服务社会能力；加强公共卫生体系建设，改善医疗服务条件，提高公共卫生服务的公平性和可及性；不断提升城市文化艺术品位；加快建立全民体育健身服务体系。全方位增强在教育、卫生、文化、体育等方面的公共服务供给能力，不仅可以保障台商在厦门的生活不受影响、免去其后顾之忧，更为两岸在教育、医疗、文化等领域的产业合作、吸引台湾生活服务业投资奠定良好基础。

（原载于《台湾研究集刊》2008 年第 2 期）

参考文献

［1］Litvak, Isiah A. and Banting, Peter M. “A Conceptual Framework for International Business Arrangement.” in King R. L. eds. Marketing and the New Science of Planning. American Marketing Association, 1968, 460－497.

［2］Stobaugh, Robert B. “How to analyse foreign investment climate.” Harvard Business Review, 1969, 47 (5): 102.

［3］Dunning, J. H. Trade, Location of Economic Activity, and the MNE: A Search for an Eclectic Approach. London: Macmillan, 1977.

［4］针对中国的相关研究可参见 Broadman 和 Sun（1997）、Chen（1996）、

Cheng 和 Kwan（2000）、Coughlin 和 Segev（2000）、Gong（1995）、Head 和 Dies（1996）、Wang 和 Swain（1997）、Wei、Liu、Parker 和 Vaidya（1999）、Wu 和 Strange（2000），以及鲁明泓：《制度因素与国际直接投资区位分布：一项实证研究》，《经济研究》，1999 年第 7 期；魏巍贤：《外商在中国直接投资的决定因素分析》，《预测》，1997 年第 3 期；许和连、赖明勇、钱晓英：《外商直接投资影响因素的偏最小二乘回归建模分析》，《中国管理科学》，2002 年第 5 期；刘荣添、林峰：《我国东、中、西部外商直接投资区位差异因素的 Panel Data 分析》，《数量经济技术经济研究》，2005 年第 7 期；等等。专门针对台商在中国大陆投资的研究可参见段小梅：《台商投资大陆的产业类型与区位选择的实证分析——以传统产业和高技术产业为例》，《台湾研究集刊》，2006 年第 1 期；张传国：《台商直接投资祖国大陆的空间扩散研究》，《国际贸易问题》，2003 年第 10 期；李非、李继翔：《台商投资中国大陆区位选择的实证研究》，《厦门大学学报（哲学社会科学版）》，2004 年第 6 期。

［5］参见鲁明泓：《中国不同地区投资环境的评估与比较》，《经济研究》，1994 年第 2 期；鲁明泓：《外国直接投资区域分布与中国投资环境评估》，《经济研究》，1997 年第 12 期；鲁明泓：《中国各地区投资环境评估与比较：1990 - 2000》，《管理世界》，2002 年第 11 期；张传国：《台商对祖国大陆直接投资的地域分异与成因分析》，《世界经济》，2003 年第 10 期。

［6］参见魏后凯：《外商在华直接投资动机与区位因素分析——对秦皇岛市外商直接投资的实证研究》，《经济研究》，2001 年第 2 期；段小梅：《中国大陆台商投资环境比较分析》，《世界经济研究》，2006 年第 2 期；洪国基、徐艳梅：《台商大陆投资环境分析》，《国际技术经济研究》，2007 年第 3 期。

［7］台湾区电机电子工业同业公会，主持人吕鸿德：《自主创新兴商机——2006 年中国大陆地区投资环境与风险调查》，商周编辑顾问股份有限公司，2006 年。

厦台农业交流的可行性与合作领域探讨

赵玉榕

摘　要：在厦门经济、科技和社会发展的进程中，现代农业具有重要的地位和作用，探讨厦台农业交流的可行性和合作领域，对加快厦门农业现代化的实现有着重要的意义。厦门具有明显的对台区位优势，当前应该从区域和行业选择上定位厦台农业合作的方向，在休闲农业、设施农业、无公害产品生产以及科技等领域拓展与台湾和金门的农业合作。

关键词：厦门；台湾；农业交流；可行性；合作领域

由于多方面原因，厦台农业交流还相对滞后。如何利用与台湾农业的交流来加快厦门农业现代化的实现，需要进一步研究。

一、厦台农业合作现状及存在问题

据不完全统计，至2003年8月，厦门市台资农企业105家，累计合同利用台资1.31亿美元，实际利用台资1.15亿美元，涉及种植、养殖、农产品加工等行业。其中农产品加工业35家，合同利用台资6437万美元，实际利用台资6263万美元，占全部农业投资的54.5%；种植业企业27家，合同利用台资2092万美元，实际利用台资1992万美元，占17.3%；养殖业22家，合同利用台资1565万美元，实际利用台资1272万美元，占11.1%；水产品加工业4家，合同利用台资1010万美元，实际利用台资316万美元，占8.7%；畜牧业企业8家，合同利用台资695万美元，实际利用台资592万美元，占5.1%；其他9家，合同利用台资1268万美元，实际利用台资980万美元，占8.5%。共从台湾引进农业优良品种287种，先进技术78项。其中有苦瓜、白菜、红薯、毛豆、番茄等十几种农作物推广面积达667公顷以上。台商到厦门发展农业，已经获得了明显的效益。据统计，台商在厦门投资办厂（场），吸纳近2万人就业，约占厦门农业富余人员的1/5，每年可增收1亿多元。

目前厦台农业合作存在的主要问题有：第一，总量不大。与其他行业相比，农业引进台资农业企业的数量偏少，投资比重偏低，台资农业企业只占全市外商投资企业总数的2.3%，投资总额仅占0.7%；第二，引进的企业以劳动密集型企业为主，绝大多数是一般的种、养、加工企业，高科技、高附加价值的企业少，并以小型企业为主，75.8%的企业投资规模在100万美元以下；第三，品种引进较为单。引进的种养业品种，主要集中在蔬菜、水产和部分花卉上；第四，综合型、高新技术示范区或城郊型的园林观光休闲农业方面的合作还比较薄弱。

二、拓展厦台农业交流的可行性分析

1. 厦门具有明显的对台优势

厦门是我国最早实行对外开放政策的经济特区之一，又是唯一经中央批准实施自由港某些政策的城市，已经形成了全方位的对外开放格局，具体体现在：开辟了台商投资区、保税区、火炬高技术产业开发区等多层次、多功能开发区域；被开辟为首批海峡两岸客货运直航试点口岸，每天有航班往返于厦门与金门之间，福建居民金门旅游也即将开放，形成了突出的对外开放政策优势。

2. 对外开放在厦门现代农业发展中具有重要地位和作用

当前，厦门正在加快推进海湾型城市建设，农业在国民生产总值中的比重会不断下降，但农业在厦门经济发展中的地位不会因此削弱，随着农业与非农业产业之间联动性的增强，农业将继续受到重视。海湾型城市建设对厦门农业的发展提出了新的要求，要转变农业和农村作为城市附属和服务区域的陈旧观念，按照现代基础产业的要求来发展现代农业，重新确立现代农业城乡一体化、城市辐射农村、农村趋向城市、城乡经济相辅相成共同发展的战略地位。要实现这些转变，加大农业对外开放的力度是必要的。

3. 福建省建设海峡西岸经济区和厦门建设东南沿海中心城市为厦门发展对台农业交流与合作提供了契机

在中国区域经济发展势头强劲的大背景下，福建省于今年初提出建设“海峡西岸经济区”的发展构想，厦门提出要“领先、领跑海峡西岸经济区建设”，在海峡西岸经济区建设中充分发挥枢纽口岸的辐射作用、扩大开放的桥梁作用、体制创新的示范作用、产业集群的带动作用、对台工作的基地作用和统筹发展的表率作用，为厦门发展对台农业交流与合作提供了契机。

4. 入世后与大陆农业开展合作与交流仍然是台湾农业持续发展的选择

入世以来，台湾农产品进口量有显著增加，引起农产品价格下跌。但农业生产和贸易没有明显恶化。其中的原因有国际农产品价格大幅上扬，为台湾农产品的出口创造了有利条件；入世至今台湾尚没有让大陆比照其他 WTO 会员国开放所有台湾承诺的农产品项目进口以及台湾农业产业政策和贸易政策的调整对缓解入世给农业带来的冲击起到了一定的作用。尽管台湾当局对两岸的交流尚有诸多限制，但开展海峡两岸的农业合作，对台湾来说毕竟是利大于弊，在高生产成本和贫乏的自然条件下，选择来大陆投资，可以以最低的交易成本和运输成本换取最大的经济利益，是台湾农业发展的必然选择。

三、厦台未来农业合作的方向和领域探讨

1. 拓展厦台农业合作的基本思路

认真贯彻中央对台工作方针，按照“优势互补，共同发展”、“同等优先，适当放宽”的原则，根据厦门市改革开放和经济发展的需要，用足、用活优惠政策，厦门的对台农业合作应以农业良种、资金、技术、设备引进以及农业科技交流为重点，根据厦门的实际情况，科学地制定规划，从区域和行业选择上定位厦台农业合作的方向。在区域上，重点抓好“一所五场”的对台合作项目，即农科所的闽台农业高新技术园区、第一农场水果及其加工区、第二农场工贸开发区、凤南农场农工贸开发区、白沙仑农场水果和工业开发区以及大帽山农场果茶、畜禽开发

区；建设好“两大区”和镇办工业小区，即同安闽台高优农业示范区和海沧东孚农业综合开发区，以及各区规划并已动工的17个镇办乡镇企业小区。在行业选择上确立引进交流的重点，尽量选择用地少、科技含量高、带有示范作用、贸工农一体化的项目，重点发展蔬菜、畜牧、水果和花卉等支柱产业的良种引进和繁育、农产品加工和相应的旅游观光业。

2. 具体设想与建议

（1）加强厦台都市农业的交流与合作。厦门近几年开发了一些休闲果园、草莓园、观光农园，但都还处在都市农业发展的萌芽期，设施简陋、规模小、投资少、层次低。厦门的城市建设发展较快，都市农业生态旅游的市场具有开发的潜能，因此应该积极地加以规范和引导，把都市农业的发展作为建设农村“宽裕型小康”的重要内容，纳入城市规划与生态环境建设中。台湾的都市农业起步于20世纪70年代末，经过20余年的发展取得了明显的效果，成为发展前景良好的新兴产业之一，在理论和实践方面都积累了丰富的经验，厦门应该充分利用特殊的地缘和人文优势，加强与台湾都市农业的合作，吸引台资进行观光农园、休闲农场等多种主题的都市农业的开发，聘请台湾有关专家来指导或协助进行都市农业的规划，以及采取到台湾研修和培训的方式，汲取台湾的经验，培养休闲农业产业的实用型人才。

（2）抓住台商高优农业、养猪业、食品加工业和仓储营销业向外转移的时机，有针对性地开展招商活动。根据同安区、海沧区、集美区和翔安区四个农业区的特点和现有基础，加强可开发农业资源的调查，争取每年都推出招商引资的项目。利用一年一度的“九·八中国（厦门）投资贸易洽谈会”和“四·一二厦门台商企业产品交易会”开展对台的招商引资工作，争取大资金、大项目，并且每个项目要事先作好可行性研究和项目投资概算，提高招商的命中率。除通过“厦门闽台农业高新技术园区”、“海峡农业科技交流培训中心”等窗口，继续推动民间交流活动外，要注重发展厦门与台湾农村法人财团基金会的密切合作关系，并且加强与台湾闽籍乡亲的交流。

（3）进一步营造和完善投资环境。政府应该从地方税费、土地出让金与使用费、增值税等方面，对台商农业生产项目和企业实施优惠；在融资上给予倾斜；简化台商投资基建项目的审批程序；对重点项目要加大资金扶持力度；农业管理部门在种子种苗引进、植保植检等审批手续方面要提供更加便捷优质的服务，使台资企业引得来、留得住；各级有关部门应抓紧制定两岸农业交流与合作的总体规划，根据厦门市情，把良种的引进与改良、园艺精致设施农业、畜牧水产养殖、食品加工为主的农产品和加工业作为现阶段厦台农业合作重点；尽可能取得台湾农业方面的民间或半官方组织的配合，有计划、有目标地引进合作项目；积极吸引台商和农业社团来厦门从事既能发挥地方资源优势，又对发展农村经济有利的农业项目，诸如种植、养殖、农产品加工、农业科研、推广服务等，尤其对投资规模大，技术含量高，综合能力强，辐射范围广和效果显著的项目，要加大吸引力度；进一步健全、完善有关政策，增加必要资金投入，同时，中国农业银行及其他相应的金融机构也应对引进台湾的某些农业项目，特别是大型项目，提供一定的配套资金。

（4）发展厦门设施农业。厦门地区自然条件原本适宜多种热带、亚热带作物生长，然而由于季风盛行，气候变化大，一些带危害性的恶劣气候往往导致作物产量和品质的不稳定，使一些农产品的生产和价格大起大落，其中以蔬菜、花卉受影响最大。随着生活水平的提高，人们对农产品的品质要求越来越高。设施农业是通过改变自然环境来获得植物最适宜的生长条件，提高资源和资本集约化水平的一种先进生产方式，包含设施栽培、饲养，各类型玻璃温室，塑料大棚，连栋大棚，中、小型塑棚及地膜覆盖，还包括所有进行农业生产的保护设施，具有高投入、高技术含量、高品质、高产量和高效益等特点，是最具活力的现代新农业，也是厦门市农作物生产发展的重要方向。厦门现有塑料大棚面积约 60 公顷，占全省的 44% 以上，现虽拥有荷兰达尔森公司现代化玻璃温室，国产普通玻璃温室量少，约仅有 3000 平方米，尚不成规模，与国内先进省市设施农业相比仍较落后。台湾设施园艺业发达，技术源于欧美、日本，经过不断研究改良，已基本本地化，设施栽培面积达 6500 公顷。台湾与福建省及厦门地区气候相似，宜种性几乎相同，其设施农业发展经验，值得厦门市借鉴。应充分发挥厦门的对台区位优势，通过引进台湾先进设施栽培技术、设备和经营管理方法，促进厦门市设施农业的发展。

（5）合作发展无公害蔬菜生产。生产无残毒蔬菜是台湾发展“精致农业”目标中的一项重要内容，台湾无公害蔬菜的生产除了培育抗病虫品种及合理的栽培措施、先进的设施栽培外，主要的措施是安全用药和生物技术、防治技术的运用。厦门在发展无公害蔬菜生产方面与台湾合作，可从以下几个方面着手：一是加大引进台湾高产、优质、抗逆性强、抗病毒性强的优良蔬菜品种。二是引进台湾畜牧废弃资源共同处理系统，将畜牧业产生的粪便经粗糠吸附后进行堆肥无害化处理，生产出有机质肥料，不仅能解决生产无公害蔬菜有机肥缺乏的问题，还能减少环境污染。三是与台湾合作开展蔬菜虫害生物防治技术研究，利用生物技术和作物天敌来防治病虫害，有效降低农药对农作物和土地的污染。

（6）加强厦门与金门的经贸合作。金门自古隶属同安，与厦门仅一水之隔，现在金门菜市场上销售的蔬菜、肉类，大多来自福建，主要是厦门。海峡两岸加入世贸组织后，金门农业将受到很大的挑战，因此，金门有关方面真诚寻求与福建进行农业合作途径。目前厦门与金门已经建立起了良好的沟通渠道，厦金航线经过几年的发展，旅客吞吐量持续创高，至2004年6月底旅客吞吐量累计达172998人次，今年初，中共福建省委和省人民政府提出了建设海峡西岸经济区的战略构想，决定近期开放福建居民赴金马旅游，这是厦门发展与金门的经贸往来的契机。厦门与金门隔海相望，具有与之发展紧密协作关系的独特优势，最近金门高粱酒已在厦门、福州和泉州设置销售点，随着市场的不断扩展，金门高粱酒的原料高粱的需要量也将急增。以往原料高粱长期以来都是从东北进口，运费贵。厦门应该抓住这一契机，利用金门的资金和农业技术，发展高粱种植，在厦门建立起金门高粱酒的原料基地，给厦门农民提供发展机遇。

（7）加强对农业管理经验和实用技术的引进工作。厦门要发挥特区的“窗口”作用，突出对台优势，努力改善农业招商引资环境，通过创办厦台农业合作园区等形式，多渠道开展对台对外招商工作。此外，要加大学习台湾农业管理经验和引进实用技术的力度，一方面，要学习台湾产销一体化的农业合作模式，健全现有的“经济合作社”，使其逐步成为为农户提供全方位服务、多元化经营的公益性社团法人组织，通过其运作来保障农民权益，提高农民生产技能，促进农业现代化建设，达到增加生产效益、改善农民生活、发展农村经济的目的。另一方面，要加强农业先进实用技术的引进，根据厦门市农业生产的实际需要，重点引进农产品加工保鲜技术，特别是龙眼、蔬菜等农产品的深加工和保鲜技术，解决厦门市大宗农产品产后销售的突出问题，不断提高农产品附加值。此外，还要加强对新品种、无公害农资和动植物疫病防治等技术的引进工作。

（8）积极促进两岸农业科技交流与人员的双向往来，继续办好厦门闽台农业高新技术园区厦门闽台农业高新技术园区。充分利用厦门对台、对外的区位优势，加快高新技术的引进和开发，通过设施农业科技示范区、蔬菜花卉工厂化种苗繁育基地建设，使厦门逐步成为全市、全省乃至全国农业开放、引进、合作交流的窗口、农业高新技术科研基地及其商品化、产业化的摇篮、现代设施农业科技示范点和农业科技培训交流中心。在已成立的海峡两岸农业高新技术开发园区的基础上，建立两岸农业科技交流中心，着重研究、吸收、消化、推广台湾和国外的农业新技术、新品种、新产品和先进管理方法。争取海峡两岸农业方面的科技交流和学术讨论会到厦门来举办；同时有计划地选择一些厦台两地都需要的项目，在厦台两地以召开研讨会、恳谈会的形式加以推进。通过举办两岸农业科技交流与成果展及各种类型的培训班、农业经贸洽谈会以推动农业科技人员的双向往来。同时，厦门还应有计划地多组织一些技术专家赴台访问、考察，汲取更多先进的农业科技和信息，提升厦台农业合作的层次。

（原载于《台湾农业探索》2004年第4期）

参考文献

[1] 郑金贵：《台湾现代农业科技》，厦门大学出版社，2000年。

[2] 黄献光：《两岸有机（绿色）农业交流合作探讨》，《福建农业科技》，2004年3期。

[3] 刘芳：《WTO后两岸农业合作的新发展》，《亚太经济》，2002年2期。

[4] 曾雄：《大力促进厦台农业互动合作》，《发展研究》，2000年8月。

试论对台优势与建设厦门都市型农业

赵玉榕

摘　要：随着厦门经济建设的发展和城市化进程的加快，加速城郊型农业的转型，发展与之相适应的都市农业是厦门农业可持续发展的必然选择。而都市农业的建设有赖于现代物质技术条件的提升，生产技术和装备的投入以及相关设施的兴建等，所有这一切需要积极开辟投资渠道，建立多元化的投资机制。厦门可以借助与台湾农业的合作和交流，通过汲取台湾发展都市农业的经验、引进台湾资金和技术来促进厦门都市农业的建设。

关键词：对台优势；都市农业；厦台农业合作

都市农业或都市型农业（urbanagriculture，简称 UA），在 20 世纪 30 年代就出现于日本的有关文献中，1930 年日本《大阪府农会报》中就有这样的文字："以易腐败而又不耐储存的蔬菜生产为主的，同时又有鲜花、花卉等多样化的农业生产经营"，① 1990 年代初在我国引起人们关注。关于都市农业的概念，目前尚无统一的界定，联合国计划开发署对都市农业的定义是：受城市经济、社会和生态所影响范围内的农业活动。② 笔者认为，都市农业是伴随城市发展的一种农业现象，是都市经济发展到较高水平时，在都市区域范围内形成的具有紧密依赖并服务与都市的生产力水平较高的现代农业生产体系。

都市农业是相对乡村农业和传统农业而言的，相比之下具有更多的优越性，总体发展上立足于农业内部挖潜，更加注重无公害农产品的发

① 余菊生：《都市农业的理论与创新体系构筑》，《农业现代化研究》，1999 年第 7 期。

② ErikBryld Potential, problems, and policy implications for urban agriculture in developing counties. Agriculture and human values, 2003 (20): 79 – 86。

展，同时侧重于在农业以外寻找出路，以休闲观光旅游作为主要方面；除了具备最基本的生产功能外，还具备生态建设、休闲旅游、文化建设等多重功能。它的主体功能是生产、经济的功能，体现在其利用现代技术，大幅度提高农业生产水平，为都市市民提供鲜货的农产品，并要求达到品质优良和无公害；另一个重要功能是社会文化功能，其中观光和旅游休闲是都市农业的重要组成部分；第三是示范辐射功能，受到大城市经济、科技和信息的辐射，有可能成为现代高效农业的示范基地和展示窗口。都市农业作为城市经济的一个重要组成部分，它不仅注重经济效益，也注重生态效益和社会效益，并要求达到三者的有机统一。

当前党中央提出“统筹城乡发展，城市支持农村，工业反哺农业”的战略决策，表明我国经济发展重心开始由城市转向农村，发展都市农业是都市地区农业发展的必然趋势。是农村接受都市的科技、经济和社会力量的辐射，与工商业和服务业融为一体，发育为适应现代消费需求的新的经济增长点。

进入21世纪，厦门经济建设迎来了大发展的重要契机，福建省委和省政府提出建设海峡西岸经济区，厦门市为了适应建设海峡西岸经济区重要中心城市的需要，率先提出建设经济高度发达、生态高度文明的适宜发展和居住的海湾型生态市建设目标。但广大农村和大量农民的存在使得“三农”问题在厦门仍然是主要问题。随着厦门城市化进程的加快和经济建设的发展，抓住城市经济起飞和城乡日益融合的新机遇，发展与之相适应的都市农业，加速城郊型农业的转型，是厦门农业可持续发展的必然选择。如何借助对台农业交流来加快厦门都市型农业的建设，是我们需要研究的课题。

一、厦门发展都市农业的背景和意义

（一）都市农业是厦门农业可持续发展的必然选择

我国都市农业的提出与实践始于90年代初，其中以上海、深圳和北京等地开展得比较早，随着我国社会主义市场经济的发展，农业结构和布局将发生变化，在一些经济较发达的城市，随着城市化迅速发展，中心城区功能处在转变之中，农村范围缩减，劳动力减少，经济全球化和市场竞争日益加剧使农业发展面临考验，厦门的农业也将在这样的大背景下进入一个新的发展阶段。近几年，厦门海湾型城市建设和经济社会快速发展，城市向岛外区域迅速扩张，耕地面积和水产养殖面积不断减少，农业发展空间逐年缩小；乡村城市化进程加快，城乡“二元”经济结构的格局与都市多元化、多层次的消费需求和农村不断增加的剩余劳动力三者矛盾日益显现；城镇人口和流动人口逐年增加；居民的消费需求随着生活水平的提高而不断升级，农村经济可持续发展后劲不足的问题逐渐明朗化，城乡经济发展存在较大差距，近五年厦门全市生产总值平均增长15.3%，但农业的发展却不稳定，2005年产值比2001年减少5.6%，近五年农业增加值在全市GDP中的比重逐年降低，2001年占4%，2005年只占2%，① 同期农民年人均纯收入增长均低于10%，2005年厦门农业人口人均纯收入只为城镇居民人均收入的38%；占全市总人口40%的农业人口的农业总产值仅占全市总产值的2%，显然农业经济在全市经济中所占的份额和人口比例不相称；乡镇企业规模与效能有限，其工业增加值在全市工业增加值中仅占16.2%，对农业向二、三产业转移能起到的作用有限；农副产品加工以初级加工，粗加工为主，科技含量低、产业链短，农业效益不理想，还难作为农业增效、农民增收、农业附加价值增长的主要支撑点；农民就业困难，隐性失业严重；由于城市建设速度加快，耕地逐渐减少，失地农民的社会保障体系尚未建立，也带来新的矛盾和问题。城市是一个有机体，是经济、社会、文化、生态有机结合的产物，尽管农业的发展落后于其他产业，但农业的基础地位没有改变，如何解决好厦门的农业、农村、农民问题，关系到厦门未来发展的全局。为了保证厦门农业的可持续发展，将农业由城郊型形态向都市型形态转变，通过对近郊农村经济、社会、生态等功能的开发，实现都市与城郊相互依存、相互补充、相互促进，从而达到一体化发展，是一个必然选择。

① 2005年厦门市国民经济和社会发展统计公报，厦门统计信息网 www. stats - xm. gov. cn.

（二）发展都市农业，有利于开拓农业新的发展空间，拓展新的功能，提升传统产业生存竞争力

都市农业是农业发展的新的经济增长点，它通过改变传统的农业土地利用方式，延伸土地的生产性资源功能，在生产上提供丰富的、健康、优质、美观的农副产品，满足广大城乡居民的物质需求；在生活上提供休闲场所和设施，提升农业结构，增加农民收入，实现农业增效和农民增收的经济效益，实现城乡经济、生态、社会的一体化和农业现代化；有助于拉动农村小城镇第二产业和第三产业的发展，实现农村经济结构的调整，促使厦门市农村经济升级，实现第一产业、第二产业和第三产业协调发展；有助于农村剩余劳动力的转移，以达到减少农民、富裕农民和安定社会的作用，促进广大农民的农村生活方式逐步向城市生活方式转变，实现农业和农村的现代化；还有助于克服城市化带来的生态失衡和环境污染问题。可见发展都市农业对提升厦门城市品质和农业的可持续发展都具有重要意义。

（三）发展都市农业符合厦门市建设海峡西岸经济区重要中心城市发展规划

厦门市委九届八次会议在《关于加快构筑海峡西岸经济区重要中心城市的若干意见》中提出，到2010年形成以开放型经济为核心功能的海峡西岸经济区重要中心城市，确保在2011年实现国内生产总值比2000年翻两番，到2020年建成功能完善、优势突出、繁荣进步的海峡西岸经济区重要中心城市的发展目标。为配合厦门市海湾城市战略的实施，厦门在加快城市化的同时，提出“通过缩小农村来发展农村，通过减少农民来富裕农民，跳出农业抓农业”的农村发展新战略。根据厦门新制定的农村发展计划，到2010年厦门全市农业人口将由现在的65万人减少到35万人，农业劳动力由现在的22万人减少到10万人，农民收入提高到1万元以上。① 由于土地和资源的限制，厦门农业的发展思路应该是培育农村经济新的增长点，从“生产农业”转化为“经营农业”，

---

① 《厦门日报》，2005年6月9日。

即不仅是提供初级农产品的产业，还应当承担休闲和都市生态的功能。根据经济特区的具体情况来考虑，厦门农业朝着都市型现代农业的方向发展，即坚持以市场为取向的改革，建立农业的支持保护体系，培植乡镇企业，实行农科教结合，发展生态农业、绿色农业和农产品加工业，是与厦门城市发展规划相一致的。

按照发达国家的经验，当第一产业占国民经济比重在10%以下，或者人均GDP达到3000美元时，就可被认为其经济处于加速成长初期，也就具备了发展都市农业的基础。厦门市第一产业的比重2005年仅占2%，2004年人均GDP4850美元，从这个角度看，厦门已经具备了发展都市农业的条件。

二、对台优势是发展厦门都市型农业的重要条件

都市农业是使农业由单一经济转向综合经济，由弱势产业变为具有强大活力的、可持续发展的产业，可实现经济效益、生态效益和社会效益的有机统一。而都市农业的建设有赖于调整农业结构、提升技术体系、加大农村基础设施建设力度来作为支撑，因此，积极开辟投资渠道，建立多元化的投资机制是必要的条件之一。厦门可以借助与台湾农业的合作和交流，通过汲取台湾发展都市农业的经验、引进台湾资金和技术来促进厦门都市农业的建设。

（一）厦门对台农业合作已经建立起良好的基础

厦门以其经济特区的优势，建有海沧、杏林、集美三个台商投资区，吸引了大批台资，两岸试点直航成效显著，台湾水果集散中心运作顺利，同时，每年一度的台交会、投洽会，两岸农业合作成果展览暨项目推介会等重大活动的举行，充分体现了厦门在两岸经贸交流中具有独特的作用。厦门对台农业经济与技术交流与合作也有长足的发展。截至目前，全市台资农企业105家，累计总投资1.31亿美元，利用台资1.15亿美元。范围涉及种植、养殖（畜牧）、农产品加工等行业。其中以农产品加工业为主。从台湾引进的农业优良品种287种，先进技术78

项。其中苦瓜、白菜、红薯、毛豆、番茄等十几种农作物推广面积达万亩以上。台资对厦门农业发展的促进作用已逐渐显现出来：高档优质的反季节蔬菜种植技术、龙眼高接换种技术得到推广以及优良农作物种类的增加，丰富了厦门农产品市场，满足了厦门市民的消费需要；带动了厦门农副产品品质的提升，增加了出口；无公害农产品、绿色食品、有机食品为代表的优质安全农产品生产的迅速发展，推动了厦门农业产业结构的调整、优化；台资农业企业吸纳农户子女近2万人，约占厦门农业富余人员的1/5，年可增收1亿多元，为厦门农村剩余劳动力提供就业机会。

（二）符合厦门未来对台农业交流的方向和定位

目前厦台农业合作尚有不足之处，主要表现在台资农业企业总量不大，品种引进较为单一，高科技、高附加价值的企业少。台资农业企业数占全市外商投资企业总数2.3%，投资总额仅占0.7%；引进的种养业品种，主要集中在蔬菜、水产和部分花卉上，综合型、高新技术示范区或城郊型的园林观光休闲农业方面还比较薄弱；引进的项目以劳动密集型企业为主，小型企业为主，75.8%的企业投资规模在100万美元以下。厦台农业交流之所以存在这些问题，主要原因首先是厦门地价高，在吸引台资的条件方面先天不足，邻近的漳州市，气候等自然投资条件与厦门相似，又占据了地价便宜的优势，自然成为台湾农业资本的主要流向地；其次，厦门城市居民生活环境较好，城郊型的园林观光休闲农业相对较没有吸引力，而且虽然岛内城市化较高，但城市人口偏少，客源不够充分，加上用地难，建设休闲农业相关配套设施多、投资大，都影响了观光旅游农业的发展；第三，因厦门市投入农业科技的财力有限，农业技术开发和推广体系也不够健全，不利于农业科研的创新和推广。从厦门的投资环境来看，进一步加大对台农业经济与技术的交流力度是有潜力的。当前厦门将发展对台农业交流作为推进厦门市农村城市化和工业化进程，建设海湾型城市建设和海峡西岸经济区的重要内容，在《中共厦门市委关于指定厦门市国民经济和社会发展第十一个五年计划的建议》中明确了未来厦台农业交流的方向和定位：未来五年厦台间将“积极搭建海峡两岸农产品、水产品集散市场、海峡两岸农业科技交流与合作平台”，“以农产品贸易中转、农业优良种苗引繁、农产品加工出口和生态休闲观光农业为重点，引进台湾农业优良品种、深加工设备和技术，培育壮大农业合作龙头企业和现代农业基地，完善动植物检疫、农产品贸易等运作机制”，推进厦台农业的全面合作。① 立足厦门的实际，从厦门土地资源少的实际出发，因地制宜地探索与台湾进行农业交流与合作的途径，来建设厦门的都市农业，符合厦门对台农业交流的总体规划。

三、厦台农业合作的方向和领域设计

（一）厦门发展都市农业的功能定位

发达国家的都市农业目前已经形成了类型多样、功能齐全的产业体系，取得了明显的经济效益和社会效益。主要有三种不同的模式。第一类是以经济功能为主的模式，以美国大西洋沿岸的巨型都市农业带和以色列高度集约化的农业为代表，该模式在生态经济系统中，强化人的主动性而弱化自然环境的功能性。第二类是以生态功能为主的模式，如德国的田园化城市和英国的森林城市，强调人与环境的和谐相处。第三类是兼顾生态和经济功能的模式，以日本为代表强调运用先进的科学技术和耕作技术，把农业生产寓于城市生态环境建设之中。② 根据厦门的实际情况，厦门都市农业的发展模式以兼顾生态和经济功能的模式为适宜。根据厦门市改革开放和经济发展的需要以及厦门发展都市型农业的定位，笔者认为厦台农业交流应该围绕产品型都市农业和服务型都市农业的发展来进行设计。将都市农业的产业功能和外延性经济功能与台湾的农业优势相结合，重点从产业、生态、农产品加工以及休闲等四个方面，发展以高科技和高投入的集约型经营方式和生态、观光休闲型经营方式为主，在常规农业区域，则以发展适度规模经营的大宗农产品生产基地为主。

---

① 《厦门日报》，2005 年 11 月 14 日。

② 李娜、徐梦洁、王丽娟：《发达国家的都市农业》，《国外农业》，2006 年第 8 期。

（二）厦台农业合作的方向和领域设计

1. 合理规划并确定合作的领域和行业

从发展都市农业的需要出发，厦台农业合作首先需要根据厦门的实际情况，从区域、投资领域和行业选择上来定位厦台农业合作的方向。在区域上，重点抓好“一所五场”的对台合作项目，即闽台农业高新技术园区、第一农场水果及其加工区、第二农场工贸开发区、凤南农场农工贸开发区、白沙仑农场水果和工业开发区以及大帽山农场果茶、畜禽开发区；建设好“两大区”，即同安闽台高优农业示范区和海沧东孚农业综合开发区。在投资领域上，把良种的引进与改良、精致农业、设施农业、畜牧水产养殖、食品加工等作为现阶段厦台农业合作的重要领域，有计划、有目标地开展农业高新技术领域的合作，引导台商和农业社团从事能发挥厦门地方资源优势的项目，诸如种植、养殖、农产品加工、农业科研、推广服务等，尤其对投资规模大、技术含量高、综合能力强、辐射范围广和效果显著的项目，要加大吸引力度。在行业选择上尽量选择用地少，科技含量高、带有示范作用、贸工农一体化的项目作为重点引进合作的项目，例如蔬菜、畜牧、水果和花卉等支柱产业的良种引进和繁育，以及农产品加工技术的和旅游观光项目等。

2. 合作建设以生态农业和设施农业为主的产品型都市农业

产品型都市农业即利用现代先进科学技术，生产出能满足城乡居民对安全、优质农产品的消费需求的农业产业形态。① 生态农业是工业化农业和有机农业的结合，它主要着眼于农业生态系统内部的物质循环和能量流动的最适化，以及整个农业生态系统的动态平衡，是都市农业建设的基本要求。在产品型都市农业方面，两岸可以在以下几个方面加强交流与合作：

在发展无公害蔬菜生产方面。近些年国际上蔬菜市场逐渐向营养保健型转化，向加工方便型转化，向新鲜多样型转化，尤其重要的是向“绿色食品"型转化。使用生物农药和高效低毒残留化学农药，尽量少施化肥，多施有机肥，以避免和减少对蔬菜的污染，已成为目前蔬菜生

---

① 朱颂华：《发展上海都市农业之我见》，《上海农业学报》，1999 年 2 期。

产的趋势。无公害蔬菜的种植在厦门已经有成功的例子，“如意”、“新时鲜”、“源水”等企业建立了5000亩无公害蔬菜基地，全市共有1万亩无公害蔬菜生产基地，引进高效、低毒、低残留的农药，实施无公害蔬菜的种植，但在30万亩的蔬菜种植面积中比例很小，不能满足市民需求，能够打开国际市场的品种也很少。蔬菜是人类不可缺少的生活资料，如何促使蔬菜无公害生产，是蔬菜业亟待解决的问题。发展无公害蔬菜即能增加农民的收入，又能使蔬菜生产与国际市场接轨，是目前蔬菜生产的趋势，也是未来厦门蔬菜生产发展的目标。台湾蔬菜的种类丰富，生产无残毒蔬菜是台湾发展“精致农业”目标中的一项重要内容，台湾无公害蔬菜的生产除了培育抗病虫品种及合理的栽培措施、先进的设施栽培外，主要的措施是安全用药和生物防治技术的运用。厦门在发展无公害蔬菜生产方面与台湾合作，可从以下几个方面着手：一是加大引进台湾高产、优质、抗逆性强、抗病毒性强的优良蔬菜品种，例如小果型西瓜，耐湿厚皮甜瓜、花椰菜、耐热大白菜，结球莴笋，耐寒苦瓜以及豌豆等，改良和更换厦门部分蔬菜品种，增加蔬菜的抗病虫性，减少农药的使用。二是引进台湾畜牧废弃资源共同处理系统。将畜牧业产生的粪便经粗糠吸附后进行堆肥无害化处理，生产出有机质肥料，不仅减少环境污染，还能解决生产无公害蔬菜有机肥缺乏的问题。三是与台湾合作开展蔬菜虫害生物防治技术研究，利用生物技术和作物天敌来防治病虫害，有效降低农药对农作物和土地的污染。

在生态农业方面。拓展厦台生态农业交流与合作，有利于厦门市通过发展生态农业、生态林业、生态园林和生态农场等都市型生态农业，既可以使本市农业提高到一个新的阶段，又能够使广大农村和城市环境质量得到改善。加强与台湾生态农业、生态林业等方面的合作，加大本地区水土流失和水污染的综合治理，严格控制化学农药在农业生产上的大量使用，大力推广生物农药、低残留农药、有机肥料及无公害生产技术，建设有亚热带特色的厦门城市园林和有厦门地方特色的生态农村，控制本市和邻近地区化学工业、重型工业对厦门中心城市和中心城镇的空气污染及生活资源的污染，大幅度地提高同安湾、杏林湾、马銮湾和厦门港水面的生态效益和区域环境质量；使生态型农村城镇建设与厦门生态型城市建设对接，使生态城市与海湾型城市联动发展。

在设施农业方面。设施农业是在一定的设备条件下，由人工控制环境条件，对农业生物进行科学管理的一种生产方式，在一定程度上可以摆脱对自然环境的依赖进行有效生产，具有高投入、高技术含量、高品质、高产量、高效益等特点，是最有活力的农业新产业。设施农业又被称为可控农业。近10多年来，随着农业环境工程技术的突破，设施农业已由早期的地膜覆盖栽培、园艺作物温室栽培和无土栽培向由高新科技成果支持的工厂化种植和工厂化农业车间生产迅速发展，使作物的生长速度加快、生长周期缩短、产量增加、质量提高，其效率和效益比传统农业要提高几倍甚至几十倍。由于先进的设施农业是现代生物技术和工程技术的集成，科技含量高，已成为当今世界各国大力发展的高新技术产业。厦门地区自然条件原本适宜多种热带、亚热带作物生长，然而由于季风盛行，气候变化大，对作物生长存在不利影响。如冬季有寒流侵袭，夏季常见雷阵雨、台风、暴雨危害，春季梅雨季节冗长。这些带危害性的恶劣气候往往导致作物产量和品质的不稳定，往往会使一些农产品的生产和价格大起大落。相关作物中以蔬菜、花卉受影响最大。实施设施农业，可以通过人为改变自然环境来获得植物最适宜生长的条件，以达到稳定产量，提高品质的目的，是未来厦门市农作物生产发展的重要方向。1993年以来随着菜篮子工程建设和花卉产业发展，以塑料大棚和遮阴网为主的栽培设施在厦门发展很快，现有玻璃温室约3000平方米，塑料大棚面积约60公顷，占全省的44%以上。与国内先进省市相比，厦门的设施农业仍较落后，现虽拥有荷兰达尔森公司现代化玻璃温室，但国产普通玻璃温室量少，约仅3000平方米，尚不成规模。台湾设施园艺业发达，技术源于欧美、日本，经过不断研究改良，已基本本地化，目前有蔬菜设施农业、花卉设施农业、果树设施农业、水产设施养殖和畜产设施饲养，以高投入取得高产出，对提高农业生产率，增加农民收入起到了重要的作用。台湾与厦门气候相似，宜种性几乎相同，可借鉴其设施农业发展经验，并通过引进其先进设施栽培技术、设备和经营管理方法，促进厦门市设施农业的发展。

林业与林木良种繁育方面。根据厦门海湾型城市和城市林业发展的定位，厦门将逐步引进适合我市的彩色树种以解决森林资源绿色有余而色彩单调的问题，在这方面可加强对台合作：引进台湾彩色树种；开展生态风景林建设、森林生态休闲旅游开发的技术合作；进行森林资源调查和林地环境监测应用遥感技术成果的交流，引进台湾资金和技术，合作开发莲花山国家森林公园、中洲岛园林花卉博览园、天竺山省级森林公园、坂头森林公园、香山森林公园、北辰山农业与文化观光休闲园区、蔡尖尾山生态风景区等项目。

3. 借鉴台湾经验，建设以休闲农业为主的服务型都市农业

休闲农业是现代化都市农业的一个重要方面，是近年来发展起来的农业与服务业相结合的一种新型农业经营模式。休闲农业是利用田园景观、自然环境、生态资源，结合农林渔牧生产，农业经营活动、农村文化及农家生活，提供人们通过休闲，增进对农村的体验为目的的农业经营活动，具有教育、经济、游憩、医疗、文化和环保功能，它可使人们认识农业与了解农产品生产加工过程，改善农业产销结构，增加农民收益，增进人们社会活动机会，提供健康的休闲活动场所，达到解除紧张生活与舒解身心的目的，从而提高生活质量。台湾休闲农业以岛内各地的自然、文史资源，以特有的乡村生产、景观，融合旅游、餐饮等综合经营，利用占全岛面积1/2以上的森林资源，推动“一乡镇一休闲农渔区”为人们提供了观光、休闲的好去处，进一步推进农业加快转型。目前台湾休闲农业经营业者已达到1500家以上，大致可以分为观光果（菜）园、休闲农场、市民农园、农家民宿、假日农市、农业文化参与活动和农业旅游活动。厦门是闻名中外的海港风景城市，有历史遗迹、宗教文化、侨乡风情等名胜古迹，具有发展休闲农业、观光农业的有利条件。发展休闲农业是农业战略转型的一个方向。在《厦门市国民经济和社会发展第十一个五年规划纲要》中指出，十一五期间“要发展具有特色的森林生态休闲旅游、观光农业、休闲渔业等现代都市农业”。福建省已决定并依托沿海中心渔港建设以购物、餐饮、旅游为内容的休闲渔业基地，厦门也正在筹建集两岸农业科技成果展示、科普教育、观光旅游为一体的现代化农业科技园，使之成为与台湾开展农业科技交流的现代农业示范基地。目前休闲农业在厦门还处在起步阶段，休闲农业项目不多，运营情况也不理想，究其原因，有客源的问题，也有缺乏统一的规划和指导，布局不够合理的问题。假日经济出现和消费观念变化带来的消费需求的变化，使得休闲农业的市场需求扩大，目前已有台商准备在厦门建立“休闲农业体验区”，在100块片区中，每一个片区种一种台湾水果或农作物，形成若干个农业科技庄园，并展示台湾水果、农作物的栽培技术。台湾的资金和休闲农业经营管理经验，是厦门发展休闲农业的重要条件。

4. 农产品加工的合作

发展农产品加工业是现代高效农业的本质反映，是实现农产品附加值的必由之路。厦门农产品加工业总产值有60多亿元，深加工产业初具规模，为厦门农业产业结构的调整和农村经济的发展和广大农民增收致富起到了不可替代的作用。但在参与国际竞争经验及相关准备不足，产品竞争力脆弱。台湾的农产品加工及运销业非常发达，具有相当成熟的经营模式和管理经验，厦台农产品加工合作应作为厦台农业合作与交流的重点领域，加快已规划的农产品加工园区建设，促进现有台资农产品加工企业增资扩产，引进、新建一批科技含量高、生产规模大、市场竞争力强的台湾农产品加工业企业，进一步提升厦门的农产品加工业水平。坚持以台资农产品加工企业的引进为主体，内外联动，加强内资企业与合资的“嫁接”、“改造”，全方位推动厦门食品加工业升级。充分发挥厦门海峡西岸经济区的龙头作用，引导农产品加工企业相对集中，进而辐射全省。以果蔬、林木、渔产品深加工和以冷冻食品、保健食品为重点。立足长远，不断完善和优化厦台食品加工业合作运作机制，进一步促进厦台农产品加工业合作向宽领域、多层次方向发展。

5. 借鉴台湾发展都市农业的经验

台湾的都市农业起步于70年代末，经过20余年的发展，目前已建成60多处形式多样的休闲观光农园，有休闲农场、教育农园、体验农园、森林游乐区等，将农业的功能由第一产业延伸到第三产业，赋予都市农业以文化内涵，拓展了农业发展空间，提高了农业的经济地位，成为发展前景良好的新兴产业之一。台湾的都市农业发展在理论和实践方面都积累了丰富的经验，值得我们借鉴。厦门近几年开发了一些休闲果园、草莓园、观光农园，主要表现是设施简陋、规模小、投资少、层次低，仍处在发展的萌芽期。厦门市的五个内陆镇：莲花镇、汀溪镇、新圩镇、内厝镇、后溪镇和现有五个林场、农场：天竺山林场、坂头林场、祥溪林场、汀溪林场和大帽山农场，都具有和生态旅游资源，都具有发展厦台生态农业、休闲农业、观光农业和园艺、林木良种引繁等项目的交流与合作的空间。厦门应该充分利用特殊的地缘和人文优势，借鉴台湾发展都市农业的经验，加强与台湾都市农业的合作，可采取的做法有：派人到台湾进行都市农业的研修，进行理论和具体运作的培训；吸引台资来厦进行观光农园、休闲农场等都市农业的开发；聘请台湾有关专家来指导或协助进行都市农业的规划等。充分利用农业生产的产地、设施、自然景观和人文资源，采取回归自然生态、怀旧休闲参与、认知教育、乡土风情饮食等多种主题，以农产品生产基地为基础，经过改造和增加新的功能，建成旅游观光点和休闲场所；利用海洋资源发展休闲渔业；利用丰富的林业资源拓展生态旅游项目。

6. *以厦门现代农业重点示范区为依托，建立厦台农业产业合作体系*

以改造传统农业，发展优高农业、创汇农业、现代农业为目标，以粮、菜、果、花、畜禽、水产的生产合作为重点，引进台湾优良品种和高新实用技术，推行优质高效和现代加工模式，建立一批以高新技术为主的产业合作示范区。以厦门现有八个农业重点示范区（杏林东孚现代农业综合开发示范区、同安万亩蔬菜基地示范片、同安大嶝现代水产业综合开发示范区、水产名特优种苗良种场示范点、集美五指山万亩龙眼科技示范园区、闽台农业高新技术园区、同安内厝生态农业示范区和厦门湖里现代农业观光园区）为依托，合理规划产业布局，同安北部生态产业带，包括莲花、汀溪、五显、新圩北部地区，重点发展生态旅游、生态农业、观光、休闲农业，建立农产品加工基地；集美台商投资区重点发展水利设施建设、优质高产新品种（苗种）引进、繁育、推广、大型畜禽生产加工基地、优质饲料、添加剂、水产品养殖；农、畜、水产品储藏、保鲜加工新技术、花卉基地建设、先进生物农药、生物肥料的生产与加工以及休闲观光农业。厦门目前共有四个基地：种苗、种子基地、无公害绿色食品基地、蓝色产业基地和观光、休闲农业基地。根据各基地的特点分别进行与台湾农业的合作和交流。通过水果、蔬菜、花卉、畜牧、水产等优良种苗、种子的引进、培育、开发、推广，更新品种，优化品种、品质结构，改造和提高农业生产水平；围绕农产品食品安全和出口需要，研究、推广和应用生物技术、有机农药等农产品安全标准技术规程，加强农业检测检验手段，建设集约化、规模化的绿色食品生产基地；与台湾合作发展经济价值较高的水产品养殖，将近海养殖向外海、向陆域工厂化转移，做好水产品的加工生产和流通；充分发挥厦门丰富的花、菜、林、果、水资源和人文景点优势，建设观光、休闲农业基地，通过市场化的运作，开发建设农业观光园和生态观光园。

总之，当前厦台经贸关系日益密切，厦台农业交流合作具有独特的发展优势和发展潜力，通过对台合作和交流来建设厦门都市型农业，将对厦门农业可持续发展发挥重要的作用。此外，都市农业建设的顺利进行还需要结合本市经济发展战略的要求，制订都市农业发展的近期、中期和长期规划，加强城市生态用地、农业用地和城市发展用地的统一规划的管理，使生态型农村城镇建设与厦门生态型城市建设联动发展，实现厦门农村经济增长方式的转变。

（原载于《台湾研究集刊》2006 年第 4 期）

参考文献

［1］余菊生：《都市农业的理论与创新体系构筑》，《农业现代化研究》，1999 年第 7 期。

［2］Erik Bryld Potential, problems, and policy implications for urban agriculture in developing counties. Agriculture and human values, 2003（20）: 79 – 86.

［3］2005 年厦门市国民经济和社会发展统计公报，厦门统计信息网 www. stats – xm. gov. cn.

［4］李娜、徐梦洁、王丽娟：《发达国家的都市农业》，《国外农业》，2006 年第 8 期。

［5］朱颂华：《发展上海都市农业之我见》，《上海农业学报》，1999 年 2 期。

厦泉漳城市联盟发展的意义及取向探析

石正方

摘　要：深化闽台经济合作、充分发挥对台优势是海峡西岸经济区建设的重要依托，其关键是实施城市联盟发展战略，打造海峡西岸“区域经济集群”发展优势。厦泉漳城市联盟有利于提升海峡西岸经济区的综合竞争力，从而增强海峡西岸经济区承接海峡东岸经济辐射、“承‘珠’接‘长’、连接中部”、对抗区域经济边缘化的能力，因而，应大力加以推动。本文仅就厦泉漳城市联盟对于海峡西岸经济区建设的意义和发展取向加以探讨。

关键词：海峡西岸经济区；厦泉漳；城市联盟；区域经济集群

一、对台优势是海峡西岸经济区建设的重要依托

2004年初福建省提出了建设“海峡西岸经济区”的战略目标，拟将“东临台湾、西邻赣湘、北承长江三角洲、南接珠江三角洲”的福建及其周边地区建设成为“地域分工明显、经济联系紧密、中心城市支撑、市场体系统一、要素流动集聚，具有自身特点和独特优势的地域经济综合体”,① 从而做大做强海峡西岸地带经济，“使之成为长三角、珠三角两大增长极之后推动中国经济的第二级别的增长极，摆脱夹在两大经济带中被边缘化的命运”。

显然，“海峡西岸”是与“海峡东岸”相对应的概念。建设海峡西

① 中经网福建专版 http：//www. fjzb. cei. gov. cn；《福建确立海峡西岸经济区新定位获得高度评价》，2004－06－09。

岸经济区，一方面是从全国区域经济发展大趋势着眼，积极参与区域经济合作和竞争，构建福建及其周边地区所处海峡西岸与珠三角、长三角区域的联动发展格局；另一方面则是充分考虑了海峡东岸因素，包括利用福建“近台快攻”① 优势，打响“海峡牌”，大力提升本体经济竞争力，以及促进海峡西岸经济区从依托大陆发展到立足“环海峡经济区”，对台湾形成辐射力、集聚力，为将来与海峡东岸共同构建“环海峡经济区”创造条件。总之，海峡西岸经济区建设旨在通过“承‘珠’接‘长’、连接中部”，寻求经济区战略崛起，站在全国区域经济布局和经济全球化的高度来推动福建的发展，使福建拥有一个更为广阔的发展空间和腹地，进一步打造和提升海峡西岸的经济活力，为海峡两岸经贸合作乃至祖国统一大业奠定更加坚实的基础。从这一角度分析，“海峡西岸经济区”建设的关键在于进一步发挥对台优势，深化闽台经济合作。

从地缘的临近性来看，闽、台一水之隔，按照区域经济的“墨渍”扩散原理，福建在两岸经济整合中享有“近邻”优势，处于首当其冲的重要地位。也正是由于这种地缘关系的无可替代性，福建享有特殊的对台政策优势，闽台经济整合在两岸经济合作进程中充当试验田、示范区的角色——凭借政策优势与地缘优势的结合，福建成为最先开始对台贸易的地区、最早的台商登陆地区。从这一角度出发，闽台经贸交流是两岸经济关系的“生长层”，而诸如“台商投资区”、闽台农业合作试验区、“定点直航”，包括台湾当局设立的“境外航运中心”则是两岸经济关系发展进程中不同阶段的重要生长点。

从经济的互补性角度来看，福建经济与长三角、广东存在产业结构的雷同现象，互补性不是很强，而闽台经济却存在很强的互补性和广阔的合作空间。台湾资金雄厚，科技产业基础好，营销及管理经验丰富，但市场狭小、资源有限、劳动力成本高；福建资源相对丰富，劳动力充足，市场广阔，但资金、技术与管理经验相对缺乏。台湾产业结构正由劳动密集型转向资本、技术密集型为主，因而迫切需要将一些失去比较优势的产业转移到其他地区，福建具备接纳台湾产业的条件。与此同

---

① 李非：《“近台快攻”——福建对台招商引资的对策建议》，《开放潮》，2001 年第 5 期，第 42－43 页。

时，福建生产的劳动密集型产品和农产品在台湾也很有市场。

从发展的现实基础来看，目前，台湾已成为福建最大的货物来源地和仅次于日本、美国的第三大贸易伙伴。截至2004年底，全省对台贸易总额累计高达349.7亿美元，目前闽台经贸依存度已超过25%；福建对台贸易层次逐渐提升，已实现由粗加工制成品向精加工制成品的转变；货物贸易之外的服务贸易成长迅速，福建沿海设立了35个台轮停泊点，17个台胞接待站。截至2003年底，已接待台轮16万多艘次，台胞64万多人次；2004年，福建还全面增加厦门和金门、马尾和马祖之间的客运航班，实现了每天都有8个固定航班往返，福建沿海主要港口全部实现了与金门、马祖的货物直航。截止2004年底，全省批准台资项目累计达8082个，合同台资138.7亿美元，实际到资103.5亿美元，利用台资总额居大陆各省（区、市）第三位。目前福建台商投资已从初期的劳动密集型产业向技术、资金密集型产业发展，出现了行业整体性转移、上中下游产业配套发展趋势，以台资为主参与投资发展的电子、石化、机械等行业，已成为福建的主导产业。目前，闽台农业合作已有良好的基础。据统计，福建省已累计引进台资农业企业1600多家，合同利用台资19亿美元，实际到资11.5亿美元，占大陆农业台资的百分之三十左右，居首位；同时，农业合作的集群化初具规模，形成一批农业台商相对集中的园区、示范区、实验区，尤其是漳州和福州两个国家级海峡两岸农业实验区设立以来，已充分显示出合作的优势。2004年，福建启动福建居民赴金门、妈祖地区旅游，加强了两岸民众的双向旅游交流，截至2004年，台胞赴闽旅游达到600多万人次。此外，闽台两地的金融合作、物流业合作也在酝酿有所突破。

综上，从地缘临近性、经济互补性和现实发展基础来看，对台优势是以福建为主体的海峡西岸经济区的独特优势，闽台经济合作是海峡西岸经济区建设的重要依托。

二、区域经济集群发展是深化闽台经济合作的重要平台

虽然经过20多年来的发展，闽台经济合作已取得了累累硕果，迄

今福建仍是台商大陆投资四大热点区域中的"小热点",① 然而,在长三角、珠三角、环渤海等"大"热点、新热点区域的强力竞争下,其对台商投资的吸引力呈现明显的衰退趋势。福建具有对台"地缘、血缘、文缘、法缘、商缘"等"五缘"优势,但却无法充分发挥,笔者认为,主要原因在于福建缺乏区域经济集群发展优势。

所谓区域经济集群(clusters of local economy),是指在地理位置上临近,在经济组织形态、专业化技术信息、经济制度和社会文化方面紧密联系的相对独立的特定区域的经济系统的集合。这种经济系统的区位基础是指相对完整的行政区划,经济基础是既相互协同又相互竞争的产业集群和市场集群,其最大的特征就是产生了集群经济效益。区域经济集群不同于产业集群、企业集群,其行为主体是区域,是对一定区域内所有导致区域经济发展的各种因素的综合,既包括区域内产业的集群式网络组织,也包括区域内的技术创新和制度变迁,还涵盖了传统区域经济学所强调的区域禀赋;区域经济集群对于集群形态的研究,覆盖的范围是整个区域内以集群为特征的经济综合体,它可以是区域内各类产业的集群方式组合,如各种类型的产业区;也可以是区域内各地区或城市的集群方式组合,如以中心城市和卫星城镇在区域内的组合;还可以是既有产业集群又有城市集群的综合交错的集群方式组合,如以产业为纽带的大城市圈等。②

珠三角、长三角、环渤海区域之所以能够成为台资产业集群发展的热点区域,归根结底是这些地区具有以企业集群、产业集群、城市集群为主体内容的区域经济集群发展的综合优势。长江三角洲地区包括上海和隶属江苏、浙江的15个地级以上城市。无论从历史渊源、现实经济发展水平、交通基础设施(3小时经济圈)、区域市场整合进程以及政府协调方面,长三角地区都呈现出明显的一体化趋势。从发育程度看,已形成两省一市领导参加的"沪苏浙经济合作与发展座谈会","15+1"的城市领导参加的"市长论坛",交通、旅游、人才、金融等部门的联

① 《台商大陆投资兴业形成四大热点区域》,新华网 http://www.xinhua.net,2005-06-18。

② 朱伟东,忻华强:《论区域经济集群(上)》,国研网 http://www.drcnet.com.cn,2004-07-28。

席会议和协调机制等等。一个以上海为核心、城市化水平整体较高，城市体系完备的长三角大都市经济圈日益凸现出来。这里聚集着近百个工业产值超过100亿元的产业园区，还有数千家巨型企业。世界500强企业有400多家在此落户，合同利用外资总值已超过1500亿美元。珠江三角洲（这里指“小珠三角”，① 即通常所说的珠三角）毗邻港澳，靠近东南亚，包括广州、深圳、珠海、佛山、中山、江门、东莞、惠州市区、惠阳县、惠东县、博罗县、肇庆市区、高要市、四会市等14个市县。珠三角地区是中国最早的改革开放地带，也是发展最快的地区，是中国经济增长的“发动机”之一。新世纪初，伴随着世界经济结构大调整和产业大转移，珠江三角洲已成为世界IT产业的生产基地，并经由改革开放以来城镇化的长足发展，业已进入“城市经济时代”，② 形成由广州、深圳两个特大城市，佛山、珠海等大城市及一系列中小城市组成的较为完整的城市体系结构，成为中国市场化及国际化程度最高的大都市经济圈。环渤海经济带是中国乃至世界上城市区、工业区、港口区最密集的地区之一，这里聚集了近20个大中城市、数千家大中型企业，60多个大小港口。以京、津双核心带动的环渤海区域是中国乃至世界城市群、工业群、港口群最密集的区域之一。相形之下，福建中心城市辐射力有限，产业集聚效应不明显、交通通讯等基础设施通达性不高，凸显出区域经济集群发育相对滞后特征。③ 总体来看，海峡西岸城市群规模小，目前还没有一个超大城市，城市首位度低，聚集和创富能力不强；中心城市带动力弱，厦门虽可谓福建经济发展龙头，但因经济总量和城市规模等因素，使其远没有发挥作为中心城市的枢纽功能和培育功能。由于基础设施建设滞后，加之财政体制、行政区划等因素，三大城市群之间缺乏必要的联系和沟通，很大程度上呈现孤立发展状态，产业结构雷同、虽也有产业集群发育，但其影响力有限。因此，发掘福建的对台优势——即在追求紧密经贸联系、两岸直接“三通”、农业全面合

---

① 严密地说，目前珠三角有三个概念，其一是“小珠三角”，其二是指“大珠三角”（即粤港澳），其三是指“泛珠三角”（即“9+2”——福建、江西、湖南、广东、广西、海南、四川、贵州、云南9省区，加上香港、澳门2个特别行政区）。作者注。

② 《广东进入城市经济时代》，国研网，http://www.drcnet.com.cn，2004-01-14。

③ 丁长发：《福厦城市群发展的现状、前景和启示》，《海峡经济区发展论坛论文集》，福州，2005年5月，第444-456页。

作、旅游双向对接、文化深入交流、载体平台建设方面下工夫，以达成借助闽台经济合作推进海峡西岸经济区建设的目的，关键在于能否迅速培育起海峡西岸经济区的“区域集群发展”优势，其突破口在于发展城市集群。因为区域经济的对接实际上是区域经济网络的对接，其中城市网络作为产业网络、企业网络、市场网络的主要载体和交通、通讯信息网络节点，将在区域经济融合对接中发挥平台和枢纽作用。因此，通过打造城市集群，促进区域内部城市经济整合，壮大城市经济规模，凸现中心城市区域增长极的效应，应成为海峡西岸经济区发挥对台优势，“承‘珠’接‘长’、连接中部”、力抗区域经济边缘化的重要途径。

三、厦泉漳城市联盟对海峡西岸经济区建设的重要意义

城市联盟是以经济、社会、自然、资源等联系密切的区域为基础单元，以区域经济一体化为目标的特定区域内的城市群。通过加强城市在多层次平台上的协商、对话、沟通、交流、合作和协调，逐步实现特定城市群区域内的生产要素有机结合、各类资源优化配置、城市规划统一实施和基础设施共享共建，从而实现城市和区域共同发展。① 改革开放以来，福建省闽东南沿海城镇密集地区经济社会快速发展，城市化进程明显加快，占全省45.7%的土地面积、76.5%的人口，创造了全省80%的GDP，是全省经济发展的“火车头”。但总体来看，仍存在城市规模偏小，中心城市带动力弱，城市之间缺乏必要的联系和沟通，区域整体发展态势尚未形成等现象。如果靠单个城市自身的发展，难以在短时期内强化中心城市的集聚辐射效应，难以发挥中心城市在区域发展中的重要增长极作用。因此，福建省要发展壮大中心城市就必须走城市联盟之路，大力发展城市群和城市带，通过城市联盟倍增中心城市的整体功能。

厦泉漳地区是闽东南城镇密集带的重要组成部分。在2004年7月，福建省建设厅和厦泉漳三城市政府在厦门举行了城市联盟第一次联席会

① 林永健：《将城市联盟进行到底》，《开放潮》，2004年第9期，第24-25页。

议。会议发表《厦泉漳城市联盟宣言》，确定近期先从基础设施和社会事业项目开始，突破行政区划，在规划建设、区域交通建设、港口建设和岸线资源分配、区域基础设施建设、生态环境保护、旅游业发展等六个方面加强协调和衔接，加快厦泉漳中心城市和厦泉漳都市圈发展，形成真正意义的“厦泉漳城市地区”。

厦泉漳城市联盟对于海峡西岸经济区建设具有重大意义，是海峡西岸经济区发展的重要依托。首先，厦泉漳城市联盟有利于提升海峡西岸经济区的综合竞争力。厦泉漳在福建省九地市经济总量中占有绝对优势权重，三地集经济特区、沿海开放城市、台商投资区、海峡两岸农业合作试验区和沿海开放区于一体，是全国对外开放时间最早、开放程度最高、开放层次最多的地区之一，其产业结构梯次相较福建省其他地区为高，是福建省经济最具活力的增长极与核心区域，并且日益成为福建省新型生产中心与制造业基地、先进制度与技术的创新源以及海峡西岸主要的城镇密集带。目前三市的经济发展相当程度上呈现粗放的自我孤立发展模式，还存在产业同构现象，没有按照比较优势实现产业结构的衔接、互动。如能按照“资源共享、设施共建、优势互补、共同发展”的原则建立三市间的城市联盟，使三市各依比较优势实现产业“错位”发展，无疑将极大提升地区经济资源利用效率，推动地区产业结构的总体提升，最终形成“地域分工明显、经济联系紧密、中心城市支撑、市场体系统一、要素流动集聚，具有自身特点和独特优势的地域经济综合体”，并以自身辐射和扩散功能的发挥带动整个海峡西岸经济区综合竞争力的提升。

其次，厦泉漳城市联盟有利于提升海峡西岸经济区因应台湾产业转移、承接海峡东岸经济辐射的能力，从而强化海峡西岸经济区对台优势。一直以来，福建的对台优势，最为突出的是地缘、亲缘、文缘优势，以及诸如厦门经济特区、台商投资区、农业合作试验基地、台轮停泊点、对台贸易口岸、“小三通”等政策优势。这些优势对于闽台经贸关系的成长发挥了极为重要的作用。福建台商投资的总量规模虽总体上呈现上升态势，但其在珠三角、长三角等地区的竞争中，相对份额呈现明显下降趋势。特别是新世纪前后两岸相继加入 WTO 以来，台商投资重点指向了长三角地区，福建在新一轮台商投资中明显落后，据台“经济部投审会”统计，台商对福建的投资占全部大陆投资的份额锐减，从1991年的32.13%下降到2000年的3.82%，10年间下降了28个百分点，2001年以后虽有所上升，但基本维持在10%以下水平，2003年仅为6.39%。究其原因，主要是台商对大陆投资，与先前重视地缘、亲缘、文缘关系，以及优惠政策，转向更加注重投资地的市场规模，基础设施和人才储备，以及集聚经济和信息成本等因素。而上述诸方面因素，较之珠三角、长三角、环渤海地区，福建都不占有优势：福建的腹地相对狭小，市场规模受到限制；福建的高校和科研院所较少，人才储备逊色于珠三角、长三角、环渤海地区，难于满足台湾岛内高新科技产业转移的要求；福建的城市网络经济发育滞后，远未形成交通通讯设施的互联互通，而且造成信息成本的增加；福建没有雄厚的工业基础，本地企业的配套能力有限，造成集聚经济效应不显著。如此等等，都导致福建对台优势的弱化。要扭转这一局面，增创福建对台新优势，推动城市联盟发展是关键。厦泉漳城市联盟可以转化三市的资源互补优势为区域经济发展优势，提升闽南金三角地区城市集聚经济、产业集群经济、企业聚集经济；促进区域工业化，提升企业配套能力；提高区域城镇化水平，扩张市场规模；并通过基础设施的互联互通有效促进区域腹地扩张，使厦泉漳城市地区成为资源、人才、资本、信息汇聚的平台，从而大大提升其承接台湾经济辐射的能力，强化海峡西岸经济区的对台优势。

第三，厦泉漳城市联盟有助于海峡西岸经济区“承‘珠’接‘长’、连接中部”、力抗区域经济边缘化。海峡西岸经济区定位是从全国区域经济发展大趋势着眼，积极参与区域经济合作和竞争，构建福建及其周边地区所处海峡西岸与珠三角、长三角区域乃至中部地区的联动发展格局。早在2001年，福建省政府就曾提出构建山海协作、对内联接、对外开放的“三条战略通道”，建设海峡西岸繁荣带的构想。如今的海峡西岸经济区战略虽然内涵有所不同，但也体现了把国际、区际、区内三种开放的共生演进，把省内、省外、国外三个经济圈的对接互动，把基础设施、城市、产业三大体系的滚动发展有机融合，实现区域经济协调发展的总体思路。建设海峡西岸经济区不仅要协调区内经济发展，拓宽对外开放通道，密切海峡西岸经济区与台湾以及港澳的合作，联手加强与世界各国特别是发达国家经济往来和技术交流，而且要构筑与国内区域连接的通道，即北承长江三角洲，南接珠江三角洲，发挥地处东南沿海中间地段的作用，西连京九线，增进区际经贸互补，积极参与西部大开发，进一步拓展区域经济发展空间。实现上述目标，同样需要通道和平台建设。因为区域经济的对接实际上是区域经济网络的对接，其中城市网络作为产业网络、企业网络、市场网络的主要载体和交通、通讯信息网络节点，将在区域经济融合对接中发挥平台和枢纽作用。因此，通过打造城市联盟，促进区域内部城市经济整合，壮大城市经济规模，凸现中心城市区域增长极的效应，则成为海峡西岸经济区“承‘珠’接‘长’、连接中部”、力抗区域经济边缘化的重要途径。

四、厦泉漳城市联盟发展取向

厦泉漳城市联盟发展，需要从其所在的区域经济大环境做全方位的考量，从海峡两岸的宏观视野来谋划。厦泉漳是海峡西岸经济区的重要组成部分。海峡西岸经济区是以福建为主体的经济区，特定的区位条件赋予其“充分发挥作为两岸三地和两个三角洲联结点”的区位优势。因此，着力推进与长江三角洲和珠江三角洲的产业对接、基础设施对接，着力提升与台港澳的合作水平，使福建成为两岸三地经贸合作、科技文化交流的重要地区，即成为福建省提高区域经济竞争力的必由路径。厦泉漳城市联盟作为海峡西岸经济区建设的重头戏，同样要“衔接两‘三角’、打好‘台湾牌’”，其未来经济发展取向宜做以下定位：

1. “双三角”城市群的桥梁和腹地

厦泉漳大城市地区地处东南沿海，长江三角洲、珠江三角洲对于厦泉漳既有经济辐射作用，也存在“虹吸”效应。① 厦泉漳必须进一步密切与两大三角洲的经济技术协作，主动加入与长三角、珠三角的分工合作，承接两大三角洲的经济辐射，既作为两大三角洲的腹地又作为两大三角洲经济协作的桥梁和纽带，从而在东南沿海区域经济版图上占有重

① 中国经济时报：《福建抉择海峡西岸经济区》，http：//www. cet. com. cn/20040422/GUONEI/200404222. htm.

要地位，避免“边缘化”走势。其中，如何强化对“双三角”的经济对接能力是关键。需要构造有效的对接平台和对接机制将区位优势转化为经济发展的动力，着力于产业链对接、产业结构互补、产业层次梯度安排、保障对接的物质性和制度性环境建设等方面。

2. *海峡东岸产业转移的承接地*

海峡东、西两岸经济发展水平存在较大差异。东岸资金雄厚、科技产业基础好，营销和管理经验丰富，但市场狭小、资源有限，劳动力成本高；厦泉漳地区资源禀赋相对较优，劳动力充足，市场广阔，但资金、技术和管理经验相对缺乏。海峡东岸已步入后工业经济发展阶段，产业结构已由劳动密集型转向技术、资金密集型，并进一步向知识、信息密集型的服务经济提升，正经历传统产业大举外移的发展历程，厦泉漳大城市地区可以抓住这个契机，借助内部产业资源整合，提升承接台湾产业辐射的能力，与海峡东岸形成互动发展，合作共赢的协同发展局面。要充分发挥对台优势，加强闽台经济合作，促进双方产业对接：以台商投资区和农业合作试验区为载体，积极探索、创新合作形式，在引进台商直接投资项目上下工夫，在扩大闽台农业合作上下工夫，在推进闽台金融、贸易、旅游、物流等服务业合作上下工夫，在建构两岸城市经济合作机制上下工夫，把厦泉漳大城市地区建设成为海峡两岸合作交流最活跃的地区。

3. *海峡西岸经济区的龙头*

培育和壮大沿海经济带是推进海峡西岸经济区建设的重要内容，主要是做大做强福州、厦门、泉州三大中心城市，以城市集群发展为平台，鼓励人口和产业活动向沿海城市地区集中，壮大主导产业，打造临海产业集群，使沿海经济带获得先行发展。厦泉漳三市地域临近，经济联系紧密，囊括了厦门、泉州两大中心城市，三市现有经济总量规模在福建省九地市中占有绝对优势权重（GDP 的 50% 以上），而且享有特区、台商投资区、两岸农业合作试验区、“小三通”等政策优势，三市产业集群发育也各具规模，尤以泉州最为突出，厦泉漳地区成为福建产业集聚最为密集的地区。种种形势说明，未来的厦泉漳联盟有条件、有实力也有责任成为海峡西岸经济区建设的龙头。

因此，厦泉漳城市联盟的战略取向之一应是通过三地经济一体化的制度安排和基础条件的进一步整合，增强联盟内部各板块（如大泉州、大厦门、大漳州）之间以及与联盟外部的协同发展能力，提高联盟对内外部资源的吸引能力和配置效率，以更多地投入和更有效的产出壮大联盟的经济实力，带动整个闽东南沿海城市带乃至海峡西岸经济区的发展。其关键是打破行政垄断，变行政区经济为经济区经济，变孤立、分散发展为协同、集聚发展，其内涵包括经济一体化、制度一体化以及基础设施一体化，是涉及方方面面的系统工程。厦泉漳城市联盟是政府主导推动的，具有跨越发展的属性，政府的协商引导、统筹规划是不可或缺的。除了厦泉漳地区发展规划外，还要加强毗邻地区及与经济联系紧密地区的规划衔接，要创新规划协调和管理机制，做到统一规划、分头实施。

总之，厦泉漳城市联盟的发展应立足于吸纳海峡东岸及长、珠两三角的经济辐射，提升整个城市联盟区域的综合经济实力。其原则是围绕厦泉漳城市联盟的经济发展目标定位，以优势产业为纽带、大型骨干企业为龙头、产业园区为载体，以产业链招商为导向，促进产业的聚集和整合。具体的努力方向在于：围绕主导产业，做大做强临海战略型产业集群（利用厦泉漳深水港口岸线资源发展大进大出型临海产业集群，如石油化工、船舶修造等）；挖掘传统产业优势，整合提升优势传统产业集群（如泉州的纺织服装、鞋业、建材产业集群，漳州的食品加工产业集群等）；以高新技术产业为重点，培育新兴技术产业集群（依托厦门国家级高新技术产业开发区，加快信息技术、生物技术、新材料技术和先进环保技术的开发和产业化，促进相关产业集群发育）；依托厦泉漳地区基础设施廊道建设以及陆路交通网络的建设及港口岸线资源整合，建立区域性物流中心，培育物流产业集群（发挥铁路、公路、海港、空港等枢纽功能，建设厦门、泉州两地专业物流中心等）。

（原载于《台湾研究集刊》2005 年第 3 期）

参考文献

［1］李非：《“近台快攻”——福建对台招商引资的对策建议》，《开放潮》，2001 年第 5 期。

［2］朱伟东，忻华强：《论区域经济集群（上）》，国研网 http：//www. drcnet. com. cn，2004 年 7 月 28 日。

［3］丁长发：《福厦城市群发展的现状、前景和启示》，《海峡经济区发展论坛论文集》，福州，2005 年 5 月。

［4］林永健：《将城市联盟进行到底》，《开放潮》，2004 年第 9 期。

图书在版编目（CIP）数据

海峡西岸经济区发展研究／邓利娟，石正方主编.
北京：九州出版社，2008. 11
ISBN 978-7-80195-840-2

Ⅰ. 海…　Ⅱ. ①邓…②石…　Ⅲ. 地区经济－经济发展－研究－福建省　Ⅳ. F127. 57

中国版本图书馆 CIP 数据核字（2008）第 158089 号

海峡西岸经济区发展研究

作　　者	邓利娟　石正方　主编
出版发行	九州出版社
出 版 人	徐尚定
地　　址	北京市西城区阜外大街甲 35 号(100037)
发行电话	(010)68992190/2/3/5/6
网　　址	www. jiuzhoupress. com
电子信箱	jiuzhou@ jiuzhoupress. com
印　　刷	北京毕诚彩印厂
开　　本	720 × 1020 毫米　16 开
印　　张	25. 5
字　　数	387 千字
版　　次	2008 年 12 月第 1 版
印　　次	2008 年 12 月第 1 版　第 1 次印刷
书　　号	ISBN 978-7-80195-840-2/F · 135
定　　价	52. 00 元